상상이 현

아두이노 바이블

아두이노로
상상할 수 있는
A부터 Z까지!

vol.4 인터넷과 아두이노의 확장 편

아두이노 바이블

vol. 4: 인터넷과 아두이노의 확장 편

ⓒ 2021. 허경용 All Rights Reserved.

1쇄 발행 2021년 6월 24일

지은이 허경용
펴낸이 장성두
펴낸곳 주식회사 제이펍

출판신고 2009년 11월 10일 제406-2009-000087호
주소 경기도 파주시 회동길 159 3층 3-B호 / **전화** 070-8201-9010 / **팩스** 02-6280-0405
홈페이지 www.jpub.kr / **원고투고** submit@jpub.kr / **독자문의** help@jpub.kr / **교재문의** textbook@jpub.kr

편집부 김정준, 이민숙, 최병찬, 이주원 / **소통기획부** 송찬수, 강민철 / **소통지원부** 민지환, 김유미, 김수연
진행 장성두 / **교정·교열** 김경희 / **내지 및 표지 디자인** 이민숙
용지 타라유통 / **인쇄** 한승문화 / **제본** 민성사

ISBN 979-11-91660-05-6 (93000)
값 22,000원

제이펍은 독자 여러분의 아이디어와 원고 투고를 기다리고 있습니다. 책으로 펴내고자 하는 아이디어나 원고가 있는
분께서는 책의 간단한 개요와 차례, 구성과 저(역)자 약력 등을 메일(submit@jpub.kr)로 보내 주세요.

상상이 현실이 되는 마법 스케치

아두이노 바이블

아두이노로 상상할 수 있는 A부터 Z까지!

vol.4 인터넷과 아두이노의 확장 편

허경용 지음

Jpub 제이펍

vol.4 인터넷과 아두이노의 확장 편

머리말

2005년에 처음 발표된 아두이노는 마이크로컨트롤러 전반에 많은 변화를 가져왔다. 특히나 교육 현장에서는 아두이노 이전과 아두이노 이후로 나누어도 어색하지 않을 만큼 아두이노가 미친 영향은 크고, 아두이노라는 단어는 마이크로컨트롤러라는 단어를 대신할 정도의 일반 명사로까지 사용되고 있다. 이 외에 아두이노가 바꾸어놓은 것들을 모두 이야기하자면 한 권의 책으로도 부족하다.

아두이노의 어떤 점이 우리를 이렇게 열광하게 만드는 것일까? 발표 초기에 아두이노가 자리를 잡을 수 있게 해준 이유를 '쉽고 빠르게'로 요약할 수 있다면, 아두이노의 열기가 아직도 뜨거운 이유는 '다양하게'라는 말로 설명할 수 있다. 아두이노가 비전공자들을 위한 플랫폼으로 시작되어 쉽고 빠르게 마이크로컨트롤러 응용 시스템을 만들 수 있도록 해준다는 점은, 원하는 것들을 직접 만들어보고 싶어 하는 사람들의 호기심을 자극하기에 충분했고, 아두이노가 DIY와 메이커 운동에서 하나의 축으로 자리 잡을 수 있게 해주었다.

아두이노가 비전공자를 위한 플랫폼으로 시작된 만큼 아두이노가 소개된 이후 본격적으로 등장한 4차 산업혁명, 사물인터넷, 인공지능 등의 분야에서는 충분히 강력한 무기가 될 수 없을 것이라는 우려가 있었던 것이 사실이다. 하지만 아두이노는 쉽고 빠른 플랫폼에서 멈추지 않고 다양한 환경에서 사용할 수 있는 플랫폼으로 진화를 거듭해 왔다. 마이크로컨트롤러와 관련된 흥미로운 내용을 발견했을 때 가장 먼저 떠오르는 생각이 '아두이노에서도 가능하겠지'라는 것일 만큼 아두이노는 최신 기술을 아우르는 플랫폼으로 자리 잡았고, 최신의 기술을 소개하는 플랫폼으로 아두이노를 선택하는 예도 어렵지 않게 찾아볼 수 있다. 이처럼 아두이노의 영토는 그 한계를 예단할 수 없을 만큼 빠르게 확장되고 있다.

아두이노를 쫓아가며 여러 권의 책을 쓰면서도 못내 아쉬웠던 점은 아두이노의 행보를 찬찬히 살펴보면서 쓰고 싶은 이야기를 모두 쓰기에는 항상 시간과 지면이 부족하다는 것이었다. 마침 일 년이라는 시간이 주어져 지면의 제약 없이 아두이노와 관련된 이야기를 마음껏 풀어보자고 시작한 것이 바로 이 책, 《아두이노 바이블》이다. 하지만 아두이노는 만만한 상대가 아니었다.

책이 완성된 지금, '바이블'이라는 이름이 붙을 만한 콘텐츠인지 자문해 보면 부끄럽기 그지없다. 시작할 때 충분하리라 생각했던 분량보다 절반 이상을 더 채우고도 자꾸만 미진한 부분이 눈에 밟힌다. 주어진 시간을 다 쓰고도 이름에 어울리는 책을 쓰지 못한 것은 아두이노를 따라잡기에 발이 느리기 때문이기도 하지만, 첫 페이지를 쓸 때와 마지막 페이지를 쓸 때 이미 아두이노가 변해 있을 만큼 아두이노가 살아 움직이고 있다는 점이 아쉬움이 많지만 여기서 일단락을 지어야겠다는 결심을 한 이유다.

아두이노 바이블은 전통적인 AVR 시리즈 마이크로컨트롤러를 사용한 아두이노 보드, 그중에서도 아두이노 우노를 중심으로 한다. 새로운 영역으로 아두이노가 확장되면서 ARM 기반 마이크로컨트롤러를 사용한 아두이노 보드 역시 여러 종류가 출시되었고, ARM 기반 아두이노 보드가 인공지능으로 대표되는 지금에 더 적합할 수 있다. 하지만 아두이노 우노는 여전히 아두이노를 대표하는 보드로 자리 잡고 있으며, ARM 기반 아두이노 보드에도 대부분 적용될 수 있다는 점이 아두이노 우노를 선택한 이유다. 아두이노 우노로도 많은 것을 스케치할 수 있고 최신의 기술까지 경험할 수 있다는 것이 또 다른 이유이며, 《아두이노 바이블》을 읽다 보면 실제로 그렇다는 사실을 알 수 있을 것이다.

여러 권의 책을 쓰면서도 답을 얻지 못한 문제 중 하나가 아두이노에 미래가 있을까 하는 것이다. 세상은 변하고 있고 그에 맞춰 아두이노 역시 발 빠르게 대처하고 있지만, 아두이노의 태생적 한계가 한 번쯤은 아두이노의 발목을 잡으리라는 비판 또한 흘려버릴 수 없는 것이 사실이다. 하지만 아두이노가 쉽고 빠른 플랫폼에서 다양하게 사용될 수 있는 플랫폼으로 변화한 것처럼 미래를 위한 새로운 플랫폼으로 등장할 것임을 의심하지 않는다. 누구보다 아두이노에서 아두이노의 미래에 대한 고민이 깊겠지만, 아두이노의 미래를 위해 더해졌으면 하고 개인적으로 바라는 것은 '효율적인' 문제 해결이다. 교육 현장에서 아두이노는 더할 나위 없지만, 산업 현장에서 아두이노는 아쉬운 점이 있는 것이 사실이다. 어디에 내놓아도 효율적으로 문제를 해결할 수 있는 아두이노가 DIY와 메이커 운동을 넘어 'Arduino Inside'로 나타나는 것이 개인적인 바람이며 아두이노의 행보를 눈여겨보는 이유이기도 하다.

책을 쓰는 동안 말없이 응원해 준 아내와 아빠의 등을 궁금해하던 두 아들, 여러 면에서 당혹스러운 책을 지지해 주신 제이펍 출판사가 있어 《아두이노 바이블》을 세상에 내놓을 수 있었음에 고마움을 전하고 싶다. 아두이노의 속도를 따라잡는다는 것은 욕심이었음을 이제야 알게 되었지만, 《아두이노 바이블》이 작으나마 오래도록 도움이 되는 책으로 아두이노의 미래를 그리는 거친 밑그림이 되기를 감히 소망한다.

허경용 드림

vol.4 인터넷과 아두이노의 확장 편

CHAPTER 64 인터넷과 사물인터넷

인터넷은 수많은 컴퓨터가 연결된 거대한 네트워크로, 사물인터넷에 대한 관심이 증가하면서 인터넷에 접속되는 기기의 수는 기하급수적으로 증가하고 있다. 인터넷은 물리적인 연결에서부터 이를 바탕으로 하는 추상적인 연결까지 다양한 계층의 연결을 통해 동작하고 있으며, 인터넷과 함께 흔히 언급되는 이더넷과 와이파이는 인터넷에 물리적으로 연결하기 위한 대표적인 방법에 해당한다. 이 장에서는 사물인터넷 환경에서 아두이노가 사물로 동작하기 위해 이더넷과 와이파이를 사용하여 인터넷에 연결하는 방법을 알아본다.

CHAPTER 65 ESP-01 와이파이 모듈

ESP-01 모듈은 ESP8266 칩을 사용하여 만든 ESP-nn 시리즈 모듈 중 가장 간단한 모듈로, 저렴한 가격과 간단한 사용 방법으로 아두이노에 와이파이 기능이 필요한 경우 흔히 사용되는 시리얼 와이파이 모듈이다. 이 장에서는 ESP-01 모듈의 특징과 아두이노에 연결하는 방법 그리고 AT 명령을 사용하여 ESP-01 모듈을 제어하는 방법에 대해 알아본다.

CHAPTER 66 오늘의 날씨 클라이언트: AT 명령

ESP-01 모듈을 UART 시리얼 통신으로 연결하면 AT 명령을 통해 웹 서버에 접속하고 웹 페이지를 읽어올 수 있다. 하지만 AT 명령을 매번 입력하는 것은 번거로운 일이며, 웹 페이지에는 필요한 정보 이외에 많은 양식 정보가 포함되어 있어 아두이노로 처리하기는 어려울 수 있다. 이 장에서는 AT 명령 입력을 자동화하는 스케치와 오픈 API를 사용하여 양식 정보가 없는 JSON 형식의 날씨 정보를 일정한 시간 간격으로 얻어와 출력하는 날씨 정보 클라이언트를 구현하는 방법을 알아본다.

CHAPTER 67 온도 데이터 제공 서버: AT 명령

ESP-01 모듈은 AT 명령을 통해 웹 서버로 동작하도록 설정할 수 있으며, 설정된 웹 서버에는 최대 5개 클라이언트가 동시에 접속할 수 있다. ESP-01 모듈을 사용한 클라이언트로 동작하는 아두이노가 양식 데이터가 대부분인 웹 페이지를 처리하기 힘든 것처럼, ESP-01 모듈을 사용한 아두이노 웹 서버 역시 컴퓨터에서 흔히 볼 수 있는 화려한 페이지를 제공할 수는 없지만, 접속하는 클라이언트에 센서 데이터와 같이 간단한 정보를 제공하기에는 충분하다. 이 장에서는 AT 명령을 통해 웹 서버를 구현하고 온도 정보를 클라이언트에 제공하는 방법을 알아본다.

CHAPTER 68 웹 클라이언트와 서버: WiFiEsp 라이브러리

ESP-01 모듈에 사용된 ESP8266 마이크로컨트롤러에는 TCP/IP 스택이 구현되어 있어 AT 명령을 통해 TCP/IP를 바탕으로 하는 다양한 서비스를 사용할 수 있게 해준다. TCP/IP를 바탕으로 구현된 HTTP를 이용하여 웹 클라이언트와 서버를 구현하는 것이 그 예다. 하지만 AT 명령은 직관성이 떨어져 사용이 번거롭다는 단점이 있다. 이 장에서는 AT 명령을 바탕으로 웹 서비스를 쉽게 사용할 수 있도록 만들어진 WiFiEsp 라이브러리를 사용하여 오늘의 날씨 정보를 얻어오는 클라이언트와 온도 정보를 제공하는 서버를 구현하는 방법을 알아본다.

CHAPTER 69 원격 제어

웹 서비스는 인터넷에서 가장 많이 사용되는 서비스 중 하나로, 웹 페이지를 기반으로 정보를 제공하기 위해 흔히 사용된다. 웹 서비스에서 웹 서버의 역할은 클라이언트로 정보를 제공하는 것이지만 일반적인 정보 제공을 넘어 클라이언트의 요청에 따라 서버가 그에 따른 동작을 수행할 수도 있으며, 서버에 연결된 주변장치를 클라이언트의 요청에 따라 제어하는 원격 제어가 한 예다. 이 장에서는 웹 페이지를 통해 원격지의 기기를 제어하는 방법을 LED를 제어하는 예를 통해 알아본다.

CHAPTER 70 인터넷 시간 사용하기

아두이노에서 사용할 수 있는 시간은 여러 가지가 있지만, 그중 가장 정확한 시간은 인터넷을 통해 얻는 시간이다. 인터넷에서는 NTP_{Network Time Protocol}를 통해 연결된 기기의 시간 동기화를 수행하고 있으며, 인터넷에 연결되어 있다면 간단하게 NTP 서버에서 시간 정보를 얻어 아두이노의 시간을 인터넷 시간과 동기화할 수 있다. 이 장에서는 NTP 서버에서 시간을 얻어오는 여러 방법을 살펴본다.

CHAPTER 71 미니 프로젝트: 스트림 데이터 검색기

인터넷을 통해 서버로부터 받은 데이터는 와이파이 모듈을 거쳐 아두이노로 전달되고, 아두이노는 수신된 데이터에서 필요한 정보를 찾아 사용한다. 이때 서버로부터 수신된 데이터는 많지만, 실제 필요한 정보는 그중 일부인 경우가 대부분이다. 날씨 정보 클라이언트의 경우 서버에서 수신된 데이터를 모두 저장한 후 필요한 정보를 검색하는 방법을 사용하므로 SRAM이 허용하는 크기의 데이터만 서버에서 수신할 수 있다는 한계가 있다. 이 장에서는 SRAM 크기보다 큰 데이터를 처리할 수 있도록 데이터를 수신함과 동시에 필요한 정보를 찾아내는 방법을 살펴본다. 이를 위해 이 장에서는 원형 버퍼를 사용하여 스트림 데이터에서 원하는 형식에 맞는 문자열이 수신되고 있는지 판단하고, 필요한 정보가 없는 경우에는 메모리에서 수신된 데이터를 제거함으로써 적은 SRAM만으로 큰 크기의 데이터를 다룰 수 있게 한다. 이 방법을 날씨 서버에서 수신하는 데이터 스트림에서 필요한 필드값을 찾아내는 데 사용했다.

CHAPTER 72 아두이노 메가2560

아두이노 메가2560은 8비트 AVR 시리즈 마이크로컨트롤러의 하나인 ATmega2560을 사용하여 만든 아두이노 보드다. 아두이노 메가2560은 아두이노 우노보다 8배 많은 플래시 메모리와 3.5 배 많은 입출력 핀을 갖고 있으므로, 아두이노 우노와 비교했을 때 많은 입출력 장치를 연결하여 복잡한 알고리즘을 구현할 수가 있다. 또한 아두이노 우노와 핀 호환성이 있으므로 아두이노 우노를 사용한 시스템에서 아두이노 메가2560을 사용한 시스템으로 쉽게 변경할 수 있다. 이 장에서는 아두이노 메가2560과 아두이노 메가2560에 사용된 ATmega2560 마이크로컨트롤러에 대해 알아본다.

CHAPTER 73 아두이노 레오나르도

아두이노 레오나르도는 8비트 AVR 시리즈 마이크로컨트롤러의 하나인 ATmega32u4를 사용하여 만든 아두이노 보드다. 아두이노 우노와 아두이노 메가2560 역시 같은 시리즈의 마이크로컨트롤러를 사용하지만, ATmega32u4 마이크로컨트롤러는 USB 연결을 마이크로컨트롤러에서 지원한다는 차이점이 있다. 따라서 아두이노 레오나르도는 USB-UART 변환을 위해 별도의 마이크로컨트롤러를 사용하지 않으며, 마우스나 키보드 등의 USB 장치를 간단하게 구현할 수 있다. 이 장에서는 아두이노 레오나르도의 특징과 아두이노 레오나르도를 사용하여 키보드나 마우스를 구현하는 방법을 알아본다.

CHAPTER 74 아두이노 나노와 아두이노 나노 에브리

아두이노 나노는 아두이노 우노와 같은 ATmega328 마이크로컨트롤러를 사용한 소형 아두이노 보드로, 아두이노 우노와 같은 마이크로컨트롤러를 사용하지만 SMD 타입의 칩을 사용하므로 아두이노 우노보다 2개의 아날로그 입력 핀을 더 사용할 수 있다는 장점이 있다. 여기에 새로운 아두이노 나노 시리즈의 하나인 아두이노 나노 에브리는 아두이노 나노와 핀 단위로 호환되면서 아두이노 나노보다 높은 성능을 보여주므로 활용 가능성이 더 넓어졌다. 이 장에서는 아두이노 나노와 아두이노 나노 에브리의 특징과 사용 방법을 알아본다.

CHAPTER 75 **DIY 아두이노**

아두이노는 오픈 소스를 바탕으로 하고 있으므로 소프트웨어인 아두이노 프로그램을 무료로 내려받아 사용할 수 있을 뿐만 아니라, 하드웨어인 아두이노 보드 설계 역시 공개되어 있어 아두이노 호환 보드를 쉽게 만들 수 있다. 이 장에서는 스케치 업로드 등의 부가 기능을 제외하고 아두이노 우노로 동작할 수 있게 하는 데 필수적인 기능들로 이루어진 아두이노 우노 호환 보드 DEUino를 만드는 과정을 살펴보고 DEUino를 사용하는 방법을 알아본다.

CHAPTER 76 **ATmega128**

ATmega128은 AVR의 메가 시리즈에 속하는 마이크로컨트롤러로, 아두이노에 사용된 마이크로컨트롤러와 함께 가장 많이 언급되는 AVR 시리즈 마이크로컨트롤러 중 하나다. ATmega128은 아두이노에서 공식적으로 사용하는 마이크로컨트롤러는 아니지만, 아두이노의 전신인 와이어링에서 사용한 마이크로컨트롤러로 간단한 제어 장치를 구성하기에 충분한 입출력 핀을 제공하고 있다. 무엇보다 교육 현장에서 아두이노와 함께 가장 많이 사용되는 마이크로컨트롤러라는 점에서 그 가치를 찾을 수 있다. 이 장에서는 ATmega128 마이크로컨트롤러를 아두이노 환경에서 사용하는 방법을 알아본다.

CHAPTER 77 **ATtiny85**

ATtiny85는 AVR 타이니 시리즈에 속하는 마이크로컨트롤러로, 8개의 핀을 갖고 있는 초소형 마이크로컨트롤러다. 하지만 ATtiny85 마이크로컨트롤러도 핀 수가 적어 사용할 수 있는 입출력 핀이 적을 뿐 기능과 성능 면에서 ATmega328과 거의 같으므로 많은 입출력 핀이 필요하지 않은 간단한 시스템을 구현하기 위해서는 ATmega328의 대안이 될 수 있다. 아두이노 환경에서 USB 장치를 개발하기 위해 사용할 수 있는 소형 보드로, 킥스타터의 펀딩에 성공한 Digispark가 ATtiny85 마이크로컨트롤러를 사용한 보드의 한 예다. 이 장에서는 ATtiny85 마이크로컨트롤러와 Digispark 보드를 아두이노 환경에서 사용하는 방법을 알아본다.

CHAPTER 78 **ESP8266과 NodeMCU**

ESP8266은 와이파이 통신 기능을 포함하고 있는 마이크로컨트롤러로 저렴한 가격과 높은 성능으로 메이커들의 주목을 받고 있으며, 아두이노 공식 보드의 하나인 아두이노 우노 와이파이에서 ESP8266을 사용한 것이 이를 뒷받침하고 있다. 이 책에서도 ESP8266을 사용한 ESP-01 모듈을 와이파이 통신 모듈로 사용했지만, ESP-01 모듈은 범용 입출력 핀으로 사용할 수 있는 핀이 하나뿐이어서 시스템 구현에 사용하기는 어렵다. 이 장에서는 ESP-01 모듈의 업그레이드 버전인

ESP-12 모듈을 사용하여 아두이노 보드 없이 단독으로 시스템 구현에 사용할 수 있게 만들어진 NodeMCU 보드를 아두이노 환경에서 사용하는 방법을 알아본다.

APPENDIX A 아두이노 기본 함수

아두이노는 마이크로컨트롤러 제어를 위한 기본 동작을 추상화한 함수를 통해 서로 다른 마이크로컨트롤러를 사용한 아두이노 보드를 공통의 함수로 제어할 수 있게 해준다. 이를 통해 아두이노 보드 사이에 스케치 호환성을 제공할 수 있으며, 이러한 점이 아두이노의 장점 중 하나다. 이 장에서는 아두이노에서 제공하는 기본 함수의 기능에 대해 알아본다. 함수 설명은 AVR 시리즈 마이크로컨트롤러를 사용하는 아두이노 보드를 기준으로 하지만, 다른 마이크로컨트롤러를 사용한 아두이노 보드에서도 대부분 사용할 수 있다.

APPENDIX B 아두이노 기본 클래스

아두이노에서는 마이크로컨트롤러의 기본 기능을 추상화한 함수와 함께 마이크로컨트롤러의 고급 기능과 다양한 주변장치를 쉽고 간단하게 제어할 수 있도록 클래스로 구현된 라이브러리를 제공한다. 이처럼 소프트웨어 측면에서 아두이노의 장점은 아두이노의 기본 함수와 확장 가능한 라이브러리가 많은 부분을 차지하고 있다. 이 장에서는 별도로 헤더 파일을 포함하지 않고 사용할 수 있는 2개의 기본 클래스인, UART 시리얼 통신을 위한 Serial 클래스와 문자열을 위한 String 클래스에 대해 알아본다.

vol.4 인터넷과 아두이노의 확장 편

아두이노 우노 × 1
CH. 65~71, 75

USB-UART 변환 장치 × 1
➡ USB2SERIAL
CH. 72~75, 77, 78

ISP 방식 프로그래머 × 1
➡ USBISP
CH. 75~77

220Ω 저항 × 2
CH. 69, 75~78

1kΩ 저항 × 1
CH. 73

1.5kΩ 저항 × 1
CH. 65, 66~71

3.3kΩ 저항 × 1
CH. 65, 66~71

4.7kΩ 저항 × 2
CH. 77

10kΩ 저항 × 1
CH. 75, 76

가변저항 × 1
CH. 74, 76

22pF 세라믹
커패시터 × 2
CH. 75

0.1μF 세라믹
커패시터 × 3
CH. 75

47μF 전해
커패시터 × 2
CH. 75

LED × 2
CH. 69, 75~78

LM35 온도 센서 × 1
CH. 67, 68

푸시 버튼 × 4
CH. 73, 75, 77

스위치 × 1
CH. 73, 75

ESP-01 모듈 × 1
CH. 65~71

아두이노 메가2560 × 1
CH. 72

아두이노 레오나르도 × 1
CH. 73

아두이노 나노 × 1
CH. 74

아두이노 나노 에브리 × 1
CH. 74

ATmega328P 칩 × 1
➡ 28핀
CH. 61

IC 소켓 × 1
➡ 28핀, ATmega328P용
CH. 75

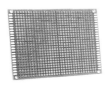

만능기판 × 1
CH. 75

피메일 핀 헤더 × 1 ➡ 40핀 이상
CH. 75

16MHz 크리스털 × 1
CH. 75

배럴 잭 × 1
CH. 75

6핀 커넥터 × 2
CH. 75

7805 칩 × 1
CH. 75

1N4001 다이오드 × 1
CH. 75

ATmega128 보드 × 1 ➡ 128USB
CH. 76

DHT11 온습도 센서 × 1
CH. 76

ATtiny85 칩 × 1 ➡ 8핀
CH. 77

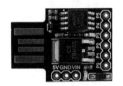

Digispark × 1
CH. 77

16×2 텍스트 LCD × 1
CH. 77, 78

텍스트LCD I2C 변환 보드 × 1
CH. 74

NodeMCU × 1
➡ 버전 3
CH. 78

OLED 디스플레이 × 1
➡ SPI 방식 0.96인치
CH. 78

vol.4 인터넷과 아두이노의 확장 편

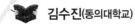 **김수진**(동의대학교)

어렵다고만 느꼈던 아두이노가 이제는 재밌어졌습니다!

김혜준(동의대학교)

전자공학을 전공한 사람으로서 아두이노를 많이 다뤄보고 관련 서적을 많이 보았지만, 이 책만큼 많은 내용을 정리한 책은 아직 보지 못한 것 같습니다. 아두이노를 처음 배우는 사람부터 아두이노를 활용하여 프로젝트를 진행하고자 하는 사람 모두를 만족시킬 수 있는 책인 것 같습니다. 2권에 이어 이번 4권도 베타리딩을 했는데, 두 번의 베타리딩을 하면서 저도 아두이노에 대해 많이 배웠습니다.

박준영(동의대학교)

한 기능을 사용하기 위한 다양한 방법이 제시되어 있어서 각자의 상황에 맞춰 따라 하기에 수월했던 점이 마음에 들었고, 본 도서에는 아두이노 플랫폼에서 지원하지 않는 마이크로컨트롤러 소개도 포함되어 있기에 프로젝트 진행 시 고려할 수 있는 스펙트럼을 넓힐 수 있을 것 같습니다.

배현한(동의대학교)

자칫 초보자에게는 어려울 수도 있는 지식이 이해하기 쉽도록 설명되어 있어 좋았고, 아두이노의 기본적인 보드뿐만 아니라 NodeMCU처럼 시장에서 쉽게 접할 수 있는 장치에 대한 설명도 잘 되어 있어 좋았습니다.

신영재(동의대학교)

아두이노의 다양한 보드를 진행하는 프로젝트에 맞게 선택하고, 모듈의 사용으로 아두이노의 한계를 무너뜨리는 데 이 책《아두이노 바이블》은 좋은 길잡이가 되어줄 것입니다. 다만, 내용이 전체적으로 많다 보니 중복되는 내용도 일부 있었습니다.

이창환

4권에는 아두이노 주류 보드가 아닌 보드들까지 새로운 보드들이 많이 소개되어 있습니다. 1/2 정도는 보드가 있어서 직접 확인해 보았지만, 나머지는 보드가 없어서 제대로 실습해 보지 못해서 아쉬웠습니다. 그리고 현재 많이 사용하는 ESP8266에 대한 자세한 설명도 좋았습니다. 욕심을 부리자면, ESP32에 대한 소개도 있었으면 더 좋았을 것 같습니다.

장대혁(헤르스)

아두이노의 이론과 실습, 그리고 각 보드별로 체계적인 정리를 할 수 있어서 무척 좋았습니다. '바이블'라는 이름이 잘 맞는 책입니다. 내용에 대한 설명과 그에 대한 정리(표와 그림 등), 그리고 가독성 좋은 편집까지 완벽했습니다. 아두이노에 대한 이론과 실습을 체계적으로 공부하고 정리를 원한다면 꼭 보길 권하고 싶습니다.

제이펍은 책에 대한 애정과 기술에 대한 열정이 뜨거운 베타리더의 도움으로
출간되는 모든 IT 전문서에 사전 검증을 시행하고 있습니다.

64

인터넷과
사물인터넷

인터넷은 수많은 컴퓨터가 연결된 거대한 네트워크로, 사물인터넷에 대한 관심이 증가하면서 인터넷에 접속되는 기기의 수는 기하급수적으로 증가하고 있다. 인터넷은 물리적인 연결에서부터 이를 바탕으로 하는 추상적인 연결까지 다양한 계층의 연결을 통해 동작하고 있으며, 인터넷과 함께 흔히 언급되는 이더넷과 와이파이는 인터넷에 물리적으로 연결하기 위한 대표적인 방법에 해당한다. 이 장에서는 사물인터넷 환경에서 아두이노가 사물로 동작하기 위해 이더넷과 와이파이를 사용하여 인터넷에 연결하는 방법을 알아본다.

인터넷의 보급과 더불어 현대인의 생활은 인터넷과 떼려야 뗄 수 없는 상황에 이르렀다. 인터넷을 통해 온라인 뉴스를 읽고 온라인 쇼핑을 즐기며 이메일을 주고받는 일상적인 일들에서부터, 연구 목적으로 원격 데이터베이스에서 정보를 읽어오는 일까지 인터넷은 현대인의 행동 양식에 막대한 영향을 미치고 있다. 하지만 실제로 인터넷에서 정보가 어떻게 전달되는지는 대부분이 모르고 있는 것이 사실이다. 모든 사람이 이러한 내용을 이해할 필요는 없으며 인터넷을 통해 제공되는 서비스를 사용하는 것으로 충분하지만, 사물인터넷 환경에서 인터넷을 통해 정보를 주고받기 위해서는 인터넷의 동작 방식을 이해하고 있어야 한다. 인터넷에 연결하기 위한 대표적인 방법에는 유선 연결인 이더넷Ethernet과 무선 연결인 와이파이WiFi가 있다. 여기서 이더넷과 와이파이는 인터넷에 연결하기 위한 물리적인 통로에 해당하며 전기적인 신호를 통해 데이터를 주고받는 역할을 담당하고 있다. 반면, 우리가 흔히 인터넷과 관련하여 듣게 되는 TCP, IP, HTTP 등은 이더넷이나 와이파이를 기반으로 데이터를 목적지로 오류 없이 전송하고 이를 통해 다양한 서비스를 제공하기 위해 사용하는 방법을 말한다. 이 책에서는 아두이노를 인터넷에 연결하기 위해 와이파이를 주로 사용한다.

이더넷은 데스크톱 컴퓨터를 인터넷에 연결하는 경우 흔히 사용된다. 유선 연결인 이더넷은 무선 연결인 와이파이와 비교했을 때 데이터 전송 속도가 빠르고, 전송 지연이 적으며, 연결의 안정성이 높다는 등 여러 가지 장점이 있다. 하지만 휴대용 장치가 이더넷을 사용하지 않는 이유는 케이블 연결이 필요하다는 이유가 가장 큰 것처럼, 아두이노 역시 자유롭게 설치 위치를 선택할 수 있고 위치 이동이 가능하다는 이유로 인터넷 연결을 위해서는 대부분 와이파이를 사용한다. 또한 아두이노를 위한 저렴한 와이파이 통신 모듈이 판매되고 있다는 점도 이더넷보다는 와이파이를 선택하는 이유 중 하나다. 아두이노의 공식 쉴드로 이더넷 쉴드와 와이파이 쉴드가 판매되었지만, 지금은 쉴드 형태로는 판매되지 않고 이더넷이나 와이파이 통신을 담당하는 전용 칩을 내장한 아두이노 보드가 그 자리를 대신하고 있다.

(a) 아두이노 우노 와이파이   (b) 아두이노 이더넷

그림 64.1 이더넷 및 와이파이 기능을 내장한 아두이노 보드 출처 https://store.arduino.cc

이 책에서는 아두이노를 인터넷에 연결하기 위해 ESP8266 칩을 사용한 ESP-01 모듈을 사용한다. ESP8266 칩은 2014년 출시되어 낮은 가격을 경쟁력으로 와이파이 시장에 성공적으로 안착한 것으로 평가받고 있으며, 아두이노에서 와이파이 통신을 위해 사용할 수 있는 모듈 중 가장 싼 모듈이면서 성능 역시 나쁘지 않아 흔히 사용된다. 다만 ESP8266 칩은 3.3V를 사용하므로 신호 레벨 변환기를 사용해야 한다는 불편함은 있다.

그림 64.2 ESP-01 와이파이 모듈

64.1 인터넷 계층 구조

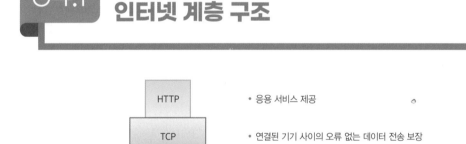

그림 64.3 인터넷 연결의 계층 구조

그림 64.3은 인터넷을 통한 연결에서의 계층 구조를 나타낸 것이다. 인터넷 연결을 위해 필요한 기술은 크게 하드웨어 관련 기술과 소프트웨어 관련 기술로 나눌 수 있다. 하드웨어 관련 기술은 컴퓨터를 포함하여 다양한 기기들을 인터넷에 물리적으로 연결하고 이를 통해 전기적인 신호를 이용하여 데이터를 주고받는 방법이 포함된다. 유선으로 인터넷과 연결하는 이더넷과 무선으로 인터넷과 연결하는 와이파이가 여기에 해당한다. 반면, 소프트웨어 관련 기술에는 인터넷의 기본이 되는 프로토콜인 TCP/IP와 웹 페이지를 통해 정보를 주고받을 수 있게 해주는 HTTP 등이 포함된다.

TCP/IP는 인터넷에 연결된 기기 사이에 오류 없이 데이터를 전달하는 역할을 하며, TCP_{Transfer Control Protocol}와 IP_{Internet Protocol}의 두 가지로 이루어져 있다. TCP/IP에서 기억해야 할 점은 **TCP/IP가 이더넷이나 와이파이를 바탕으로 동작한다**는 점이다. TCP/IP는 논리적인 데이터 전송과 관련이 있다. 하지만 실제 통신은 물리적인 신호를 사용하여 이루어지며 물리적인 신호 전달을 담당하는 것이 이더넷과 와이파이다. 즉, **실제 통신을 수행하는 기기 사이에는 이더넷이나 와이파이 연결만이 존재하며 TCP/IP에서 전달하는 데이터는 물리적인 데이터로 변환된 후 이더넷이나 와이파이를 통해 전달된다.** 흔히 'TCP/IP 연결'이라는 말을 사용하지만, TCP/IP 연결은 실제 존재하지 않는 가상의 연결로 이더넷이나 와이파이를 통해 연결된다.

TCP/IP가 오류 없는 데이터 전달을 책임진다면 인터넷에서 웹 페이지를 나타내기 위해 사용되는 HTTP_{Hyper Text Transfer Protocol}는 데이터를 구조화하고 의미를 부여하는 방식과 관련이 있다. 디지털 기기에서의 데이터는 0과 1로만 구성되지만, 구성 방식에 따라 단순한 텍스트 형식의 문서에서부터 사진, 음악, 동영상 등의 멀티미디어 데이터에 이르기까지 다양한 내용을 표현할 수 있다. 이처럼 데이터의 의미에 중점을 두고 서비스를 제공하기 위한 목적으로 사용되는 프로토콜 중 하나가 HTTP다. HTTP 역시 TCP/IP를 바탕으로 동작한다. 인터넷을 통해 오늘 날씨를 검색하는 경우를 생각해 보자. 날씨 정보 서버에 HTML_{Hyper Text Markup Language} 태그로 구성되는 날씨 정보 검색 명령을 전달하면 역시 HTML 태그로 구성되는 오늘의 날씨 정보가 웹 브라우저로 전달되고 전달된 정보는 웹 브라우저에 나타난다. 날씨 정보 서버와 브라우저 사이에 'HTTP 연결'이 존재한다면 오늘의 날씨 정보를 검색하는 것은 웹 브라우저와 날씨 정보 서버 사이의 텍스트 기반 대화로 이해할 수 있다. 하지만 TCP/IP의 경우에서와 마찬가지로 HTTP 연결 역시 가상의 연결이다. HTTP를 사용하여 웹 브라우저에서 오늘 날씨를 검색하면 TCP/IP를 통해 날씨 정보 제공 서버로 전달된다. 물론 실제 데이터 전달은 이더넷이나 와이파이를 통한 물리적인 연결을 통해 전기적인 신호로 이루어진다. 서버에서 웹 브라우저로의 결과 전송 역시 마찬가지다.

웹 브라우저를 통한 검색 과정이 실제로는 물리적인 전압 변화를 통해 이루어지지만, 이는 너무 복잡하고 이해하기 어려운 것 또한 사실이다. 따라서 실제 검색 과정을 HTTP에서 정한 약속을 바탕으로 날씨 정보 서버에 날씨 정보 검색을 요청하고 검색 결과를 받아오는 'HTTP 연결'을 가정하는 것이 편리하다.

그림 64.3에서 볼 수 있듯이 각 계층의 역할은 분리되어 있고 상위 계층은 하위 계층의 결과를 바탕으로 하고 있으므로, 하위 계층에서 주어진 역할을 정확하게 수행할 때만 상위 계층 역시 주어진 역할을 수행할 수 있다. 이처럼 인터넷 연결을 계층적으로 구성하면 실제 물리적인 연결까지 고려하지 않고 상위 계층에서의 가상 연결만 고려하면 되고, 이웃한 계층 사이의 데이터 전달 방

식만 동일하게 유지한다면 각 계층의 구현 방식을 손쉽게 수정 가능하다는 등의 장점이 있다.

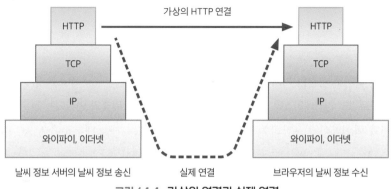

그림 64.4 가상의 연결과 실제 연결

하드웨어를 통한 연결: 이더넷, 와이파이

네트워크란 2개 이상의 기기들이 유무선으로 연결되어 데이터를 주고받는 상태를 말한다. 네트워크는 얼마나 많은 기기가, 얼마나 멀리 떨어져서, 어떤 방식으로 연결되어 있는지 등에 따라 여러 가지 종류의 네트워크로 구분할 수 있다. 인터넷 보급에 따라 가장 많이 듣게 되는 네트워크는 근거리 네트워크인 LAN_{Local Area Network}으로, 네트워크라는 단어는 LAN을 지칭하는 경우가 대부분이다. **LAN은 건물 내, 학교 캠퍼스 등과 같이 한정된 지역 내에 구성되는 네트워크를 말한다.** 한정된 지역 내에 구성된 네트워크들을 서로 연결하여 지역적으로 떨어져 있는 네트워크들로 구성되는 좀 더 큰 규모의 네트워크를 광역 네트워크_{WAN: Wide Area Network}라고 한다. WAN을 더욱 확장하면 인터넷이 된다. LAN을 구성하는 기기들은 유선으로 연결되는 것이 일반적이었지만, 다양한 휴대용 장치들이 등장함에 따라 무선 연결의 중요성이 점차 증가하고 있다. 무선 연결을 통해 구성된 근거리 네트워크를 WLAN_{Wireless Local Area Network}이라고 하며 흔히 무선 LAN이라고도 한다.

인터넷은 LAN을 기반으로 하고 있다. 하지만 LAN은 기기들이 연결되어 데이터를 교환하는 상태를 나타내는 추상적인 단어다. 실제 데이터를 전송하기 위해서는 네트워크의 물리적인 연결 및 전기적인 특성 등을 포함하는 하드웨어에서부터, 데이터의 전달 방법과 응용 서비스 등을 포함하는 소프트웨어에 이르기까지 다양한 수준에서 약속_{protocol}이 정해져 있어야 한다. 이 중 **저수준의 하**

드웨어 연결을 담당하는 기술의 하나가 이더넷Ethernet으로 LAN 구성을 위해 가장 많이 사용되고 있다. 이더넷은 1980년 처음 소개되어 1983년 IEEE 802.3으로 표준화되었다. 이더넷이 유선 연결을 위한 기술이라면 와이파이는 무선 LAN 구성을 위해 가장 많이 사용되는 기술로 IEEE 802.11로 표준화되어 있다.

이더넷이나 와이파이로 연결된 기기들은 48비트의 MACMedia Access Control 주소로 유일하게 구별된다. MAC 주소는 네트워크 인터페이스라 불리는 물리적인 장치, 즉 네트워크와 연결되는 통로에 할당되는 주소로, 이더넷과 와이파이를 포함하여 IEEE 802 표준을 따르는 기술 대부분은 MAC 주소를 사용하고 있다. MAC 주소는 바이트 단위로 구분된 16진값을 대시(-)나 콜론(:)으로 구분하여 표시하며 제조사와 제품 정보로 구성된다. MAC 주소는 하드웨어 주소hardware address, 물리 주소physical address 등으로도 부른다.

제조사 정보

E8-09-3A-56-95-5E

E8:09:3A:56:95:5E

제품 시리얼 번호

그림 64.5 MAC 주소

IEEE 802

IEEE 802는 근거리 네트워크(LAN)와 도시권 네트워크(MAN: Metropolitan Area Network)에 관한 표준들로 구성되며, 프레임(frame) 단위의 가변 길이 데이터 전송 방식을 다룬다. MAN은 일반적으로 LAN과 WAN의 중간 정도 크기인 네트워크를 말한다.

IEEE 802에는 유선 네트워크 구성을 위한 IEEE 802.3과 무선 네트워크 구성을 위한 IEEE 802.11뿐만 아니라, 개인용 근거리 무선 통신(PAN: Personal Area Network)을 위한 블루투스(IEEE 802.15.1)와 지그비(IEEE 802.15.4) 등도 포함되어 있다. IEEE 802에서 정의된 내용은 네트워크를 통한 데이터 전달에 필요한 물리적인 특성과 물리적인 신호를 통한 데이터 전달 방법을 다룬다.

IEEE 802.3에서는 주로 근거리 네트워크에서의 신호 전달 방법이 다루어지지만, 데이터 전달 방법 이외에도 다수의 기기를 연결하여 네트워크를 확장하기 위한 허브(hub), 브리지(bridge), 스위치(switch), 라우터(router) 등에 관한 내용도 포함되어 있다. 2대의 컴퓨터를 랜 케이블로 연결하면 2대의 컴퓨터로 네트워크가 만들어진다. 하지만 3개 이상 컴퓨터를 연결하기 위해서는 특별한 장치가 필요하다.

허브는 네트워크 확장을 위해 사용되는 가장 간단한 장치로, 여러 개의 기기를 연결하기 위해 사용된다. 허브의 경우 하나의 기기에서 데이터가 허브로 전달되면 허브에 연결된 다른 모든 기기로 데이터를 재전송하므로 대역폭을 효율적으로 사용하지 못하고 한 번에 한 쌍의 기기만 통신을 수행할 수 있는 등의 한계가 있다.

브리지 역시 허브와 비슷하게 전달된 모든 데이터를 재전송하는 역할을 하지만, 기기 사이의 전송이 아니라 네트워크 내에서 기기들의 모임인 세그먼트(segment)를 연결하기 위해 주로 사용된다는 차이가 있다. 반면, 라우터는 서로 다른 네트워크를 연결하기 위해 사용된다. 라우터는 단순히 데이터를 전달하는 역할 이외에도 목적지로 설정된 기기가 존재하는 네트워크로만 데이터를 전달하는 라우팅routing 기능을 수행한다. 스위치 역시 네트워크 내에서 기기들의 연결을 위해 사용되지만, 모든 기기로 데이터를 재전송하는 허브와 달리 정해진 목적지로만 데이터를 전송하는 라우터와 비슷한 기능을 한다.

가정에서 흔히 사용되는 공유기는 위의 장치들과는 역할이 조금 다르다. 공유기는 말 그대로 공유기에 할당된 하나의 IP 주소를 여러 개의 기기가 '공유'할 수 있게 해주는 역할을 하며, 인터넷에서는 사용할 수 없는 사설 IP 주소를 사용하여 IP 주소를 공유하는 기기들을 구별한다.

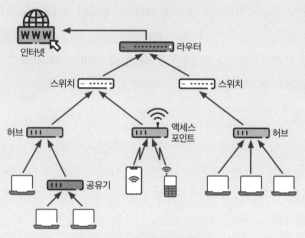

그림 64.6 네트워크의 구성

IEEE 802.3이 유선 네트워크에 관한 기술을 다룬다면 IEEE 802.11은 무선 네트워크에 관한 기술을 다룬다. 무선 연결의 경우도 유선 연결과 기본적으로 같은 방식을 사용하지만 몇 가지 차이가 있다. 차이점 중 하나는 무선 액세스 포인트(WAP: Wireless Access Point, 또는 간단히 AP)의 사용이다. 무선기기를 연결하기 위해서는 무선기기와 네트워크 사이의 접점 역할을 하는 장치가 필요하며, WAP는 유선으로 네트워크와 연결되어 무선기기와 유선 네트워크 사이의 접점 역할을 한다. WAP는 스위치나 라우터 등에 연결하여 사용한다. 가정에서 흔히 사용하는 공유기의 경우 여러 개의 유선 연결이 하나의 IP를 공유할 수 있게 해주는 기능 이외에, 대부분 WAP 기능을 포함하고 있다. 즉, 무선기기가 WAP에 연결되면 사설 IP를 할당받아 유선기기와 마찬가지로 인터넷에 접속할 수 있다.

64.3 데이터 전송을 위한 연결: TCP/IP

이더넷이나 와이파이를 통한 통신이 전기적인 신호를 사용하여 기기 사이에 데이터를 전달하는 것과 관련이 있다면, **TCP/IP는 네트워크에 연결된 특정 기기 사이에 이진 데이터를 전달하는 역할을 한다.** TCP/IP는 글자 그대로 TCP와 IP의 결합으로 이루어져 있으며, 이 중 IP는 TCP보다 하위 계층에 해당한다.

IPInternet Protocol**의 주요 기능은 전송되는 데이터를 패킷으로 만들어 네트워크에 연결된 특정 기기로 전송하는 것이다.** 네트워크에는 많은 수의 기기들이 연결되어 있다. 이 중 **특정 기기로만 데이터를 전송하기 위해서는 네트워크에 연결된 모든 기기를 유일하게 구별할 수 있어야 하며, 이를 위해 인터넷 주소라고 불리는 IP 주소를 사용한다.** IP 주소는 v4의 경우 32비트를, v6의 경우 128비트를 사용하며 아두이노에서는 v4가 흔히 사용된다.

이미 앞에서 모든 네트워크 인터페이스에 유일하게 정해지는 MAC 주소가 사용되고 있음을 살펴 봤다. MAC 주소가 발신지와 수신지를 유일하게 구별할 수 있음에도 불구하고 IP 주소가 필요한 이유는 무엇일까? MAC 주소가 장비 제조사에서 정하는 하드웨어의 고유 번호에 해당한다면, IP 주소는 지역별로 할당되어 데이터 전달 경로routing path를 결정하기에 적합하도록 만들어진 소프트웨어 주소라는 점에서 차이가 있다. MAC 주소는 한 번 정해지면 바꾸지 않는 것이 일반적이지만, IP 주소는 기기의 설치 위치에 따라 바꾸어야 한다. MAC 주소가 주민등록번호라면 IP 주소는 현재 거주지의 주소라고 보면 이해가 쉬울 것이다. 주민등록번호를 기준으로 편지를 보낸다고 생각해 보자. 우편물이 정확하게 배달될 수는 있겠지만 수신인을 찾아내기는 쉽지 않다. 거주지 주소를 기준으로 편지를 보내는 경우는 어떨까? 거주지 주소는 지역별로 할당되어 있고 큰 지역은 다시 작은 지역으로 반복적으로 나누어지므로 쉽게 우편물을 보낼 위치를 찾아낼 수 있다. 그렇다면 MAC 주소는 어디에 사용되는 것일까? 앞에서도 설명한 바와 같이 실제 통신은 이더넷이나 와이파이를 통해, 즉 MAC 주소를 통해 이루어진다. IP 주소는 IP 계층에서만 의미 있는 주소다. IP 계층에서 거주지로 우편물을 보내지만, 실제 전달은 이더넷 계층에서 주민등록번호를 기준으로 이루어진다. 따라서 **통신을 위해서는 IP 주소와 MAC 주소 사이의 변환 작업이 이루어져야 하며 이를 위해 사용하는 것이 주소 결정 프로토콜**ARP: Address Resolution Protocol**이다.**

MAC 주소는 인증을 위한 수단으로 사용되기도 한다. MAC 주소는 기기 생산 시에 결정되는 주소이므로 이를 통해 제조 회사와 기기 정보를 확인할 수 있다. 이는 스마트폰도 마찬가지다. 스마트폰이 이동통신사를 통해 인터넷으로 접속하는 경우, 이동통신사는 스마트폰의 MAC 주소를 바탕으로 자사의 서비스를 사용하는 스마트폰인지 아닌지를 알아내고 접속 여부를 결정할 수 있다.

IP가 패킷으로 만들어진 데이터를 목적지까지 전달하는 과정을 담당한다면 TCP는 데이터가 목적지로 오류 없이 전달될 수 있도록 책임진다. TCP는 두 기기 사이의 데이터 흐름을 관리하고 수신된 데이터에 대한 수신확인acknowledgement을 통해 데이터가 수신되었음을 알려줌으로써 데이터 전달이 정확하게 이루어지도록 해준다. TCP는 IP보다 상위의 프로토콜이므로 IP를 바탕으로 동작한다. 즉, IP 계층에서 패킷 단위로 전달된 데이터를 바탕으로 데이터가 정확하게 전달되고, 여러 개의 패킷으로 전달된 데이터가 순서에 맞게 전달되었는지를 보장하는 방법을 제공하고 있다.

64.4 인터넷을 위한 새로운 주소 체계: IPv6

인터넷이 현재와 같은 모습으로 성장할 수 있었던 이유 중 하나가, 공개되어 있어 누구나 사용할 수 있고 기기나 운영체제와는 무관하게 동작할 수 있는 개방적인 프로토콜인 IP 때문이라는 데 대부분 동의하고 있다. IPv4Internet Protocol version 4는 1981년 만들어진 프로토콜로 설계 당시 32비트 주소를 8비트 단위의 4개 숫자로 지정하도록 만들어졌다. 32비트 주소는 약 $2^{32} \approx 4.3 \times 10^9 = 43$억 개의 주소를 생성할 수 있어 충분히 많은 수의 기기들에 주소를 할당해 줄 수 있을 것으로 여겨졌다. 하지만 1990년대 이후 인터넷은 폭발적으로 성장하여 인터넷에 연결되는 기기의 수는 빠른 속도로 증가했고, 인터넷 IP 주소를 관리하는 국제인터넷주소관리기구ICANN: Internet Corporation for Assigned Names and Numbers는 2011년 2월 IPv4 주소에 새롭게 할당할 수 있는 주소가 남지 않았음을 공식적으로 발표했다. 이러한 주소 부족 현상은 사물인터넷의 등장으로 인터넷에 연결되는 사물의 수가 증가함에 따라 한층 더 심해지고 있다. 가트너Gartner는 2020년이면 약 260억 개의 사물이 상호 연결될 것으로 추정하고 있으며, ABI 리서치Research는 그 수가 약 300억 개에 이를 것으로 추산하고 있는 등 개수의 차이는 있지만 연결되는 기기의 개수가 기하급수적으로 증가할 것이라는 데는 의견을 같이하고 있다. 이러한 상황에서 기존 IPv4로는 사물인터넷을 감당할 수 없으며 IPv6가 유일한 해결책으로 여겨지고 있다. **IPv6는 기존 IPv4를 대체해 나가고 있는 차세대 인터넷 프로토콜이다.**

IPv6가 IPv4와 다른 점은 여러 가지가 있지만, 사물인터넷을 위한 해결 방안으로 거론되는 이유는 128비트 주소를 사용하기 때문이다. IPv6의 128비트 주소는 8개의 16비트 그룹으로 나뉘며 각 그룹은 4자리의 16진수로 표현되고 그룹은 콜론(:)으로 구별하여 표시한다.

표 64.1 IP 주소 표시 방식

프로토콜	표시 예	주소 분리	비트
IPv4	192.168.100.123	도트(.)	32
IPv6	2001:0db8:85a3:08d3:1319:8a2e:0370:7334	콜론(:)	128

128비트 주소는 $2^{128} \approx 3.4 \times 10^{38}$개의 주소를 표현할 수 있다. 10^{38}이 얼마나 큰 수인지 짐작할 수 있는가? 우주에 있는 별의 개수는 약 10^{22}개라고 한다. 우주에 있는 모든 별에 주소를 할당하고도 남는 주소를 IPv6는 만들어낼 수 있다. 10^{22}개 역시 짐작하기 어려운 수이지만, 지구상의 모래알 수가 대략 10^{22}개 정도 된다고 한다. 세계 인구는 약 70억(7×10^9)에 이른다. IPv6로 만들어낼 수 있는 주소는 지구상의 모든 사람이 모래알만큼 많은 주소를 사용해도 남을 만큼의 개수에 해당한다. 당분간은 인터넷 주소가 부족할 걱정은 하지 않아도 될 것이다. 물론 IPv4로 충분하리라 예상했던 주소의 개수가 30년 만에 고갈된 것처럼 IPv6 역시 30년 후에는 바닥이 날지도 모를 일이긴 하다.

IPv4 주소가 고갈되었다는 공식 발표 이후 세계적으로 IPv6 주소를 사용하기 위한 작업이 진행되고 있다. 하지만 새로운 주소를 사용하려면 네트워크, 서비스, 기기 등이 모두 IPv6를 지원해야 하므로 많은 시간과 비용이 필요하다. 또한 IPv4 체계에서도 동적 IP 할당이나 사용하지 않는 주소의 재할당 등을 통해 당분간 사용에 큰 문제가 없는 것으로 알려져 있으므로, IPv6로의 전환이 필요하다는 점은 모두가 인식하고 있지만 실제 IPv6로의 전환은 서서히 진행되고 있다. IPv6로 완전히 전환되는 시점은 2030년경으로 예상되며, 그때까지는 IPv4와 IPv6가 공존하는 상황이 계속될 것이다.

64.5 서비스 제공을 위한 연결: HTTP

인터넷은 TCP/IP를 기반으로 동작하고 있으며, TCP/IP를 사용하는 경우 상대방의 IP 주소로 데이터를 보냈을 때 데이터가 정확하게 수신되었음을 보장한다. 상대방이 인터넷에 물리적으로 연결되어 있지 않다면 데이터 수신은 불가능하지만 이 경우에도 데이터가 수신되지 않았음을 확인할 수 있다. TCP/IP를 바탕으로 더 상위 계층에서 서비스를 제공하는 다양한 프로토콜이 존재하며 인터넷의 대표적인 프로토콜 중 하나인 HTTP가 여기에 속한다. **TCP/IP가 정해진 주소로 데이터가 오류 없이 전달되는 것을 보장한다면, HTTP는 전달된 데이터를 사용하여 하이퍼텍스트로 표현되는 정보 전달, 즉 서비스에 중점을 두고 있다.** 이 외에도 여러 가지 프로토콜이 TCP/IP를 기반으로 서비스 제공을 위해 사용되고 있다.

표 64.2 서비스 계층의 프로토콜

프로토콜	설명	비고
HTTP	Hyper Text Transfer Protocol	웹 페이지 표시
FTP	File Transfer Protocol	파일 전송
Telnet	Terminal over Network	원격 로그인
SMTP	Simple Mail Transfer Protocol	메일 전송

프레임, 패킷, 세그먼트, 메시지

이더넷은 프레임 단위로 데이터를 전송한다. 반면, IP는 패킷 단위로 데이터를 전송한다. 네트워크 연결을 위해 각 계층에서는 각 계층이 제공하는 기능을 위해 데이터에 헤더(header)라고 불리는 부가적인 정보를 포함하여 전달하게 되며, 데이터에 이더넷 헤더를 추가하여 만든 것이 프레임이다. IP는 이더넷을 통해 데이터를 전달한다는 것은 이미 설명했다. 즉, IP의 패킷은 이더넷의 프레임으로 다시 만들어져서 데이터 전송이 이루어지며, 따라서 실제 전달되는 데이터에는 IP의 패킷 헤더와 이더넷의 프레임 헤더가 추가된 형태가 된다. 이는 TCP와 HTTP에서도 마찬가지다. TCP에서의 데이터 단위는 세그먼트라고 한다. HTTP 데이터를 전달하고자 한다면 먼저 TCP에서 헤더가 추가된 세그먼트가 만들어지고, 여기에 IP 헤더를 추가한 패킷이 만들어지며, 마지막으로 이더넷 헤더가 추가된 프레임으로 만들어진 이후 실제 전송이 이루어진다. 실제 데이터 전송에서는 비트 단위의 전기 신호를 통해 데이터가 전송된다는 점도 잊지 말아야 한다.

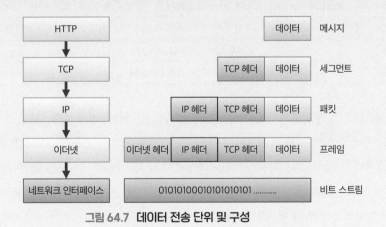

그림 64.7 데이터 전송 단위 및 구성

컴퓨터에 이더넷 케이블을 연결하면 컴퓨터는 인터넷에 물리적으로 연결된 상태가 된다. 하지만 물리적인 연결만으로는 데이터를 주고받을 수 없으며 데이터 교환을 위해 IP 주소를 설정해야 한다. 인터넷은 LAN의 집합으로 생각할 수 있으며, IP 주소는 지역적으로 구분된 네트워크로 데이터 전달을 위해 구성된 소프트웨어 주소에 해당한다. **IPv4에서 사용되는 4바이트의 주소는 두 부분으로 나뉘며, 앞부분은 네트워크 주소를 나타내고 뒷부분은 네트워크 내의 기기 주소를 나타낸다.** 같은 네트워크에 연결된 기기는 모두 같은 네트워크 주소를 갖는다. 따라서 데이터의 전달은 먼저 네트워크로 전달된 후 네트워크 내의 기기로 전달되는 순서를 따른다.

네트워크 주소는 네트워크에 연결될 수 있는 기기의 개수에 따라 A, B, C 클래스의 세 가지가 있고, 특수 목적용으로 D, E 클래스가 있다. A, B, C 클래스에서 네트워크 주소는 1에서 3바이트 크기를 가지며, 따라서 기기 주소는 3에서 1바이트 크기를 갖는다. 표 64.3에서 알 수 있듯이 클래스 A 네트워크에 연결된 컴퓨터는 3바이트의 주소로 구분되므로 클래스 A 네트워크에는 다른 클래스의 네트워크보다 많은 기기가 연결될 수 있다.

표 64.3 **IP 주소 구성(ooo: 네트워크 주소, xxx: 기기 주소)**

클래스	구성	비고
A	ooo.xxx.xxx.xxx	가장 큰 규모의 네트워크에 할당. 최대 2^{24} = 16,777,216개 기기 연결 가능
B	ooo.ooo.xxx.xxx	최대 2^{16} = 65,536개 기기 연결 가능
C	ooo.ooo.ooo.xxx	가장 작은 규모의 네트워크에 할당. 최대 2^8 = 256개 기기 연결 가능
D		224.0.0.0~239.255.255.255
E		240.0.0.0~254.255.255.254

특정 네트워크에 연결된 기기의 주소를 정하는 방법은 여러 가지가 있다. 고정static IP는 기기에 설정된 IP 주소를 그 기기가 독점적으로 사용하는 방식이다. 반면, 유동dynamic IP는 기기들이 IP 주소를 공유하는 방식으로, 기기가 네트워크에 접속할 때 사용할 수 있는 IP 주소 중 하나를 할당받아 사용하게 된다. 유동 IP를 사용하기 위해서는 사용 가능한 IP 주소를 관리하고 IP 주소를 기기에 할당하는 방법이 필요하며 DHCPDynamic Host Configuration Protocol가 이를 위해 사용된다.

IP 주소 중에는 사설private IP라고 불리는 특별한 주소가 존재한다. IP 주소는 인터넷에 접속된 기기를 유일하게 구별하기 위해 사용되는 값이므로 같은 IP 주소가 2개 이상의 기기에서 동시에 사용될 수 없다. 따라서 IP 주소는 국제인터넷주소관리기구의 공식적인 허가를 받아야만 사용할 수 있다. 반면, 사설 IP는 공식적으로 IP 주소 사용에 대한 허가를 받지 않고 임의로 사용할 수 있는 주소로 '192.168.xxx.xxx'를 가장 많이 사용한다. 사설 IP와 달리 공식적으로 사용 허가를 받아 사용하는 주소는 공인public IP라고 한다. 사설 IP는 공인 IP와 달리 폐쇄형이다. 즉, 사설 IP는 네트워크 내부에서만 사용할 수 있으며 사설 IP를 사용한 인터넷으로의 연결은 불가능하다. 사설 IP를 사용하는 이유는 크게 두 가지다. IPv4의 주소 고갈 문제는 이미 잘 알려져 있다. 사설 IP를 사용하면 여러 기기가 하나의 공인 IP를 공유하여 사용할 수 있다. 가정에서 공유기를 설치하고 여러 대의 컴퓨터를 공유기에 연결하면 각 컴퓨터에는 사설 IP인 192.168.xxx.xxx가 할당되고, 모든 컴퓨터는 공유기에 할당된 하나의 공인 IP를 사용하여 인터넷에 접속할 수 있다. 사설 IP를 사용하는 다른 이유는 보안이다. 사설 IP를 사용하는 컴퓨터가 공유기를 통해 인터넷에 접속하는 것은 가능하지만, 사설 IP가 인터넷에서는 의미 없는 주소이므로 외부 네트워크에서 사설 IP를 사용하는 기기로의 접속은 기본적으로 불가능하다. 따라서 사설 IP를 사용하는 기기는 외부에서 유입되는 바이러스나 해킹 등에 공인 IP보다 안전하다.

인터넷에 접속하기 위해서는 기기의 IP 주소 설정 이외에도 몇 가지 설정이 더 필요하다. 먼저 '⊞'+Ⓡ' 키를 눌러 실행 창에 'control'을 입력하여 제어판을 실행한다. '제어판 → 네트워크 및 인터넷 → 네트워크 및 공유 센터'를 선택하자.

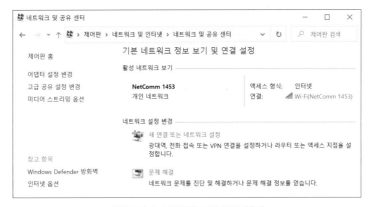

그림 64.8 **네트워크 및 공유 센터**

오른쪽 위의 인터넷과 연결된 활성 네트워크를 클릭하여 연결 상태 다이얼로그를 실행한 후 '속성' 버튼을 눌러 연결 속성을 확인해 보자.

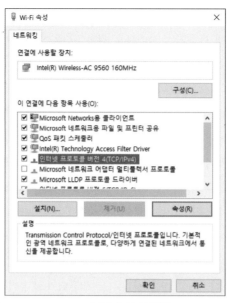

그림 64.9 연결 속성 다이얼로그

'인터넷 프로토콜 버전 4(TCP/IPv4)'를 선택하고 '속성' 버튼을 누르면 IPv4의 속성을 확인할 수 있다.

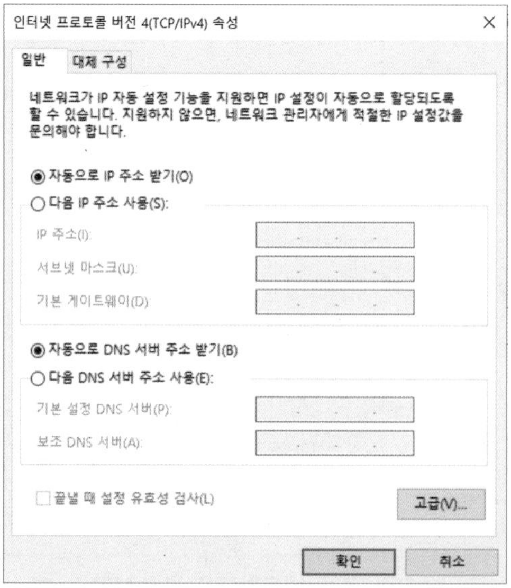

그림 64.10 인터넷 프로토콜 버전 4(TCP/IPv4) 속성 – 자동 설정

그림 64.10의 경우 '자동으로 IP 주소 받기'가 설정되어 있으므로, 즉 DHCP를 통해 IP 주소가 자동으로 결정되므로 아무런 설정이 필요하지 않다. '다음 IP 주소 사용' 항목을 선택하면 5개의 주

소를 입력하도록 입력 필드가 활성화된다. 입력할 수 있는 주소는 IP 주소, 서브넷 마스크, 기본 게이트웨이, 기본 설정 DNS 서버, 보조 DNS 서버 등 5개이고 보조 DNS 서버 주소는 입력하지 않아도 된다.

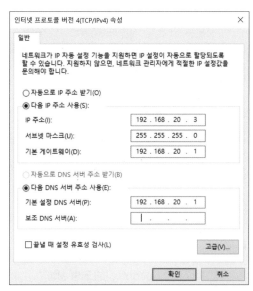

그림 64.11 인터넷 프로토콜 버전 4(TCP/IPv4) 속성 – 수동 설정

그림 64.11에서는 IP 주소로 '192.168.20.3'의 사설 IP를 사용하고 있다. 서브넷 마스크는 IP 주소에서 네트워크 부분과 기기 부분을 분리하기 위해 사용한다. 서브넷 마스크와 IP 주소를 비트 단위로 AND 연산을 한 결과가 네트워크 주소에 해당한다. 그림 64.11에서 네트워크 주소는 '192.168.20.xxx'이며 나머지 'xxx.xxx.xxx.3'이 네트워크 내에서 컴퓨터의 주소를 나타낸다. 게이트웨이는 네트워크에 연결된 기기가 인터넷으로 연결되기 위해 반드시 거쳐야 하는 지점을 가리킨다. 즉, 인터넷과 직접 연결된 '관문gateway'에 해당한다. 마지막 DNS 서버는 IP 주소와 웹 브라우저의 주소 입력창에 입력하는 문자열 주소 사이의 변환을 담당한다.

인터넷에 연결된 컴퓨터는 IP 주소를 통해 유일하게 구별된다. 하지만 4바이트로 이루어지는 숫자를 기억한다는 것은 쉬운 일이 아니다. 검색을 위해 'www.google.com'을 주소창에 입력하기는 쉽지만, 구글 검색 사이트의 IP 주소인 '216.58.221.46'을 기억하고 입력하기는 쉽지 않다. 'www.google.com'을 실제 IP 주소인 '216.58.221.46'으로 변환하는 것이 DNSDomain Name System 서버의 역할이다. 문자열 주소와 IP 주소와 같은 의미로 사용되므로 주소 입력창에 'www.google.com'이 아닌 '216.58.221.46'을 입력해도 구글 검색 사이트로 이동한다. DNS 서버 주소는 2개까지 입력할 수 있다.

고정 IP를 사용한다면 위의 정보들을 네트워크 관리자에게 문의하여 입력하면 된다. 공유기를 사용하고 있다면 그림 64.10과 같이 공유기에서 DHCP를 통해 자동으로 주소가 설정되므로 걱정할 필요가 없다. 다만 공유기를 사용할 때도 공유기 설정은 필요할 수 있다. 현재 내 컴퓨터의 IP 주소 설정을 확인하고 싶다면 명령창에서 'ipconfig /all' 명령을 입력해 보자. 네트워크 인터페이스의 MAC 주소부터 IP 주소에 이르기까지 다양한 정보를 확인할 수 있다.

그림 64.12 ipconfig /all 명령 실행

64.7 사물인터넷

지금까지 인터넷이라는 거대한 네트워크가 동작하는 데 필요한 계층 구조와 각 계층의 역할 그리고 각 계층에서 사용하는 프로토콜에 대해 알아봤다. 다시 말해, 지금까지 이야기한 내용은 대부분 인터넷 자체에 관한 내용이다. 하지만 **사물인터넷은 여러 사물이 인터넷을 통해 연결되어 상호 작용함으로써 유용한 서비스를 제공하는 추상적인 개념이다.**

사물인터넷이라는 용어는 1999년 케빈 애슈턴Kevin Ashton이 처음 제안했지만, 이전에 존재하던 유비쿼터스Ubiquitous, 사물통신M2M, Machine to Machine 등과 맥락을 같이하고 있다. 또한 사물인터넷의 범위를 더 확장한 만물 인터넷Internet of Everything이라는 용어도 사용되는 등 유사한 개념의 단어들이 혼재되어 사용되고 있다. 이처럼 비슷한 의미의 여러 단어가 동시에 사용되는 이유 중 하나는 사물인터넷에 대한 표준이 존재하지 않기 때문이다. 하지만 사물인터넷은 특정 기술을 지칭하는 용어가 아니라 사물이 연결된 상태에 있고, 사물들이 연결을 통해 상호 작용을 하며, 상호 작용을 통해 유용한 서비스를 제공하는 상태를 가리키는 추상적인 용어이므로 표준을 정한다는 것 자체가 불가능하다. 이미 유사한 개념을 가리키는 단어가 여러 가지 존재함에도 사물인터넷이 라는 단어가 주목을 받는 이유는 무엇일까? 사물인터넷이 이전의 단어들과 다른 점은 무엇일까? 사물인터넷에 대한 정의는 각양각색이지만 유비쿼터스나 사물통신 등과 비교할 때 몇 가지 차이 를 발견할 수 있다.

- **사물인터넷에서 사물들은 '인터넷'을 통해 연결된다.** 사물인터넷 이전에도 시스템이 서로 연결되 어 동작하는 예는 많았지만, 이전 연결이 소규모 네트워크에 한정되어 있었다면 사물인터넷은 인터넷을 통해 연결되어 시간과 장소의 제약 없이 언제 어디서든 제공되는 서비스를 사용할 수 있다는 점에서 차이가 있다. 사물인터넷에서 모든 사물이 인터넷으로 직접 연결되는 것은 아니지만, 인터넷을 통해 모든 사물이 정보를 교환할 수 있다.

- **사물인터넷에서는 사물의 '지능'을 강조한다.** 이전의 개념들에서도 연결되는 시스템들이 특정 기 능을 수행하므로 지능이 없다고는 할 수 없지만, 이전 개념들에서는 연결 자체가 강조되었다 면 사물인터넷에서는 사물이 갖는 지능, 즉 사물이 새로운 정보를 만들어내는 방법과 그 결과 인 새로운 정보가 강조되고 있다.

- 인터넷에 연결된 사물이 지능적으로 정보를 처리하고 재생산하는 것은 사실이지만 이 과정에 서 **다른 사물들과의 '상호 작용' 역시 사물인터넷의 중요한 요소 중 하나다.** 사물은 연산 능력을 갖 춘 물건을 말한다. 컴퓨터가 사물의 대표적인 예이지만 아두이노 역시 사물이 될 수 있다. 연 결되어 있지 않은 시스템은 모든 일을 혼자 처리해야 하므로 높은 연산 능력이 필요하지만, 연 결된 사물은 다른 사물의 도움을 받아 필요한 정보를 수집하고 일부 계산을 위임할 수도 있 으므로 높은 연산 능력 없이도 상호 작용을 통해 사물인터넷에서 사물로 동작할 수 있다.

- 이전 개념들과 비교했을 때 사물인터넷의 가장 큰 차이점은 **사물의 연결을 통해 '유용한 서비스' 를 제공하는 것이 중요한 목표 중 하나**라는 점이다. 사물인터넷은 사물들의 연결이나 정보 교환 을 넘어 연결을 통해 다양한 정보를 획득하고 이를 분석하여 맞춤형 서비스를 제공하는 것까 지 아우르고 있다. 연결 자체는 이전의 개념에서와 다르지 않지만, 사물들의 정보 교환과 분 석을 통해 다양한 서비스가 가능해지며 이를 통해 더욱 편리한 삶을 누리게 하는 것이 사물 인터넷의 최종 목표라고 할 수 있다.

아두이노가 사물인터넷 환경에서 사물로 동작하기 위해서는 ① 정보를 수집하는 기술, ② 수집된 정보를 처리하고 분석하는 기술, ③ 인터넷을 통해 다른 사물과 정보를 교환하는 기술 등이 필요 하며, 이 책에서 아두이노를 사물로 사용하기 위해 필요한 기술과 방법 대부분을 찾을 수 있다.

정보 수집을 위한 대표적인 기술은 센서를 사용하는 센싱 기술이다. 온도, 습도, 조도 등을 측정하는 간단한 센서부터 위치, 움직임, 영상 등의 정보를 얻을 수 있는 복잡한 센서에 이르기까지 다양한 센서가 존재하며 아두이노에서도 이들 대부분을 사용할 수 있다. 수집된 정보를 처리하는 '지능'은 아두이노에서 스케치를 통해 구현된다. 사물은 다른 사물로부터 정보를 받고 이를 처리할 수 있는 기술 역시 필요하지만, **아두이노의 연산 능력에 한계가 있으므로 다른 사물로 정보를 제공하는 용도로 주로 사용된다.** 아두이노가 제공하는 정보를 수집하는 사물은 스마트폰, 데스크톱 컴퓨터, 인터넷상의 서버 등이 될 수 있다.

사물인터넷에서 아두이노가 사물로 동작하기 위해서는 인터넷에 연결되어야 한다. 아두이노를 인터넷에 연결하는 방법으로 이 책에서는 와이파이를 주로 사용한다. 하지만 와이파이를 통해 인터넷에 직접 연결되는 경우 이외에도 다양한 방법으로 인터넷에 간접적으로 연결될 수 있음을 기억해야 한다. 아두이노가 사용할 수 있는 유무선 통신 방법의 종류는 흔히 사용하는 방법만도 10여 가지가 넘는다. 그중 사물로 동작하기 위한 통신 방법으로는 와이파이를 제외하고도 RS-232C, UART, CAN\tiny{Controller Area Network} 등의 유선 통신과 블루투스, 지그비, LoRa\tiny{Long Range} 등의 무선 통신을 사용할 수 있다. 이들 유무선 통신을 통해 인터넷에 연결된 다른 사물로 정보를 보냄으로써 아두이노는 사물인터넷에서 사물로서 참여할 수 있다.

사물인터넷에 참여하기 위해 아두이노가 갖추어야 할 것들이 아두이노로 제어 장치를 만들 때 필요한 것들과 다르지 않다는 점을 눈치챘는가? 사물인터넷은 인터넷을 통해 연결된 사물들이 서비스 제공을 위해 서로 협력하는 추상적인 개념에 해당한다. 따라서 **이 책에서 다루는 내용은 아두이노로 간단한 제어 장치를 만드는 방법이면서 사물인터넷에서 사물로 동작할 수 있게 해주는 방법이기도 하다.** 이 책을 통해 사물인터넷에서 동작하는 나만의 사물을 만드는 방법을 찾아낼 수 있기를 바란다.

64.8 맺는말

인터넷은 지구상에서 가장 큰 규모의 네트워크로, 서로 다른 네트워크를 연결해 놓은 네트워크의 네트워크라고 불린다. 인터넷은 1960년대 미국에서 군사적인 목적으로 시작되어 지금은 거의 모든 컴퓨터와 모바일 기기들이 인터넷에 연결되어 있다. 또한 최근 사물인터넷의 확산에 따라 인터넷에 연결된 기기의 수는 빠른 속도로 증가하고 있다. 인터넷은 간단하면서도 효율적인 구조에서 그 장점을 찾을 수 있으며, 이를 위해 통신 과정을 몇 개의 층으로 분리하고 각 층은 고유의 역할을 담당하도록 구성되어 있다. 가장 낮은 층에 해당하는 이더넷과 와이파이는 물리적인 연결을 지원하는 층으로 인터넷의 기본이 된다고 할 수 있다.

인터넷에 연결된 기기의 증가는 기존 인터넷에 큰 변화를 불러오고 있으며 IPv6로의 전환이 그중 하나다. 또한 사물인터넷에 관한 관심의 증가에 따라 와이파이뿐만 아니라 다양한 유무선 통신에 관한 관심 역시 증가하고 있으며 이 책에서 다룬 다양한 통신 방법들에서 그 예를 찾을 수 있다. 인터넷에 연결된 사물의 증가는 다양한 서비스를 가능하게 해주며 이를 통해 더욱 편리한 삶을 누릴 수 있게 해주리라는 점에서 이견은 없으며, 향후 사물인터넷 시장이 폭발적으로 증가하리란 점에서도 의견을 같이하고 있다. 하지만 사물인터넷이 장밋빛 미래를 약속할 것인가에 대해서는 의견이 분분하다. 모든 사물이 연결되고 필요한 정보를 시간과 장소의 제약 없이 알아낼 수 있는 환경이 만들어진다면 편리한 세상이 될 것은 분명하지만, 이처럼 편리한 세상이 과연 바람직한 세상인지는 또 다른 문제로 개개인의 판단에 맡길 따름이다.

 인터넷에 연결된 기기의 증가와 함께 보안의 중요성 또한 강조되고 있다. 인터넷은 개방적인 구조로 설계되어 있고 인터넷이 성공한 이유 중 하나가 개방성에 있지만, 이러한 개방성으로 인해 보안이 취약하다는 점도 생각해야 한다. 이에 따라 최근 보안을 강조한 프로토콜이 사용되고 있으며 웹 페이지를 나타내기 위한 HTTP가 보안 요소가 추가된 HTTPS로 바뀐 것이 한 예다. HTTP와 비교했을 때 HTTPS의 장단점을 알아보자.

 데이터를 한 컴퓨터에서 다른 컴퓨터로 전송하기 위해 흔히 사용하는 프로토콜에는 TCP_{Transmission Control Protocol} 이외에도 UDP_{User Datagram Protocol}가 있다. TCP가 연결형 프로토콜로 목적지에 패킷이 도달했음을 보장한다면, UDP는 비연결형 프로토콜로 패킷이 목적지에 도달했음을 보장하지 않는다는 차이가 있다. TCP와 UDP의 장단점을 알아보고 용도를 비교해 보자(70.1절 'TCP와 UDP' 참고).

ESP-01
와이파이 모듈

ESP-01 모듈은 ESP8266 칩을 사용하여 만든 ESP-nn 시리즈 모듈 중 가장 간단한 모듈로, 저렴한 가격과 간단한 사용 방법으로 아두이노에 와이파이 기능이 필요한 경우 흔히 사용되는 시리얼 와이파이 모듈이다. 이 장에서는 ESP-01 모듈의 특징과 아두이노에 연결하는 방법 그리고 AT 명령을 사용하여 ESP-01 모듈을 제어하는 방법에 대해 알아본다.

이 장에서
사용할 부품

아두이노 우노	× 1 ➡ ESP-01 모듈 테스트
ESP-01 모듈	× 1 ➡ 시리얼 와이파이 통신 모듈
1.5kΩ 저항	× 1 ➡ 레벨 변환
3.3kΩ 저항	× 1 ➡ 레벨 변환

65.1 ESP8266

ESP8266은 중국의 에스프레시프 시스템스Espressif Systems*에서 제작하여 판매하는 '와이파이 통신 기능을 포함하고 있는 마이크로컨트롤러' 또는 'SoCSystem on Chip'다. ESP8266은 2014년 출시되어 불과 몇 년 사이에 와이파이 통신 모듈 시장에 성공적으로 안착한 것으로 평가되고 있다. ESP8266 이전에도 와이파이 통신 모듈은 여러 종류가 있었지만 ESP8266이 단시간에 시장의 관심을 끌 수 있었던 가장 큰 장점은 가격이다. 최소한의 회로만을 추가하여 시리얼 와이파이 모듈로 사용할 수 있는 ESP-01 모듈의 경우 $2 이하에 구입할 수 있다. 이러한 가격은 이전에 판매되던 와이파이 통신 모듈의 가격과 비교하면 1/10 이하의 낮은 가격이다**. ESP8266의 스펙을 요약하면 표 65.1과 같다.

표 65.1 **ESP8266 스펙**

특징	설명
동작 전압	3.3V(3.0∼3.6V)
전류 소비	10μA∼500mA
프로세서	Tensilica L106 32비트
동작 클록	80∼160MHz
플래시 메모리	칩 내에 플래시 메모리가 포함되어 있지 않으며, 최소 512KB에서 최대 16MB 외부 플래시 메모리를 연결하여 사용
범용 입출력 핀	17개
아날로그-디지털 변환 장치	10비트 1채널
와이파이	802.11 b/g/n
TCP 동시 연결	최대 5개

ESP8266 또는 ESP8266을 사용한 모듈을 사용할 때 주의해야 할 점이 몇 가지 있다.

- **ESP8266은 3.3V에서 동작한다.** 시리얼 통신 모듈로 사용하기 위한 UART 통신 역시도 3.3V 레벨을 사용하므로 5V 레벨을 사용하는 아두이노와 함께 사용할 때는 레벨 변환 회로를 사용해야 한다. UART 통신의 경우 5V 레벨을 사용하는 장치와의 통신에서 문제가 없다는

---

* https://espressif.com

** 상업용 제품 생산을 위해 사용하기에는 ESP8266 칩은 물론 ESP8266 칩을 사용하여 만든 ESP-nn 시리즈 모듈의 안정성에 문제가 있는 것으로 알려져 있지만, 아두이노와 함께 프로토타입을 제작하고 테스트하기 위한 용도로는 충분하다.

내용을 여러 온라인 사이트에서 찾아볼 수 있지만, ESP8266 데이터시트에서 5V 레벨의 UART 통신을 추천하지 않는 것으로 설명하고 있으므로 사용하지 않는 것이 좋다.

- 와이파이 통신을 수행하는 경우 ESP8266의 순간적인 최대 전류 소모량은 500mA에 달하는 것으로 알려져 있다. USB 2.0의 최대 공급 가능 전류 역시 500mA이지만 여러 개의 USB 장치가 연결된 경우 공급 가능한 전류는 이보다 적다. 따라서 ESP8266을 컴퓨터와 USB로 연결하여 사용하면 전류 부족으로 오동작이 발생할 수 있으며, **원인을 알 수 없는 이상 동작의 많은 경우가 전류 부족으로 발생한다**고 봐도 무방하다. 또한 ESP8266의 소비 전류가 큰 폭으로 변하므로 전력 공급의 안정성을 위해 VCC와 GND 사이에 10μF 정도의 커패시터를 연결하는 것이 추천되고 있다.

- **ESP8266에는 펌웨어 저장을 위한 플래시 메모리가 포함되어 있지 않으므로 SPI 방식의 외부 플래시 메모리가 필요하다.** 플래시 메모리가 포함되어 있지 않으므로 ESP8266은 단독으로 사용될 수 없고 메모리를 추가하여 만들어진 모듈이 주로 사용된다. 이 책에서 시리얼 와이파이 모듈로 사용하는 ESP-01 모듈에는 1MB의 외부 플래시 메모리가 포함되어 있다.

65.2 ESP-01 모듈

ESP8266은 아두이노 보드에 사용되는 마이크로컨트롤러와 달리 펌웨어를 저장하기 위한 플래시 메모리를 포함하고 있지 않으므로 ESP8266 칩 단독으로는 사용할 수 없다. 따라서 ESP8266 칩과 SPI 방식의 플래시 메모리 그리고 몇 가지 부가 기능을 위한 회로가 추가된 모듈 형태가 주로 사용된다. ESP8266 칩을 사용한 모듈은 여러 가지가 있지만, 대표적인 모듈이 AI-Thinker*에서 제작하는 ESP-nn 시리즈 모듈이다. ESP-nn 시리즈 모듈 중 가장 먼저 만들어졌고 가장 간단한 형태를 띠고 있는 모듈이 ESP-01 모듈이다**. ESP-01 모듈은 1MB 크기의 플래시 메모리를 포함하고 있으며 8개의 핀을 갖고 있다. 하지만 ESP-01 모듈의 외형에서 볼 수 있듯이 8개의 핀은 두 줄로 배열되어 있어 브레드보드에 연결하여 사용할 수는 없다.

---

*   http://www.ai-thinker.com
** 현재 판매되고 있는 ESP-01 모듈은 ESP-01S 모듈로 이전 ESP-01 모듈의 업그레이드 버전에 해당한다. ESP-01S 모듈은 ESP-01 모듈과 핀 배치 및 동작 방식이 같으므로 여기서는 ESP-01 모듈로 이야기한다.

(a) ESP-01 모듈 외형　　　　　(b) ESP-01 모듈의 핀 배치도

그림 65.1 **ESP-01 모듈**

ESP-01 모듈의 8핀 중 VCC와 GND 2핀은 전원 핀이며, RX와 TX 2핀은 UART 통신을 위한 핀이다. CH_PD와 RESET은 제어 핀에 해당하며, GPIO0 핀과 GPIO2 핀은 범용 입출력으로 사용할 수 있다. 하지만 GPIO0 핀의 경우 펌웨어를 업데이트할 때는 LOW를, 설치된 펌웨어 실행을 위해 부팅할 때는 HIGH를 가해주어야 하므로 범용 입출력 핀으로 사용하기는 어렵다. 따라서 **ESP-01 모듈에서는 GPIO2 핀만이 범용 입출력 핀으로 사용된다.** ESP-01 모듈의 각 핀 기능을 요약하면 표 65.2와 같다.

표 65.2 **ESP-01 모듈의 핀 설명**

핀	설명
TX	Transmit: 3.3V를 기준으로 하지만 아두이노와 같이 5V를 기준으로 하는 장치에서는 3.3V 역시 HIGH로 인식하므로 직접 연결이 가능하다.
RX	Receive: 3.3V를 기준으로 하므로 아두이노와 같이 5V를 기준으로 하는 장치에 연결하는 경우에는 레벨 변환기를 사용해야 한다.
CH_PD	Chip Enable: HIGH를 연결하는 경우 정상 동작하며 풀업 저항을 사용할 수 있다.
RESET	LOW를 가하면 리셋된다. 정상적인 동작을 위해서는 HIGH를 가해주는 것이 추천되며 풀업 저항을 사용할 수 있다.
GPIO0	ESP8266의 펌웨어를 업데이트할 때 LOW를 가해야 한다. 설치된 펌웨어 실행을 위해 부팅하는 경우에는 HIGH를 가하는 것이 추천되며 풀업 저항을 사용할 수 있다.
GPIO2	부팅 시에는 HIGH를 가해주는 것이 추천되며 풀업 저항을 사용할 수 있다.
VCC	3.3V
GND	그라운드

ESP-01 모듈을 사용하기 위해서는 3.3V 전원을 공급해야 하고 UART 통신을 위한 RX와 TX에는 레벨 변환기를 사용하는 것이 좋다. 또한 4개 핀에는 풀업 저항 사용이 추천되고 있다. 하지만 GPIO0 핀과 GPIO2 핀에 풀업 저항을 통해 HIGH를 가해주는 것은 추천되는 사항으로 필수는 아니다. RESET 역시 마찬가지다. 따라서 펌웨어 업데이트를 위한 연결이 아닌 경우에는 CH_PD 핀만 HIGH로 연결하면 되고, 이때 풀업 저항은 사용하지 않아도 된다. **펌웨어를 업데이트할 때는 GPIO0 핀을 반드시 LOW에 연결해야 한다.**

ESP-01 모듈 설정

ESP-01 모듈 사용은 기본적으로 블루투스 통신을 위한 HC-06 모듈 사용 방법과 같다. 두 모듈 모두 내부에 무선 통신 기능을 갖는 전용 마이크로컨트롤러가 포함되어 있으며 아두이노에서 AT 명령을 통해 제어할 수 있다. 두 모듈에 포함된 마이크로컨트롤러가 모두 3.3V 전원을 사용한다는 점도 공통점이다*.

ESP-01 모듈을 그림 65.2와 같이 아두이노 우노에 연결하자. 아두이노의 3.3V 전원을 연결해야 하며, ESP-01 모듈의 TX는 아두이노에 직접 연결할 수 있지만, RX는 레벨 변환을 위해 저항을 사용하여 전압 분배 회로를 구성했다.

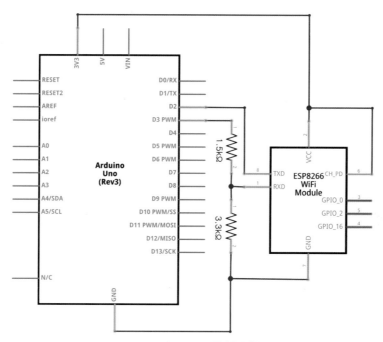

그림 65.2 ESP-01 모듈 연결 회로도

---

* 3.3V 데이터 레벨을 사용하므로 아두이노와 UART 연결 시 레벨 변환 회로가 필요하지만 대부분 레벨 변환 회로 없이 직접 연결하여 사용하고 있으며, 직접 연결했을 때 발생하는 알려진 문제점이 없다는 점 역시 공통점이다. 하지만 레벨 변환 회로 없이 직접 연결하는 것은 사용자의 선택이라는 점도 기억해야 한다.

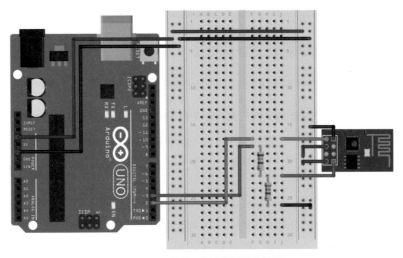

그림 65.3 ESP-01 모듈 연결 회로

스케치 65.1을 업로드하자. 스케치 65.1은 블루투스에서 AT 명령으로 블루투스 모듈을 설정하기 위해 사용했던 스케치와 거의 같다. HC-06 블루투스 모듈에서 AT 명령의 끝에는 개행문자를 추가하지 않지만, **ESP-01 모듈에서 AT 명령의 끝에는 '\r\n' 개행문자가 필요하다는** 점에서 차이가 있다. 따라서 시리얼 모니터에서도 'Both NL & CR' 옵션을 선택하고 시리얼 모니터에서 수신한 모든 데이터를 ESP-01 모듈로 전달해야 한다. 또 한 가지 차이는 **ESP-01 모듈의 디폴트 속도가 115,200보율**이라는 점이다.

</> 스케치 65.1 ESP-01 모듈 설정

```
#include <SoftwareSerial.h>

SoftwareSerial ESPSerial(2, 3);              // 소프트웨어 시리얼 포트(RX, TX)
boolean NewLine = true;

void setup() {
    Serial.begin(115200);                    // 컴퓨터와의 시리얼 통신 초기화
    ESPSerial.begin(115200);                 // ESP-01 모듈과의 시리얼 통신 초기화
}

void loop() {
    if (Serial.available()) {                // 시리얼 모니터 → 아두이노 → ESP-01 모듈
        char ch = Serial.read();

        ESPSerial.write(ch);
        if (NewLine) {
            Serial.print("\n> ");
            NewLine = false;
        }
```

```
        if (ch == '\n') {
            NewLine = true;
        }
        Serial.write(ch);
    }

    if (ESPSerial.available()) {          // ESP-01 모듈 → 아두이노 → 시리얼 모니터
        char ch = ESPSerial.read();
        Serial.write(ch);
    }
}
```

그림 65.4 ESP-01 모듈 AT 명령 실행 결과 – 115,200보율에 따른 오류

스케치 65.1을 업로드하고 'AT' 명령을 입력했을 때 'OK'가 수신되면 ESP-01 모듈이 정상적으로
동작하고 있다는 뜻이다. 'AT+GMR' 명령은 ESP-01 모듈에 설치된 펌웨어 버전을 확인하는 명
령이다. 'AT+GMR' 명령을 입력했을 때 펌웨어 버전이 출력되는가? 아마도 그림 65.4와 같이 일
부 알 수 없는 문자가 출력될 가능성이 있다. 이는 ESP-01 모듈의 속도가 115,200보율인 데 반해
소프트웨어 시리얼 포트는 115,200보율에서 안정성에 문제가 있기 때문이다. 아두이노 메가2560
과 같이 하드웨어 시리얼 포트를 여러 개 사용할 수 있는 경우에는 115,200보율을 사용하는 데
문제가 없지만, 아두이노 우노처럼 1개의 하드웨어 시리얼 포트만 제공하는 경우에는 ESP-01 모
듈의 UART 통신 속도를 바꾸어야 한다. 아두이노 우노의 하드웨어 시리얼 포트에 ESP-01 모듈
을 연결하고 컴퓨터와의 시리얼 통신을 소프트웨어 시리얼 포트로 수행하는 방법도 있지만, 별도
의 USB-UART 변환 모듈이 필요하다는 등의 불편함이 있다. 따라서 이 책에서도 ESP-01 모듈의
속도를 9600보율로 변경하여 사용한다. UART 시리얼 통신 속도를 변경하기 위해서는 AT 명령
'AT+UART_DEF=9600,8,1,0,0'을 사용하면 된다.

명령	AT+UART_DEF=<baudrate>,<databits>,<stopbits>,<parity>,<flow control>
결과	AT+UART_DEF=<baudrate>,<databits>,<stopbits>,<parity>,<flow control> OK
파라미터	<baudrate>: 보율 <databits>: 데이터 비트 수 <stopbits>: 정지 비트 수 <parity>: 정지 비트(0: 없음, 1: 홀수, 2: 짝수) <flow control>: 흐름 제어(0: 사용하지 않음)

그림 65.5 ESP-01 모듈 AT 명령 실행 결과 – UART 통신 속도를 9600으로 변경

그림 65.5는 통신 속도를 변경하는 AT 명령을 실행한 결과를 보여준다. 이제 스케치 65.1에서 컴퓨터와의 시리얼 통신 및 ESP-01 모듈과의 시리얼 통신 속도를 9,600보율로 변경하여 업로드하고 와이파이 접속 과정을 테스트해 보자.

ESP-01 모듈의 통신 속도 변경

그림 65.5에서 통신 속도가 정상적으로 변경된 것처럼 보이지만, 통신 속도를 변경하는 명령을 소프트웨어 시리얼 포트를 통해 실행하는 것은 추천하지 않는다. 소프트웨어 시리얼 포트가 115,200보율을 완전히 지원하지 못하므로 ESP-01 모듈에서 'OK'를 수신했다고 하더라도 보율이 정상적으로 변경되지 않는 경우가 발생할 수 있으며, 그림 65.5에서도 'AT+U@RT'로 문자가 깨지는 현상을 볼 수 있다. 보율이 정상적으로 변경되지 않으면 115,200보율에서도 9,600보율에서도 AT 명령이 실행되지 않는 경우, 흔히 이야기하는 벽돌이 되는 경우가 발생한다. 따라서 **통신 속도 변경 명령은 USB-UART 변환 장치를 사용하거나 아두이노 메가2560의 하드웨어 시리얼 포트를 통해 변경하는 것을 추천한다.** USB-UART 변환 장치를 그림 65.6과 같이 연결하자. 연결 방법은 그림 65.2와 기본적으로 같으며, USB-UART 변환 장치가 3.3V 전압과 레벨을 지원하는 것으로 가정했다. 3.3V 레벨을 지원하지 않는다면 ESP-01 모듈의 RX 핀에는 그림 65.2와 같이 레벨 변환을 위해 저항을 추가해야 한다. USB-UART 변환 장치가 3.3V 전압을 지원하지 않는다면 아두이노의 3.3V 전압을 사용할 수 있지만, 이 경우 아두이노의 GND와 USB-UART 변환 장치의 GND를 연결해야 한다.

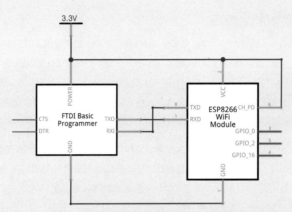

그림 65.6 USB-UART 변환 장치와 ESP-01 모듈 연결 회로도

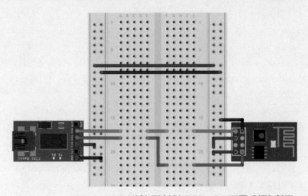

그림 65.7 USB-UART 변환 장치와 ESP-01 모듈 연결 회로

USB-UART 변환 장치에 COM5가 할당되었다고 가정하면 아두이노 IDE에서 5번 포트를 선택하고 시리얼 모니터를 통해 AT 명령을 실행하면 된다. 그림 65.8은 AT 명령으로 ESP-01 모듈의 통신 속도를 9,600보율로 변경한 결과를 보여준다. 그림 65.5와 비교해 보면 소프트웨어 시리얼 포트가 아닌 하드웨어 시리얼 포트를 사용하므로 알 수 없는 문자가 출력되지 않음을 알 수 있다.

그림 65.8 USB-UART 모듈을 사용한 ESP-01 모듈 AT 명령 실행 결과

ESP-01 모듈의 펌웨어 업데이트

AT 명령 실행 과정에서 소프트웨어 시리얼 포트를 사용하여 설정을 변경하면 ESP-01 모듈이 벽돌이 되어 AT 명령에 반응하지 않는 경우가 발생할 수 있다. ESP-01 모듈이 벽돌이 되었다면 펌웨어를 다시 설치해야 다시 AT 명령을 사용할 수 있다. 또는 현재 ESP-01 모듈에 설치된 펌웨어가 이전 버전이라면 최신 버전으로 교체하기 위해 펌웨어를 설치할 수 있다. 여기서는 ESP8266 칩을 제작한 에스프레시프 시스템에서 제공하는 펌웨어로 업데이트하는 방법을 알아본다.

펌웨어 업데이트는 ESP-01 모듈과 ESP-01S 모듈에 차이가 있으며, 이는 모듈에 포함된 플래시 메모리의 크기 차이 때문이다. ESP-01 모듈에는 512KB 크기의 플래시 메모리가 포함되어 있으므로 1.3 버전의 AT 펌웨어를 설치해야 한다. 1.3 버전 AT 펌웨어는 ESP8266 SDK에 포함되어 있으므로 먼저 ESP8266 SDK를 내려받는다. ESP8266 SDK에는 운영체제를 사용하지 않는 버전과 실시간 운영체제(Real Time Operating System)를 사용하는 두 가지 버전이 있다. 이 중 운영체제를 사용하지 않는 'Non-OS SDK'를 내려받는다*. 내려받은 파일의 압축을 해제하면 'ESP8266_NONOS_SDK\bin' 디렉터리 아래에 AT 펌웨어 파일이 포함되어 있다.

펌웨어가 준비되었으면 이제 펌웨어 설치를 위한 프로그램을 내려받아** 압축을 해제한다. 여기서 사용하는 프로그램은 NodeMCU를 위한 펌웨어 설치 프로그램으로, NodeMCU 역시 ESP8266을 사용하여 만들어진 보드이므로 ESP-01 모듈의 펌웨어 설치를 위해 사용할 수 있다.

펌웨어를 업데이트하기 이전에 한 가지 더 필요한 것은 ESP-01 모듈의 GPIO0 핀을 GND로 연결하는 것이다. 그림 65.6의 회로도에서 GPIO0 핀과 GND를 연결한 후 전원을 껐다가 켜면 ESP-01 모듈은 펌웨어 업데이트 모드로 들어간다. 이제 모든 준비는 끝났다. 내려받은 'ESP8266Flasher' 프로그램을 실행하고 'Config' 탭을 열어 펌웨어와 펌웨어를 설치할 주소를 지정한다. 4Mbit(512KB) 플래시 메모리를 포함하고 있는 ESP-01 모듈에는 표 65.3과 같이 펌웨어 바이너리 파일과 주소를 지정하면 된다. 이때 ESP8266 SDK는 'D:\ESP8266_NONOS_SDK' 아래에 압축을 해제한 것으로 가정한다.

표 65.3 ESP-01 모듈을 위한 펌웨어 및 주소 – 1.3 버전

바이너리 파일	파일 경로	메모리 주소
blank.bin	bin\	0x78000
esp_init_data_default.bin	bin\	0x7C000
blank.bin	bin\	0x7A000
blank.bin	bin\	0x7E000
eagle.flash.bin	bin\at\noboot	0x00000
eagle.irom0text.bin	bin\at\noboot	0x10000

---

*   https://bbs.espressif.com/viewforum.php?f=46

** https://github.com/nodemcu/nodemcu-flasher

그림 65.9 **ESP8266Flasher 프로그램의 Config 탭 입력 – 1.3 버전**

주소와 펌웨어 입력이 끝나면 'Operation' 탭에서 USB-UART 변환 장치에 할당된 'COM Port'를 선택하고 'Flash' 버튼을 누르면 펌웨어 업로드가 시작된다.

그림 65.10 **ESP-01 모듈 펌웨어 업데이트**

펌웨어 업데이트가 끝나면 GPIO0 핀을 GND로 연결한 선을 제거하고 전원을 껐다가 켜면 펌웨어 업데이트가 끝나고 다시 AT 명령을 사용할 수 있다.

ESP-01S 모듈에는 8MBit(1MB) 크기의 플래시 메모리가 포함되어 있으므로 1.6.2 버전의 AT 펌웨어를 설치할 수 있다. 물론 위에서 설명한 방식으로 1.3 버전의 AT 펌웨어를 설치해서 사용할 수도 있다. 펌웨어 다운로드 페이지*를 열어보면 다양한 버전의 AT 펌웨어를 내려받을 수 있다. 하지만 1.3 버전의 AT 펌웨어는 내려받을 수 없으므로 위에서도 SDK를 내려받아 사용했다. 최신 AT 펌웨어는 1.7.1 버전이지만, 2MB 이상의 메모리가 필요하므로 ESP-01S 모듈에 설치할 수 없다. 따라서 1.6.2 버전을 내려받아 압축을 해제한다. 여기서는 펌웨어 설치 방법은 위와 같지만, 펌웨어 바이너리 파일과 주소를 지정하는 방법에 차이가 있다. 이때 1.6.2 버전 AT 펌웨어는 'D:\ESP8266_AT_Bin_V1.6.2' 아래에 압축을 해제한 것으로 가정한다.

---

*   https://www.espressif.com/en/support/download/at

표 65.4 ESP-01S 모듈을 위한 펌웨어 및 주소 – 1.6.2 버전

바이너리 파일	파일 경로	메모리 주소
blank.bin	bin\	0xFB000
esp_init_data_default_v08.bin	bin\	0xFC000
blank.bin	bin\	0x7E000
blank.bin	bin\	0xFE000
boot_v1.7.bin	bin\	0x00000
user1.1024.new.2.bin	bin\at\512+512	0x01000

그림 65.11 ESP8266Flasher 프로그램의 Config 탭 입력 – 1.6.2 버전

이후 설명은 에스프레시프 시스템스의 AT 펌웨어 1.6.2 버전을 기준으로 한다.

AT 명령을 통한 웹 서버 접속

9,600보율로 통신 속도가 바뀐 후에는 USB-UART 변환 장치나 아두이노의 소프트웨어 시리얼 포트에 연결하여 AT 명령으로 ESP-01 모듈을 제어할 수 있다. AT 명령은 표 65.5와 같이 네 가지 형식으로 사용될 수 있다. 하지만 모든 AT 명령이 네 가지 형식을 전부 지원하는 것은 아니다. 표 65.5에서 〈command〉는 명령을 나타내며 〈...〉는 파라미터를 나타낸다.

표 65.5 AT 명령 형식

종류	형식	설명
Test(검사)	AT+<command>=?	명령 사용 방법이나 사용할 수 있는 파라미터값의 종류 확인
Query(질의)	AT+<command>?	현재 설정된 값 확인
Set(설정)	AT+<command>=<...>	지정한 파라미터값으로 설정
Execute(실행)	AT+<command>	파라미터가 없는 명령 실행

아래에서는 사용할 수 있는 모든 AT 명령을 설명하지는 않으며, 설명하는 AT 명령의 경우에도 사용할 수 있는 모든 가능한 방법을 나열하지는 않는다. 자세한 내용은 에스프레시프 시스템스에서 제공하는 AT 명령 관련 문서*를 참고하면 된다.

ESP-01 모듈이 그림 65.2와 같이 아두이노 우노의 소프트웨어 시리얼 포트에 연결되어 있다고 가정하자. 아래 AT 명령 실행 결과는 현재 모듈의 상태에 따라 달라질 수 있으므로 모듈을 초기화한 후 진행하자. 모듈을 공장 출하 시 초기 상태로 설정하는 명령은 'AT+RESTORE'이며 단순히 모듈을 다시 시작하는 명령은 'AT+RST'다. AT+RESTORE 명령은 UART 시리얼 통신 속도를 디폴트값인 115,200보율로 변경한다는 점도 기억해야 한다.

명령	AT+RESTORE
결과	OK
파라미터	–

명령	AT+RST
결과	OK
파라미터	–

초기화가 완료되었으면 현재 ESP-01 모듈의 모드를 확인해 보자. ESP-01 모듈은 스테이션 모드, 소프트AP 모드, 그리고 소프트AP + 스테이션 모드의 세 가지 모드를 지원한다. **AP에 연결하여 인터넷에 접속하기 위해서는 스테이션 모드 또는 소프트AP + 스테이션 모드로 설정해야 한다.** 현재 모드를 확인하는 명령은 'AT+CWMODE?'이다. 초기 상태에서 ESP-01 모듈은 소프트AP 모드로 설정되어 있다.

---

* https://espressif.com/sites/default/files/documentation/4a-esp8266_at_instruction_set_en.pdf 'ESP8266 AT Instruction Set Version 2.0.0' 문서 참고

스테이션 모드와 AP 모드

와이파이를 통해 무선으로 네트워크에 접속하기 위해서는 AP(Access Point) 또는 WAP(Wireless AP)가 필요하며, AP는 무선 연결을 사용하여 네트워크(또는 인터넷)에 연결하기 위한 접점에 해당한다. 가정에서 흔히 사용되는 무선 공유기는 사설 IP를 통해 공인 IP를 공유할 수 있게 해주는 역할 이외에 AP 역할도 수행한다.

AP(또는 무선 공유기)를 통해 스마트폰을 인터넷으로 연결할 때 스마트폰은 스테이션(station, 또는 단말)이라고 한다. 무선 공유기를 사용했다면 스테이션(즉, 스마트폰)은 무선 공유기의 DHCP를 통해 사설 IP를 할당받으며, 스테이션은 AP(또는 무선 공유기)를 통해서만 인터넷에 접속할 수 있다.

ESP8266은 스테이션의 역할과 소프트AP 역할 모두를 수행할 수 있다. AP의 경우 스테이션의 연결을 받아들이면서 외부 네트워크로의 연결도 가능하지만, 스테이션의 연결을 받아들이는 역할만 하고 외부 네트워크로의 연결은 지원하지 않는 AP를 소프트AP라고 한다. AP로 사용되기 위해서는 내부 IP뿐만 아니라 공인 IP 역시 갖고 있어야 한다.

ESP8266에서 스테이션 역할을 하는 모드를 스테이션 모드(station mode 또는 STA 모드), 소프트AP 역할을 하는 모드를 소프트AP 모드(SoftAP mode), 두 역할을 동시에 하는 모드를 소프트AP + 스테이션 모드(SoftAP + STA mode)라고 한다. 이들 모드 중 외부 네크워크에 연결할 수 있는 모드는 스테이션 모드와 소프트AP + 스테이션 모드 두 가지다.

명령	AT+CWMODE?
결과	+CWMODE:<mode> OK
파라미터	<mode> • 1: 스테이션 모드 • 2: 소프트AP 모드 • 3: 소프트AP + 스테이션 모드

CWMODE 명령은 하위 호환성을 위해 남겨진 명령으로, 최신 버전에서는 CWMODE_DEF와 CWMODE_CUR이라는 2개의 명령으로 나누어져 있다. DEF는 'default'의 약어로, 설정값을 플래시 메모리의 시스템 파라미터 영역에 저장하는 명령이다. 따라서 전원을 껐다가 켜도 설정한 파라미터값이 유지된다. 반면, CUR은 'current'의 약어로, 설정값이 플래시 메모리에 저장되지 않으므로 ESP-01 모듈을 껐다 다시 켜면 이전 설정으로 되돌아간다. CWMODE 명령은 CWMODE_DEF와 같은 동작을 한다.

현재 모드를 변경하기 위해서는 'AT+CWMODE=⟨mode⟩' 명령을 사용하면 된다. 'AT+CWMODE=3' 명령으로 소프트AP + 스테이션 모드로 변경하자.

명령	AT+CWMODE=<mode>
결과	OK
파라미터	<mode> • 1: 스테이션 모드 • 2: 소프트AP 모드 • 3: 소프트AP + 스테이션 모드

그림 65.12 ESP-01 모듈의 모드 확인 및 변경

AP에 접속할 수 있는 스테이션 모드나 소프트AP + 스테이션 모드로 설정했으면 주변에 접속 가능한 AP를 찾아보자. 접속 가능한 AP 리스트를 출력하는 명령은 'AT+CWLAP'다.

명령	AT+CWLAP
결과	+CWLAP:(<ecn>,<ssid>,<rssi>,<mac>,<ch>,<freq offset>,<freq calibration>) … OK
파라미터	<ecn>: 암호화 방식 <ssid>: AP의 SSID <rssi>: AP의 RSSI

'AT+CWLAP' 명령을 실행하면 접속 가능한 AP 리스트가 출력된다. 이때 흔히 참고하는 AP의 정보에는 SSID와 RSSI가 있다. SSID는 'Service Set IDentifier'의 약어로, AP의 이름으로 생각하면 된다. RSSI는 'Received Signal Strength Indicator'의 약어로, 수신되는 신호의 강도를 가리키며 dBm 단위로 표시된다. **dBm 단위는 1mW를 기준으로 했을 때의 전력을 로그값으로 나타낸 것으로(10 log x (x는 mW 단위)), AP로부터는 1mW 미만의 전력을 갖는 신호가 수신되므로 음숫값이 나온다.** RSSI는 값이 클수록 신호 강도가 센 AP를 나타내며, AP의 RSSI는 음숫값을 가지므로 절댓값이 작을수록 신호 강도가 세다.

그림 65.13 **AT+CWLAP 명령 실행 결과**

AP 목록에서 접속하고자 하는 AP를 찾았다면 AP에 접속해 보자. 특정 AP에 접속하는 명령은
'AT+CWJAP' 명령으로 AP의 SSID와 패스워드를 큰따옴표로 지정하면 된다. CWJAP 명령 역시
설정을 플래시 메모리에 저장하지 않는 CWJAP_CUR 명령과 설정을 플래시 메모리에 저장하는
CWJAP_DEF 명령의 두 가지로 나뉜다.

명령	AT+CWJAP=<ssid>,<password>
결과	WIFI CONNECTED WIFI GOT IP OK
파라미터	<ssid>: AP의 SSID <password>: AP의 암호

그림 65.14 **AT+CWJAP 명령 실행 결과**

CWJAP 명령의 실행 결과에서 알 수 있듯이 가정에서 사용하는 AP 대부분은 DHCP_{Dynamic Host}
Configuration Protocol를 통해 사설 IP를 할당한다. 연결된 AP에 대한 정보는 'AT+CWJAP?' 명령을
통해 확인할 수 있으며, ESP-01 모듈에 할당된 IP는 'AT+CIFSR' 명령으로 확인할 수 있다.

명령	AT+CIFSR
결과	+CIFSR:APIP,\<IP of AP\> +CIFSR:APMAC,\<MAC of AP\> +CIFSR:STAIP,\<IP of STATION\> +CIFSR:STAMAC,\<MAC of STATION\> OK
파라미터	–

그림 65.15 AP와 ESP-01 모듈의 IP와 MAC 정보 확인

CIFSR 명령은 스테이션과 소프트AP의 IP 주소와 MAC 주소를 출력한다. 스테이션 모드로 설정된 경우에는 스테이션의 IP 주소와 MAC 주소만 출력한다. 현재 연결된 AP와의 연결을 종료하기 위해서는 'AT+CWQAP' 명령을 사용하면 된다.

명령	AT+CWQAP
결과	OK WIFI DISCONNECT
파라미터	–

AP에 접속되면 웹 페이지를 읽어올 수 있다. 웹 페이지를 읽어오려면 먼저 웹 서버와 연결해야 한다. 웹 서버와 연결하기 위해 사용하는 명령은 'CIPSTART'다. CIPSTART 명령은 TCP와 UDP 연결을 설정할 수 있지만, 웹 서버에 접속하여 웹 페이지를 읽어오기 위해서는 TCP 연결이 필요하다.

명령	AT+CIPSTART=\<type\>,\<remote IP\>,\<remote port\>
결과	CONNECT OK
파라미터	\<type\>: "TCP" 또는 "UDP" 지정 가능 \<remote IP\>: 원격지 컴퓨터의 TCP 주소 \<rempte port\>: 원격지 컴퓨터의 포트 번호

TCP 연결이 설정되면 웹 페이지를 읽어오기 위한 명령을 웹 서버로 전송해야 한다. 웹 서버로 명령을 전송하는 것은 두 단계로 이루어진다. 먼저 웹 서버로 전송할 명령의 길이를 지정해야 하며 이를 위해 CIPSEND 명령을 사용한다. CIPSEND 명령은 TCP 연결을 통해 전달할 데이터의 바이트 수를 파라미터로 갖는다. CIPSEND 명령 실행에 성공하면 프롬프트가 '>'로 바뀌면서 전송할 데이터를 입력할 수 있는 상태로 바뀐다.

명령	AT+CIPSEND=\<length\>
결과	OK \>
파라미터	\<length\>: 데이터 바이트 수로 최대 2,048바이트 전송 가능

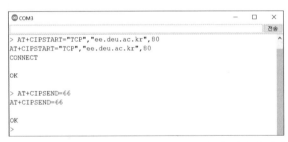

그림 65.16 AT+CIPSTART와 AT+CIPSEND 명령 실행 후 데이터 입력 대기 상태

그림 65.16은 CIPSTART 명령으로 https://ee.deu.ac.kr로 TCP 연결을 설정하고, 시작 페이지를 읽어오기 위해 CIPSEND 명령을 실행한 결과다. CIPSEND 명령 실행으로 그림 65.16에서 프롬프트가 '>'로 바뀐 것을 확인할 수 있다.

웹 서버에서 시작 페이지를 읽어오기 위해서는 HTTP 요청 명령인 'GET'을 사용한다. 이때 각 행은 '\r\n' 으로 끝나야 하며, 마지막 줄에는 내용 없이 '\r\n'이 와야 한다. 따라서 시작 페이지인 index.php 를 읽어오기 위해서는 다음과 같이 4번의 '\r\n'을 포함하여 모두 66바이트의 데이터를 웹 서버로 전송하면 된다. 시리얼 모니터의 추가 문자 콤보박스에서 'Both NL & CR'이 선택되어 있어 자동으로 '\r\n'이 추가되므로 입력할 때는 '\r\n' 없이 입력하면 되고 마지막 줄은 엔터 키만 누르면 된다.

```
GET /index.php HTTP/1.1\r\n
Host: ee.deu.ac.kr\r\n
Connection: close\r\n
\r\n
```

필요한 바이트 수의 데이터가 입력되면 입력된 데이터는 웹 서버로 전달되고 서버에서 보내오는 내용을 확인할 수 있다.

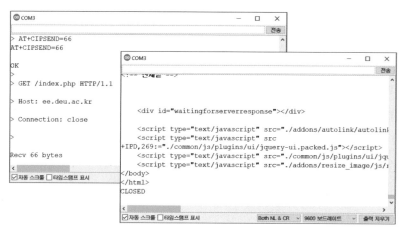

그림 65.17 AT+CIPSEND 명령 실행 결과

HTTP 요청*: GET /index.php HTTP/1.1

위의 예에서는 웹 서버에 메인 페이지(주소 '/index.php'로 표현)를 요청하기 위해 'GET' 명령을 사용했다. 웹 서버에 접속하여 메인 페이지를 얻어오는 과정을 생각해 보자. 웹 브라우저 주소 입력창에서 웹 서버의 주소를 입력하고 엔터 키를 누르기만 하면 이후 모든 일은 브라우저에서 처리된다. 하지만 ESP-01 모듈에는 웹 브라우저 같은 친절한 프로그램이 없다. 따라서 웹 브라우저에 웹 서버 주소를 입력하고 엔터 키를 누를 때 실제 웹 서버로 전달되는 데이터 형식을 알고 있어야 하는데, 실제 전달되는 데이터가 바로 'GET/index. php HTTP/1.1'이며 이를 'HTTP 요청(Request)'이라고 한다. 마지막의 'HTTP/1.1'은 통신에 사용되는 프로토콜의 종류와 버전을 나타낸다. GET 명령 이후 전달하는 'Connection: close'는 데이터 수신이 완료된 이후에는 연결을 종료하는 명령으로, 그림 65.17에서도 메인 페이지 데이터가 수신된 이후 'CLOSED' 메시지를 확인할 수 있다. HTTP 요청을 수신한 웹 서버는 해당 페이지를 클라이언트로 전송하며 이를 'HTTP 응답(Response)'이라고 한다. HTTP 응답은 시리얼 모니터에 표시되는 HTML 태그가 포함된 내용에 해당한다.

★   실제 HTTP 요청 메시지의 구조는 이보다 더 복잡하지만 여기서는 서버로 요청을 보내고 응답을 받는 것을 보여주기 위해 GET 명령을 사용했다. 일부 웹 서버의 경우 비슷한 형식으로 GET 명령을 사용하면 'Invalid Request' 페이지, 즉 잘못된 요청에 대한 HTTP 응답만을 얻을 수 있다. 하지만 여기서는 HTTP 응답 내용 자체가 중요한 것이 아니므로 서버로부터 응답을 받는 과정만 확인하면 된다.

웹 서버로부터의 데이터 전송이 완료되면 'CLOSED' 문구와 함께 TCP 연결이 종료되는 것을 확인할 수 있다. 이는 CIPSEND 명령에서 'Connection: close'를 전송하여 서버로부터 데이터 전송이 완료되면 연결을 종료하게 했기 때문이다. 연결이 종료되지 않았을 때 현재 연결을 종료하기 위해서는 'CIPCLOSE' 명령을 사용할 수 있다.

명령	AT+CIPCLOSE
결과	CLOSED
	OK
파라미터	–

ESP-01 모듈을 아두이노에 연결하고 아두이노에서 시리얼 모니터로 AT 명령을 ESP-01 모듈로 전송함으로써 AP를 통해 웹 서버에 접속하여 해당 페이지를 읽어올 수 있음을 살펴봤다. 하지만 그림 65.17에서 출력되는 내용은 대부분 HTML 태그에 해당하며 실제 정보는 극히 일부라는 점을 기억해야 한다. HTML 태그는 브라우저에서 정보를 읽고 이해하기 쉽도록 구조적으로 표현하는 데 사용된다. 아두이노는 브라우저가 아니므로 웹 페이지를 수신한 경우에는 HTML로 표현된 웹 페이지에서 필요한 정보를 찾아내는 일이 중요한 작업이 된다.

65.5 맺는말

ESP8266은 와이파이 기능을 포함하고 있는 마이크로컨트롤러로, 낮은 가격을 무기로 아두이노를 포함하여 다양한 분야에서 와이파이 기능을 제공하기 위해 사용되고 있다. ESP8266은 다른 마이크로컨트롤러와 달리 플래시 메모리가 포함되어 있지 않으므로 SPI 방식의 외부 플래시 메모리와 기본적인 회로를 추가한 모듈이 흔히 사용되며, 이 책에서도 ESP8266을 사용한 가장 간단한 모듈인 ESP-01 모듈을 사용했다.

ESP-01 모듈을 사용하여 와이파이 통신을 수행하는 것은 HC-06 모듈을 사용하여 블루투스 통신을 수행하는 것과 비교하면 와이파이와 블루투스라는 차이 이외에는 기본적으로 같다. 즉, 통신 기능이 포함된 마이크로컨트롤러가 UART 시리얼 통신을 통해 메인 컨트롤러에 연결되고 메인 컨트롤러에서 텍스트 기반의 AT 명령을 통해 통신 모듈을 제어한다. 블루투스는 SPP를 통해 간단하게 바이트 기반의 통신이 가능하지만, 와이파이는 인터넷 연결 과정이 블루투스 연결보다는 복잡하고 어렵다는 점이 차이라면 차이일 수 있다. 블루투스와 와이파이 외에도 무선 통신을 위해 많이 사용되는 지그비 역시 AT 명령을 사용하지는 않지만 같은 방식으로 동작한다.

ESP-01 모듈을 사용할 때 주의해야 할 점 중 하나가 3.3V 전원의 사용이다. 마찬가지로 UART 통신을 위한 신호 레벨 역시 3.3V를 기준으로 한다. 인터넷에서 찾을 수 있는 여러 예에서 아두이노의 5V 레벨 신호를 ESP-01 모듈로 직접 연결하고 있고 실제 동작에도 아무런 문제가 없지만, ESP8266의 데이터시트에 입력 전압인 V_{IH}의 최댓값이 3.6V로 표시되어 있으므로 선택은 사용자의 몫이다. 전원 공급과 레벨 변환이 불안하다면 5V 전원과 5V 신호 레벨을 3.3V로 변환하는 ESP-01 모듈 전용 어댑터를 사용할 수도 있다. 하지만 ESP-01 모듈을 위한 어댑터는 펌웨어 업데이트를 지원하지 않는다. 펌웨어 업데이트까지 지원하는 일체형 모듈도 있지만, ESP-01 모듈이 아니라 ESP-12 모듈을 사용하고 있다. 역시 선택은 사용자의 몫이다.

(a) ESP-01 모듈 변환 어댑터 —
전압 및 데이터 레벨 변환

(b) ESP-12 모듈 기반 시리얼 모듈 —
전압 및 데이터 레벨 변환, 펌웨어 업데이트 지원

그림 65.18 ESP8266 기반 시리얼 와이파이 통신 모듈

또 한 가지 기억해야 할 사항은 ESP8266이 순간적으로 많은 전류를 사용할 때가 있으므로 안정적인 전원 공급이 무엇보다 중요하다는 점이다. 이유를 알 수 없는 오동작이 반복된다면 제일 먼저 USB를 통해 공급되는 전원이 아니라 어댑터를 연결하여 테스트해 보기를 권한다.

1 ESP-01 모듈의 펌웨어 업데이트에 사용할 수 있는 프로그램 중 하나가 이 장에서 사용한 NodeMCU Firmware Programmer다. NodeMCU는 루아 스크립트Lua script를 사용하여 간단하게 사물인터넷에서 동작하는 사물을 만들 수 있게 해주는 플랫폼으로, 전용 개발 보드와 루아 스크립트를 해석하고 실행하는 펌웨어로 구성된다. NodeMCU 전용 보드는 ESP-01 모듈과 마찬가지로 ESP8266을 사용한 ESP-12 모듈을 사용하고 있다. NodeMCU에 사용된 ESP-12 모듈과 이 장에서 사용하는 ESP-01 모듈을 비교해 보자.

2 ESP8266은 와이파이 주파수로 2.4GHz 대역을 사용한다. 2.4GHz 대역은 와이파이 통신을 위한 기본 대역으로 전송 거리가 길고, 장애물에 의한 신호 감쇄가 적다는 등의 장점이 있다. 하지만 2.4GHz 대역을 사용하는 다른 무선 통신, 특히 블루투스의 사용이 증가하면서 간섭이 증가함에 따라 5GHz 대역의 와이파이 통신이 증가하고 있다. 2.4GHz 대역과 5GHz 대역을 사용하는 와이파이 통신의 장단점을 비교해 보자.

오늘의 날씨 클라이언트: AT 명령

ESP-01 모듈을 UART 시리얼 통신으로 연결하면 AT 명령을 통해 웹 서버에 접속하고 웹 페이지를 읽어올 수 있다. 하지만 AT 명령을 매번 입력하는 것은 번거로운 일이며, 웹 페이지에는 필요한 정보 이외에 많은 양식 정보가 포함되어 있어 아두이노로 처리하기는 어려울 수 있다. 이 장에서는 AT 명령 입력을 자동화하는 스케치와 오픈 API를 사용하여 양식 정보가 없는 JSON 형식의 날씨 정보를 일정한 시간 간격으로 얻어와 출력하는 날씨 정보 클라이언트를 구현하는 방법을 알아본다.

이 장에서
사용할 부품

아두이노 우노	× 1 ➡	현재 날씨 얻어오기 테스트
ESP-01모듈	× 1 ➡	시리얼 와이파이 통신 모듈
1.5kΩ 저항	× 1 ➡	레벨 변환
3.3kΩ 저항	× 1 ➡	레벨 변환

ESP-01 모듈은 시리얼 통신으로 AT 명령을 사용하여 제어할 수 있다. 이전 장에서 시리얼 모니터에 AT 명령을 입력하여 웹 서버에서 웹 페이지를 읽어오는 방법을 살펴봤다. 하지만 이러한 사용방법에는 두 가지 문제점이 있다. 첫 번째는 AT 명령을 매번 입력해야 한다는 점이다. 이를 해결하기 위해 스케치에서 AT 명령을 UART 시리얼 통신으로 ESP-01 모듈로 전달하고 그 결과를 다시 UART 시리얼 통신으로 얻어오는 것을 앞 장에서 알아보았다. 두 번째는 웹 서버에서 보내는 데이터 대부분이 양식 데이터로 아두이노에서는 쓸모가 없는 데이터라는 점이다. 쓸모없는 데이터라면 버리면 되지만, 필요한 정보를 찾아내기 위해 웹 페이지를 저장하려고 한다면 아두이노의 메모리 부족으로 정상적인 동작을 기대하기 어려울 수 있다. 다행히 일부 웹 서버에서는 오픈 API_{open API}를 통해 양식 정보 없이 필요한 정보만을 제공하고 있어 이를 활용할 수 있다. API는 'Application Programming Interface'의 약어로, 컴퓨터 프로그래밍에서 프로그램 작성을 쉽게 할 수 있도록 제공되는 함수와 도구들을 가리킨다. 이러한 **API를 웹을 통해 확장한 것을 오픈 API 또는 웹 API**라고 하며, 웹 서비스를 제공하는 회사에서 회사의 특정 서비스에 접근하여 데이터를 요청하는 등의 과정을 쉽게 사용할 수 있도록 해놓은 것이다. 일반적인 웹 페이지는 실제로 필요한 정보 이외에도 웹 페이지의 양식 지정을 위해 많은 정보가 추가되어 있지만, 오픈 API를 통해 제공되는 내용에는 실제 필요한 정보만 포함되어 있어 해석하고 사용하기 편리하다.

세계의 날씨 정보를 제공하는 대표적인 사이트 중 하나가 OpenWeather 사이트*이며, OpenWeather 사이트에서도 오픈 API를 제공하고 있다. 이 장에서는 OpenWeather 사이트에서 제공하는 오픈 API를 사용하여 현재 날씨를 얻어오는 방법을 살펴본다.

66.1 OpenWeather: 날씨 정보 사이트

먼저 OpenWeather 사이트에 접속해서 현재 날씨를 알고 싶은 도시를 입력해 보자. 그림 66.1의 결과를 보면 'Busan'을 입력했을 때 아래쪽에 현재 날씨와 위치 정보가 표시되고 있음을 볼 수 있다. 브라우저에서 Ctrl+S 단축키를 눌러 웹 페이지를 'find.html'이라는 이름으로 저장하고 텍스트 편집기로 내용을 살펴보자. 25KB를 넘는 문서에는 다양한 내용이 포함되어 있지만, 실제로 알고 싶은 내용은 극히 일부일 뿐이며 1KB에도 미치지 않는다. 우리가 원하는 내용만을 얻어

★   https://openweathermap.org

오는 방법이 없을까? 이 장에서 사용하고자 하는 오픈 API를 사용하는 것이 해결책 중 하나다.

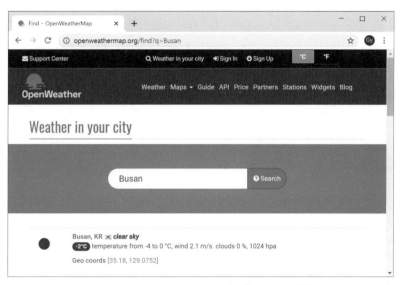

그림 66.1 openweathermap.org에서 제공하는 부산의 현재 날씨 정보

OpenWeather 사이트의 오픈 API를 사용하기 위해서는 먼저 회원 가입이 필요하다. OpenWeather 사이트에 가입한 후 'My profile'에서 디폴트로 생성된 API Key를 확인하자. API Key는 사용자를 식별하기 위해 사용되는 길이 32의 문자열이다.

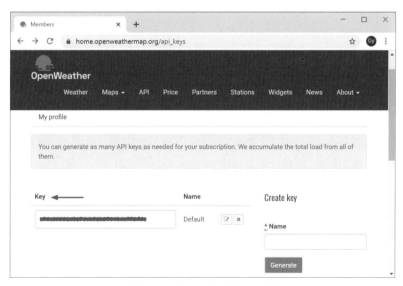

그림 66.2 Default API Key 확인

API Key를 확인했으면 API Key를 사용하여 특정 도시의 날씨를 확인할 수 있다. 다만 무료 서비스의 경우 10분에 한 번만 정보가 업데이트되므로 그보다 자주 정보를 요청한다면 이전과 같은 정보를 얻게 된다. 도시를 지정하는 방법은 여러 가지가 있지만 각 도시에 주어지는 ID를 사용하기를 권장하고 있다. 도시의 ID는 OpenWeather 사이트에서 제공하는 JSON_{JavaScript Object Notation} 형식의 문서*에서 확인할 수 있다. 표 66.1은 부산의 정보를 발췌한 것으로 '1838524'**의 ID 값을 갖고 있다. 이 외에 이름, 국가, 위도와 경도 등의 정보가 포함되어 있다.

표 66.1 OpenWeather 사이트의 도시 정보 표시 형식

JSON 표시 형식	의미

{
  "id": 1838524,
  "name": "Busan",
  "country": "KR",
  "coord": {
    "lon": 129.040283,
    "lat": 35.102779
  }
}
	아이디
	도시 이름
	국가 코드
	위치
	경도
	위도

API Key와 도시의 ID를 사용하여 현재 날씨를 얻어오는 방법은 다음과 같이 브라우저의 주소창에 입력하는 것이다. OpenWeather 사이트에서 반환하는 날씨 정보의 기본 형식은 JSON 형식이며, XML 형식의 데이터를 얻기 위해서는 'mode=xml'을 추가하면 된다. 이 장에서는 JSON 형식의 데이터를 사용한다.

```
api.openweathermap.org/data/2.5/weather?id=1838524&APPID=API_key
api.openweathermap.org/data/2.5/weather?id=1838524&APPID=API_key&mode=xml
```

브라우저의 주소창에 위의 주소를 입력하여 부산의 현재 날씨를 확인해 보자. API_key 부분에는 날씨 정보 사이트에 가입한 후 생성한 사용자 키 값을 넣어야 한다.

---

*   http://bulk.openweathermap.org/sample/city.list.json.gz

**   도시 목록에 Busan은 2개가 있고 위도와 경도에서 약간의 차이가 있지만, 어느 것을 사용해도 무방하다. 위도와 경도를 구글맵(https://www.google.com/maps)에 입력하면 정확한 위치를 확인할 수 있다.

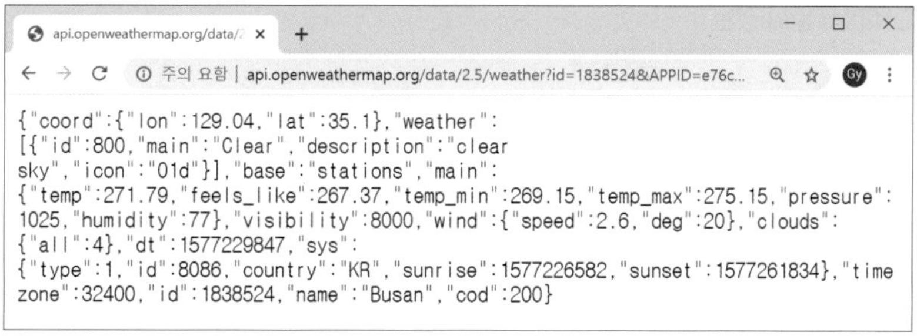

그림 66.3 오픈 API를 사용한 부산 날씨 검색 – JSON 형식

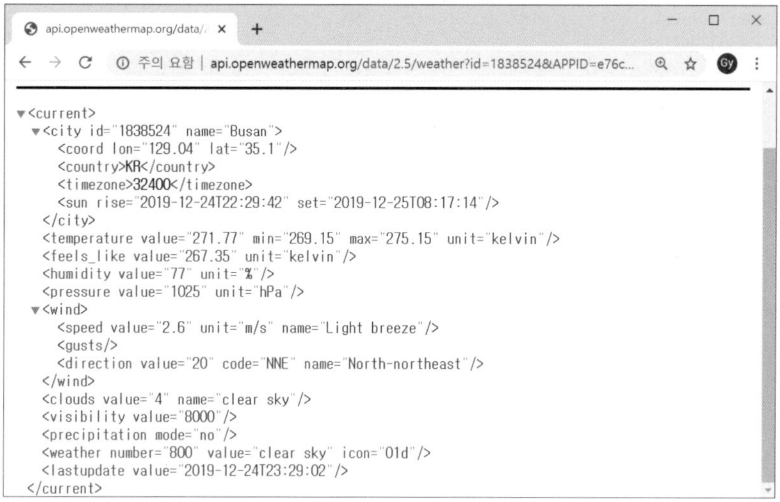

그림 66.4 오픈 API를 사용한 부산 날씨 검색 – XML 형식*

반환되는 날씨 정보에는 다양한 내용이 포함되어 있으며, 흔히 사용되는 필드의 설명은 표 66.2와 같다. 자세한 내용은 OpenWeather 사이트의 필드 설명**을 참고하면 된다.

날씨 정보 중 이 장에서는 현재 날씨에 대한 설명과 현재 기온을 찾아 출력한다. 날씨에 대한 설명은 weather.main과 weather.description 필드에 포함되어 있다. weather.main 필드가 날씨의 큰 분류를 나타낸다면 weather.description 필드는 상세 설명에 해당한다. 현재 기온은 main.temp 필드에 켈빈 온도로 표시되며, 섭씨온도로 변환하기 위해서는 273.15를 빼면 된다. 표 66.2에서 현재 기온은 296.61 − 273.15 = 23.46℃가 된다.

★   브라우저의 종류에 따라 XML 데이터가 표시되는 방법에 차이가 있을 수 있다.

★★   https://openweathermap.org/current#current_JSON

표 66.2 JSON 형식 날씨 정보

JSON 표시 형식	의미
`{    "coord":{`	
`        "lon":129.04,`	도시의 경도
`        "lat":35.1},`	도시의 위도
`    "weather":[{`	
`        "id":800,`	
`        "main":"Clear",`	날씨
`        "description":"clear sky",`	날씨 세부 정보
`        "icon":"01d"}],`	
`    "base":"stations",`	
`    "main":{`	
`        "temp":296.61,`	기온
`        "pressure":1009,`	대기압
`        "humidity":16,`	습도
`        "temp_min":296.15,`	
`        "temp_max":297.15},`	
`    "visibility":10000,`	
`    "wind":{`	
`        "speed":4.1,`	풍속
`        "deg":310,`	풍향
`        "gust":10.3},`	
`    "clouds":{`	
`        "all":1},`	
`    "dt":1493437800,`	시간
`    "sys":{`	
`        "type":1,`	
`        "id":8518,`	
`        "message":0.0065,`	
`        "country":"KR",`	국가 코드
`        "sunrise":1493411709,`	일출 시간
`        "sunset":1493460465},`	일몰 시간
`    "id":1838524,`	도시 ID
`    "name":"Busan",`	도시 이름
`    "cod":200  }`	

66.2 날씨 정보 얻기

먼저 시리얼 모니터에서 AT 명령을 통해 OpenWeather 사이트에서 JSON 형식의 현재 날씨 정보를 얻어와 보자. ESP-01 모듈을 그림 66.5와 같이 아두이노 우노에 연결하고 아두이노에는 스케치 66.1을 업로드한다.

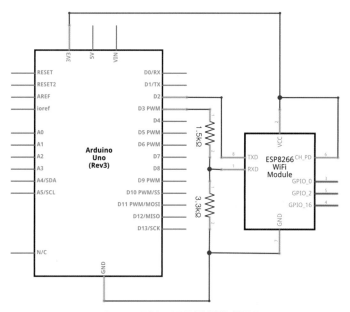

그림 66.5 **ESP-01 모듈 연결 회로도**

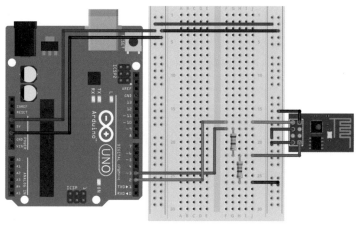

그림 66.6 **ESP-01 모듈 연결 회로**

</> 스케치 66.1 **ESP-01 모듈 설정**

```
#include <SoftwareSerial.h>

SoftwareSerial ESPSerial(2, 3);                      // 소프트웨어 시리얼 포트(RX, TX)
boolean NewLine = true;

void setup() {
    Serial.begin(9600);                              // 컴퓨터와의 시리얼 통신 초기화
    ESPSerial.begin(9600);                           // ESP-01 모듈과의 시리얼 통신 초기화
}
```

```
void loop() {
    if (Serial.available()) {              // 시리얼 모니터 → 아두이노 → ESP-01 모듈
        char ch = Serial.read();

        ESPSerial.write(ch);
        if (NewLine) {
            Serial.print("\n> ");
            NewLine = false;
        }
        if (ch == '\n') {
            NewLine = true;
        }
        Serial.write(ch);
    }

    if (ESPSerial.available()) {           // ESP-01 모듈 → 아두이노 → 시리얼 모니터
        char ch = ESPSerial.read();
        Serial.write(ch);
    }
}
```

시리얼 모니터를 열어 표 66.3의 AT 명령을 순서대로 실행해 보자. AT 명령에 대한 자세한 설명은 65장 'ESP-01 와이파이 모듈'을 참고하면 된다.

표 66.3 현재 날씨 정보를 얻기 위한 AT 명령 실행 순서

AT 명령	설명
AT+RST	리셋
AT+CWMODE=3	소프트AP + 스테이션 모드로 설정
AT+CWJAP="ssid","password"	AP에 접속
AT+CIPSTART="TCP","api.openweathermap.org",80	TCP 연결
AT+CIPSEND=133	TCP를 통한 데이터 전달

CIPSEND 명령 이후 프롬프트가 '>'로 바뀌면 HTTP 요청을 전송하여 날씨 정보를 얻어올 수 있다. OpenWeather 사이트에서 날씨 정보를 얻어오기 위해 입력해야 하는 HTTP 요청은 다음과 같다.

```
GET /data/2.5/weather?id=1838524&APPID=API_key HTTP/1.1\r\n
Host: api.openweathermap.org\r\n
Connection: close\r\n
\r\n
```

HTTP 요청 데이터를 모두 입력하면 시리얼 모니터로 OpenWeather 사이트에서 보내온 날씨 정보를 확인할 수 있다. 그림 66.7의 출력 결과를 확인해 보면 그림 66.3에 헤더 부분만 추가된 것을 확인할 수 있다. HTML 헤더는 브라우저에서 처리하므로 그림 66.3에서는 표시되지 않는다.

그림 66.7 시리얼 모니터에서 AT 명령으로 날씨 정보 얻기

시리얼 모니터에서 AT 명령으로 날씨 정보를 얻어오는 것에 아무런 문제가 없다. 이제 일정 시간 간격으로 자동으로 날씨 정보를 얻어올 수 있도록 AT 명령을 자동으로 실행하는 스케치를 작성해 보자. 일정 시간 간격으로 자동으로 날씨 정보를 얻기 위해서는 AT 명령을 UART 시리얼 통신을 통해 ESP-01 모듈로 전송하고, 날씨 서버에서 보내온 정보에서 필요한 내용을 찾아내고 출력하는 기능이 필요하다. 이때 주의할 점은 AT 명령이 정상적으로 실행되었는지를 기다려야 한다는 점이다. AT 명령에 따라 실행 결과를 받기까지의 시간이 서로 다르므로 AT 명령에 따라 대기 시간을 달리 설정해야 하며, 서버와 네트워크의 상태 등에 따라서도 대기 시간은 달라질 수 있다. 따라서 모든 명령에 같은 대기 시간을 정할 수는 없으며 AT 명령에 따라 경험적으로 대기 시간을 정해야 한다.

AT 명령의 실행 성공 여부를 판단하기 위해 이 장에서는 ESP-01 모듈의 응답 메시지에서 특정 문자열의 포함 여부를 검사하는 방법을 사용한다. 하지만 응답 메시지 역시 대기 시간과 마찬가지로 AT 명령에 따라 차이가 있다는 점에 주의해야 한다. 예를 들어, 'AT+RST' 명령이 실행된 이후 결과 메시지에서 'ready' 문자열이 확인되면 AT 명령이 정상적으로 실행된 것이다. 반면, 'AT+CWJAP' 명령은 결과 메시지에서 'OK' 문자열이 확인되면 정상적으로 AT 명령이 실행된 것이다.

Serial 클래스의 멤버 함수 중에서 일정 시간 동안 특정 문자열이 수신되기를 기다리기 위해 사용할 수 있는 함수에 find 함수가 있고, 대기 시간 설정을 위해서는 setTimeout 함수를 사용하면 된다.

▪ find

```
bool Serial::find(char *target)
 - 매개변수
    target: 탐색 문자열
 - 반환값: 발견 여부
```

수신 버퍼에서 주어진 문자열(target)이 발견되면 true를 반환하고, 대기 시간을 초과할 때까지 주어진 문자열이 발견되지 않으면 false를 반환한다. 대기 시간의 디폴트값은 1초다.

▪ setTimeout

```
void Serial::setTimeout(unsigned long timeout)
 - 매개변수
    timeout: 대기 시간
 - 반환값: 없음
```

find 함수에서의 최대 대기 시간을 밀리초 단위로 설정한다.

스케치 66.2는 AT 명령을 실행하고 응답을 기다리는 함수의 예로 실행할 AT 명령, 명령 실행에 성공했을 때 응답 메시지에 포함될 문자열, 그리고 최대 대기 시간을 매개변수로 지정한다.

</> 스케치 66.2 AT 명령 실행 및 응답 대기

```
boolean sendATcommand(String command, char *response, int second) {
    // 최대 대기 시간 설정
    ESPSerial.setTimeout(second * 1000);
    // AT 명령을 ESP-01 모듈로 전달하여 실행
    ESPSerial.println(command);
    // 응답 대기
    boolean responseFound = ESPSerial.find(response);
    // 최대 대기 시간을 디폴트값인 1초로 변경
    ESPSerial.setTimeout(1000);

    return responseFound;                    // AT 명령 실행 성공 여부 반환
}
```

스케치 66.3은 초기화와 setup 함수를 나타낸 것으로, 날씨 정보를 얻어오기 위한 준비 과정을 수행한다. 초기화 과정은 ESP-01 모듈을 AP에 연결하여 날씨 서버에 날씨 정보를 요청할 준비를 하는 과정으로, 스케치 66.2의 sendATcommand 함수를 사용한다. 날씨 정보 요청은 20초마다

실행되게 했으며* 서버에 날씨 정보를 요청한 후 10초 이내로 날씨 정보를 받지 못하면 날씨 정보 수신에 실패한 것으로 했다.

날씨 정보를 얻어오는 스케치는 두 가지 상태를 갖는다. 첫 번째 상태는 이전 날씨 정보 요청 이후 일정 시간(QUERY_INTERVAL)이 지나지 않아 다음번 날씨 정보를 요청할 때까지 기다리는 상태(STATE_IDLE)이며, 두 번째는 날씨 정보를 요청하고 서버로부터 날씨 정보를 수신하고 있는 상태(STATE_RECEIVING_INFO)다. 이들 상태를 구별하기 위해 상수를 정의하여 사용했으며, AT 명령을 실행하는 시간 간격은 millis 함수와 시간 변수(time_previous와 time_current)를 사용하여 결정했다.

</> 스케치 66.3 초기화

```
#include <SoftwareSerial.h>

#define PRINTOUT_JSON_DATA                       // 날씨 정보 JSON 데이터 출력 여부

#define QUERY_INTERVAL 20000L                    // 20초 간격으로 날씨 정보 요청
#define SERVER_TIMEOUT 10000L                    // 서버 응답 대기 시간 10초

#define STATE_IDLE              0                // 날씨 정보 요청 대기 상태
#define STATE_RECEIVING_INFO    1                // 날씨 정보 요청 후 정보 수신 상태

#define HEADER_LENGTH_MAX       100              // 서버가 보내는 헤더 한 줄의 최대 길이
#define JSON_LENGTH_MAX         500              // JSON 형식 날씨 정보 최대 길이

SoftwareSerial ESPSerial(2, 3);                  // ESP-01 모듈 연결 포트

String AP = "your_AP_name_here";
String PW = "your_AP_password_here";
String KEY = "your_OpenWeather_API_key_here";

String HOST = "api.openweathermap.org";

String APconnectStr = "AT+CWJAP=\"" + AP + "\",\"" + PW + "\"";
String serverConnectStr = "AT+CIPSTART=\"TCP\",\"" + HOST + "\",80";
String requestStr1
          = "GET /data/2.5/weather?id=1838524&APPID=" + KEY + " HTTP/1.1";
String requestStr2 = "Host: " + HOST;
String requestStr3 = "Connection: close";

int state = STATE_IDLE;                           // 날씨 정보 요청 대기 상태로 시작
int process_state = 0;                            // 수신 정보 처리 단계
unsigned long time_previous, time_current;

// '\r\n'까지 한 줄 단위로 처리하기 위한 버퍼, JSON 데이터 크기에 맞춰 할당
char buffer[JSON_LENGTH_MAX + 1];
```

★   마지막 요청 이후 10분 이내의 요청에는 같은 정보를 보내주지만, 스케치의 동작을 확인하기 위해 요청 간격을 짧게 설정했다. 실제로 사용할 때는 10분 이상의 간격으로 요청하는 것이 좋다.

```
int buffer_idx = 0;                              // 버퍼 내 데이터 저장 위치

String weatherString, tempString;                // 수신한 날씨 및 기온 정보

void setup() {
    Serial.begin(9600);                          // 컴퓨터와의 UART 시리얼 연결
    ESPSerial.begin(9600);                       // ESP-01 모듈과의 UART 시리얼 연결

    // ESP-01 모듈 리셋
    if (!sendATcommand("AT+RST", "ready", 3)) {
        Serial.println(F("** ESP-01 리셋 과정에서 오류가 발생했습니다."));
        while (1);
    }
    else {
        Serial.println(F("** ESP-01 모듈이 리셋되었습니다."));
    }

    // 소프트AP + 스테이션 모드로 설정
    if (!sendATcommand("AT+CWMODE=3", "OK", 3)) {
        Serial.println(F("** ESP-01 모드 전환 과정에서 오류가 발생했습니다."));
        while (1);
    }
    else {
        Serial.println(F("** ESP-01을 모드 3으로 전환했습니다."));
    }

    // AP 접속
    if (!sendATcommand(APconnectStr, "OK", 10)) {
        Serial.println(F("** AP 접속 과정에서 오류가 발생했습니다."));
        while (1);
    }
    else {
        Serial.println(F("** AP에 접속했습니다."));
    }

    time_current = millis();
    time_previous = time_current - QUERY_INTERVAL;
}
```

스케치 66.3에서 process_state 변수는 날씨 서버에서 수신한 웹 페이지를 처리하는 단계를 나타낸다. 서버에서 수신되는 페이지는 텍스트 데이터로 구성되며 헤더와 데이터로 나눌 수 있다. 헤더의 모든 문장은 '\r\n'으로 끝난다. XML 형식 데이터는 개행문자 없이 끝나지만, ESP-01 모듈의 펌웨어에서 페이지를 수신한 후 연결이 종료되면서 'CLOSED\r\n'이 추가되므로 모든 문장이 '\r\n'으로 끝나는 것으로 가정했다.

그림 66.7의 수신 데이터에서 볼 수 있듯이 서버의 응답은 '+IPD,818:HTTP/1.1 200 OK'로 시작되고 있다. 실제 서버의 응답은 'HTTP/1.1 200 OK'이며 '+IPD,818'은 ESP-01 모듈에서 추가한 데이

터로, 818은 서버에서 수신한 데이터의 바이트 수를 나타낸다. 따라서 첫 번째 단계(process_state == 0)는 헤더 데이터가 수신되기를 기다리는 단계로, '+IPD'로 시작하는 문장의 수신 여부로 헤더의 시작을 판단한다. '+IPD'로 시작하는 문장을 수신하기 전에 '\r\n'으로 이루어지는 빈 문자열이 존재하며 이는 헤더의 끝을 나타내는 문장과 같다. 따라서 헤더의 시작을 '+IPD'로 시작하는 문장으로 판단했다.

두 번째 단계(process_state == 1)는 헤더가 수신되는 단계다. 헤더는 '\r\n'으로 이루어지는 빈 문자열로 끝나므로 헤더의 끝이 수신될 때까지 수신되는 데이터는 무시한다. 헤더의 끝이 수신되면 세 번째 단계(process_state == 2)인 JSON 데이터를 수신하는 단계로 넘어간다. 세 번째 단계에서도 '\r\n'을 만나면 데이터 수신이 끝난 것이다.

서버에서 수신한 데이터를 처리하는 간단한 방법은 문장 단위로 버퍼에 저장하여 처리하는 것이다. OpenWeather 사이트에서 보내오는 JSON 형식 날씨 정보의 길이는 약 470바이트이므로 이를 저장하기 위해 500바이트 크기의 버퍼를 할당하여 사용했다. 이때 주의할 점은 아두이노 우노의 SRAM이 2KB로 그리 크지 않으므로 배열의 크기는 가능한 한 작게 해야 한다는 점이다. 스케치 66.3에서는 500바이트 크기의 데이터 버퍼 이외에도 많은 변수가 사용되고 있으며 이들 역시 SRAM을 사용한다. 따라서 SRAM의 사용을 줄이기 위해 스케치 66.3에서는 스케치 실행 상태를 나타내기 위한 메시지를 출력할 때 F 매크로를 사용했다. F 매크로는 SRAM이 아니라 플래시 메모리에서 직접 데이터를 읽어 사용함으로써 SRAM 사용을 줄일 수 있게 해주는 매크로다. 다만 플래시 메모리의 내용은 스케치 실행 중에 변경할 수 없으므로 안내 메시지와 같이 변하지 않는 값만을 저장할 수 있다. F 매크로에 대한 자세한 내용은 56장 '플래시 메모리 활용'을 참고하면 된다.

```
Serial.println(F("** ESP-01 리셋 과정에서 오류가 발생했습니다."));
```

스케치 66.4는 STATE_IDLE 상태일 때 정해진 시간 간격(QUERY_INTERVAL)으로 날씨 서버에 날씨 정보를 요청하고, STATE_RECEIVING_INFO 상태일 때 서버에서 정해진 시간(SERVER_TIMEOUT) 내에 정보를 수신했는지 판단하는 loop 함수를 나타낸다. 날씨 정보 요청 과정에서 오류가 발생하면 정해진 시간(QUERY_INTERVAL) 이후 다시 날씨 정보를 요청한다. 날씨 정보 요청이 성공하면 STATE_RECEIVING_INFO 상태로 바뀌고 정해진 시간(SERVER_TIMEOUT) 내에 정보를 수신하지 못하면 STATE_IDLE 상태로 바뀌면서 정해진 시간(QUERY_INTERVAL) 이후 다시 날씨 정보를 요청한다. 실제 날씨 서버에 날씨 정보를 요청하는 함수는 requestWeatherInformation이고, 날씨 서버에서 수신한 데이터를 처리하는 함수는 processReceivedInformation이다.

```
void loop() {
    time_current = millis();

    // 이전 날씨 정보 요청 이후 일정 시간이 지났을 때 다시 날씨 정보 요청
    if (state == STATE_IDLE) {
        if (time_current - time_previous > QUERY_INTERVAL) {
            requestWeatherInformation();            // 날씨 정보 요청
        }
    }
    // 서버로부터 정보 수신 대기
    else if (state == STATE_RECEIVING_INFO) {
        // 서버로부터 데이터 수신이 지연된 경우
        if (time_current - time_previous > SERVER_TIMEOUT) {
            Serial.println(F("** 날씨 정보 수신 과정에 오류가 발생했습니다."));

            time_previous = millis();
            state = STATE_IDLE;
        }
        else {
            processReceivedInformation();        // 데이터 수신 및 처리
        }
    }
}
```

스케치 66.5는 날씨 서버에 날씨 정보를 요청하는 requestWeatherInformation 함수를 나타낸다. 날씨 정보 요청은 표 66.3에 주어진 순서에 따라 AT 명령을 sendATcommand 함수를 사용하여 날씨 서버로 전송하면 된다.

스케치 66.5 requestWeatherInformation 함수

```
void requestWeatherInformation() {
    state = STATE_RECEIVING_INFO;

    if (!sendATcommand(serverConnectStr, "OK", 10)) {      // TCP 연결 오류
        Serial.println(F("** 날씨 서버 접속 과정에 오류가 발생했습니다."));

        time_previous = millis();
        state = STATE_IDLE;
    }
    else {                                                  // GET 메시지 전송
        sendATcommand("AT+CIPSEND=133", "OK\r\n>", 10);
        Serial.println(F("** 날씨 서버에 날씨 정보를 요청합니다."));

        ESPSerial.println(requestStr1);
        ESPSerial.println(requestStr2);
        ESPSerial.println(requestStr3);
```

```
            if (!sendATcommand("", "SEND OK", 5)) {           // GET 메시지 전송 오류
                Serial.println(F("** 날씨 정보 요청 과정에 오류가 발생했습니다."));

                time_previous = millis();
                state = STATE_IDLE;
            }
            else {
                // GET 메시지를 정상적으로 전송하고 서버로부터 정보 수신 모드로 전환
                time_previous = millis();
                buffer_idx = 0;                                // 수신 버퍼 저장 위치
                process_state = 0;                             // 수신 정보 처리 시작
                Serial.println(F("** 날씨 정보를 요청하고 응답을 기다립니다."));
            }
        }
    }
}
```

스케치 66.6은 날씨 정보 요청 후 날씨 서버에서 수신되는 페이지를 처리하는 함수다. 헤더 수신
시작을 기다리는 상태, 헤더 수신 종료를 기다리는 상태, JSON 데이터 수신 종료를 기다리는 상
태의 세 가지 상태를 가지며 process_state 변수로 구분하여 처리한다. 문자열 검색을 위해서는
표준 문자열 함수인 strstr 함수를 사용했다.

■ strstr

```
char *strstr(char *str1, char *str2)
 - 매개변수
    str1: 검색할 문자열
    str2: 검색 대상 문자열
 - 반환값: str1 내에서 str2가 처음 발견된 위치 포인터 또는 NULL
```

첫 번째 문자열(str1) 내에서 두 번째 문자열(str2)이 처음 발견된 위치의 포인터를 반환한다. 문자
열이 발견되지 않으면 NULL을 반환한다.

</> 스케치 66.6 processReceivedInformation 함수

```
void processReceivedInformation() {
    while (ESPSerial.available()) {
        char data = ESPSerial.read();

        if (process_state == 0) {                   // 헤더 수신 시작을 기다리는 상태
            buffer[buffer_idx] = data;
            buffer_idx = (buffer_idx + 1) % HEADER_LENGTH_MAX;

            if (buffer_idx >= 2 && data == '\n') {
                buffer[buffer_idx] = 0;
```

```
                    if (strstr(buffer, "+IPD")) {          // "+IPD"로 시작하는 문장 수신
                        process_state = 1;                  // 헤더 수신 종료를 기다리는 상태로 전환
                    }
                    buffer_idx = 0;
                }
            }
            else if (process_state == 1) {                  // 헤더 수신 종료를 기다리는 상태
                buffer[buffer_idx] = data;
                buffer_idx = (buffer_idx + 1) % HEADER_LENGTH_MAX;

                if (buffer_idx > 2 && data == '\n') {
                    buffer_idx = 0;
                }
                // '\r\n'으로만 이루어진 문장은 헤더 끝을 나타냄
                if (buffer_idx == 2 && data == '\n') {
                    process_state = 2;                      // JSON 데이터 수신 종료를 기다리는 상태로 전환
                    buffer_idx = 0;
                }
            }
            else if (process_state == 2) {                  // JSON 데이터 수신 종료를 기다리는 상태
                buffer[buffer_idx] = data;
                buffer_idx = (buffer_idx + 1) % JSON_LENGTH_MAX;

                // JSON 데이터 수신 종료
                if (buffer[buffer_idx - 1] == '\n') {
                    buffer[buffer_idx] = 0;
                    Serial.println(F("** 날씨 정보를 성공적으로 수신했습니다."));

#ifdef PRINTOUT_JSON_DATA                                   // JSON 데이터 출력
                    Serial.println();
                    Serial.print(F(" * 수신한 데이터 크기 : "));
                    Serial.print(strlen(buffer));
                    Serial.print(F("바이트\n * "));
                    Serial.print(buffer);
#endif

                    extractWeatherInformation();            // JSON 데이터에서 날씨와 기온 추출

                    time_previous = millis();
                    state = STATE_IDLE;
                }
            }
        }
    }
}
```

JSON 형식 데이터 수신이 끝나면 수신한 데이터에서 필요한 정보를 찾아 출력하면 된다. 날씨 정보를 찾아내기 위해서는 description 필드를 찾고, 기온 정보를 찾아내기 위해서는 temp 필드를 찾아 해당 필드의 값을 출력한다. 스케치 66.7은 JSON 데이터에서 날씨와 기온 정보를 찾아 출력하는 예다.

</> 스케치 66.7 extractWeatherInformation 함수

```
void extractWeatherInformation() {
    char *key1 = "\"description\"", *key2 = "\"temp\"", *found;
    int index;

    found = strstr(buffer, key1) + strlen(key1) + 2;
    Serial.print(F("\n => 날씨 : "));
    weatherString = "";
    for (index = 0; index < 30; index++) {              // 날씨 정보 최대 길이 30
        if (*found == '\"') {
            break;
        }
        weatherString += *found;
        found++;
    }
    Serial.println(weatherString);

    found = strstr(buffer, key2) + strlen(key2) + 1;
    Serial.print(F(" => 기온 : "));
    tempString = "";
    for (index = 0; index < 10; index++) {              // 기온 데이터 최대 길이 10
        if (*found == ',') {
            break;
        }
        tempString += *found;
        found++;
    }
    Serial.print(tempString + " K (");
    Serial.print(tempString.toFloat() - 273.15, 2);     // 켈빈 온도를 섭씨온도로 변환
    Serial.println(F(" C)\n"));
}
```

스케치 66.2에서 스케치 66.7까지 함께 사용하여 QUERY_INTERVAL로 설정한 시간 간격으로 현재 날씨 정보를 출력하는 스케치의 실행 결과는 그림 66.8과 같다.

그림 66.8 현재 날씨 정보 얻기

66.3 맺는말

이 장에서는 ESP-01 모듈을 아두이노 우노에 연결하여 날씨 서버에서 현재 날씨를 얻어오는 방법을 알아봤다. 이를 위해 ESP-01 모듈에는 AT 명령 펌웨어가 설치되어 있어야 하고, 아두이노 우노에는 지정한 시간 간격으로 AT 명령을 ESP-01 모듈로 전송하고 그 결과를 받아 필요한 정보를 추출하고 출력하는 스케치를 업로드해야 한다.

날씨 정보를 얻어올 때 가장 큰 문제는 날씨 서버에서 수신하는 JSON 형식 데이터의 크기가 크다는 점이다. 아두이노 우노의 SRAM은 2KB에 지나지 않으므로 양식 정보가 제거된 약 470바이트의 JSON 형식 데이터를 다루기에도 충분하지 않다. 따라서 이 장에서는 실행 상태를 나타내기 위한 메시지를 플래시 메모리에 저장하여 사용하게 함으로써 JSON 형식 데이터를 처리할 수 있는 메모리를 확보했다. 하지만 OpenWeather 사이트에서 제공하는 XML 형식 데이터 크기는 JSON 형식 데이터 크기보다 크다. 또한 다른 사이트에서 오픈 API를 통해 얻을 수 있는 데이터는 이보다 더 큰 데이터도 많이 존재한다. SRAM의 크기가 큰 아두이노 메가2560을 사용하는 것도 한 방법일 수 있지만, 아두이노 메가2560의 8KB 크기 SRAM 역시 충분히 큰 것은 아니다. 따라서 이 장에서처럼 모든 데이터를 수신한 후 처리하는 방법은 마이크로컨트롤러에서는 사용하기 어려울 수 있으며, 데이터를 수신함과 동시에 원하는 정보를 찾아내는 방법을 사용해야 할 수 있다. 71장 '미니 프로젝트: 스트림 데이터 검색기'에서 다루는 스트림 데이터 검색기가 그러한 예다.

이 장에서는 AT 명령을 사용하여 ESP-01 모듈을 제어했다. 하지만 AT 명령으로 ESP-01 모듈을 제어하는 것은 번거로운 작업으로, 특히 명령 자체가 직관적이지 않다는 문제가 있다. 이 문제를 해결하는 방법 중 하나는 AT 명령을 기반으로 하는 와이파이 라이브러리를 사용하는 것으로 이 책에서 주로 사용하는 방법이기도 하다. 이 장에서 군이 AT 명령을 사용하는 방법을 설명한 이유는 와이파이 라이브러리가 AT 명령을 기반으로 하고 있기 때문이며, 와이파이 라이브러리와 비교했을 때 AT 명령 펌웨어는 안정적인 업데이트가 지원되기 때문이다. 또한 블루투스 모듈과 같이 다른 통신 모듈에서도 AT 명령이 사용된다는 사실 역시 또 다른 이유다.

이 장에서는 ESP-01 모듈과 AT 명령을 사용하여 웹 클라이언트를 구현하는 방법을 살펴봤고, 다음 장에서는 ESP-01 모듈과 AT 명령을 사용하여 간단한 웹 서버를 구현하는 방법을 살펴볼 것이다. 웹 클라이언트와 웹 서버 모두를 와이파이 라이브러리를 사용하여 구현하는 방법은 68장 '웹 클라이언트와 서버: WiFiEsp 라이브러리'에서 다루므로 AT 명령을 사용하는 방법과 비교해 보기 바란다.

1 공공데이터포털*은 공공기관에서 관리하는 데이터를 한 곳에서 제공하는 통합 창구로, 파일이나 그래프 등 다양한 형식의 데이터를 제공함은 물론 오픈 API를 통해서도 데이터를 얻어올 수 있다. 공공데이터포털에서는 기상청의 날씨 정보를 포함하여 버스와 지하철 운행 정보, 실시간 대기오염 정보, 도로명 주소 정보 등 다양한 정보를 제공하고 있다. 공공데이터포털에서 제공하는 정보의 종류를 알아보고, 기상청의 날씨 정보와 OpenWeather 사이트의 날씨 정보를 통해 얻을 수 있는 세부 정보를 비교해 보자.

2 문자 배열을 선언하면 배열의 내용은 플래시 메모리에 저장되지만, 실행 과정에서 SRAM으로 옮겨지므로 SRAM을 소비한다. F 매크로를 사용하면 SRAM으로 데이터를 옮기지 않고 플래시 메모리에서 직접 읽어서 사용할 수 있으므로 SRAM의 사용을 줄일 수 있다. 문자열을 다룰 때 한 가지 더 기억해야 할 점은 String 클래스가 문자 배열과 비교하면 많은 메모리를 사용한다는 점이다. 따라서 이 장에서도 buffer를 String 클래스 객체가 아닌 문자 배열로 선언하여 사용하고 있다. 아래 스케치는 'Hello World~' 문자열을 문자 배열을 사용하는 방법, String 클래스 객체를 사용하는 방법, F 매크로를 사용하는 방법 등 세 가지 방법으로 저장하여 메모리 사용량을 비교하기 위한 것이다. 한 번에 하나씩만 주석을 해제하고 컴파일하여 각각의 경우 사용되는 플래시 메모리와 SRAM의 크기를 비교해 보자.

</> 스케치 66.8 문자열을 다루는 방법

```
void setup() {
    Serial.begin(9600);

    // (1) 문자 배열을 사용하는 방법
    // Serial.println("Hello World~");

    // (2) String 클래스 객체를 사용하는 방법
    // Serial.println(String("Hello World~"));

    // (3) F 매크로를 사용하는 방법
    // Serial.println(F("Hello World~"));
}

void loop() {
}
```

---

* https://www.data.go.kr

온도 데이터 제공 서버:
AT 명령

ESP-01 모듈은 AT 명령을 통해 웹 서버로 동작하도록 설정할 수 있으며, 설정된 웹 서버에는 최대 5개 클라이언트가 동시에 접속할 수 있다. ESP-01 모듈을 사용한 클라이언트로 동작하는 아두이노가 양식 데이터가 대부분인 웹 페이지를 처리하기 힘든 것처럼, ESP-01 모듈을 사용한 아두이노 웹 서버 역시 컴퓨터에서 흔히 볼 수 있는 화려한 페이지를 제공할 수는 없지만, 접속하는 클라이언트에 센서 데이터와 같이 간단한 정보를 제공하기에는 충분하다. 이 장에서는 AT 명령을 통해 웹 서버를 구현하고 온도 정보를 클라이언트에 제공하는 방법을 알아본다.

이 장에서 사용할 부품

- 아두이노 우노 × 1 ➡ 온도 제공 서버 테스트
- ESP-01 모듈 × 1 ➡ 시리얼 와이파이 통신 모듈
- 1.5kΩ 저항 × 1 ➡ 레벨 변환
- 3.3kΩ 저항 × 1 ➡ 레벨 변환
- LM35 온도 센서 × 1

이전 장에서는 ESP-01 모듈을 웹 클라이언트로 동작하게 만들고 날씨 서버에 접속하여 현재 날씨 정보를 알아내는 방법을 살펴봤다. 이 장에서는 이와 반대로 ESP-01 모듈을 웹 서버로 동작하게 만들고 접속하는 클라이언트에 서비스를 제공하는 방법을 알아본다. ESP-8266 칩에는 TCP/IP 프로토콜이 구현되어 있으므로, 웹 클라이언트를 간단하게 구현했던 것처럼 웹 서버 역시 간단하게 구현할 수 있다. 다만 아두이노로 웹 클라이언트를 구현했을 때 양식 정보를 제외한 1KB 미만의 JSON 형식 데이터를 처리하기에도 SRAM이 부족했던 것처럼, 웹 서버 역시 복잡하고 화려한 웹 페이지를 서비스하기에는 메모리가 부족할 수 있다. 또한 **ESP-01 모듈로 구현한 웹 서버에 동시에 접속할 수 있는 클라이언트 수는 5개가 최대다.** 따라서 ESP-01 모듈을 서버로 구현할 수 있는 것은 사실이지만, 흔히 컴퓨터에서 웹 브라우저로 접속하는 웹 서버가 아니라 적은 수의 클라이언트에게 센서 데이터와 같은 간단한 정보를 화려한 인터페이스 없이 제공하기 위한 서버다. 공개 API를 통해 양식 정보 없는 데이터만을 서버로부터 받았던 것과 마찬가지로, ESP-01 모듈로 구현한 웹 서버에서도 JSON이나 XML 형식 데이터를 제공하는 방법을 생각해 볼 수 있다.

67.1 온도 데이터 제공 서버

웹 서버를 구현하는 과정은 웹 클라이언트를 구현하는 과정과 AP에 접속하는 과정까지는 같지만 이후 설정에서 차이가 있다. AP에 접속한 이후에는 여러 개의 클라이언트가 접속할 수 있도록 다중 연결을 허용해야 하며 'AT+CIPMUX' 명령으로 설정할 수 있다.

명령	AT+CIPMUX=<mode>
결과	OK
파라미터	<mode> • 0: 단일 연결 • 1: 다중 연결

다중 연결이 허용되면 동시 접속 클라이언트 수를 'AT+CIPSERVERMAXCONN' 명령으로 설정할 수 있다. 접속 가능한 클라이언트 수를 최대 5개까지 설정할 수 있으며, 최대로 접속 가능한 클라이언트 수인 5가 디폴트로 설정되어 있다.

명령	AT+CIPSERVERMAXCONN=<num>
결과	OK
파라미터	<num>: 서버에 접속 가능한 클라이언트 수 [1, 5], 디폴트값은 5

동시 접속이 설정되면 TCP 서버를 생성하기 위해 'AT+CIPSERVER' 명령을 사용한다. 서버 접속을 위한 디폴트 포트는 333번이지만 TCP 접속은 흔히 80번 포트를 사용하므로 이 장에서도 80번 포트를 사용하여 TCP 서버를 생성한다.

명령	AT+CIPSERVER=<mode>[,<port>]
결과	OK
파라미터	<mode> • 0: TCP 서버 삭제 • 1: TCP 서버 생성 <port>: 서버 접속 포트, 디폴트값은 333

아두이노 우노에 스케치 67.1을 업로드하고 표 67.1의 명령을 순서대로 실행하면 TCP 서버가 생성되고 클라이언트의 접속을 기다리는 상태가 된다.

</> 스케치 67.1 ESP-01 모듈 설정

```
#include <SoftwareSerial.h>

SoftwareSerial ESPSerial(2, 3);              // 소프트웨어 시리얼 포트(RX, TX)
boolean NewLine = true;

void setup() {
    Serial.begin(9600);                      // 컴퓨터와의 시리얼 통신 초기화
    ESPSerial.begin(9600);                   // ESP-01 모듈과의 시리얼 통신 초기화
}

void loop() {
    if (Serial.available()) {                // 시리얼 모니터 → 아두이노 → ESP-01 모듈
        char ch = Serial.read();

        ESPSerial.write(ch);
        if (NewLine) {
            Serial.print("\n> ");
            NewLine = false;
        }
        if (ch == '\n') {
            NewLine = true;
        }
        Serial.write(ch);
    }
```

```
    if (ESPSerial.available()) {                  // ESP-01 모듈 → 아두이노 → 시리얼 모니터
        char ch = ESPSerial.read();
        Serial.write(ch);
    }
}
```

표 67.1 TCP 서버 생성을 위한 AT 명령 실행 순서

AT 명령	설명
AT+RST	리셋
AT+CWMODE=3	소프트AP + 스테이션 모드로 설정
AT+CWJAP="ssid","password"	AP에 접속
AT+CIPMUX=1	다중 접속 허용
AT+CIPSERVER=1,80	80번 포트로 TCP 서버 생성
AT+CIFSR	IP 정보 확인

마지막 'AT+CIFSR' 명령은 ESP-01 모듈에 할당된 IP 주소를 확인하기 위한 명령이다. 모드 3인 소프트AP + 스테이션 모드로 설정했으므로 AP와 스테이션을 위한 2개의 IP가 모두 출력된다. 이 중 서버로 접속하기 위해서는 스테이션에 할당된 IP 주소를 사용하면 된다.

그림 67.1 시리얼 모니터에서 AT 명령으로 TCP 서버 생성

그림 67.1에서 스테이션 IP로 '192.168.20.24'가 할당된 것을 확인할 수 있다. 즉, 공유기를 통해 사설 IP가 할당되어 있다. 같은 공유기에 연결된 컴퓨터나 스마트폰의 브라우저 주소창에 스테이션 IP를 입력해 보자. ESP-01 모듈로 구현한 웹 서버에서 출력되는 메시지의 예는 그림 67.2와 같다. 브라우저마다 접속 방식에 차이가 있으므로 출력되는 메시지는 그림 67.2와 차이가 있을 수 있다.

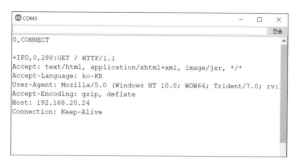

그림 67.2 웹 서버로 설정된 ESP-01 모듈에 접속했을 때 출력 메시지

그림 67.2에서 출력되는 문장이 어딘지 익숙하지 않은가? 그림 67.2에서 출력되는 문장은 날씨 서버에 날씨 정보를 요청할 때 전송했던 문장과 기본적으로 같은 문장이다. 그림 67.2에서 첫 번째 문장 '0,CONNECT'는 0번 클라이언트가 접속했음을 나타내며 ESP-01 모듈에서 추가한 문장이다. 두 번째 문장은 빈 문장이며, 세 번째 문장 '+IPD,0,288:GET / HTTP/1.1'은 두 부분으로 구성된다. 콜론 전까지 '+IPD,0,288'은 ESP-01 모듈이 추가한 내용으로 0번 클라이언트에서 288바이트의 데이터를 수신했다는 뜻이다. 나머지는 HTTP 요청의 시작에 해당하는 내용으로 'HTTP/1.1' 프로토콜을 사용하여 루트 디렉터리를 요청하고 있음을 나타낸다. 이하 문장들은 브라우저의 정보를 나타내는 문장들로 브라우저 종류에 따라 달라질 수 있다. 마지막 'Connection: Keep-Alive'는 전송이 완료된 이후에도 일정 시간 동안 연결을 유지하기 위해 사용한다. 바로 연결을 종료하지 않으면 한 번의 연결을 통해 여러 번의 HTTP 요청을 처리할 수 있으므로 연결 과정의 지연이 적어 전송 속도를 높이는 효과가 있다.

클라이언트 요청이 들어오면 'AT+CIPSEND' 명령으로 데이터를 전송하면 된다. 클라이언트에서 서버로 HTTP 요청을 전송하기 위해서도 'AT+CIPSEND' 명령을 사용했다. 하지만 클라이언트에서 서버로 HTTP 요청을 전송하는 경우에는 접속된 서버가 하나뿐이므로 전송할 데이터의 길이만을 지정하면 되지만, 서버에서 클라이언트로 HTTP 응답을 전송하는 경우에는 연결된 클라이언트가 여러 개 있을 수 있으므로 클라이언트 ID를 함께 지정해야 한다. 클라이언트 ID는 그림 67.2의 경우 '+IPD' 이후 나오는 숫자에 해당하는 0번이다. CIPSEND 명령 실행에 성공하면 프롬프트가 '>'로 바뀌면서 전송할 데이터 입력 상태가 된다.

명령	AT+CIPSEND=\<link ID\>,\<length\>
결과	OK >
파라미터	\<link ID\>: 클라이언트 ID \<length\>: 전송할 데이터 크기

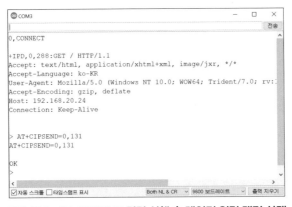

그림 67.3 AT+CIPSEND 명령 실행 후 데이터 입력 대기 상태

웹 클라이언트가 GET 명령을 사용하여 웹 페이지를 요청하면, 웹 서버는 요청을 처리하여 처리된 결과를 클라이언트로 돌려주며 이를 'HTTP 응답'이라고 한다. HTTP 응답은 크게 헤더와 데이터로 구성되며 날씨 서버에서 수신된 정보 역시 마찬가지였다. 그림 67.3에서 프롬프트가 바뀐 후 입력하는 HTTP 응답은 표 67.2와 같다. 모든 문장은 '\r\n'으로 끝나며, 헤더의 끝에는 내용 없이 '\r\n'으로 이루어진 문장이 보내진다. 데이터 부분 역시 '\r\n'으로 끝나는 문장들로 이루어지고 데이터의 마지막에 '\r\n'으로 이루어진 빈 문장을 보내는 방법이 흔히 사용되지만, 반드시 그런 것은 아니다.

표 67.2 HTTP 응답 구조

헤더	HTTP/1.1 200 OK\r\n Content-Type: text/html\r\n Connection: close\r\n \r\n
데이터	<!DOCTYPE HTML>\r\n <html>\r\n Analog Input (0 ~ 1023) : ****\r\n </html>\r\n \r\n

HTTP 응답의 헤더 부분에서 첫 번째 줄은 프로토콜과 버전, 응답 코드, 응답 메시지로 구성된다. 응답 코드 200은 서버에서 처리가 정상적으로 이루어졌음을 나타낸다. Content-Type은 데이터 부분의 형식을 나타내며 HTML 형식의 데이터임을 나타내고 있다. 헤더의 마지막 줄은 데이터 전송 후 연결을 종료하는 문장이다.

데이터 부분은 헤더 부분에서 명시된 것과 같이 HTML 형식의 텍스트로 이루어져 있다. 첫 번째 줄은 데이터의 형식을 나타내며 이후 HTML 태그를 사용하여 데이터를 기술한다. HTML

문서는 태그를 사용하여 계층적으로 구성되며 최상위 구성 요소에 해당하는 것이 <html>이다. 표 67.2에서는 아날로그 입력값 하나만을 전달하는 것으로 했으며 <html> 요소 내에 하위 요소는 없다. </html>은 <html> 요소가 끝났음을 나타낸다.

표 67.2의 데이터 131바이트를 모두 입력하면 그림 67.4와 같이 'SEND OK' 메시지와 함께 클라이언트로 데이터가 전송된다. 데이터를 전송할 때 시리얼 모니터에서 'Both NL & CR' 옵션을 선택하고 표 67.2에서 '\r\n'은 실제로 입력하지 않는다. 헤더와 데이터의 마지막 문장은 엔터 키만 누르면 된다. 데이터 전송이 완료되고 현재 연결을 종료하기 위해서는 'AT+CIPCLOSE' 명령을 사용한다. 'AT+CIPCLOSE' 명령 역시 클라이언트에서도 사용하지만, 서버에서 사용할 때는 클라이언트 ID를 지정해야 한다.

명령	AT+CIPCLOSE=<link ID>
결과	OK
파라미터	<link ID>: 클라이언트 ID

그림 67.4 **HTTP 응답 전송 완료**

HTTP 응답을 입력할 때는 AT+CPISEND 명령에서 지정한 길이와 일치해야 한다는 점에 주의해야 한다. 또한 데이터가 HTML 형식과 맞지 않으면 브라우저에 표시되지 않을 수 있다. HTTP 응답 전송이 완료되면 서버에서 보낸 페이지가 브라우저에 표시된다. 웹 페이지가 브라우저에 나타나는 시점은 데이터 전송이 완료된 시점, 클라이언트와 서버 연결이 종료된 시점 등 브라우저의 종류에 따라 약간씩 차이가 있다.

그림 67.5 **ESP-01 서버의 HTTP 응답**

웹 서버를 위한 스케치

아두이노 우노에 LM35 온도 센서와 ESP-01 모듈을 연결하여 웹 서버를 구현하고 접속하는 클라이언트에게 아두이노 설치 위치의 온도를 전송하게 해보자. 먼저 온도 센서를 A0 핀에 연결하고 ESP-01 모듈을 2번과 3번 핀에 SoftwareSerial 클래스를 사용하여 연결한다.

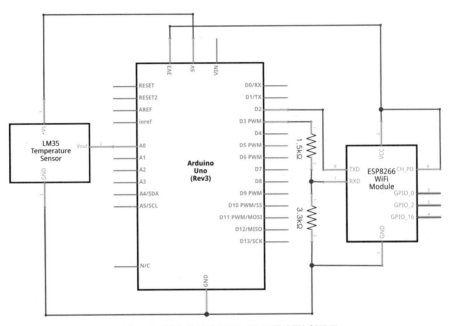

그림 67.6 온도 센서와 ESP-01 모듈 연결 회로도

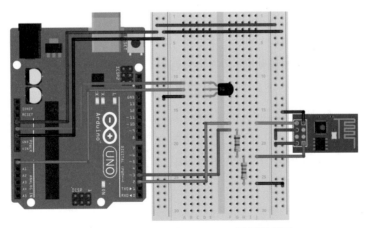

그림 67.7 온도 센서와 ESP-01 모듈 연결 회로

스케치 67.2는 AT 명령을 실행하는 함수들이다. sendATcommand 함수는 AT 명령 실행 결과로 반환되는 메시지를 통해 지정한 시간 내에 명령 실행의 성공 여부를 판단하는 함수이며, printResponse 함수는 'AT+CIFSR' 명령과 같이 반환되는 메시지가 중요한 경우 이를 시리얼 모니터로 출력하기 위한 함수다.

</> 스케치 67.2 AT 명령 실행 함수

```
// 지정한 시간 내에 지정한 응답 수신 여부로 AT 명령 실행 성공 여부 판단
boolean sendATcommand(String command, char *response, int second) {
    // 최대 대기 시간 설정
    ESPSerial.setTimeout(second * 1000);
    // AT 명령을 ESP-01 모듈로 전달하여 실행
    ESPSerial.println(command);
    // 응답 대기
    boolean responseFound = ESPSerial.find(response);
    // 최대 대기 시간을 디폴트값인 1초로 변경
    ESPSerial.setTimeout(1000);

    return responseFound;                            // AT 명령 실행 성공 여부 반환
}


// AT 명령을 실행하고 지정한 시간 동안 응답 메시지를 시리얼 모니터로 출력
void printResponse(String command, int second) {
    ESPSerial.println(command);                      // AT 명령 실행
    unsigned long time = millis();
    // 지정한 시간 동안 응답 메시지를 시리얼 모니터로 출력
    while ((time + second * 1000) > millis()) {  // 응답 메시지 출력
        while (ESPSerial.available()) {
            Serial.print((char)ESPSerial.read());
        }
    }
}


// 'AT+CIPSEND' 명령 실행
void sendCIPSEND(String message) {
    // AT+CIPSEND=<link ID>,<length>
    String command = "AT+CIPSEND=";
    command += connectionID;
    command += ",";
    command += message.length();

    sendATcommand(command, "OK", 1);                 // 'AT+CIPSEND' 명령 실행
    sendATcommand(message, "OK", 1);                 // 프롬프트가 바뀐 후 전송 내용 입력
}
```

스케치 67.3은 LM35 온도 센서로 온도를 측정하는 스케치로, 센서에서 읽은 아날로그값을 온도로 변환한다. 자세한 내용은 29장 '센서 사용하기'를 참고하면 된다.

</> 스케치 67.3 LM35 온도 센서로 온도 측정

```
float readTemperature() {
    int reading = analogRead(A0);

    float voltage = reading * 5.0 / 1023.0;      // 전압으로 변환
    float temperature = voltage * 100;           // '전압 * 100'으로 온도 계산

    return temperature;
}
```

스케치 67.4는 서버에서 클라이언트로 HTTP 응답을 보내는 부분으로, 스케치 67.2와 스케치
67.3의 함수를 사용한다. SRAM의 사용량을 줄이기 위해 시리얼 모니터로 출력하는 메시지들은
플래시 메모리에서 직접 읽어오도록 F 매크로를 사용했다.

</> 스케치 67.4 HTTP 응답 전송

```
void sendResponse() {
    Serial.print(F("* 클라이언트 "));
    Serial.print(connectionID);
    Serial.println(F("번으로 온도 정보를 보냅니다."));

    String header = "HTTP/1.1 200 OK\r\nContent-Type: text/html\r\n";
    header += "Connection:close\r\n\r\n";
    String temperature = String(readTemperature(), 2);
    String data = "<!DOCTYPE HTML>\r\n<html>\r\nTemperature : ";
    data += temperature + " C\r\n</html>\r\n\r\n";

    // 온도 정보를 나타내는 페이지를 헤더와 데이터 부분으로 나누어 전송
    sendCIPSEND(header);
    sendCIPSEND(data);

    // AT+CIPCLOSE=<link ID> : TCP 연결 종료
    String closeCommand = "AT+CIPCLOSE=";
    closeCommand += connectionID;
    closeCommand += "\r\n";

    boolean success = sendATcommand(closeCommand, "OK", 3);
    Serial.print(F("* 클라이언트 "));
    Serial.print(connectionID);
    Serial.print(F("번과의 접속"));

    if(success){
        Serial.println(F("을 종료했습니다.\n"));
    }
    else{
        Serial.println(F(" 종료에 문제가 있습니다. 확인이 필요합니다.\n"));
    }
}
```

스케치 67.5는 ESP-01 모듈을 초기화하고 서버로 설정하는 setup 함수의 예다.

스케치 67.5 ESP-01 모듈을 서버로 초기화

```
#include <SoftwareSerial.h>

SoftwareSerial ESPSerial(2, 3);                    // ESP-01 모듈 연결 포트

String AP = "your_AP_name_here";
String PW = "your_AP_password_here";

String APconnectStr = "AT+CWJAP=\"" + AP + "\",\"" + PW + "\"";

byte connectionID;                                 // 접속한 클라이언트 ID
char buffer[6];                                    // 클라이언트 요청 데이터 저장
int index = 0;                                     // 버퍼에 저장할 위치

void setup() {
    Serial.begin(9600);                            // 컴퓨터와의 UART 시리얼 연결
    ESPSerial.begin(9600);                         // ESP-01 모듈과의 UART 시리얼 연결

    // ESP-01 모듈 리셋
    if (!sendATcommand("AT+RST", "ready", 3)) {
        Serial.println(F("** ESP-01 리셋 과정에서 오류가 발생했습니다."));
        while (1);
    }
    else {
        Serial.println(F("** ESP-01 모듈이 리셋되었습니다."));
    }

    // 소프트AP + 스테이션 모드로 설정
    if (!sendATcommand("AT+CWMODE=3", "OK", 3)) {
        Serial.println(F("** ESP-01 모드 전환 과정에서 오류가 발생했습니다."));
        while (1);
    }
    else {
        Serial.println(F("** ESP-01을 모드 3으로 전환했습니다."));
    }

    // AP 접속
    if (!sendATcommand(APconnectStr, "OK", 10)) {
        Serial.println(F("** AP 접속 과정에서 오류가 발생했습니다."));
        while (1);
    }
    else {
        Serial.println(F("** AP에 접속했습니다."));
    }

    // 다중 접속 허용
    if (!sendATcommand("AT+CIPMUX=1", "OK", 1)) {
        Serial.println(F("** 다중 접속 허용 과정에서 오류가 발생했습니다."));
        while (1);
```

```
    }
    else {
        Serial.println(F("** 다중 접속을 허용했습니다."));
    }

    // TCP 서버 생성
    if (!sendATcommand("AT+CIPSERVER=1,80", "OK", 1)) {
        Serial.println(F("** TCP 서버 생성 과정에서 오류가 발생했습니다."));
        while (1);
    }
    else {
        Serial.println(F("** TCP 서버를 생성했습니다."));
    }

    // 접속할 서버 주소 확인을 위해 IP 정보 출력
    printResponse("AT+CIFSR", 1);
    Serial.println();
}
```

스케치 67.6은 서버에 접속한 클라이언트로 온도 정보를 제공하는 loop 함수다. 그림 67.2에서 볼 수 있듯이 클라이언트가 서버에 접속하면 여러 줄의 '\r\n'으로 끝나는 문장을 보낸다. 하지만 이 장에서 구현한 서버는 접속한 클라이언트에게 온도 정보를 포함하고 있는 한 종류의 페이지만 제 공하므로, 서버에서는 여러 클라이언트를 구별할 수 있는 방법이 필요하다. 클라이언트를 구별하기 위해 사용할 수 있는 정보가 '+IPD' 이후 정숫값으로 클라이언트 ID에 해당한다. 수신된 문장은 문장의 끝인 '\n'을 만나면 처리하고 이때 필요한 내용은 문장의 시작 부분인 '+IPD,n' 6개 문자뿐이므로 버퍼에는 문장의 시작 부분 6개 문자만 저장하여 비교했다.

</> **스케치 67.6 클라이언트 접속 대기 및 접속 처리**

```
void loop() {
    if (ESPSerial.available()) {
        char ch = ESPSerial.read();
        if (index < 6) {
            buffer[index] = ch;
        }
        index++;

        if (ch == '\n') {                       // 문장의 끝
            if (startWith(buffer, "+IPD")) {    // '+IPD,n'으로 시작하는 경우
                connectionID = buffer[5] - '0'; // '+IPD,n'에서 클라이언트 아이디 n 확인
                sendResponse();                 // HTTP 응답 전송
            }
            index = 0;                          // '+IPD'로 시작하지 않으면 처리하지 않음
        }
    }
}
```

```
boolean startWith(char *str, char *start) {
    for (byte i = 0; i < strlen(start); i++) {
        if (start[i] != str[i]) {
            return false;
        }
    }
    return true;
}
```

스케치 67.2에서 스케치 67.6까지 함께 사용하여 클라이언트가 서버로 연결할 때 온도 정보를 제공하는 서버의 동작을 나타낸 것이 그림 67.8이다.

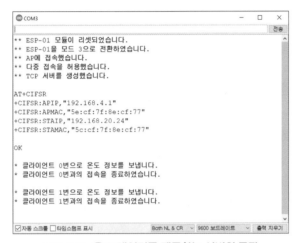

그림 67.8 온도 데이터를 제공하는 서버의 동작

같은 공유기에 연결된 컴퓨터나 스마트폰 브라우저에서 그림 67.8에 나타난 서버 주소인 '192.168.20.24'로 연결하면 온도 정보가 표시되는 것을 확인할 수 있다.

그림 67.9 브라우저에 나타나는 온도 정보

웹 페이지의 소스 보기를 선택하면 화면에 나타나는 형식이 아니라 웹 서버에서 보낸 데이터를 확인할 수 있다. 그림 67.9에 해당하는 소스는 그림 67.10과 같으며, 브라우저에서는 표 67.2에서 헤더 정보 없이 데이터 부분만 표시된다.

그림 67.10 ESP-01 서버에서 보낸 소스 보기

67.3 맺는말

이 장에서는 ESP-01 모듈을 웹 서버로 구성하여 접속하는 클라이언트에 온도 정보를 제공하는 방법을 살펴봤다. ESP-01 모듈을 서버로 동작시키는 것은 클라이언트로 동작시키는 것과 비슷하며 아두이노를 위한 스케치는 오히려 더 간단하다. 이는 클라이언트의 접속 요청이 있을 때 클라이언트의 ID만 확인하고 다른 정보는 사용하지 않기 때문이다. 즉, 서버에서 아두이노가 설치된 위치의 온도 정보를 알려주는 간단한 서비스만을 제공하기 때문이다. 서버에서 여러 가지 서비스를 제공하기 위해서는 서버를 위한 스케치가 복잡해지는 것이 당연하며, 서비스가 다양해지면 HTML 형식을 포함하여 웹 프로그래밍 관련 내용이 많이 필요할 수 있다.

이전 장과 이번 장에서는 AT 명령으로 ESP-01 모듈을 클라이언트와 서버로 구현하고 사용하는 방법을 살펴봤다. ESP-01 모듈에도 ESP8266이라는 마이크로컨트롤러가 포함되어 있다는 사실을 기억할 것이다. ESP8266을 위한 펌웨어는 아두이노 환경에서 스케치를 사용하여 작성하는 것이 가능하므로, ESP-01 모듈을 아두이노 호환 보드로 사용해 아두이노에 연결하지 않고도 클라이언트와 서버로 동작하게 할 수 있다. 이때 ESP8266을 위한 스케치는 다음 장에서 다룰 와이파이 라이브러리를 사용하는 방법과 거의 같다. ESP8266을 사용한 ESP 시리즈 모듈을 아두이노 호환 보드로 사용하는 방법은 78장 'ESP8266과 NodeMCU'에서 다룬다.

지금까지 AT 명령으로 ESP-01 모듈을 제어했다면, 다음 장에서는 와이파이 라이브러리를 사용하여 ESP-01 모듈을 사용하는 방법을 살펴본다. AT 명령을 사용하는 방법이 어렵지는 않지만 번거로운 것은 사실이다. 와이파이 라이브러리를 사용하면 직관적이고 간단한 함수를 통해 ESP-01 모듈을 제어할 수 있으며, 이후의 장들에서는 와이파이 라이브러리를 사용하여 인터넷에서 동작하는 아두이노 기반 시스템의 예들을 살펴볼 것이다.

1 이 장에서 구현한 웹 서버에서 제공하는 페이지에는 한글을 쓸 수 없으며 한글을 입력하면 문자가 깨져서 표시된다. 이는 웹 페이지에서 사용하는 문자 집합을 지정하지 않았기 때문으로 문자 집합을 유니코드인 UTF-8로 설정하면 한글 메시지를 출력할 수 있다. 문자 집합의 지정은 웹 페이지의 헤더에서 이루어진다. 스케치 67.4의 sendResponse 함수에서 다음과 같이 문자 집합을 지정하는 내용을 추가하자.

```
   Content-Type: text/html
=> Content-Type: text/html; charset=utf-8
```

이제 데이터 부분에서 'Temperature'를 '온도'로 수정하면 웹 페이지에 한글이 출력되는 것을 확인할 수 있다.

2 이 장에서 구현한 웹 서버는 공유기의 DHCP를 통해 자동으로 IP 주소를 할당받는다. 클라이언트의 경우 IP 주소가 변해도 상관없지만, 서버는 일반적으로 고정된 IP 주소를 사용한다. ESP-01 모듈의 스테이션 IP 주소를 지정하기 위해서는 AT+CIPSTA 명령을 사용할 수 있다.

명령	AT+CIPSTA=<ip>[,<gateway>,<netmask>]
결과	OK
파라미터	<ip>: 스테이션 IP 주소 <gateway>: 게이트웨이 <netmask>: 서브넷 마스크

setup 함수에서 스테이션 IP 주소를 변경하는 아래 내용을 추가하고 스테이션의 IP 주소가 변경된 것을 확인해 보자.

</> 스케치 67.7 스테이션 IP 주소 변경 – setup 함수에 추가

```
if (!sendATcommand("AT+CIPSTA=\"192.168.20.100\"", "OK", 3)) {
    Serial.println(F("** 스테이션 IP 주소 변경 과정에서 오류가 발생했습니다."));
    while (1);
}
else {
    Serial.println(F("** 스테이션 IP 주소를 변경했습니다."));
}
```

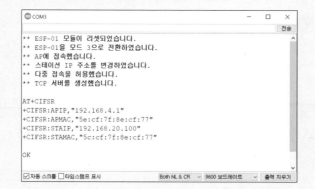

웹 클라이언트와 서버: WiFiEsp 라이브러리

ESP-01 모듈에 사용된 ESP8266 마이크로컨트롤러에는 TCP/IP 스택이 구현되어 있어 AT 명령을 통해 TCP/IP를 바탕으로 하는 다양한 서비스를 사용할 수 있게 해준다. TCP/IP를 바탕으로 구현된 HTTP를 이용하여 웹 클라이언트와 서버를 구현하는 것이 그 예다. 하지만 AT 명령은 직관성이 떨어져 사용이 번거롭다는 단점이 있다. 이 장에서는 AT 명령을 바탕으로 웹 서비스를 쉽게 사용할 수 있도록 만들어진 WiFiEsp 라이브러리를 사용하여 오늘의 날씨 정보를 얻어오는 클라이언트와 온도 정보를 제공하는 서버를 구현하는 방법을 알아본다.

이 장에서
사용할 부품

아두이노 우노	× 1 ➡ 웹 클라이언트와 서버 테스트
ESP-01모듈	× 1 ➡ 시리얼 와이파이 통신 모듈
1.5kΩ 저항	× 1 ➡ 레벨 변환
3.3kΩ 저항	× 1 ➡ 레벨 변환
LM35 온도 센서	× 1

지금까지 살펴본 ESP-01 모듈을 사용하는 방법
은 아두이노에서 AT 명령을 보내고 ESP-01 모듈
에서 AT 명령에 따라 실제 통신을 수행한 후 그
결과를 다시 아두이노에 텍스트 기반의 메시지로
전달하는 것이다. 따라서 아두이노는 UART 시
리얼 통신으로 연결된 ESP-01 모듈과 텍스트 기
반의 통신을 수행하는 것이 기본이 된다.

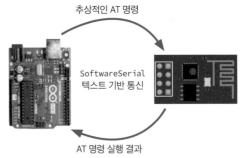

**그림 68.1 ESP-01 모듈을 AT 명령을 통해
와이파이 통신 모듈로 사용**

이전 장에서는 AT 명령을 사용하여 현재 날씨를 얻어오는 웹 클라이언트와 온도 정보를 제공하
는 웹 서버를 구현하는 방법을 살펴봤다. ESP-01 모듈을 AT 명령으로 제어할 수는 있지만, AT
명령을 기억하기가 쉽지 않으며 과정이 복잡하여 쉽게 사용할 수 없다. 따라서 AT 명령을 바탕으
로 와이파이 통신 기능을 쉽게 사용할 수 있도록 해주는 라이브러리가 흔히 사용된다. 이 장에서
는 ESP-01 모듈을 위한 와이파이 라이브러리를 사용하여 이전 장에서 구현한 웹 클라이언트와
서버를 구현한다.

먼저 ESP-01 모듈을 2번과 3번 핀에 소프트웨어 시리얼 포트로 연결하고 LM35 온도 센서를
A0 핀에 그림 68.2와 같이 연결하자. 온도 센서는 온도 데이터 제공 서버에서 사용할 것이다.

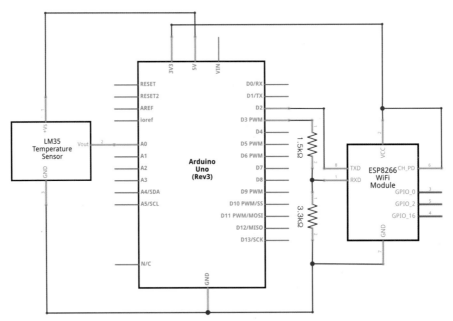

그림 68.2 온도 센서와 ESP-01 모듈 연결 회로도

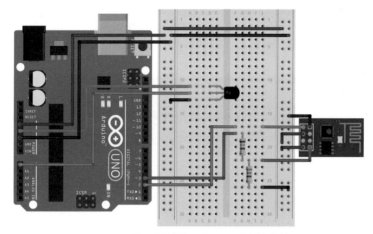

그림 68.3 온도 센서와 ESP-01 모듈 연결 회로

ESP-01 모듈의 와이파이 기능을 지원하는 라이브러리를 설치하자. 몇 가지 라이브러리가 있지만, 이 장에서는 WiFiEsp 라이브러리를 사용한다.

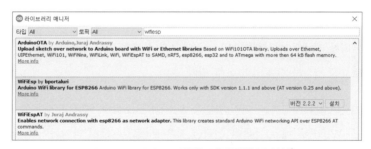

그림 68.4 WiFiEsp 라이브러리 검색 및 설치*

WiFiEsp 라이브러리는 AT 펌웨어가 설치된 ESP8266 칩을 위한 라이브러리로 ESP-01 모듈이 그 예에 해당한다. WiFiEsp 라이브러리는 와이파이 설정 및 연결을 위한 WiFiEspClass 클래스, 클라이언트에 해당하는 WiFiEspClient 클래스, 서버에 해당하는 WiFiEspServer 클래스 등을 제공한다. IP 주소 지정을 위한 IPAddress 클래스는 아두이노의 기본 클래스 중 하나로 포함되어 있다. WiFiEsp 라이브러리를 구성하는 클래스 중 WiFiEspClass 클래스는 아두이노가 와이파이를 통해 데이터를 주고받을 수 있도록 설정하는 데 사용되는 클래스이므로 WiFiEspClient 클래스나 WiFiEspServer 클래스를 사용하기 위해 함께 사용해야 한다. WiFiEspClass 클래스는 유일한 객체인 WiFi를 미리 선언하고 있으므로 스케치에서는 객체를 생성할 필요가 없다. 먼저 IP 주소 지정을 위한 IPAddress 클래스부터 살펴보자.

---

* https://github.com/bportaluri/WiFiEsp

68.1 IPAddress 클래스

IPAddress 클래스는 IP 주소 지정을 위한 클래스로 IPv4 주소인 32비트 형식을 지원한다.

■ IPAddress

```
IPAddress::IPAddress(uint8_t first_octet, uint8_t second_octet,
                     uint8_t third_octet, uint8_t fourth_octet)
IPAddress::IPAddress(uint32_t address)
IPAddress::IPAddress(const uint8_t *address)
 - 매개변수
    first_octet, second_octet, third_octet, fourth_octet: 1바이트 주소 데이터
    address: 4바이트 주소 데이터 또는 1바이트 주소 데이터 배열
 - 반환값: 없음
```

IP 주소 지정을 위한 객체를 생성한다. IP 주소는 4개의 부호 없는 1바이트값 배열이나 1개의 부호 없는 4바이트값을 지정하여 초기화할 수 있다.

스케치 68.1은 IP 주소를 지정하는 여러 방법을 보여준다. 포함된 헤더 파일은 '스케치 → 라이브러리 포함하기 → WiFiEsp' 메뉴 항목을 선택한 경우 포함되는 헤더 파일들이다. WiFiEsp.h 파일은 와이파이 설정 및 AP_Access Point 접속을 위한 클래스이므로 항상 포함해야 하지만, 나머지는 필요에 따라 선택하여 포함하면 된다.

</> 스케치 68.1 IP 주소 지정 방법

```
#include <WiFiEsp.h>
#include <WiFiEspClient.h>
#include <WiFiEspServer.h>
#include <WiFiEspUdp.h>

byte address[] = {192, 168, 1, 1};

void setup() {
    Serial.begin(9600);

    IPAddress ip1(192, 168, 1, 1);
    IPAddress ip2(address);
    IPAddress ip3(0xC0A80101);
```

```
    Serial.print("바이트값 4개 사용\t: ");
    Serial.println(ip1);
    Serial.print("바이트값 배열 사용\t: ");
    Serial.println(ip2);
    Serial.print("4바이트값 사용\t: ");
    Serial.println(ip3);
}

void loop() {
}
```

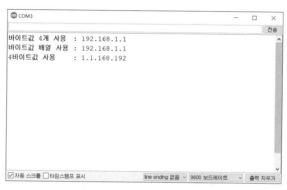

그림 68.5 스케치 68.1 실행 결과

그림 68.5에서 알 수 있듯이 IP 주소를 4바이트 크기 숫자로 지정하는 경우 다른 주소 지정 방법과 달리 주소가 역순으로 할당된다는 점에 주의해야 한다.

68.2 WiFiEspClass 클래스

WiFiEspClass 클래스는 와이파이 설정을 초기화하고 AP에 연결하기 위해 사용하는 클래스다. WiFiEspClass 클래스는 라이브러리 내에서 유일한 객체인 WiFi를 선언하고 있으므로 별도로 객체를 선언하지 않아도 된다. 또한 WiFiEspClass 클래스에는 WifiEspClient, WiFiEspServer, WiFiEspUDP 클래스가 friend로 선언되어 있어 이들 클래스가 WiFiEspClass 클래스에 자유롭게 접근할 수 있다.

```
friend class WiFiEspClient;
friend class WiFiEspServer;
friend class WiFiEspUDP;
```

■ init

```
void WiFiEspClass::init(Stream* espSerial)
```
  - 매개변수
      espSerial: ESP-01 모듈과 통신하는 하드웨어 또는 소프트웨어 시리얼 객체
  - 반환값: 없음

시리얼 객체를 사용하여 ESP-01 모듈을 초기화한다.

■ begin

```
int WiFiEspClass::begin(const char* ssid, const char* passphrase)
```
  - 매개변수
      ssid: 연결하고자 하는 와이파이 네트워크(AP) 이름
      passphrase: 와이파이 네크워크(AP) 비밀번호
  - 반환값: 와이파이 연결 상태로 WL_CONNECTED 또는 WL_CONNECT_FAILED

지정한 와이파이 네트워크(AP)에 연결한다. 반환되는 값은 연결 성공(WL_CONNECTED) 또는 연결 실패 (WL_CONNECTED_FAILED) 중 하나이며, 이 외에도 와이파이 상태는 표 68.1의 값 중 하나를 가질 수 있다.

표 68.1 **와이파이 연결 상태**

상수	값	비고	상수	값	비고
WL_NO_SHIELD	255	와이파이 모듈 없음	WL_CONNECTED	3	연결 성공
WL_IDLE_STATUS	0		WL_CONNECT_FAILED	4	연결 실패
WL_NO_SSID_AVAIL	1	AP 이름 오류	WL_CONNECTION_LOST	5	연결 끊김
WL_SCAN_COMPLETED	2	AP 검색 완료	WL_DISCONNECTED	6	연결 안 됨

■ status

```
uint8_t WiFiEspClass::status()
```
  - 매개변수: 없음
  - 반환값: 와이파이 상태

현재 와이파이 연결 상태로 표 68.1의 값 중 하나를 반환한다.

■ **disconnect**

```
int WiFiEspClass::disconnect()
  - 매개변수: 없음
  - 반환값: 와이파이 연결 상태
```

현재 연결된 와이파이 네트워크에서 연결을 종료한다. 현재 와이파이 상태로 표 68.1의 값 중 하나를 반환한다.

■ **localIP, subnetMask, gatewayIP**

```
IPAddress WiFiEspClass::localIP()
IPAddress WiFiEspClass::subnetMask()
IPAddress WiFiEspClass::gatewayIP()
  - 매개변수: 없음
  - 반환값: IP 주소, 서브넷 마스크, 게이트웨이 주소
```

와이파이 인터페이스의 IP 주소, 와이파이 네트워크의 서브넷 마스크, 와이파이 네트워크의 게이트웨이 주소를 반환한다.

■ **config**

```
void WiFiEspClass::config(IPAddress local_ip)
  - 매개변수
     local_ip: IP 주소
  - 반환값: 없음
```

begin 함수는 DHCP를 통해 자동으로 IP 주소를 할당하는 반면, config 함수는 지정한 IP 주소를 사용하도록 설정한다.

■ **SSID**

```
char* WiFiEspClass::SSID()
char* WiFiEspClass::SSID(uint8_t networkItem)
  - 매개변수
     networkItem: 스캔 과정에서 발견된 무선 네트워크 번호
  - 반환값: 네트워크의 SSID
```

매개변수를 지정하지 않으면 현재 연결된 무선 네트워크(AP)의 SSID를 반환한다. 스캔 과정에서 발견된 네트워크(또는 AP)의 번호를 매개변수로 지정하면 지정한 네트워크의 SSID를 반환한다.

■ BSSID

```
uint8_t* WiFiEspClass::BSSID(uint8_t* bssid)
 - 매개변수
    bssid: BSSID 값 저장을 위한 버퍼
 - 반환값: BSSID 값 저장 버퍼의 포인터
```

현재 연결된 무선 네트워크의 BSSID 값, 즉 AP의 MAC 주소를 반환한다. BSSID 값은 매개변수로 지정된 버퍼에 저장되며, 반환되는 값은 버퍼의 포인터다. 즉, 반환되는 값과 매개변수는 같은 값을 가리킨다.

■ RSSI

```
int32_t WiFiEspClass::RSSI()
int32_t WiFiEspClass::RSSI(uint8_t networkItem)
 - 매개변수
    networkItem: 스캔 과정에서 발견된 무선 네트워크 번호
 - 반환값: 신호 세기
```

매개변수를 지정하지 않으면 현재 연결된 무선 네트워크(AP)의 신호 세기를 반환한다. 스캔 과정에서 발견된 네트워크(또는 AP)의 번호를 매개변수로 지정하면 지정한 네트워크의 RSSI를 반환한다. 반환되는 값의 단위는 dBm_{decibel-milliwatts}으로, 1mW를 0dB로 표현한 것이다. AP의 신호 세기는 1mW보다 약하므로 음숫값이 나온다.

■ encryptionType

```
uint8_t WiFiEspClass::encryptionType(uint8_t networkItem)
 - 매개변수
    networkItem: 스캔 과정에서 발견된 무선 네트워크 번호
 - 반환값: 암호화 기법의 종류
```

무선 네트워크에서 사용하는 암호화 방식의 종류를 반환한다. 매개변수는 스캔 과정에서 발견된 네트워크(또는 AP)의 번호를 나타내며, 반환되는 값은 표 68.2의 값 중 하나다.

표 68.2 암호화 기법

값	방식	비고
0	OPEN	
1	WEP	
2	WPA-PSK	
3	WPA2-PSK	
4	WPA-WPA2-PSK	
5	WPA2-Enterprise	ESP8266에서 연결 불가능

암호화 방식 중 WEP_{Wired Equivalent Privacy}는 1999년 표준으로 제정된 암호화 방식이다. 하지만 보안상 취약점으로 인해 WEP 사용은 추천되지 않으며, 와이파이 연합_{Wi-Fi Alliance}에서도 2004년 이후 WEP는 다루지 않는다. WPA_{Wi-Fi Protected Access}는 WEP의 대안으로 2003년 발표된 암호화 방식이다. WPA는 2006년 WPA2로 대체되었으며 현재 가장 많이 사용되는 암호화 방식이다.

PSK는 사전 공유 키_{Pre-Shared Key}를 의미한다. 하나의 패스워드만 사용하는 방식으로 'WPA-PSK'를 흔히 '개인용 PSK'라고 한다. WPA2-Enterprise와 달리 별도의 서버를 필요로 하지 않으므로 대부분의 소규모 네트워크에서 사용하는 방식이다.

■ macAddress

```
uint8_t* WiFiEspClass::macAddress(uint8_t* mac)
 - 매개변수
    mac: MAC 주소 저장을 위한 버퍼
 - 반환값: MAC 주소 저장 버퍼의 포인터
```

와이파이 인터페이스의 MAC 주소를 반환한다. MAC 주소는 매개변수로 지정된 버퍼에 저장되며, 반환되는 값은 버퍼의 포인터다. 즉, 반환되는 값과 매개변수는 같은 값을 가리킨다.

■ firmwareVersion

```
static char* WiFiEspClass::firmwareVersion()
 - 매개변수: 없음
 - 반환값: 펌웨어 버전
```

AT 펌웨어가 만들어진 ESP8266 SDK 버전을 반환한다. AT 펌웨어의 버전과는 다르다는 점에 주의해야 한다.

- **scanNetworks**

int8_t WiFiEspClass::scanNetworks()
  - 매개변수: 없음
  - 반환값: 발견된 네트워크의 수

사용 가능한 와이파이 네트워크를 스캔하고 발견된 네트워크(또는 AP)의 수를 반환한다.

ESP-01 모듈을 사용하여 주변의 AP를 검색해 보자. 스케치 68.2는 주변의 AP를 검색하여 이름과 신호 세기를 출력하는 예다.

스케치 68.2 AP 검색

```
#include <WiFiEsp.h>
#include <SoftwareSerial.h>

SoftwareSerial ESPSerial(2, 3);                         // ESP-01 모듈 연결 포트

void setup() {
    Serial.begin(9600);                                 // 컴퓨터와의 UART 시리얼 연결
    ESPSerial.begin(9600);                              // ESP-01 모듈과의 UART 시리얼 연결

    WiFi.init(&ESPSerial);                              // ESP-01 모듈 초기화

    listNetworks();                                     // AP 검색
}

void loop() { }

void listNetworks() {
    Serial.println("** 무선 네트워크를 검색합니다. **");
    byte numSsid = WiFi.scanNetworks();                 // AP 검색

    Serial.print("발견된 무선 네트워크의 수 : ");
    Serial.println(numSsid);                            // 검색된 AP 개수

    for (int thisNet = 0; thisNet < numSsid; thisNet++) {
        Serial.print(thisNet);
        Serial.print(") ");
        Serial.println(WiFi.SSID(thisNet));             // SSID, AP 이름
        Serial.print("\t신호 세기\t: ");
        Serial.print(WiFi.RSSI(thisNet));               // 신호 세기
        Serial.println(" dBm");
        Serial.print("\t암호화 방식\t: ");
        Serial.println(WiFi.encryptionType(thisNet));   // 암호화 방식
    }
}
```

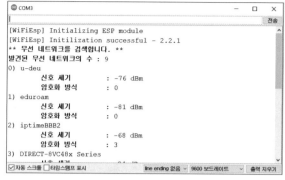

(a) _ESPLOGLEVEL_ = 3

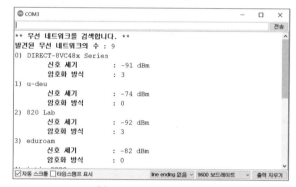

(b) _ESPLOGLEVEL_ = 0

그림 68.6 스케치 68.2 실행 결과

스케치 68.2를 실행하면 WiFiEsp 라이브러리에서 출력하는 디버그 메시지가 시리얼 모니터로 출력된다. 디버그 메시지가 출력되지 않게 하려면 라이브러리가 설치된 디렉터리의 'src\utility' 아래 debug.h 파일에 정의된 _ESPLOGLEVEL_을 0으로 수정하면 된다. 디폴트값은 3이다.

AP를 통해 무선 네트워크에 연결해 보자. 네트워크에 연결하기 위해서는 begin 함수를 사용하면된다. 스케치 68.3은 AP에 연결하고 ESP-01 모듈의 정보와 AP의 정보를 출력하는 예다.

스케치 68.3 무선 네트워크 연결 및 정보 출력

```
#include <WiFiEsp.h>
#include <SoftwareSerial.h>

SoftwareSerial ESPSerial(2, 3);                    // ESP-01 모듈 연결 포트

char AP[] = "your_AP_name_here";
char PW[] = "your_AP_password_here";
```

```
int status = WL_IDLE_STATUS;

void setup() {
    Serial.begin(9600);                              // 컴퓨터와의 UART 시리얼 연결
    ESPSerial.begin(9600);                           // ESP-01 모듈과의 UART 시리얼 연결

    WiFi.init(&ESPSerial);                           // ESP-01 모듈 초기화

    String fv = WiFi.firmwareVersion();              // SDK 버전
    Serial.println("* SDK 버전 : v." + fv);
    Serial.println();

    Serial.println(String("* \'") + AP + "\'에 연결을 시도합니다.");
    status = WiFi.begin(AP, PW);

    if (status != WL_CONNECTED) {
        Serial.println("** AP에 연결할 수 없습니다.");
        while (1);
    }
    else {
        Serial.println("* AP에 연결되었습니다.");
        Serial.println();

        printCurrentNet();                           // 연결된 네트워크 정보
        Serial.println();
        printWifiData();                             // 무선 인터페이스 정보
    }
}

void printCurrentNet() {
    Serial.print(" >> SSID (AP 이름)\t\t: ");
    Serial.println(WiFi.SSID());

    byte bssid[6];
    WiFi.BSSID(bssid);
    Serial.print(" >> BSSID (네트워크 MAC 주소)\t: ");
    printMAC(bssid);

    long rssi = WiFi.RSSI();
    Serial.print(" >> RSSI (신호 세기)\t\t: ");
    Serial.println(rssi);
}

void printWifiData() {
    IPAddress ip = WiFi.localIP();
    Serial.print(" >> IP 주소\t\t\t: ");
    Serial.println(ip);

    byte mac[6];
    WiFi.macAddress(mac);
    Serial.print(" >> 인터페이스 MAC 주소\t\t: ");
    printMAC(mac);
}

void printMAC(byte *mac) {                           // 6바이트 MAC 주소 출력
    for (int i = 5; i >= 0; i--) {
        Serial.print(mac[i], HEX);
```

```
        if (i != 0) Serial.print(":");
    }
    Serial.println();
}

void loop() {
}
```

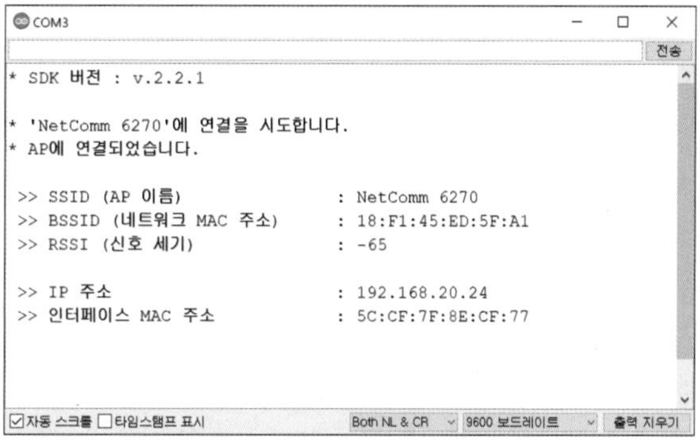

그림 68.7 스케치 68.3 실행 결과

COM3

* SDK 버전 : v.2.2.1

* 'NetComm 6270'에 연결을 시도합니다.
* AP에 연결되었습니다.

>> SSID (AP 이름)   : NetComm 6270
>> BSSID (네트워크 MAC 주소)   : 18:F1:45:ED:5F:A1
>> RSSI (신호 세기)   : -65

>> IP 주소   : 192.168.20.24
>> 인터페이스 MAC 주소   : 5C:CF:7F:8E:CF:77

☑자동 스크롤 ☐타임스탬프 표시   Both NL & CR   9600 보드레이트   출력 지우기

68.3 WiFiEspClient 클래스

WiFiEspClient 클래스는 와이파이 클라이언트를 구현하기 위한 클래스로, WiFiEspClient 클래스를 사용하면 간단하게 웹 클라이언트를 구현할 수 있다. WiFiEspClient 클래스에는 다음과 같은 멤버 함수들이 정의되어 있다.

■ WiFiEspClient

```
WiFiEspClient::WiFiEspClient()
 - 매개변수: 없음
 - 반환값: 없음
```

와이파이 클라이언트 객체를 생성한다. 생성된 클라이언트는 connect 함수를 사용하여 서버에 접속할 수 있다.

■ **connect**

```
int WiFiEspClient::connect(IPAddress ip, uint16_t port)
int WiFiEspClient::connect(const char *host, uint16_t port)
 - 매개변수
    ip: IPAddress 형식의 서버 IP 주소
    host: 문자열 형식의 서버 주소
    port: 클라이언트가 연결할 서버의 포트 번호
 - 반환값: 연결에 성공하면 true, 실패하면 false를 반환
```

지정된 주소와 포트를 사용하여 서버에 연결을 시도한다.

■ **connectSSL**

```
int WiFiEspClient::connectSSL(IPAddress ip, uint16_t port)
int WiFiEspClient::connectSSL(const char *host, uint16_t port)
 - 매개변수
    ip: IPAddress 형식의 서버 IP 주소
    host: 문자열 형식의 서버 주소
    port: 클라이언트가 연결할 서버의 포트 번호
 - 반환값: 연결에 성공하면 true, 실패하면 false를 반환
```

지정된 주소와 포트를 사용하여 서버에 보안 연결SSL: Secure Sockets Layer을 시도한다.

■ **connected**

```
uint8_t WiFiEspClient::connected()
 - 매개변수: 없음
 - 반환값: 서버 연결 여부를 true 또는 false로 반환
```

서버에 연결 여부를 반환한다. 연결이 종료된 이후에도 읽지 않은 데이터가 존재하는 경우, 즉 수신 버퍼에 데이터가 남아 있으면 연결된 것으로 간주한다.

■ **state**

```
uint8_t WiFiEspClient::state()
 - 매개변수: 없음
 - 반환값: 서버 연결 여부를 CLOSED(0) 또는 ESTABLISHED(4)로 반환
```

반환값이 true나 false가 아니라 CLOSED(0)나 ESTABLISHED(4)라는 점을 제외하면 connected 함수와 같다.

■ **write**

```
size_t WiFiEspClient::write(uint8_t data)
size_t WiFiEspClient::write(const uint8_t *buf, size_t size)
 - 매개변수
    data: 1바이트 크기의 데이터
    buf: 바이트 배열 데이터
    size: buf 내 데이터 바이트 수
 - 반환값: 서버로 전송한 바이트 수
```

연결된 서버로 데이터를 전송하고 전송된 바이트 수를 반환한다.

■ **print, println**

연결된 서버로 데이터를 전송한다. print와 println 함수의 사용법은 Serial 클래스의 print 및 println 함수와 같으므로, 8장 '아두이노 기본 클래스'를 참고하면 된다.

■ **available**

```
int WiFiEspClient::available()
 - 매개변수: 없음
 - 반환값: 수신 버퍼에 있는 데이터의 바이트 수
```

서버로부터 전송되어 클라이언트가 읽을 수 있는 데이터의 바이트 수를 반환한다.

■ **read**

```
int WiFiEspClient::read()
int WiFiEspClient::read(uint8_t *buf, size_t size)
 - 매개변수
    buf: 읽어 들인 데이터를 저장할 버퍼
    size: 버퍼의 바이트 단위 크기
 - 반환값: 읽어 들인 1바이트 데이터, 읽어 들인 데이터 바이트 수 또는 −1
```

매개변수가 없는 read 함수는 수신 버퍼에 있는 첫 번째 바이트 데이터를 읽어 반환한다. 매개변수가 있는 read 함수는 최대 size 바이트의 데이터를 읽어 buf에 저장하고 읽어 들인 데이터의 바이트 수를 반환한다. 읽어 들일 데이터가 없을 때는 −1을 반환한다.

■ peek

```
int WiFiEspClient::peek()
 - 매개변수: 없음
 - 반환값: 수신 버퍼의 첫 번째 바이트 데이터
```

수신 버퍼에 있는 첫 번째 바이트 데이터를 읽어 반환한다. read 함수와 달리 수신 버퍼에서 확인한 데이터를 삭제하지 않는다.

■ flush

```
void WiFiEspClient::flush()
 - 매개변수: 없음
 - 반환값: 없음
```

서버에서 수신했지만 읽지 않고 수신 버퍼에 남아 있는 데이터를 수신 버퍼에서 제거한다.

■ stop

```
void WiFiEspClient::stop()
 - 매개변수: 없음
 - 반환값: 없음
```

서버와의 연결을 종료한다.

■ remoteIP

```
IPAddress WiFiEspClient::remoteIP()
 - 매개변수: 없음
 - 반환값: 연결한 서버의 IP 주소
```

연결된 원격 서버의 IP 주소를 반환한다.

WiFiEspClient 클래스를 사용하여 OpenWeather 사이트에서 현재 날씨 정보를 얻어와 출력해 보자. 이미 66장 '오늘의 날씨 클라이언트: AT 명령'에서 AT 명령을 사용하여 현재 날씨 정보를 얻어오는 방법을 살펴봤다. AT 명령을 사용하는 것은 복잡하고 번거로운 일이지만, AT 명령 실행을 함수로 구현해 놓은 WiFiEspClient 클래스를 사용하면 AT 명령을 직접 실행하지 않고도 오늘의 날씨 클라이언트를 구현할 수 있다. 66장에서 구현한 스케치와 기능은 같지만, 스케치 작성 방법에서 약간씩의 차이가 있으므로 비교해서 살펴보기 바란다.

WiFiEspClient 클래스를 사용하면 오늘의 날씨 클라이언트를 구현하기 위해 AT 명령을 직접 실행하는 경우는 없으므로 66장에서 사용한 sendATcommand 함수는 필요하지 않다. 대신 TCP 연결을 명시적으로 종료하기 위해 stop 함수가 추가되었다. 스케치 68.4는 TCP 연결을 통해 수신되었지만 읽지 않고 수신 버퍼에 남아 있는 데이터를 지우고 TCP 연결을 끊는 함수다. **TCP 연결을 명시적으로 종료하지 않으면 사용할 수 있는 소켓이 없다는 'No Socket Available' 오류가 발생한다.** 처음한두 번은 정상적으로 동작하다 이후 정상적으로 동작하지 않는 경우 대부분이 연결을 끊지 않아 사용할 수 있는 소켓이 부족해서 발생한다.

</> 스케치 68.4 TCP 연결 끊기

```
void cleanUpTCPconnection() {          // TCP 연결 끊기
    if (client.connected()) {          // 연결된 경우
        client.flush();                // 수신 버퍼 비우기
        client.stop();                 // 연결 끊기
    }
}
```

스케치 68.5는 setup 함수를 나타낸 것으로, 날씨 정보를 얻어오기 위한 초기화 과정을 수행하고 있다. 초기화 과정은 ESP-01 모듈을 AP에 연결하여 날씨 서버에 날씨 정보를 요청할 준비를 하는 과정으로, WiFiEspClass 클래스의 객체인 WiFi를 init 함수로 초기화하고 begin 함수로 AP에 연결을 시도하는 것으로 이루어진다. init 함수에서는 ESP-01 모듈의 리셋, 스테이션 모드 설정 등의 작업을 수행한다. 날씨 정보 요청은 20초마다 실행되게 했으며 서버에서 10초 이내로 날씨 정보를 받지 못하면 날씨 정보 수신에 실패한 것으로 한 것은 66장 '오늘의 날씨 클라이언트: AT 명령'에서와 같다.

날씨 정보를 얻어오는 스케치는 두 가지 상태를 갖는다. 첫 번째 상태는 이전 날씨 정보 요청 이후 일정 시간(QUERY_INTERVAL)이 지나지 않아 다음번 날씨 정보를 요청할 때까지 기다리는 상태(STATE_IDLE)이며, 두 번째는 날씨 정보를 요청하고 서버로부터 날씨 정보를 수신하고 있는 상태(STATE_RECEIVING_INFO)다. 이들 상태를 구별하기 위해 상수를 정의하여 사용했으며, 시간 간격은 millis 함수와 시간 변수(time_previous와 time_current)를 사용하여 결정했다.

WiFi 객체가 ESP-01 모듈을 초기화할 때 ESP-01 모듈이 연결된 시리얼 포트의 포인터를 매개변수로 갖는다. 즉, ESPSerial은 WiFi 객체와 연결되어 있다. 또한 WiFiEspClient 클래스가 WiFi 객체의 friend로 선언되어 있으므로 WiFiEspClient 객체가 ESPSerial 포트를 통해 데이터를 주고받을 수 있다. WiFi 객체를 사용하기 위해서는 WiFiEsp.h 파일을 포함해야 하며, WiFiEspClient 클래스를 사용하기 위해서는 WiFiEspClient.h 파일 역시 필요하지만 WiFiEsp.h 파일에서 이미 WiFiEspClient.h 파일을 포함하고 있으므로 별도로 포함하지 않아도 된다.

</> 스케치 68.5 **초기화**

```
#include <WiFiEsp.h>
#include <SoftwareSerial.h>

#define PRINTOUT_JSON_DATA                    // 날씨 정보 JSON 데이터 출력 여부

#define QUERY_INTERVAL 20000L                 // 20초 간격으로 날씨 정보 요청
#define SERVER_TIMEOUT 10000L                 // 서버 응답 대기 시간 10초

#define STATE_IDLE             0              // 날씨 정보 요청 대기 상태
#define STATE_RECEIVING_INFO 1                // 날씨 정보 요청 후 정보 수신 상태

#define HEADER_LENGTH_MAX 100                 // 서버가 보내는 헤더 한 줄의 최대 길이
#define JSON_LENGTH_MAX 500                   // JSON 형식 날씨 데이터 최대 길이

SoftwareSerial ESPSerial(2, 3);              // ESP-01 모듈 연결 포트

char AP[] = "your_AP_name_here";
char PW[] = "your_AP_password_here";
String KEY = "your_OpenWeather_API_key_here";

char HOST[] = "api.openweathermap.org";

String requestStr1
        = "GET /data/2.5/weather?id=1838524&APPID=" + KEY + " HTTP/1.1";
String requestStr2 = String("Host: ") + HOST;
String requestStr3 = "Connection: close";

int state = STATE_IDLE;                       // 날씨 정보 요청 대기 상태로 시작
int process_state = 0;                        // 수신 정보 처리 단계
unsigned long time_previous, time_current;

char buffer[JSON_LENGTH_MAX + 1];
int buffer_idx = 0;                           // 버퍼 내 데이터 저장 위치

String weatherString, tempString;            // 수신한 날씨 및 기온 정보

WiFiEspClient client;                         // 웹 클라이언트
int brace_count;                              // JSON 정보 끝 판별을 위한 중괄호 개수
```

```
void setup() {
    Serial.begin(9600);                         // 컴퓨터와의 UART 시리얼 연결
    ESPSerial.begin(9600);                      // ESP-01 모듈과의 UART 시리얼 연결

    // 'AT'에 대한 응답 확인, 리셋, 스테이션 모드 설정, SDK 버전 호환 확인
    WiFi.init(&ESPSerial);                      // ESP-01 모듈 초기화

    // AP 접속
    Serial.println(String("* \'") + AP + F("\'에 연결을 시도합니다."));
    if (WiFi.begin(AP, PW) != WL_CONNECTED) {
        Serial.println(F("** AP에 연결할 수 없습니다."));
        while (1);
    }
    else {
        Serial.println(F("* AP에 연결되었습니다."));
    }
    Serial.println();

    time_current = millis();
    time_previous = time_current - QUERY_INTERVAL;
}
```

스케치 68.5에서 process_state 변수는 날씨 서버에서 수신한 웹 페이지를 처리하는 단계를 나타
낸다. 서버에서 수신되는 페이지는 텍스트 데이터로 헤더의 모든 문장은 '\r\n'으로 끝나지만, XML
형식 데이터는 개행문자 없이 끝나므로 헤더의 끝과 데이터의 끝은 다른 방법으로 찾아내야 한다.
이 장에서는 데이터에서 여는 괄호와 닫는 괄호의 수가 같다는 점을 이용했으며 brace_count 변
수가 괄호의 수를 세기 위해 사용되었다. 날씨 서버에서 수신되는 전형적인 데이터는 다음과 같다.

표 68.3 날씨 서버로부터 수신한 HTTP 응답 데이터 예*

```
HTTP/1.1 200 OK\r\n
Server: openresty\r\n
Date: Sun, 29 Dec 2019 01:52:32 GMT\r\n
Content-Type: application/json; charset=utf-8\r\n
Content-Length: 470\r\n
Connection: close\r\n
X-Cache-Key: /data/2.5/weather?APPID=...\r\n
Access-Control-Allow-Origin: *\r\n
Access-Control-Allow-Credentials: true\r\n
Access-Control-Allow-Methods: GET, POST\r\n
\r\n
{"coord":{"lon":129.04,"lat":35.1},"weather":[{"id":804,"main":"Clouds",...
```

---

*   수신된 데이터 형식을 보기 위한 것이므로 일부 내용은 생략하고 '...'으로 표시했다.

66장 '오늘의 날씨 클라이언트: AT 명령'에서는 수신되는 데이터가 ESP-01 모듈에서 추가한 '+IPD'로 시작했다면 여기서는 실제 서버의 응답 시작인 'HTTP/1.1 200 OK'로 시작한다. 따라서 첫 번째 헤더 데이터가 수신되기를 기다리는 단계(process_state == 0)에서는 'HTTP/1.1 200 OK' 문장의 수신 여부로 헤더의 시작을 판단한다. 두 번째 단계(process_state == 1)는 헤더가 수신되는 단계다. 헤더는 '\r\n'으로 이루어지는 빈 문자열로 끝나므로 헤더의 끝이 수신될 때까지 헤더는 무시한다. 헤더의 끝이 수신되면 세 번째 단계(process_state == 2)인 JSON 형식 데이터를 수신하는 단계로 넘어간다.

JSON 형식 데이터는 중괄호로 데이터를 구조화해서 나타내므로 JSON 형식 데이터에서 여는 괄호 '{'의 수와 닫는 괄호 '}'의 수는 같아야 한다. 따라서 서버에서 수신한 JSON 형식 데이터에서 여는 괄호 '{'를 수신하면 카운터를 1 증가시키고 닫는 괄호 '}'를 수신하면 카운터를 1 감소시켜 카운터가 0이 되면 JSON 형식 데이터 수신이 끝난 것으로 판단했다.

서버에서 수신한 데이터는 66장 '오늘의 날씨 클라이언트: AT 명령'과 마찬가지로 버퍼에 저장한 후 처리했으며, SRAM 사용량을 줄이기 위해 실행 상태를 나타내는 메시지들은 F 매크로를 사용했다.

스케치 68.6은 STATE_IDLE 상태일 때 정해진 시간 간격(QUERY_INTERVAL)으로 날씨 서버에 날씨 정보를 요청하고, STATE_RECEIVING_INFO 상태일 때 서버에서 정해진 시간(SERVER_TIMEOUT) 내에 정보를 수신했는지 확인하는 loop 함수를 나타낸 것이다. 날씨 정보 요청 과정에서 오류가 발생하면 정해진 시간(QUERY_INTERVAL) 이후 다시 날씨 정보를 요청한다. 요청이 성공하면 STATE_RECEIVING_INFO 상태로 바뀌고, 정해진 시간(SERVER_TIMEOUT) 내에 정보를 수신하지 못하면 STATE_IDLE 상태로 바뀌면서 정해진 시간(QUERY_INTERVAL) 이후 다시 날씨 정보를 요청한다. 실제 날씨 서버에 날씨 정보를 요청하는 함수는 requestWeatherInformation이고, 날씨 서버에서 수신한 데이터를 처리하는 함수는 processReceivedInformation이다.

</> 스케치 68.6 loop 함수

```
void loop() {
    time_current = millis();

    // 이전 날씨 정보 요청 이후 일정 시간이 경과한 경우 다시 정보 요청
    if (state == STATE_IDLE) {
        if (time_current - time_previous > QUERY_INTERVAL) {
            requestWeatherInformation();          // 날씨 정보 요청
        }
    }
    // 서버로부터 정보 수신 대기
    else if (state == STATE_RECEIVING_INFO) {
```

```
            // 서버로부터 데이터 수신이 지연된 경우
            if (time_current - time_previous > SERVER_TIMEOUT) {
                Serial.println(F("** 날씨 정보 수신 과정에 오류가 발생했습니다."));

                time_previous = millis();
                state = STATE_IDLE;
                cleanUpTCPconnection();                // TCP 연결 끊기
            }
            else {
                processReceivedInformation();          // 데이터 수신 및 처리
            }
        }
    }
}
```

스케치 68.7은 날씨 서버에 날씨 정보를 요청하는 requestWeatherInformation 함수를 나타낸다. 날씨 정보 요청은 웹 서버로 TCP 연결을 설정하는 단계와 설정된 연결로 HTTP 요청을 보내는 단계로 이루어지며, WiFiEspClient 클래스의 connect와 print/println 함수를 사용하여 구현했다.

</> 스케치 68.7 requestWeatherInformation 함수

```
void requestWeatherInformation() {
    state = STATE_RECEIVING_INFO;

    if (!client.connect(HOST, 80)) {              // TCP 연결 오류
        Serial.println(F("** 날씨 서버 접속 과정에 오류가 발생했습니다."));

        time_previous = millis();
        state = STATE_IDLE;
        cleanUpTCPconnection();                   // TCP 연결 끊기
    }
    else { // GET 메시지 전송
        Serial.println(F("** 날씨 서버에 날씨 정보를 요청합니다."));
        client.println(requestStr1);
        client.println(requestStr2);
        client.println(requestStr3);
        client.println();

        // GET 메시지 전송 후 서버로부터 정보 수신 모드로 전환
        time_previous = millis();
        buffer_idx = 0;                           // 수신 버퍼 저장 위치
        process_state = 0;                        // 수신 정보 처리 시작
        Serial.println(F("** 날씨 정보를 요청하고 응답을 기다립니다."));
    }
}
```

스케치 68.8은 날씨 정보 요청 후 날씨 서버에서 수신되는 데이터를 처리하는 함수다. 헤더 수신 시작을 기다리는 상태, 헤더 수신 종료를 기다리는 상태, JSON 데이터 수신 종료를 기다리는 상태의 세 가지 상태를 가지며 process_state 변수로 구분하여 처리한다. 문자열 검색을 위해서는 표준 문자열 함수인 strstr 함수를 사용했다.

■ **strstr**

```
char *strstr(char *str1, char *str2)
 - 매개변수
     str1: 검색할 문자열
     str2: 검색 대상 문자열
 - 반환값: str1 내에서 str2가 처음 발견된 위치 포인터 또는 NULL
```

첫 번째 문자열(str1) 내에서 두 번째 문자열(str2)이 처음 발견된 위치의 포인터를 반환한다. 문자열이 발견되지 않으면 NULL을 반환한다.

</> 스케치 68.8 processReceivedInformation 함수

```
void processReceivedInformation() {
    while (client.available()) {
        char data = client.read();

        if (process_state == 0) {                          // 헤더 수신 시작을 기다리는 상태
            buffer[buffer_idx] = data;
            buffer_idx = (buffer_idx + 1) % HEADER_LENGTH_MAX;

            if (buffer_idx >= 2 && data == '\n') {
                buffer[buffer_idx] = 0;
                if (strstr(buffer, "HTTP/1.1 200 OK")) {  // 'HTTP/1.1 200 OK' 문장 수신
                    process_state = 1;                     // 헤더 수신 종료를 기다리는 상태로 전환
                }
                buffer_idx = 0;
            }
        }
        else if (process_state == 1) {                     // 헤더 수신 종료를 기다리는 상태
            buffer[buffer_idx] = data;
            buffer_idx = (buffer_idx + 1) % HEADER_LENGTH_MAX;

            if (buffer_idx > 2 && data == '\n') {
                buffer_idx = 0;
            }
            // '\r\n'으로만 이루어진 문장은 헤더 끝을 나타냄
            if (buffer_idx == 2 && data == '\n') {
                process_state = 2;                          // JSON 데이터 수신 종료를 기다리는 상태로 전환
                buffer_idx = 0;
                brace_count = 0;                            // JSON 데이터 종료 검사
```

```
            }
        }
        else if (process_state == 2) {              // JSON 데이터 수신 종료를 기다리는 상태
            buffer[buffer_idx] = data;
            buffer_idx = (buffer_idx + 1) % JSON_LENGTH_MAX;

            if (data == '{') {                       // 여는 괄호
                brace_count++;
            }
            else if (data == '}') {                  // 닫는 괄호
                brace_count--;
            }

            if (brace_count == 0) {                  // 괄호가 모두 쌍을 이룬 경우
                buffer[buffer_idx] = 0;
                Serial.println(F("** 날씨 정보를 성공적으로 수신했습니다."));

#ifdef PRINTOUT_JSON_DATA                            // JSON 데이터 출력
                Serial.println();
                Serial.print(F(" * 수신한 데이터 크기 : "));
                Serial.print(strlen(buffer));
                Serial.print(F("바이트\n * "));
                Serial.println(buffer);
#endif
                extractWeatherInformation();         // JSON 데이터에서 날씨와 기온 추출

                time_previous = millis();
                state = STATE_IDLE;

                cleanUpTCPconnection();              // TCP 연결 끊기
            }
        }
    }
}
```

JSON 데이터 수신이 끝나면 수신한 데이터에서 날씨 정보를 찾아내기 위해 description 필드를 찾고, 기온 정보를 찾아내기 위해 temp 필드를 찾아 해당 필드의 값을 출력한다. 스케치 68.9는 JSON 데이터에서 날씨와 기온 정보를 찾아 출력하는 예로, 66장 '오늘의 날씨 클라이언트: AT 명령'에서와 같다.

</> 스케치 68.9 extractWeatherInformation 함수

```
void extractWeatherInformation() {
    char *key1 = "\"description\"", *key2 = "\"temp\"", *found;
    int index;

    found = strstr(buffer, key1) + strlen(key1) + 2;
    Serial.print(F("\n => 날씨 : "));
    weatherString = "";
    for (index = 0; index < 30; index++) {                      // 날씨 데이터 최대 길이 30
```

```
        if (*found == '\"') {
            break;
        }
        weatherString += *found;
        found++;
    }
    Serial.println(weatherString);

    found = strstr(buffer, key2) + strlen(key2) + 1;
    Serial.print(F(" => 기온 : "));
    tempString = "";
    for (index = 0; index < 10; index++) {              // 기온 데이터 최대 길이 10
        if (*found == ',') {
            break;
        }
        tempString += *found;
        found++;
    }
    Serial.print(tempString + " K (");
    Serial.print(tempString.toFloat() - 273.15, 2);     // 켈빈 온도를 섭씨온도로 변환
    Serial.println(F(" C)\n"));
}
```

스케치 68.4에서 스케치 68.9까지 함께 사용하여 QUERY_INTERVAL로 설정한 시간 간격으로 현재
날씨 정보를 출력하는 스케치의 실행 결과는 그림 68.8과 같다.

그림 68.8 현재 날씨 정보 얻기

WiFiEspServer 클래스

WiFiEspServer 클래스는 와이파이 서버를 구현하기 위한 클래스로, WiFiEspServer 클래스를 사용하면 간단하게 웹 서버를 구현할 수 있다. WiFiEspServer 클래스에는 다음과 같은 멤버 함수들이 정의되어 있다.

■ **WiFiEspServer**

```
WiFiEspServer::WiFiEspServer(uint16_t port)
 - 매개변수
    port: 포트 번호
 - 반환값: 없음
```

지정한 번호의 포트를 사용하는 서버 객체를 생성한다.

■ **begin**

```
void WiFiEspServer::begin()
 - 매개변수: 없음
 - 반환값: 없음
```

서버를 시작한다. 서버가 시작되면 서버 객체 생성 시에 지정한 포트로 들어오는 클라이언트의 요청을 감시하고 요청이 들어오면 클라이언트와 통신하기 위한 소켓을 생성하여 클라이언트와 연결한다.

■ **available**

```
WiFiEspClient WiFiEspServer::available()
 - 매개변수: 없음
 - 반환값: WiFiEspClient 클래스 객체
```

서버에 연결된 클라이언트 중 서버에서 읽을 수 있는 데이터를 보낸 클라이언트와 통신할 클라이언트 객체를 반환한다. 클라이언트의 연결 요청이 있을 때 서버는 클라이언트별로 소켓을 생성하여 클라이언트와 연결한다. 이때 서버는 연결을 요청한 클라이언트를 최대 5개까지 관리할 수 있으며 available 함수가 반환하는 WiFiEspClient 객체는 연결을 요청한 클라이언트와 일대일로 연결된 서버 쪽 객체에 해당한다. 연결된 클라이언트는 WiFiEspClient 클래스의 stop 함수를 통해 연결을 해제할 때까지 연결이 유지된다.

■ **write**

```
size_t WiFiEspServer::write(uint8_t data)
size_t WiFiEspServer::write(const uint8_t *buf, size_t size)
 - 매개변수
    data: 1바이트 크기의 데이터
    buf: 바이트 배열 데이터
    size: buf 내 데이터 크기
 - 반환값: 클라이언트로 전송한 바이트 수
```

서버에 접속된 모든 클라이언트로 데이터를 전송한다. 반환되는 값은 개별 클라이언트에게 전송된 바이트 수를 모두 합한 값이다. 개별 클라이언트로만 값을 전송하기 위해서는 available 함수가 반환하는 클라이언트 객체의 write 함수를 사용해야 한다.

WiFiEspServer 클래스를 사용하여 서버에 접속하는 클라이언트로 아두이노 설치 위치의 현재 온도를 전송하는 웹 서버를 구현해 보자. 이미 67장 '온도 데이터 제공 서버: AT 명령'에서 AT 명령을 사용하여 온도 정보를 제공하는 서버를 구현하는 방법을 살펴봤다. 이 장에서는 67장에서 구현한 서버를 WiFiEspServer 클래스를 사용하여 구현하는 방법을 살펴본다. WiFiEspServer 클래스를 사용하면 WiFiEspClient 클래스를 사용하여 클라이언트를 구현한 것처럼 AT 명령을 직접 실행하지 않고 온도 제공 서버를 구현할 수 있다.

스케치 68.10은 LM35 온도 센서로 온도를 측정하는 함수로, 온도에 비례하는 아날로그값을 읽어 온도로 변환한다. 자세한 내용은 29장 '센서 사용하기'를 참고하면 된다.

</> 스케치 68.10 LM35 온도 센서로 온도 측정

```
float readTemperature() {
    int reading = analogRead(A0);

    float voltage = reading * 5.0 / 1023.0;      // 전압으로 변환
    float temperature = voltage * 100;           // '전압 * 100'으로 온도 계산

    return temperature;
}
```

스케치 68.11은 서버에서 클라이언트로 HTTP 응답을 보내는 함수다. HTTP 응답 형식은 67 장 '온도 데이터 제공 서버: AT 명령'을 참고하면 된다. 67장에서는 HTTP 응답을 보내기 위해 'AT+CIPSEND' 명령을 실행하는 전용 함수가 필요했지만, WiFiEspServer 클래스를 사용하면 print 함수로 간단하게 HTTP 응답을 보낼 수 있다.

</> 스케치 68.11 HTTP 응답 전송

```
void sendResponse(WiFiEspClient client) {
    Serial.println(F("* 클라이언트로 온도 정보를 보냅니다."));

    String temperature = String(readTemperature(), 2);

    // 헤더
    client.print("HTTP/1.1 200 OK\r\n");
    client.print("Content-Type: text/html\r\n");
    client.print("Connection:close\r\n");
    client.print("\r\n");

    // 데이터
    client.print("<!DOCTYPE HTML>\r\n");
    client.print("<html>\r\n");
    client.print("Temperature : ");
    client.print(temperature);
    client.print(" C\r\n");
    client.print("</html>\r\n");
    client.print("\r\n");
}
```

스케치 68.12는 ESP-01 모듈을 초기화하고 서버로 설정하는 setup 함수의 예다.

</> 스케치 68.12 ESP-01 모듈을 서버로 초기화

```
#include <WiFiEsp.h>
#include <SoftwareSerial.h>

SoftwareSerial ESPSerial(2, 3);                    // ESP-01 모듈 연결 포트

char AP[] = "your_AP_name_here";
char PW[] = "your_AP_password_here";

WiFiEspServer server(80);

void setup() {
    Serial.begin(9600);                            // 컴퓨터와의 UART 시리얼 연결
    ESPSerial.begin(9600);                         // ESP-01 모듈과의 UART 시리얼 연결

    WiFi.init(&ESPSerial);                         // ESP-01 모듈 초기화
    Serial.println(String("* \'") + AP + "\'에 연결을 시도합니다.");
```

```
    int status = WiFi.begin(AP, PW);

    if (status != WL_CONNECTED) {
        Serial.println("** AP에 연결할 수 없습니다.");
    }
    else {
        Serial.println("* AP에 연결되었습니다.");
    }
    Serial.println();

    server.begin();                               // 서버 시작
    Serial.println(F("* 서버를 시작합니다."));

    IPAddress ip = WiFi.localIP();                // 서버 IP 주소 출력
    Serial.print(" => 서버 IP 주소\t: ");
    Serial.println(ip);
    Serial.println();
}
```

스케치 68.13은 클라이언트의 요청이 있을 때 클라이언트로 온도 정보를 제공하는 loop 함수의 예다. 67장 '온도 데이터 제공 서버: AT 명령'에서는 접속하는 클라이언트를 구별하기 위해 '+IPD,n'으로 시작하는 문장에서 클라이언트 ID를 찾아냈지만, WiFiEspServer 클래스의 available 함수는 클라이언트 쪽 연결에 대응하는 서버 쪽 클라이언트 객체를 반환하므로 클라이언트를 별도로 구별할 필요 없이 반환되는 객체를 통해 HTTP 응답을 보낼 수 있다. 브라우저에서 서버로 보내는 전형적인 HTTP 요청은 표 68.4와 같이 헤더만으로 구성되어 있고 헤더의 마지막에는 '\r\n'으로 이루어진 빈 문장이 온다. 따라서 클라이언트의 요청이 있을 때 서버에서는 헤더의 마지막 문장을 찾은 후 해당 클라이언트로 HTTP 응답을 보낸다.

표 68.4 아두이노 서버에서 수신한 HTTP 요청 데이터 예*

```
GET / HTTP/1.1\r\n
Accept: text/html, application/xhtml+xml, image/jxr, */*\r\n
Accept-Language: ko-KR\r\n
User-Agent: Mozilla/5.0 (Windows NT 10.0; ...\r\n
Accept-Encoding: gzip, deflate\r\n
Host: 192.168.20.24\r\n
Connection: Keep-Alive\r\n
\r\n
```

★   수신된 데이터 형식을 보기 위한 것이므로 일부 내용은 생략하고 '...'으로 표시했다.

```
void loop() {
    WiFiEspClient client = server.available();
    if (client) {                                   // 클라이언트 연결
        Serial.println(F("* 새로운 클라이언트가 연결되었습니다."));

        int line_length = 0;

        while (client.connected()) {                // 클라이언트가 연결된 동안
            if (client.available()) {               // 데이터 수신
                char ch = client.read();
                line_length++;

                if (ch == '\n') {                   // 문장의 끝
                    if (line_length == 2) {         // 빈 문장, 즉 마지막 문장인 경우
                        sendResponse(client);       // HTTP 응답 전송

                        Serial.println(F("* 클라이언트와의 연결을 종료합니다."));
                        Serial.println();
                        client.stop();              // 클라이언트와의 연결 종료
                    }
                    else {
                        line_length = 0;            // 다른 헤더 문장은 처리하지 않음
                    }
                }
            }
        }
    }
}
```

스케치 68.10에서 스케치 68.13까지 함께 사용하여 클라이언트가 서버로 연결할 때 온도 정보를 제공하는 서버의 동작을 나타낸 것이 그림 68.9다.

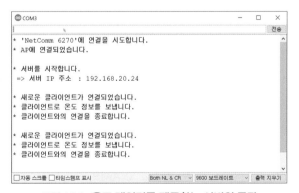

그림 68.9 온도 데이터를 제공하는 서버의 동작

같은 공유기에 연결된 컴퓨터나 스마트폰의 브라우저에서 그림 68.9에 나타난 서버 주소인 '192.168.20.24'로 연결하면 온도 정보가 표시되는 것을 확인할 수 있다.

그림 68.10 브라우저에 나타나는 온도 정보

68.5 맺는말

ESP-01 모듈은 ESP8266을 사용하여 만든 가장 간단한 시리얼 와이파이 통신 모듈로, 와이파이 통신 기능이 필요할 때 아두이노의 시리얼 포트에 연결하여 사용할 수 있다. 아두이노와 연결하여 사용할 때는 AT 명령을 사용하여 제어하는 방법이 흔히 사용되며, 이는 ESP-01 모듈 대부분이 AT 펌웨어가 설치되어 판매되고 있다는 점에서도 알 수 있다. AT 명령을 사용하여 웹 클라이언트와 웹 서버를 구현하는 방법은 다른 장에서 살펴봤다. AT 명령으로도 와이파이 통신 기능을 제어할 수 있지만, 직관적이지 않은 명령과 복잡한 사용법은 단점으로 꼽힌다. 따라서 이 장에서는 AT 명령 사용을 추상화하여 AT 명령을 직접 사용하지 않고도 와이파이 통신을 사용할 수 있게 해주는 WiFiEsp 라이브러리를 사용하여 클라이언트와 서버를 구현하는 방법을 살펴봤다. 이 장에서 구현한 클라이언트와 서버는 많은 부분 이전 장에서 AT 명령을 사용하여 구현한 클라이언트 및 서버와 비슷하지만, 초기화 과정이 간단해지고 AT 명령을 직접 실행하지 않아도 된다는 점에서 차이가 있다. AT 명령을 사용하는 경우와 WiFiEsp 라이브러리를 사용하는 경우에서 클라이언트와 서버를 위한 스케치가 비슷하게 만들어질 수밖에 없는 이유는 WiFiEsp 라이브러리에서 지원하는 클래스가 와이파이 클라이언트와 와이파이 서버이기 때문이기도 하다. 우리가 구현하고자 했던 것은 웹 클라이언트와 웹 서버다. 와이파이 클라이언트/서버는 TCP/IP를 기반으로 한다. 하지만 웹 클라이언트/서버는 TCP/IP 상위의 HTTP를 바탕으로 하므로 HTTP 프로토콜에 맞도록 데이터 송수신을 처리하는 부분은 비슷할 수밖에 없다. `WiFiEspClient`가 아니라 `HTTPClient`를 지원한다면 더 간단하게 웹 클라이언트를 구현할 수 있겠지만, WiFiEsp 라이브러리에서는 HTTP를 위한 클래스를 제공하지 않는다. WiFiEsp 라이브러리를 사용할 때 주의할 점 중 하나는 AT 명령을 직접 사용할 때보다 스케치의 크기도 커지고 SRAM의 사용도 증가한다는 점이다. 이 장의 예들은 아두이노 우노에서 문제없이 동작했지만 복잡한 기능을 구현하는 경우라면 AT 명령을 사용하거나 더 큰 메모리를 가진 아두이노 메가2560을 사용하는 것이 대안이 될 것이다.

1 PINGPacket Internet Groper은 패킷 데이터를 보내고 응답이 돌아올 때까지의 시간과 이를 바탕으로 데이터 전송 경로의 혼잡 상황을 알려주는 명령으로, 네트워크 연결 상태를 검사하기 위해 흔히 사용한다. WiFiEsp 라이브러리에도 'AT+PING' 명령을 사용하여 구현한 ping 함수를 제공하고 있다. 하지만 ping 함수는 'AT+PING' 명령의 실행 결과에서 응답 시간을 제외하고 응답 여부만을 알려주도록 구현되어 있다. 'AT+PING' 명령의 실행이 성공하면 ping 함수는 개행문자 없이 'OK'를 반환하고, 실패하면 'ERROR'를 반환한다.

'AT+PING' 명령을 사용하여 응답 시간을 알려주는 함수를 작성해 보자. 'AT+PING' 명령은 '+n'과 같이 응답 시간을 반환하거나 '+timeout' 문자열을 반환한다. 작성하는 함수는 'AT+PING' 명령의 실행이 성공한 경우 반환 시간을, 실패한 경우 −1을 반환하게 한다.

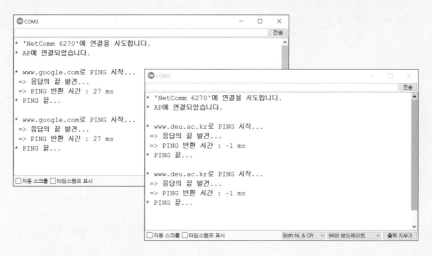

② SNTPSimple Network Time Protocol는 인터넷에 연결된 기기들 사이의 시간 동기화를 위해 사용되는 방법 중 하나다. AT 명령 중에는 AP에 연결된 후 SNTP를 사용할 수 있게 설정하고 SNTP를 통해 인터넷 시간을 얻어올 수 있게 해주는 명령이 있다. SNTP를 설정할 때는 타임존을 설정해야 하며 한국은 +9를 지정하면 된다. 시리얼 모니터에서 AT 명령을 실행하여 현재 시간을 확인해 보자.

```
AT+CIPSNTPCFG=1,9                    // 사용 가능 설정, +9 타임존
AT+CIPSNTPTIME?                      // 현재 시간 확인
```

원격 제어

웹 서비스는 인터넷에서 가장 많이 사용되는 서비스 중 하나로, 웹 페이지를 기반으로 정보를 제공하기 위해 흔히 사용된다. 웹 서비스에서 웹 서버의 역할은 클라이언트로 정보를 제공하는 것이지만 일반적인 정보 제공을 넘어 클라이언트의 요청에 따라 서버가 그에 따른 동작을 수행할 수도 있으며, 서버에 연결된 주변장치를 클라이언트의 요청에 따라 제어하는 원격 제어가 한 예다. 이 장에서는 웹 페이지를 통해 원격지의 기기를 제어하는 방법을 LED를 제어하는 예를 통해 알아본다.

아두이노 우노	× 1 ➡ 원격 제어 테스트
ESP-01모듈	× 1 ➡ 시리얼 와이파이 통신 모듈
1.5kΩ 저항	× 1 ➡ 레벨 변환
3.3kΩ 저항	× 1 ➡ 레벨 변환
LED	× 1
220Ω 저항	× 1

아두이노가 웹 서버로 동작하는 예는 아두이노가 설치된 곳의 온도를 제공하는 온도 데이터 제공 서버를 통해 살펴봤다. 이와 비슷하게 아두이노를 서버로 사용하는 흔한 예 중의 하나가 서버에 연결된 주변장치를 클라이언트가 제어하는 것으로 흔히 원격 제어라고 이야기한다. 원격 제어의 예로는 집으로 돌아가는 길에 집 안의 에어컨 서버에 연결하여 에어컨을 켜는 것을 들 수 있다. 이 장에서는 아두이노를 웹 서버로 설정하고 아두이노에 연결된 LED를 컴퓨터나 스마트폰의 브라우저를 통해 제어하는 방법을 살펴본다.

69.1 LED 점멸 제어: 연결 주소에 의한 제어

그림 69.1과 같이 11번 핀에 LED를 연결하고 2번과 3번 핀에 소프트웨어 시리얼 포트를 통해 ESP-01 모듈을 연결하자. LED는 점멸 제어 이외에 밝기 제어를 위해서도 사용할 수 있도록 PWM 신호 출력이 가능한 11번 핀에 연결했다.

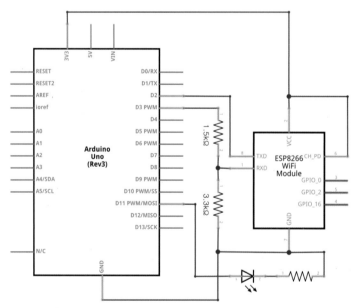

그림 69.1 LED와 ESP-01 모듈 연결 회로도

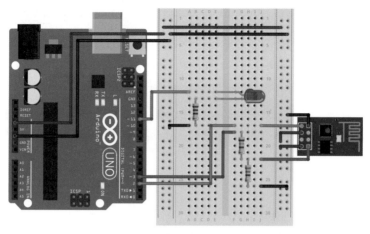

그림 69.2 LED와 ESP-01 모듈 연결 회로

LED의 원격 제어를 위한 간단한 방법은 LED를 켜는 동작과 LED를 끄는 동작을 수행하는 서로 다른 연결 주소를 지정하는 방법이다. 예를 들어, 웹 서버에 192.168.20.24의 IP 주소가 할당되었다고 가정했을 때 '192.168.20.24/on'에 연결하면 LED를 켜고 '192.168.20.24/off'에 연결하면 LED를 끄게 하는 것이다.

http://192.168.20.24/on   → LED ON
http://192.168.20.24/off   → LED OFF

클라이언트가 '192.168.20.24/on'으로 연결했을 때 서버가 받는 HTTP 요청의 전형적인 예는 다음과 같다.

GET /on HTTP/1.1\r\n
Accept: text/html, application/xhtml+xml, image/jxr, */*\r\n
Accept-Language: ko-KR\r\n
User-Agent: Mozilla/5.0 (Windows NT 10.0; ...\r\n
Accept-Encoding: gzip, deflate\r\n
Host: 192.168.20.24\r\n
Connection: Keep-Alive\r\n
\r\n

수신한 HTTP 요청에서 LED 점멸을 위해 사용되는 문장은 첫 번째 문장과 마지막 문장이며, 나머지는 브라우저의 정보를 나타내는 문장들로 사용하지 않는다. 첫 번째 문장에서 'GET'은 HTTP 요청을 의미하고 '/on'은 루트, 즉 서버 주소 이하 주소를 나타내므로 클라이언트가 '192.168.20.24/on'을 브라우저 주소창에 입력했다는 것을 알 수 있다. 'HTTP/1.1'은 프로토콜의 종류와 버전을 나타낸다. 주소창에 '192.168.20.24/off'를 입력했다면 'GET /off HTTP/1.1\r\n'을 첫 번째 문장으로 얻을 수 있다.

```
http://192.168.20.24/on          → GET /on HTTP/1.1\r\n
http://192.168.20.24/off         → GET /off HTTP/1.1\r\n
```

클라이언트의 요청이 들어오면 서버는 먼저 헤더를 검사하여 'GET'으로 시작하는 문장을 찾는다. 'GET'으로 시작하는 문장에서 주소 부분을 찾아내고 이에 따라 LED 제어 방법을 결정한다. 마지막 문장은 개행문자로만 이루어진 문장으로 헤더의 끝을 나타낸다. 헤더의 끝을 만나면 클라이언트에 LED 제어 상황을 알려주고 연결을 종료한다.

스케치 69.1은 ESP-01 모듈을 AP에 연결하고 서버를 시작하여 클라이언트의 요청을 받아들일 준비를 하는 초기화 과정을 나타낸다. requestState 변수는 클라이언트가 요청한 내용으로 표 69.1의 값 중 하나를 갖는다.

표 69.1 **클라이언트의 요청 종류**

값	설명
−1	요청 과정에서의 오류(192.168.*.*, 192.168.*.*/off, 192.168.*.*/on 이외의 주소를 입력한 경우나 네트워크 오류가 발생한 경우)
1	메인 페이지 요청(192.168.*.* 입력)
11	LED OFF 상태에서 LED OFF 요청(192.168.*.*/off 입력)
12	LED OFF 상태에서 LED ON 요청(192.168.*.*/on 입력)
21	LED ON 상태에서 LED OFF 요청(192.168.*.*/off 입력)
22	LED ON 상태에서 LED ON 요청(192.168.*.*/on 입력)

</> 스케치 69.1 **원격 제어 1 – 초기화**

```
#include <WiFiEsp.h>
#include <SoftwareSerial.h>

#define HEADER_LENGTH_MAX 100            // 서버가 보내는 헤더 한 줄의 최대 길이

SoftwareSerial ESPSerial(2, 3);          // ESP-01 모듈 연결 포트
```

```
        WiFiEspServer server(80);

        int pinLED = 11;                                        // LED 연결 핀
        int ledState = LOW;                                     // LED 현재 상태
        int requestState;                                       // 클라이언트의 요청 종류

        char AP[] = "your_AP_name_here";
        char PW[] = "your_AP_password_here";

        char buffer[HEADER_LENGTH_MAX + 1];                     // 수신 버퍼
        int index = 0;                                          // 버퍼 내 데이터 저장 위치

        void setup() {
            Serial.begin(9600);                                 // 컴퓨터와의 UART 시리얼 연결
            ESPSerial.begin(9600);                              // ESP-01 모듈과의 UART 시리얼 연결

            WiFi.init(&ESPSerial);                              // ESP-01 모듈 초기화
            Serial.println(String("* \'") + AP + "\'에 연결을 시도합니다.");
            int status = WiFi.begin(AP, PW);                    // AP에 연결 시도

            if (status != WL_CONNECTED) {
                Serial.println(F("** AP에 연결할 수 없습니다."));
                while (1);
            }
            else {
                Serial.println(F("* AP에 연결되었습니다."));
            }
            Serial.println();

            server.begin();                                     // 서버 시작
            Serial.println(F("* 서버를 시작합니다."));

            IPAddress ip = WiFi.localIP();                      // 서버 IP 주소 출력
            Serial.print(F(" => 서버 IP 주소\t: "));
            Serial.println(ip);
            Serial.println();

            pinMode(pinLED, OUTPUT);                            // LED 연결 핀을 출력으로 설정
            digitalWrite(pinLED, ledState);                     // 점멸 제어
        }
```

스케치 69.2는 클라이언트의 요청을 파악하고 그에 따라 LED를 제어한 후 클라이언트로 결과를 알려주는 loop 함수를 나타낸다. 실제 클라이언트의 요청을 파악하는 것은 processRequest 함수에서 이루어지고, 클라이언트로 결과를 알려주는 일은 sendResponse 함수가 담당한다.

```
void loop() {
    WiFiEspClient client = server.available();
    if (client) {                                       // 클라이언트 연결
        index = 0;                                      // 버퍼 초기화
        Serial.println(F("* 클라이언트 요청이 들어왔습니다."));

        while (client.connected()) {                    // 클라이언트가 연결된 동안
            if (client.available()) {                   // 데이터 수신
                char ch = client.read();
                buffer[index] = ch;
                index = (index + 1) % HEADER_LENGTH_MAX;
                buffer[index] = 0;                      // 문자열 처리를 위한 끝 표시

                if (ch == '\n') {                       // 문장의 끝
                    if (index == 2) {                   // 빈 문장, 즉 헤더의 마지막 문장인 경우
                        Serial.println(F("* LED 제어 결과를 전송합니다."));
                        sendResponse(client, requestState);  // HTTP 응답 전송

                        Serial.println(F("* 클라이언트와의 연결을 종료합니다."));
                        Serial.println();
                        client.stop();                  // 클라이언트와의 연결 종료
                    }
                    else if (strstr(buffer, "GET")) {   // 클라이언트 요청 파악
                        requestState = processRequest();
                    }
                    else {
                        index = 0;                      // 다른 헤더 문장은 처리하지 않음
                    }
                }
            }
        }
    }
}
```

스케치 69.3은 헤더 문장에서 클라이언트의 요청을 파악하는 processRequest 함수를 나타낸다. processRequest 함수는 GET 문장에서 찾아낸 주소를 통해 클라이언트의 요청을 파악한다.

```
int processRequest() {
    // 2개의 공백문자 사이에 있는 주소 추출
    String requestString = findRequestString();
    if (requestString.length() == 0) {             // 주소 추출 실패
        return -1;                                  // 오류
    }

    if (requestString.equals("/")) {               // 메인 페이지 요청
        return 1;
```

```
    }
    else if (requestString.equals("/on")) {          // LED 켜기 요청
        return (ledState + 1) * 10 + 2;
    }
    else if (requestString.equals("/off")) {         // LED 끄기 요청
        return (ledState + 1) * 10 + 1;
    }
    else {
        return -1;                                   // 알 수 없는 주소
    }
}
```

스케치 69.4는 GET 문장에서 클라이언트의 요청을 알아내는 findRequestString 함수를 나타낸다. 클라이언트의 요청은 'GET'과 'HTTP/1.1' 사이에 공백문자로 분리된 경로로 표시된다.

</> 스케치 69.4 원격 제어 1 – 주소 분리

```
String findRequestString() {
    int N = strlen(buffer), p, pos1 = 0, pos2 = 0;
    String requestString = "";

    for (p = 0; p < N; p++) {                        // 첫 번째 공백문자 위치
        if (buffer[p] == ' ') {
            pos1 = p;
            break;
        }
    }

    for (p = pos1 + 1; p < N; p++) {                 // 두 번째 공백문자 위치
        if (buffer[p] == ' ') {
            pos2 = p;
            break;
        }
        requestString += buffer[p];
    }

    if (pos1 == 0 || pos2 == 0) {                    // 두 개의 공백문자가 발견되지 않음
        requestString = "";
    }
    return requestString;
}
```

스케치 69.5는 클라이언트의 요청에 따라 LED를 제어하고 그 결과를 클라이언트로 알려주는 sendResponse 함수를 나타낸다.

스케치 69.5 원격 제어 1 – LED 제어 및 HTTP 응답

```
void sendStateControlMessage(WiFiEspClient client) {
    client.print(F("현재 LED 상태 : "));
    client.print(ledState ? F("ON<br><br>") : F("OFF<br><br>"));

    client.print(F("LED 켜기 : \'서버_주소/on\' 으로 접속하세요.<br>\r\n"));
    client.print(F("LED 끄기 : \'서버_주소/off\' 로 접속하세요.\r\n"));
}

void sendResponse(WiFiEspClient client, int requestState) {
    client.print("HTTP/1.1 200 OK\r\n");              // 헤더
    client.print("Content-Type: text/html; charset=utf-8\r\n");
    client.print("Connection:close\r\n");
    client.print("\r\n");

    client.print("<!DOCTYPE HTML>\r\n");              // 데이터 시작
    client.print("<html>\r\n");

    if (requestState == -1) {                          // 오류 발생
        client.print(F("오류가 발생했습니다.<br><br>\r\n"));
        sendStateControlMessage(client);
        Serial.println(F(" => 오류가 발생했습니다."));
    }
    else if (requestState == 1) {                      // 메인 페이지 요청
        sendStateControlMessage(client);
        Serial.println(F(" => 메인 페이지를 전송합니다."));
    }
    else if (requestState == 11) {                     // LED OFF -> OFF
        client.print(F("OFF 상태가 유지되었습니다.<br><br>"));
        sendStateControlMessage(client);
        Serial.println(F(" => OFF 상태가 유지되었습니다."));
    }
    else if (requestState == 12) {                     // LED OFF -> ON
        ledState = true;
        digitalWrite(pinLED, ledState);
        client.print(F("ON 상태로 바뀌었습니다.<br><br>"));
        sendStateControlMessage(client);
        Serial.println(F(" => ON 상태로 바뀌었습니다."));
    }
    else if (requestState == 21) {                     // LED ON -> OFF
        ledState = false;
        digitalWrite(pinLED, ledState);
        client.print(F("OFF 상태로 바뀌었습니다.<br><br>"));
        sendStateControlMessage(client);
        Serial.println(F(" => OFF 상태로 바뀌었습니다."));
    }
    else if (requestState == 22) {                     // LED ON -> ON
        client.print(F("ON 상태가 유지되었습니다.<br><br>"));
        sendStateControlMessage(client);
        Serial.println(F(" => ON 상태가 유지되었습니다."));
    }

    client.print("</html>\r\n");                       // 데이터 끝
    client.print("\r\n");
}
```

스케치 69.1에서 스케치 69.5까지 함께 사용하여 연결 주소에 따라 LED를 제어하는 스케치의 실행 결과는 그림 69.3과 같다.

그림 69.3 연결 주소에 의한 LED 제어 – 시리얼 모니터

그림 69.4는 클라이언트의 요청에 따른 서버 응답으로 브라우저에 표시되는 내용을 나타낸다.

(a) 메인 페이지   (b) 잘못된 주소 지정

(c) LED 켜기   (d) LED 켠 상태 유지

(e) LED 끄기   (f) LED 끈 상태 유지

그림 69.4 연결 주소에 의한 LED 제어 – 웹 브라우저

LED 점멸 제어: 웹 페이지에 의한 제어

앞 절의 예는 LED를 켜고 끄기 위해 각기 다른 주소로 접속해야 한다. 하지만 LED 제어를 위한 주소를 모두 기억하는 것은 번거로운 일이다. 웹 페이지에서 메뉴 형식으로 LED 상태를 선택할 수 있게 해보자. LED 제어를 위한 웹 페이지는 그림 69.5와 같이 세 가지로 구성한다. 그림 69.5(a)와 69.5(b)는 LED 상태만 다를 뿐 같은 페이지다. 웹 서버에 연결하면 현재 LED의 상태와 LED를 ON 또는 OFF로 변경할 수 있는 옵션이 라디오 버튼radio button으로 나타난다. 둘 중 하나의 옵션을 선택하고 'Submit' 버튼을 누르면 선택한 메뉴에 따라 LED 상태가 바뀌면서 LED의 상태 변화를 알려주는 페이지로 이동하며, LED ON/OFF 페이지에서 '메인 페이지' 링크를 누르면 메인 페이지로 이동할 수 있다. 스케치를 간단히 하기 위해 상태가 변하지 않았을 때를 구별하여 출력하지는 않는다.

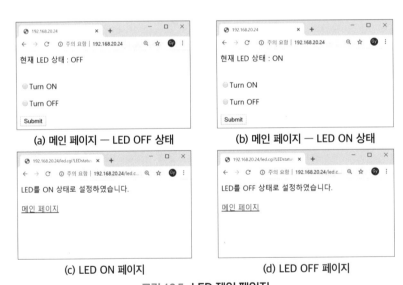

(a) 메인 페이지 — LED OFF 상태

(b) 메인 페이지 — LED ON 상태

(c) LED ON 페이지

(d) LED OFF 페이지

그림 69.5 LED 제어 페이지

메인 페이지에서 라디오 버튼을 통해 LED 상태를 입력받기 위해서는 CGICommon Gateway Interface를 사용한다. 메인 페이지를 전송하는 함수의 예는 스케치 69.6과 같다. 스케치 69.6은 HTML의 FORM 태그를 통해 사용자의 입력을 받는다.

```
void sendMainPage(WiFiEspClient client) {
    sendBodyStart(client);
    client.print(F("현재 LED 상태 : "));
    client.print(ledState ? F("ON<br><br>") : F("OFF<br><br>"));

    // CGI를 통한 사용자 입력
    // 'Submit' 버튼을 누르면 '/led.cgi' 페이지에
    // 이름 'LEDstatus'와 값 쌍이 포함되어 요청이 이루어짐
    client.print(F("<FORM method=\"get\" action=\"/led.cgi\">"));
    client.print(F("<P><INPUT type=\"radio\" name=\"LEDstatus\""));
    client.print(F(" value=\"1\">Turn ON"));
    client.print(F("<P><INPUT type=\"radio\" name=\"LEDstatus\""));
    client.print(F(" value=\"0\">Turn OFF"));
    client.print(F("<P><INPUT type=\"submit\" value=\"Submit\"> </FORM>"));

    sendBodyEnd(client);
}
```

스케치 69.6에서 라디오 버튼을 보여주고 사용자의 입력을 받는 FORM 태그는 다음과 같이 LED 상태를 선택하는 2개의 라디오 버튼과 하나의 제출Submit 버튼으로 구성된다.

```
<FORM method="get" action="/led.cgi">
    <P><INPUT type="radio" name="LEDstatus" value="1">Turn ON
    <P><INPUT type="radio" name="LEDstatus" value="0">Turn OFF
    <P><INPUT type="submit" value="Submit">
</FORM>
```

사용자가 라디오 버튼을 선택하고 'Submit' 버튼을 누르면 웹 브라우저는 action에 표시된 주소 (/led.cgi)에 name과 value 쌍으로 이루어진 인자를 추가한 후 서버로 접속을 시도한다. 서버에서 제공하는 3개 페이지의 주소는 다음과 같다.

http://192.168.20.24/	→ 메인 페이지 요청
http://192.168.20.24/led.cgi?LEDstatus=1	→ LED ON 페이지 요청
http://192.168.20.24/led.cgi?LEDstatus=0	→ LED OFF 페이지 요청

각 주소를 브라우저 창에 입력했을 때 실제 서버는 GET 명령으로 변환된 내용을 수신한다.

GET / HTTP/1.1	→ 메인 페이지 요청
GET /led.cgi?LEDstatus=1 HTTP/1.1	→ LED ON 페이지 요청
GET /led.cgi?LEDstatus=0 HTTP/1.1	→ LED OFF 페이지 요청

앞 절의 예에서와 다른 방법을 사용하고 있지만, 클라이언트의 요청을 파악하는 방법은 비슷하다. 앞 절의 예에서는 '/on'과 '/off'를 찾아내어 LED를 켜고 끄는 동작을 결정했다면, 이번 예에서는 'led.cgi?LEDstatus=1'과 'led.cgi?LEDstatus=0'을 찾아내어 LED를 켜고 끄는 동작을 결정하면 된다. 하나의 값만 전달되므로 문자열 전체를 비교할 수도 있지만, 주소 부분의 마지막 문자를 '0'이나 '1'과 비교하는 방법을 사용할 수도 있다.

이처럼 이 절의 예는 이전 절의 예와 스케치의 실행 흐름 및 클라이언트의 요청을 파악하는 방법은 같다. 따라서 이 절의 예에서도 스케치 69.1의 초기화 및 setup 부분과 스케치 69.2의 loop 함수 부분은 그대로 사용하면 된다. 클라이언트의 요청을 파악하는 함수 이름은 processRequest로 같지만 GET 문장에서 찾아내는 내용이 다르다. 가장 차이가 많은 부분은 메인 페이지를 전송하는 스케치 69.6을 포함하여 클라이언트로 결과를 알려주고 사용자의 입력을 받는 부분이다.

스케치 69.7은 클라이언트의 요청을 파악하는 processRequest 함수를 나타낸다. 메인 페이지(1), LED OFF 페이지(2), LED ON 페이지(3)를 요청하는 3개 요청만 구별하도록 했다. 스케치 69.7에서는 앞의 예에서 사용한 스케치 69.4의 findRequestString 함수를 GET 문장에서 주소를 찾아내기 위해 사용한다.

</> 스케치 69.7 원격 제어 2 – 클라이언트의 요청 파악

```
int processRequest() {
    // 2개의 공백문자 사이에 있는 주소 추출
    String requestString = findRequestString();
    if (requestString.length() == 0) {              // 주소 추출 실패
        return -1;                                   // 오류
    }

    if (requestString.equals("/")) {
        return 1;                                    // 메인 페이지 요청
    }
    else if (requestString.equals("/led.cgi?LEDstatus=0")) {
        return 2;                                    // LED 끄기 요청
    }
    else if (requestString.equals("/led.cgi?LEDstatus=1")) {
        return 3;                                    // LED 켜기 요청
    }
    else {
        return -1;                                   // 알 수 없는 주소
    }
}
```

스케치 69.8은 클라이언트의 요청에 따라 LED를 제어하고 그 결과를 클라이언트로 알려주는 sendResponse 함수를 나타낸다. 세 가지 요청에 따라 서로 다른 페이지를 클라이언트로 전송한다.

메인 페이지를 전송하는 함수는 스케치 69.5를 사용하면 된다.

</> **스케치 69.8 원격 제어 2 – LED 제어 및 HTTP 응답**

```
void sendResponse(WiFiEspClient client, int requestState) {
    if (requestState < 1 || requestState > 3) {
        return;                                          // 페이지 요청 이외 오류는 처리하지 않음
    }

    Serial.println(F("* LED 제어 결과를 전송합니다."));
    client.print(F("HTTP/1.1 200 OK\r\n"));              // 헤더
    client.print(F("Content-Type: text/html; charset=utf-8\r\n"));
    client.print(F("Connection:close\r\n"));
    client.print(F("\r\n"));

    if (requestState == 1) {                             // 메인 페이지 요청
        sendMainPage(client);
        Serial.println(F(" => 메인 페이지를 전송합니다."));
    }
    else if (requestState == 2) {                        // LED OFF 요청
        ledState = false;
        digitalWrite(pinLED, ledState);
        sendOffPage(client);
        Serial.println(F(" => OFF 상태로 설정합니다."));
    }
    else if (requestState == 3) {                        // LED ON 요청
        ledState = true;
        digitalWrite(pinLED, ledState);
        sendOnPage(client);
        Serial.println(F(" => ON 상태로 설정합니다."));
    }
}

void sendBodyStart(WiFiEspClient client) {               // 데이터 시작
    client.print(F("<!DOCTYPE HTML>\r\n"));
    client.print(F("<html>\r\n"));
    client.print(F("<body>\r\n"));
}

void sendBodyEnd(WiFiEspClient client) {                 // 데이터 끝
    client.print(F("</body>\r\n"));
    client.print(F("</html>\r\n"));
    client.print(F("\r\n"));
}

void sendOffPage(WiFiEspClient client) {                 // LED OFF 페이지
    sendBodyStart(client);
    client.print(F("LED를 OFF 상태로 설정했습니다.<br><br>"));
    client.print(F("<a href=\"/\">메인 페이지</a>"));       // 메인 페이지 링크
    sendBodyEnd(client);
}
```

```
void sendOnPage(WiFiEspClient client) {                          // LED ON 페이지
    sendBodyStart(client);
    client.print(F("LED를 ON 상태로 설정했습니다.<br><br>"));
    client.print(F("<a href=\"/\">메인 페이지</a>"));              // 메인 페이지 링크
    sendBodyEnd(client);
}
```

이전 예에서 스케치 69.1, 69.2, 69.5와 스케치 69.6에서 스케치 69.8까지 함께 사용하여, 웹 페이지를 통해 LED를 제어하는 스케치의 실행 결과는 그림 69.6과 같다. 각각의 경우 브라우저에 표시되는 서버의 응답은 그림 69.5를 참고하면 된다.

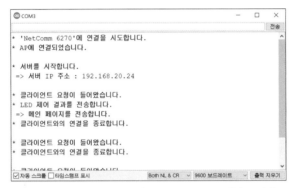

그림 69.6 웹 페이지에 의한 LED 제어 – 시리얼 모니터

LED 밝기 제어

그림 69.1에서 LED를 연결한 11번 핀은 PWM 신호 출력이 가능한 핀이므로 PWM 신호를 사용하여 LED의 밝기를 제어할 수 있다. 웹 페이지를 통해 0에서 255 사이의 값을 입력하고 입력한 값에 따라 LED의 밝기를 제어하는 스케치를 작성해 보자. LED 점멸을 위해서는 여러 페이지를 사용했지만, 밝기 제어를 위해서는 한 페이지만을 사용한다. 하지만 서버에 처음 접속한 경우, 밝기 변경에 성공한 경우, 밝기 변경에 실패한 경우 등을 메시지로 나타내게 했다. 밝기 변경에 실패한 경우는 범위를 벗어나는 값을 입력한 경우나 데이터 전송 중 네트워크 오류가 발생한 경우 등이다.

그림 69.7에서 사용자가 텍스트 상자에 숫자를 입력하고 'Submit' 버튼을 누르면 LED 점멸의 경우와 마찬가지로 웹 브라우저는 action에 표시된 주소에 name과 value 쌍으로 이루어진 인자를

추가한 후 연결을 시도한다.

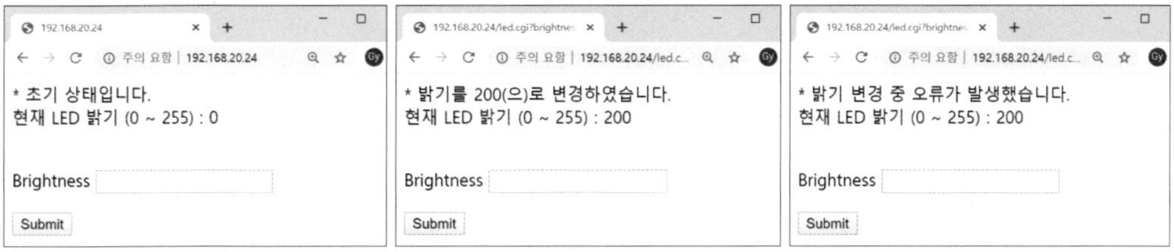

(a) 서버에 처음 접속한 경우	(b) 밝기 변경 성공	(c) 밝기 변경 실패

그림 69.7 **LED 밝기 제어를 위한 페이지**

그림 69.7에서 3개의 화면은 모두 같은 사용자 인터페이스를 사용하고 있지만, 요청은 두 가지로 이루어진다. 하나는 초기 화면을 요청하는 것이며, 다른 하나는 밝기 변경을 요청하는 것이다. 밝기 변경 요청 결과는 성공과 실패의 두 가지로 나타난다. 초기 화면을 요청하는 방법과 밝기 변경을 요청하는 방법은 다음과 같다.

```
http://192.168.20.24/                          → 초기 화면 요청
http://192.168.20.24/led.cgi?brightness=100    → 밝기 100으로 변경 요청
```

첫 번째 주소를 입력하면 초기 화면인 그림 69.7(a)를 볼 수 있고, 두 번째 주소를 입력하면 업데이트 성공 여부에 따라 그림 69.7(b)나 그림 69.7(c)를 볼 수 있다. 각 주소를 브라우저 창에 입력했을 때 실제 서버는 GET 명령으로 변환된 내용을 수신한다.

```
GET / HTTP/1.1                              → 메인 페이지 요청
GET /led.cgi?brightness=100 HTTP/1.1        → 밝기 100으로 변경 요청
```

CGI를 이용한 LED 점멸에서는 GET 문장에서 찾아낸 주소를 메인 페이지 요청, LED ON 페이지 요청, LED OFF 페이지 요청의 세 가지 경우로 나누어 각기 다른 내용을 보여주었다면, 여기서는 메인 페이지 요청과 밝기 변경 요청의 성공과 실패에 따라 메시지가 다른 하나의 페이지만을 보여준다. 또한 밝기는 0부터 255까지 256개의 값을 가지므로 밝기를 나타내는 숫자 부분을 분리하여 analogWrite 함수의 매개변수로 사용했다.

메인 페이지에서 텍스트 상자를 통해 LED 밝기를 입력받기 위해서는 앞의 예와 마찬가지로 CGI를 사용한다. 메인 페이지를 전송하는 함수의 예는 스케치 69.9와 같다.

```
void sendMainPage(WiFiEspClient client) {

    client.print(F("현재 LED 밝기 (0 ~ 255) : "));
    client.print(ledBrightness);
    client.print(F("<br><br>"));

    // CGI를 통한 사용자 입력
    // 'Submit' 버튼을 누르면 '/led.cgi' 페이지에
    // 이름 'brightness'와 값 쌍이 포함되어 요청이 이루어짐
    client.print(F("<FORM method=\"get\" action=\"/led.cgi\">"));
    client.print(F("<P>Brightness <INPUT type=\"text\" name=\"brightness\">"));
    client.print(F("<P><INPUT type=\"submit\" value=\"Submit\"> </FORM>"));

    client.print(F("</body>\r\n"));           // 데이터 끝
    client.print(F("</html>\r\n"));
    client.print(F("\r\n"));
}
```

스케치 69.9에서 텍스트 상자를 보여주고 사용자의 입력을 받는 FORM 태그는 다음과 같이 LED 밝기를 입력하는 텍스트 상자와 제출Submit 버튼으로 이루어진다.

```
<FORM method="get" action="/led.cgi">
    <P>Brightness <INPUT type="text" name="brightness">
    <P><INPUT type="submit" value="Submit">
</FORM>
```

메인 페이지에서 'Submit' 버튼을 눌렀을 때 HTTP 요청의 GET 문장에서 주소 부분인 '/led.cgi?brightness=nnn'을 찾아내는 과정까지는 앞의 예와 같다. 하지만 여기서 단순히 문자열을 비교하는 것이 아니라 밝기인 'nnn'을 분리하고 숫자로 변환하는 과정이 필요하며 이 과정은 processRequest 함수에서 이루어진다. 따라서 스케치 69.1의 초기화 및 setup 부분과 스케치 69.2의 loop 함수 부분은 거의 그대로 사용할 수 있다. 스케치 69.1에서는 LED 점멸을 제어하기 위해 ledState 변수를 사용했다면 LED 밝기를 제어하기 위해서는 ledBrightness 변수를 사용하고 그에 따라 초기화 과정이 달라져야 한다. 스케치 69.10은 초기화 부분으로 LED 밝기 제어를 위한 부분 이외에는 스케치 69.1과 같다. 스케치 69.2는 그대로 사용하면 된다.

스케치 69.10 원격 제어 3 – 초기화

```
#include <WiFiEsp.h>
#include <SoftwareSerial.h>

#define HEADER_LENGTH_MAX 100              // 서버가 보내는 헤더 한 줄의 최대 길이
```

```
SoftwareSerial ESPSerial(2, 3);                        // ESP-01 모듈 연결 포트
WiFiEspServer server(80);

int pinLED = 11;                                       // LED 연결 핀
int ledBrightness = 0;                                 // LED 현재 밝기
int requestState;                                      // 클라이언트의 요청 종류

char AP[] = "your_AP_name_here";
char PW[] = "your_AP_password_here";

char buffer[HEADER_LENGTH_MAX + 1];                    // 수신 버퍼
int index = 0;                                         // 버퍼 내 데이터 저장 위치

void setup() {
    Serial.begin(9600);                                // 컴퓨터와의 UART 시리얼 연결
    ESPSerial.begin(9600);                             // ESP-01 모듈과의 UART 시리얼 연결

    WiFi.init(&ESPSerial);                             // ESP-01 모듈 초기화
    Serial.println(String("* \'") + AP + "\'에 연결을 시도합니다.");
    int status = WiFi.begin(AP, PW);                   // AP에 연결 시도

    if (status != WL_CONNECTED) {
        Serial.println("** AP에 연결할 수 없습니다.");
        while (1);
    }
    else {
        Serial.println("* AP에 연결되었습니다.");
    }
    Serial.println();

    server.begin();                                    // 서버 시작
    Serial.println(F("* 서버를 시작합니다."));

    IPAddress ip = WiFi.localIP();                     // 서버 IP 주소 출력
    Serial.print(" => 서버 IP 주소\t: ");
    Serial.println(ip);
    Serial.println();

    analogWrite(pinLED, ledBrightness);                // 밝기 제어
}
```

스케치 69.11은 클라이언트의 요청을 파악하는 processRequest 함수로, GET 문장에서 주소를
찾아내고 주소 내에서 CGI로 전달되는 매개변수를 찾아낸다. 메인 페이지를 요청한 경우에는 매
개변수 없이 루트 주소 '/'만 나타나므로 메인 페이지를 전송하면 되고, 밝기 변경을 요청한 경우
에는 값의 유효성에 따라 밝기 변경 여부를 결정한다. requestState 변수는 메인 페이지를 요청
한 경우(0), 밝기 변경에 성공한 경우(1), 밝기 변경에 실패한 경우(−1) 등에 따라 서로 다른 값을 가
지며 페이지 내용을 전송할 때 서로 다른 메시지를 출력하기 위해 사용한다. 스케치 69.11에서는

앞의 예에서 사용한 스케치 69.4의 findRequestString 함수를 GET 문장에서 주소를 찾아내기 위해 사용한다.

</> 스케치 69.11 **원격 제어 3 – 클라이언트의 요청 파악**

```
int processRequest() {
    // 2개의 공백문자 사이에 있는 주소 추출
    String requestString = findRequestString();
    if (requestString.length() == 0) {              // 주소 추출 실패
        return -1;                                  // 오류
    }

    if (requestString.equals("/")) {
        return 0;                                   // 메인 페이지 접속
    }

    int pos = -1;
    for (int i = requestString.length() - 1; i >= 0; i--) {
        if (requestString[i] == '=') {
            pos = i;
            break;
        }
    }

    if (pos == -1) {
        return -1;                                  // '='를 찾을 수 없음
    }

    int request_brightness = requestString.substring(pos + 1).toInt();
    if (request_brightness >= 0 && request_brightness <= 255) {
        ledBrightness = request_brightness;         // 범위 내 값
        return 1;
    }
    else {
        return -1;                                  // 범위를 벗어나는 값
    }
}
```

스케치 69.12는 클라이언트의 요청에 따라 LED를 제어하고 그 결과를 클라이언트로 알려주는 sendResponse 함수를 나타낸다. 처리 상태를 나타내는 processRequest 변숫값에 따라 각각 다른 메시지를 추가한 메인 페이지를 클라이언트로 전송한다. 메인 페이지를 전송하는 함수는 스케치 69.9를 사용하면 된다.

```
void sendResponse(WiFiEspClient client, int requestState) {
    Serial.println(F("* LED 제어 결과를 전송합니다."));
    client.print(F("HTTP/1.1 200 OK\r\n"));                        // 헤더
    client.print(F("Content-Type: text/html; charset=utf-8\r\n"));
    client.print(F("Connection:close\r\n"));
    client.print(F("\r\n"));

    client.print(F("<!DOCTYPE HTML>\r\n"));                        // 데이터 시작
    client.print(F("<html>\r\n"));
    client.print(F("<body>\r\n"));

    if (requestState == 0) {                                       // 초기 상태
        client.print(F("* 초기 상태입니다.<br>"));
    }
    else if (requestState == -1) {                                 // 밝기 변경 중 오류 발생
        client.print(F("* 밝기를 변경 중 오류가 발생했습니다.<br>"));
    }
    else if (requestState == 1) {                                  // 밝기 변경 성공
        analogWrite(pinLED, ledBrightness);
        client.print(F("* 밝기를 "));
        client.print(ledBrightness);
        client.print(F("(으)로 변경했습니다.<br>"));

        Serial.println(String(" => 밝기를 ") + ledBrightness + "(으)로 변경합니다.");
    }

    sendMainPage(client);                                          // 메인 페이지 데이터 전송
}
```

앞의 예에서 스케치 69.2, 69.5와 스케치 69.9에서 스케치 69.12까지 함께 사용하여 웹 페이지를 통해 LED의 밝기를 제어하는 스케치의 실행 결과는 그림 69.8과 같다. 브라우저에 표시되는 서버의 응답은 그림 69.7을 참고하면 된다.

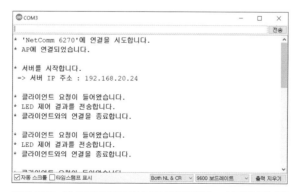

그림 69.8 웹 페이지에 의한 LED 밝기 제어 – 시리얼 모니터

이 장에서 다룬 예들은 스케치의 길이가 길기에 몇 개로 나누어 제시했으며, 일부 스케치는 공통으로 사용된다. 따라서 스케치를 입력할 때 주의가 필요하다. 표 69.2는 원격 제어를 위해 필요한 기능을 네 가지로 나누고 각 예에서 각 기능을 구현한 스케치 번호를 나타낸 것이다. 클라이언트와 서버가 서로 데이터를 주고받으면서 서버에 연결된 LED를 제어하므로 초기화 부분과 반복 구조는 모든 원격 제어의 예에서 거의 같다. 서로 다른 부분은 클라이언트의 요청을 찾아내는 방법과 요청을 수행하고 그 결과를 클라이언트로 알려주는 방법이다. 즉, 다른 대상을 다른 방법으로 원격에서 제어하려고 할 때도 스케치 69.1과 스케치 69.2 대부분을 그대로 사용할 수 있다.

표 69.2 스케치의 구성

기능 \ 스케치	연결 주소에 의한 점멸 제어	CGI에 의한 점멸 제어	CGI에 의한 밝기 제어
초기화(setup)	스케치 69.1		스케치 69.10
반복 구조(loop)	스케치 69.2		
클라이언트 요청 파악	스케치 69.3	스케치 69.7	스케치 69.11
		스케치 69.4	
LED 제어 및 HTTP 응답	스케치 69.5	스케치 69.6, 스케치 69.8	스케치 69.9, 스케치 69.12

69.4 맺는말

이 장에서는 아두이노를 웹 서버로 구현하고 클라이언트의 요청에 따라 서버에 연결된 LED를 제어하는 방법을 살펴봤다. 클라이언트가 서버에 연결된 LED를 제어하기 위해서는 서버로 데이터를 전달하는 방법이 필요하다. 이를 위해 이 장에서는 서로 다른 주소를 사용하는 방법과 CGI를 사용하는 방법을 살펴봤다. 서로 다른 주소를 사용하는 방법은 구조와 구현 방법이 간단하지만 연결해야 하는 주소를 모두 기억해야 한다는 단점이 있다. 반면, CGI를 사용하는 방법은 HTML 및 HTTP와 관련된 지식이 필요하므로 복잡할 수 있지만, 웹 페이지를 통해 직관적인 방법으로 제어가 가능한 장점이 있다. 하지만 기본적인 처리 구조와 스케치가 동작하는 방법은 거의 같으며, 이는 setup과 loop 함수가 세 가지 원격 제어의 예에서 거의 차이가 없다는 점에서도 알 수 있다.

LED를 제어하는 예들을 통해 살펴본 것처럼 아두이노를 사용하여 구축한 서버로 화려한 인터페이스를 갖는 웹 페이지를 보여주기는 어렵지만, 간단한 데이터 교환을 통한 상호 작용을 구현하기에는 무리가 없다. LED를 제어하는 예는 220V를 사용하는 가전제품을 제어하기 위해 릴레이를 사용하는 예로 쉽게 바꿀 수 있다. 무더운 여름 집에 도착하기 전에 스마트폰으로 에어컨을 켜는 것이 그 예이며 실제 가전제품에 적용된 기술이기도 하다.

1 스케치 69.9에 사용된 FORM 태그에서 LED의 밝기를 입력하기 위한 텍스트 상자의 태그는 다음과 같다.

```
<INPUT type="text" name="brightness">
```

여기서 텍스트 상자의 type을 "text" 에서 "number"로 변경하면 최솟값과 최댓값을 지정 할 수 있다. 입력할 수 있는 값의 범위가 지정되면 값의 유효성 검사가 브라우저에서 이루어 지므로 스케치에서 값의 유효성을 판단하는 부담을 줄일 수 있다. 스케치 69.9에서 텍스트 상자의 속성을 다음과 같이 변경하고 숫자를 입력하여 유효성 검사의 동작을 확인해 보자.

```
<INPUT type="number" name="brightness" min="0" max="255">
```

2 CGI_{Common Gateway Interface}는 2개 이상의 컴퓨터 사이에 데이터를 주고받는 프로그램 또는 주 고받는 것 자체를 의미한다. 웹 페이지에서 사용하는 HTML은 데이터를 보여주는 기능만 갖 고 있어 양방향 데이터 교환은 불가능하다. 따라서 CGI를 통해 클라이언트와 서버 사이의 데 이터 교환을 가능하게 하고 있다. CGI는 단어 의미 그대로 인터페이스에 대한 표준으로, 실 제 CGI 구현은 여러 가지 프로그래밍 언어로 이루어진다. 이 장의 예에서는 웹 페이지의 경 우와 달리 CGI를 호출하는 주소를 사용하여 스케치가 CGI 구현을 대신하게 했다. 최근 CGI 구현에 많이 사용되는 언어에는 PHP, ASP, JSP 등이 있다. 이러한 CGI 구현 언어들의 장단점 을 비교해 보자.

인터넷 시간 사용하기

아두이노에서 사용할 수 있는 시간은 여러 가지가 있지만, 그중 가장 정확한 시간은 인터넷을 통해 얻는 시간이다. 인터넷에서는 NTP_{Network Time Protocol}를 통해 연결된 기기의 시간 동기화를 수행하고 있으며, 인터넷에 연결되어 있다면 간단하게 NTP 서버에서 시간 정보를 얻어와 아두이노의 시간을 인터넷 시간과 동기화할 수 있다. 이 장에서는 NTP 서버에서 시간을 얻어오는 여러 가지 방법을 살펴본다.

이 장에서
사용할 부품

아두이노 우노	× 1	➡	인터넷 시간 사용하기 테스트
ESP-01 모듈	× 1	➡	시리얼 와이파이 통신 모듈
1.5kΩ 저항	× 1	➡	레벨 변환
3.3kΩ 저항	× 1	➡	레벨 변환

아두이노에서 시간을 사용하는 방법은 여러 가지가 있다. 그중에서 가장 간단한 방법은 마이크로컨트롤러의 클록을 기준으로 하는 타이머를 사용하는 방법이다. 타이머를 사용하는 시간은 별도의 하드웨어가 필요하지 않다는 장점이 있지만, 아두이노에 전원이 연결되어 있지 않으면 시간을 유지할 수 없으므로 아두이노가 켜질 때마다 시간을 다시 설정해야 한다는 단점이 있다. 또한 아두이노에 사용된 클록의 정밀도가 높지 않으므로 정확한 시간을 유지하기는 어렵다. 이러한 단점을 해결하는 방법 중 하나가 하드웨어 RTC_{Real Time Clock}를 사용하는 것으로 51장 'RTC: 날짜와 시간'에서 DS1307, DS3231 등의 RTC 전용 칩을 사용하는 방법을 살펴봤다. RTC 전용 칩은 클록과 배터리를 아두이노와 별도로 사용하므로 아두이노의 전원과 상관없이 시간을 유지할 수 있다. 또한 RTC 칩은 대부분 저전력 칩으로 코인 배터리로도 6개월 이상 동작할 수 있는 등 여러 가지 장점이 있어 시간 유지가 필요한 경우 간단히 연결하고 사용할 수 있다. 하지만 RTC 칩의 종류에 따라서는 정밀도가 높지 않아 주기적으로 시간 보정이 필요할 수 있으며, RTC 보정용으로 인터넷 시간을 사용할 수 있다. 인터넷 시간은 인터넷에 연결된 여러 컴퓨터의 동기화를 위해 사용되는 시간으로, 인터넷에 연결되어 있다면 간단하게 현재 시간을 얻어올 수 있다.

70.1 TCP와 UDP

먼저 인터넷에서 흔히 사용되는 프로토콜인 TCP_{Transmission Control Protocol}와 UDP_{User Datagram Protocol}에 대해 알아보자. TCP와 UDP는 모두 IP_{Internet Protocol}와 함께 사용되며 인터넷에서 데이터 전송을 담당하는 프로토콜이다. TCP보다 상위에서 TCP를 사용하는 대표적인 서비스 프로토콜에는 웹 서비스를 제공하는 HTTP가 있다면, UDP보다 상위에서 UDP를 사용하는 서비스 중 하나가 인터넷 시간을 제공하는 NTP_{Network Time Protocol}다.

TCP와 UDP의 가장 기본적인 차이는 **TCP가 연결형**connection-oriented **서비스를 제공한다면 UDP는 비연결형**connectionless **서비스를 제공한다**는 점이다. 연결형 서비스란 송신자와 수신자 사이의 논리적인 연결을 확립하고 데이터를 전송하는 방법을 말하며, 비연결형 서비스란 송신자와 수신자 사이에 논리적인 연결을 확립하지 않고 데이터를 전송하는 방법을 말한다. 연결형 서비스에서는 데이터가 순서에 맞게 보내졌는지 확인할 수 있고, 분실된 데이터가 있다면 재전송을 요청할 수 있어 송신자가 보낸 데이터가 수신자에게 도달했음을 보장할 수 있다. 이를 위해 데이터를 수신했음을 송신자에게 알려주어야 하는 등 데이터를 전송하는 것 이외에도 송신자와 수신자 사이에 통신이 필요하다. 따라서 연결형 서비스는 신뢰성은 있지만, 연결을 시작하고 끝내는 과정에서 시간이 오래 걸리고 부가적인 정보 전달로 인해 통신 속도가 느리다는 단점이 있다. 반면, 비연결형 서비스에서 송신자는 데이터를 보내기만 하고 이후 과정에 관여하지 않으므로 데이터가 순서에 맞게 전달되었는지 확인할 수 없을 뿐만 아니라 정상적으로 전달되었다는 보장 역시 없다. 하지만 TCP과 비교했을 때 통신 속도가 빠르므로 다음과 같은 경우가 UDP를 사용하는 대표적인 예에 해당한다.

- 실시간 데이터를 전송하는 경우
- 여러 수신자에게 같은 내용을 전송하는 경우
- 신뢰성이 필요하지 않은 소량의 데이터를 전송하는 경우

사용자가 접하는 인터넷 서비스는 대부분 TCP를 바탕으로 하고 있다. 대표적으로 웹 서비스를 위한 HTTP가 있고 이외에도 파일 전송을 위한 FTP_{File Transfer Protocol}, 메일 전송을 위한 SMTP_{Simple Mail Transfer Protocol} 등이 모두 TCP를 기반으로 동작한다. 이전 장들에서 살펴본 클라이언트와 서버들 역시 TCP를 사용하고 있다. 반면, **UDP는 빠른 속도가 필요하고 적은 데이터만을 전송하는 네트워크 관리 분야에서 사용**되는 예를 쉽게 찾아볼 수 있다. 멀티미디어 전송을 위해서도 UDP가 사용되지만, 이 장에서 사용하는 NTP가 네트워크 관리 분야에 속하므로 네트워크 관리 분야를 중심으로 이야기한다. UDP를 기반으로 하는 서비스에는 이 장에서 다루는 NTP를 포함하여 다음과 같은 것들이 있다.

- **DNS**_{Domain Name System} **프로토콜**: 호스트의 도메인 이름(www.google.com)을 네트워크 주소 (216.58.221.46)로 변환하거나, 또는 그 반대의 변환을 수행하기 위해 사용하는 프로토콜이다.
- **SNMP**_{Simple Network Management Protocol}: IP 네트워크의 관리 목적으로 네트워크에 연결된 라우터, 스위치, 서버 등의 장치 정보를 수집하고 관리하기 위해 사용하는 프로토콜이다.
- **RIP**_{Routing Information Protocol}: 목적지까지 데이터를 전송하기 위해 최단 경로를 결정하는 데 사용하는 프로토콜이다.
- **DHCP**_{Dynamic Host Configuration Protocol}: 호스트의 IP 주소와 각종 TCP/IP 프로토콜의 기본 설정을 자동으로 제공하기 위해 사용하는 프로토콜이다.
- **NTP**_{Network Time Protocol}: **네트워크에 연결된 기기들 사이의 시간 동기화를 위해 사용하는 프로토콜**이다.

NTP 서버는 NTP 클라이언트가 현재 시간을 요청하면 현재 시간을 알려주는 간단한 동작을 수행하는 서버를 말한다. 이 과정에서 가능한 신속한 응답이 요구되므로 NTP는 TCP가 아닌 UDP를 사용하며 UDP 포트 123번을 사용한다. NTP를 이용하여 얻어온 시간은 인터넷과 같이 규모가 큰 네트워크에서도 수십 밀리초 이내의 차이만 있는 경우가 일반적이지만, 네트워크 상황에 따라 오차는 커질 수 있다.

SNTPSimple NTP는 대규모 서버용으로 주로 사용되는 NTP에서 통계적인 오차 처리를 위한 데이터 서버 등을 뺀, 단어 의미 그대로 단순화된 NTP에 해당한다. SNTP 서버는 기본적으로 상위 서버에서 시간을 받아 자신의 시계를 동기화하고 클라이언트의 시간 정보 요구에 응답만을 실행하므로 임베디드 시스템 등 연산 능력이 낮은 컴퓨터도 SNTP 서버로 사용할 수 있다. 하지만 전송되는 메시지상에서는 NTP와 SNTP의 차이가 거의 없으므로 SNTP 클라이언트는 NTP 서버에 연결할 수 있다. 이 장에서도 NTP와 SNTP를 구별하지 않고 NTP라고 이야기한다.

NTP에서 시간 정보를 제공하는 서버는 계층 구조를 이루고 있으며 각 층을 스트라텀stratum이라고 한다. 스트라텀 0은 원자 시계, GPS, 라디오 시계 등 오차가 없는 기본 참조 시계 또는 표준 시계에 해당한다. 여기서 층을 내려갈 때마다 스트라텀 번호는 커지며 스트라텀 15까지 확장할 수 있다. 즉, 스트라텀 번호는 기본 참조 시계로부터의 거리(홉 수)를 나타낸다. 하위 스트라텀은 1개 이상의 상위 스트라텀의 시간을 참조하는 것을 원칙으로 하지만, 정확한 시간을 결정하기 위해 같은 레벨의 서버와 연결하기도 한다. 서버의 계층 구조에서 스트라텀 1 서버는 스트라텀 0의 표준 시계와 직접 연결되어 있지만, 나머지는 네트워크로 연결된다.

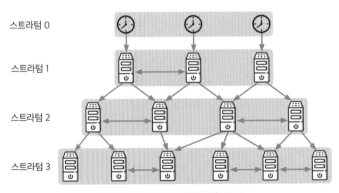

그림 70.1 NTP 서버의 계층 구조

NTP 서버가 계층 구조를 이루고 점차 시간이 전파되어 나가는 형태이므로 가능한 한 상위 서버의 시간을 얻는 것이 정확하다고 생각할 수 있지만, 네트워크를 따라 데이터가 이동하는 시간에 의해 시간 오차가 발생할 수 있으므로 가능한 한 왕복 시간이 일정하고 물리적으로 가까운 NTP 서버에서 시간을 얻어오는 것이 정확한 시간을 얻는 방법이다. 클라이언트는 일반적으로 스트라텀 3이나 4 서버에 연결하여 시간 정보를 얻으며, 스트라텀 1 서버는 다른 서버에 시간 정보를 제공하기 위한 목적으로 사용되므로 클라이언트가 스트라텀 1 서버로 직접 연결하는 것은 바람직하지 않다. 그렇다면 현재 시간을 얻어오기 위해 어느 스트라텀의 어느 서버에 요청해야 할까? NTP 서비스에 참여하고 있는 서버는 시간에 따라 변하며 그 목록은 'pool.ntp.org'로 대표된다. 또한 서버 목록은 지역에 따라 나뉘어 있으므로 우리나라는 'kr.pool.ntp.org'로 연결하면 된다. **서버 풀에 접속하면 라운드 로빈 방식으로 서버가 자동으로 할당되어 특정 서버에 부하가 집중되지 않게 한다.**

70.3 NTP 서버에서 시간 얻어오기: WiFiEsp 라이브러리

먼저 ESP-01 모듈을 그림 70.2와 같이 아두이노 우노의 2번과 3번 핀에 SoftwareSerial 클래스를 사용하여 연결하자.

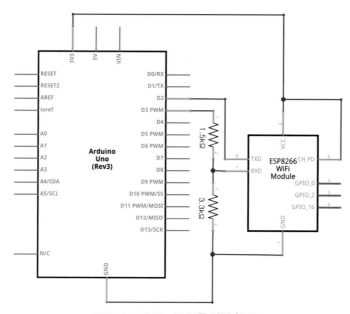

그림 70.2 ESP-01 모듈 연결 회로도

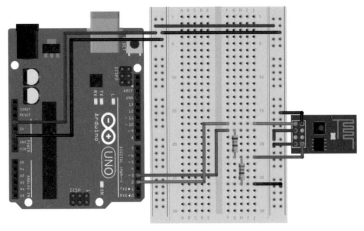

그림 70.3 ESP-01 모듈 연결 회로

NTP 서버에서 시간을 얻어오기 위해서는 WiFiEsp 라이브러리를 사용한다. WiFiEsp 라이브러리에 NTP를 위한 전용 함수는 없지만, UDP를 위한 WiFiEspUDP 클래스를 사용하여 NTP를 사용할 수 있다. WiFiEspUDP 클래스를 사용하기 위해서는 헤더 파일을 포함해야 한다. WiFiEspClient.h 파일과 WiFiEspServer.h 파일은 WiFiEsp.h 파일에서 포함하고 있어 다시 포함하지 않아도 되지만, WiFiEspUdp.h 파일은 WiFiEsp.h 파일에서 포함하고 있지 않으므로 반드시 포함해야 한다.

```
#include <WiFiEsp.h>
#include <WiFiEspUdp.h>
```

WiFiEspUDP 클래스에서 데이터를 전송하기 위해서는 beginPacket 함수로 시작해서 write 함수로 실제 데이터를 전송하고 endPacket 함수로 전송을 끝내면 된다. WiFiEspUDP 클래스에서 데이터 송수신을 위해서는 Serial 클래스와 마찬가지로 available, read, write 등의 함수를 사용할 수 있다. UDP를 사용하기 전에는 begin 함수로 UDP 객체를 초기화하는 것도 잊지 말아야 한다.

■ **begin**

```
int WiFiEspUDP::begin(uint16_t port)
 - 매개변수
    port: 포트 번호
 - 반환값: 성공하면 true, 실패하면 false를 반환
```

UDP에 사용할 포트를 초기화한다.

■ beginPacket

```
int WiFiEspUDP::beginPacket(IPAddress ip, uint16_t port)
int WiFiEspUDP::beginPacket(const char *host, uint16_t port)
 - 매개변수
    ip: IPAddress 형식의 서버 IP 주소
    host: 문자열 형식의 서버 주소
    port: 클라이언트가 연결할 서버의 포트 번호
 - 반환값: 성공하면 true, 실패하면 false를 반환
```

지정된 주소와 포트를 사용하여 서버로 데이터를 전송할 준비를 한다. TCP처럼 연결을 설정하지 않는다는 점에 주의해야 한다.

■ endPacket

```
int WiFiEspUDP::endPacket()
 - 매개변수: 없음
 - 반환값: 항상 1을 반환
```

beginPacket에서 시작한 데이터 전송을 끝낸다.

NTP에서 클라이언트가 시간 정보를 요청할 때와 서버로부터 시간 정보를 수신할 때 모두 48바이트의 데이터를 주고받으며 데이터 구조는 같다. **클라이언트는 48바이트 중 첫 번째 바이트만 사용하여 서버에 시간 정보를 요청할 수 있다.** 첫 번째 바이트의 구조는 표 70.1과 같다.

표 70.1 NTP 헤더의 첫 번째 바이트 구조

비트	7	6	5	4	3	2	1	0
값	0	0	0	1	1	0	1	1
설명	LI		VN			Mode		

첫 번째 바이트의 상위 2비트 LI~Leap Indicator~는 윤초를 계산할 때 쓰는 비트다. 가운데 3비트 VN~Version Number~은 NTP 프로토콜의 버전을 나타내며, 현재 주로 사용되는 버전은 3이다. 마지막 하위 3비트 Mode는 동작 모드로 클라이언트는 3, 서버는 4의 값을 갖는다. 따라서 서버의 응답에서 VN은 3을, Mode는 4의 값을 갖는다.

첫 번째 바이트를 제외한 나머지 바이트를 모두 0으로 설정하고 서버로 요청을 보내면 서버가 이에 대해 시간 정보를 포함하는 48바이트 크기의 데이터를 클라이언트로 보낸다. **NTP 서버가 보내는 48바이트 크기의 데이터에는 17번째 바이트부터 8바이트 크기의 시간 정보가 네 가지 포함되어 있다.** 8바이트 정보 중 상위 4바이트에는 1900년 1월 1일 이후 경과한 시간이 초 단위로 기록되고 하위 4바이트에는 초 이하 단위의 시간이 기록되므로, 흔히 상위 4바이트만 사용하여 초 단위까지만 시간을 계산한다. 네 가지 시간 중 클라이언트가 흔히 사용하는 시간은 서버가 클라이언트로 응답을 보낸 시간에 해당하는 전송 시간transmit time이다.

표 70.2 **NTP 메시지에 포함된 시간 정보**

시간	바이트	설명
Reference Timestamp	17~24	서버 시계가 마지막으로 설정되거나 보정된 시간
Originate Timestamp	25~32	클라이언트가 요청을 보낸 시간
Receive Timestamp	33~40	서버가 클라이언트의 요청을 받은 시간
Transmit Timestamp	41~48	서버가 클라이언트로 응답을 보낸 시간

NTP 서버에서 얻어온 시간은 1900년 1월 1일 이후 경과한 초 수를 나타낸다. 이를 흔히 사용하는 연월일시분초로 바꾸는 것은 그렇게 간단하지 않다. 따라서 이 장에서는 시간 변환을 위해 Time 라이브러리를 사용한다. 먼저 라이브러리 홈페이지*에서 Time 라이브러리 압축 파일을 내려받는다. 파일을 내려받았으면 '스케치 → 라이브러리 포함하기 → .ZIP 라이브러리 추가...' 메뉴 항목을 선택하여 라이브러리 추가 다이얼로그를 실행하고 내려받은 'Time-master.zip' 파일을 선택하면 라이브러리 설치가 완료된다. 시간 라이브러리를 사용하기 위해서는 먼저 헤더 파일을 포함해야 한다. '스케치 → 라이브러리 포함하기 → Time' 메뉴 항목을 선택하거나 #include 문을 직접 입력하면 된다.

```
#include <Time.h>
#include <TimeLib.h>
```

Time 라이브러리에 클래스는 정의되어 있지 않고 시간 변환과 관련된 여러 가지 함수가 정의되어 있다. 그중 이 장에서는 NTP 서버에서 얻어온 시간을 연월일시분초로 변환하기 위해 다음과 같은 함수들을 사용한다. time_t는 4바이트의 부호 없는 정수형으로 unsigned long과 같다.

---

*   https://github.com/PaulStoffregen/Time

```
int year(time_t t);
int month(time_t t);
int day(time_t t);
int hour(time_t t);
int minute(time_t t);
int second(time_t t);
```

한 가지 주의할 점은 NTP 시간은 1900년 1월 1일 이후 경과한 초 수를 나타내지만, Time 라이브러리에서는 1970년 1월 1일 이후 경과한 초 수인 유닉스 타임UNIX time을 기준으로 한다는 점이다. 따라서 70년 동안 경과한 초 수인 2,208,988,800*을 NTP 시간에서 빼야 한다.

스케치 70.1은 초기화와 setup 함수를 나타낸 것으로, 시간 정보를 얻어오기 위한 준비 과정을 수행한다. 초기화 과정에서는 ESP-01 모듈을 AP에 연결하여 NTP 서버에 시간 정보를 요청할 준비를 한다. 시간 정보 요청은 5초마다 실행되게 했으며 서버에 시간 정보를 요청한 후 2초 이내로 시간 정보를 받지 못하면 시간 정보 수신에 실패한 것으로 했다.

시간 정보를 얻어오는 스케치는 두 가지 상태를 갖는다. 첫 번째 상태는 이전 시간 정보 요청 이후 일정 시간(QUERY_INTERVAL)이 지나지 않아 다음번 시간 정보를 요청할 때까지 기다리는 상태(STATE_IDLE)이며, 두 번째는 시간 정보를 요청하고 서버로부터 시간 정보를 수신하기 시작할 때까지의 상태(STATE_RECEIVING_INFO)다. 시간 정보를 수신하기 시작한 이후 48바이트 정보를 수신할 때까지의 시간은 디폴트값인 1초로 설정되어 있으므로 1초 이내에 48바이트를 수신하지 못하면 역시 오류가 발생한 것으로 했다.

</> 스케치 70.1 초기화

```
#include <Time.h>
#include <TimeLib.h>

#include <WiFiEsp.h>
#include <WiFiEspUdp.h>
#include <SoftwareSerial.h>

#define QUERY_INTERVAL 5000              // 시간 정보 요청 간격
#define UDP_TIMEOUT 2000                 // 서버 응답 대기 시간 2초

#define STATE_IDLE            0          // 시간 정보 요청 대기 상태
#define STATE_RECEIVING_INFO 1           // 시간 정보 요청 후 정보 수신 상태

SoftwareSerial ESPSerial(2, 3);          // ESP-01 모듈 연결 포트
```

---

* 이 값이 '2,207,520,000(60 × 60 × 24 × 365 × 70)'보다 큰 이유는 윤년이 포함되기 때문이다.

```
char AP[] = "your_AP_name_here";
char PW[] = "your_AP_password_here";

char timeServer[] = "kr.pool.ntp.org";          // NTP 서버
unsigned int localPort = 123;                    // 클라이언트에서 사용하는 포트

const int NTP_PACKET_SIZE = 48;                  // NTP 패킷 크기
byte buffer[NTP_PACKET_SIZE];                    // 데이터 수신 버퍼

int state = STATE_IDLE;                          // 시간 정보 요청 대기 상태로 시작

WiFiEspUDP Udp;                                  // UDP 객체

unsigned long time_previous, time_current;

void setup() {
    Serial.begin(9600);                          // 컴퓨터와의 UART 시리얼 연결
    ESPSerial.begin(9600);                       // ESP-01 모듈과의 UART 시리얼 연결

    // 'AT'에 대한 응답 확인, 리셋, 스테이션 모드 설정, SDK 버전 호환 확인
    WiFi.init(&ESPSerial);                       // ESP-01 모듈 초기화

    // AP 접속
    Serial.println(String("* \'") + AP + F("\'에 연결을 시도합니다."));
    if (WiFi.begin(AP, PW) != WL_CONNECTED) {
        Serial.println(F("* AP에 연결할 수 없습니다."));
        while (1);
    }
    else {
        Serial.println(F("* AP에 연결되었습니다."));
    }
    Serial.println();

    time_previous = millis();
    Udp.begin(localPort);                        // UDP 시작
}
```

스케치 70.2는 STATE_IDLE 상태일 때 정해진 시간 간격(QUERY_INTERVAL)으로 NTP 서버에 시간 정보를 요청하고, STATE_RECEIVING_INFO 상태일 때 서버에서 정해진 시간(UDP_TIMEOUT) 내에 정보 수신을 시작했는지 판단하는 loop 함수를 나타낸다. 시간 정보 요청 후에는 STATE_RECEIVING_INFO 상태로 바뀌고 정해진 시간(UDP_TIMEOUT) 내에 정보 수신을 시작하지 못하면 STATE_IDLE 상태로 바뀌면서 정해진 시간(QUERY_INTERVAL) 이후 다시 시간 정보를 요청한다. 실제 NTP 서버에 시간 정보를 요청하는 함수는 sendNTPpacket이고, NTP 서버에서 수신한 데이터를 처리하는 함수는 processReceivedInformation이다.

```
void loop() {
    time_current = millis();

    // 이전 시간 정보 요청 이후 일정 시간이 지났을 때 다시 시간 정보 요청
    if (state == STATE_IDLE) {
        if ((time_current - time_previous) > QUERY_INTERVAL)
            Serial.println(F("* NTP 서버에 시간 정보를 요청합니다."));
            sendNTPpacket(timeServer);              // 시간 정보 요청을 위한 NTP 패킷 전송

            time_previous = millis();
            state = STATE_RECEIVING_INFO;
        }
    }
    else if (state == STATE_RECEIVING_INFO) {
        // 서버로부터 데이터 수신이 지연된 경우
        if (time_current - time_previous > UDP_TIMEOUT) {
            Serial.println(F(" => 시간 정보 수신 과정에서 오류가 발생했습니다."));
            Serial.println();

            time_previous = millis();
            state = STATE_IDLE;
        }
        else {
            processReceivedInformation();           // 데이터 수신 및 처리
        }
    }
}
```

스케치 70.3은 NTP 서버에 시간 정보를 요청하는 sendNTPpacket 함수를 나타낸다. **시간 정보 요청은 48바이트의 데이터 중 첫 번째 바이트에 버전 번호와 클라이언트 요청임을 표시한 후 NTP 서버로 전송함으로써 이루어진다.**

스케치 70.3 sendNTPpacket 함수

```
void sendNTPpacket(char *ntpSrv) {
    memset(buffer, 0, NTP_PACKET_SIZE);             // 모든 데이터를 0으로 설정
    buffer[0] = 0x1B;                               // 버전 3, 클라이언트 모드

    Udp.beginPacket(ntpSrv, 123);                   // NTP 서버 123번 포트로 요청 시작
    Udp.write(buffer, NTP_PACKET_SIZE);             // 데이터 전송
    Udp.endPacket();                                // 요청 끝
}
```

스케치 70.4는 시간 정보 요청 후 NTP 서버에서 수신되는 데이터를 처리하는 함수다.

```
void processReceivedInformation() {
    if (Udp.available()) {
        // 1초 이내로 48바이트 데이터 읽기
        int readNo = Udp.read(buffer, NTP_PACKET_SIZE);

        if (readNo != NTP_PACKET_SIZE) {           // 데이터 수신 지연
            Serial.println(F(" => 시간 정보 데이터에 오류가 발생했습니다."));
        }
        else {
            processTimeInfo();                     // 수신한 정보 처리
        }
        Serial.println();

        time_previous = millis();
        state = STATE_IDLE;
    }
}

void processTimeInfo() {
    // 41번째 바이트부터 4바이트에 서버에서 보낸 서버 시간이 포함되어 있다.
    unsigned long highWord = word(buffer[40], buffer[41]);
    unsigned long lowWord = word(buffer[42], buffer[43]);
    // 1900년 1월 1일 이후 경과한 초 수
    unsigned long after19000101 = highWord << 16 | lowWord;

    Serial.print(" => 1900년 1월 1일 이후 경과한 초 : ");
    Serial.println(after19000101);

    // 유닉스 시간은 1970년 1월 1일 이후 경과한 초 수로 나타낸다.
    const unsigned long seventyYears = 2208988800UL;
    time_t timestamp = after19000101 - seventyYears;

    char timeString[] = "YYYY:MM:DD, HH:MM:SS";
    // Time 라이브러리를 사용하여 연월일시분초로 변환
    sprintf(timeString, "%04d:%02d:%02d, %02d:%02d:%02d",
            year(timestamp), month(timestamp), day(timestamp),
            hour(timestamp), minute(timestamp), second(timestamp));

    Serial.println(String(" => ") + timeString);
}
```

스케치 70.1에서 스케치 70.4까지 함께 사용하여 QUERY_INTERVAL로 설정한 시간 간격으로 NTP
서버에서 시간 정보를 얻어와 출력하는 스케치의 실행 결과는 그림 70.4와 같다.

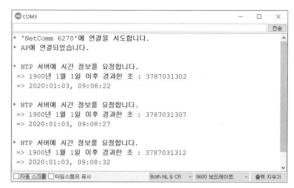

그림 70.4 현재 시간 얻기 – WiFiEsp 라이브러리 사용

NTP 서버에서 시간 얻어오기: NTPClient 라이브러리

WiFiEsp 라이브러리를 사용하여 시간 정보를 얻어오는 것이 어렵지는 않지만, 송신할 데이터를 직접 준비해야 하고 수신한 데이터에서 시간을 직접 계산해야 하는 등의 작업이 필요하다. NTP 를 위한 전용 라이브러리를 사용하면 이러한 복잡하고 번거로운 과정을 거치지 않고 간단하게 NTP 서버에서 시간 정보를 얻어올 수 있다. 라이브러리 매니저에서 'NTP'를 검색하면 여러 종류 의 라이브러리를 찾을 수 있으며, 이 장에서는 그중 하나인 NTPClient 라이브러리를 사용한다.

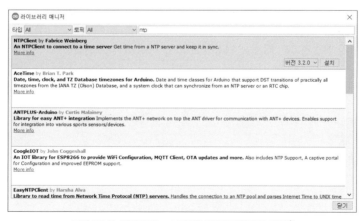

그림 70.5 NTPClient 라이브러리 검색 및 설치*

★   https://github.com/arduino-libraries/NTPClient

NTPClient 라이브러리는 NTP 서버에서 시간 정보를 얻어오는 과정을 자동화하기 위해 NTPClient 클래스를 제공한다. NTPClient 라이브러리를 사용하기 위해서는 먼저 헤더 파일을 포함해야 한다. '스케치 → 라이브러리 포함하기 → NTPClient' 메뉴 항목을 선택하거나 #include 문을 직접 입력하면 된다.

```
#include <NTPClient.h>
```

■ **NTPClient***

```
NTPClient::NTPClient(UDP& udp, const char* poolServerName)
 - 매개변수
    udp: UDP 통신을 위한 객체
    poolServerName: NTP 서버 이름
 - 반환값: 없음
```

NTPClient 객체를 생성한다. 객체를 생성할 때는 UDP 객체와 시간 정보를 요청할 NTP 서버의 이름을 지정한다.

■ **begin**

```
void NTPClient::begin(int port)
 - 매개변수
    port: NTP를 위해 사용할 UDP 포트 번호
 - 반환값: 없음
```

NTPClient 객체와 연결된 UDP 객체를 지정한 포트를 사용하여 초기화한다.

■ **update**

```
bool NTPClient::update()
 - 매개변수: 없음
 - 반환값: 없음
```

★　이 외에도 여러 가지 생성자가 중복 정의되어 있지만, 이 장에서 사용하는 생성자만 설명한다. 자세한 내용은 라이브러리 페이지의 클래스 정의 파일을 참고하면 된다. https://github.com/arduino-libraries/NTPClient/blob/master/NTPClient.h

NTPClient 객체의 시간을 업데이트한다. NTPClient 객체는 지정한 시간 간격으로 NTP 서버에서 시간을 얻어오며, 지정한 시간 간격 이내일 때는 마지막으로 업데이트한 시간을 기초로 시간을 계산한다. NTP 서버에서 시간을 얻어오는 시간 간격은 setUpdateInterval 함수로 설정할 수 있다.

▪ setUpdateInterval

```
void NTPClient::setUpdateInterval(unsigned long updateInterval)
 - 매개변수
    updateInterval: NTP 서버에서 시간을 얻어오는 시간 간격
 - 반환값: 없음
```

NTP 서버에서 시간을 얻어오는 시간 간격을 설정한다.

▪ getEpochTime

```
unsigned long NTPClient::getEpochTime()
 - 매개변수: 없음
 - 반환값: 1970년 1월 1일 이후 경과한 시간
```

1970년 1월 1일 이후 경과한 시간을 초 단위로 나타낸 유닉스 타임을 반환한다.

스케치 70.5는 초기화와 setup 함수를 나타낸 것으로 스케치 70.1과 거의 같다. 한 가지 차이점은 스케치 70.1에서는 UDP 포트를 WiFiEspUDP 클래스의 begin 함수를 사용하여 초기화했다면, 스케치 70.5에서는 UDP 포트를 NTPClient 클래스의 begin 함수를 사용하여 초기화했다는 점 정도다.

</> **스케치 70.5 초기화**

```
#include <Time.h>
#include <TimeLib.h>

#include <WiFiEsp.h>
#include <WiFiEspUdp.h>
#include <SoftwareSerial.h>
#include <NTPClient.h>

#define QUERY_INTERVAL 5000                  // 시간 정보 요청 간격

SoftwareSerial ESPSerial(2, 3);              // ESP-01 모듈 연결 포트

char AP[] = "your_AP_name_here";
char PW[] = "your_AP_password_here";
```

```
char timeServer[] = "kr.pool.ntp.org";              // NTP 서버
unsigned int localPort = 123;                       // 클라이언트에서 사용하는 포트

WiFiEspUDP Udp;                                     // UDP 객체
NTPClient timeClient(Udp, timeServer);             // NTPClient 객체

unsigned long time_previous, time_current;

void setup() {
    Serial.begin(9600);                             // 컴퓨터와의 UART 시리얼 연결
    ESPSerial.begin(9600);                          // ESP-01 모듈과의 UART 시리얼 연결

    // 'AT'에 대한 응답 확인, 리셋, 스테이션 모드 설정, SDK 버전 호환 확인
    WiFi.init(&ESPSerial);                          // ESP-01 모듈 초기화

    // AP 접속
    Serial.println(String("* \'") + AP + F("\'에 연결을 시도합니다."));
    if (WiFi.begin(AP, PW) != WL_CONNECTED) {
        Serial.println(F("* AP에 연결할 수 없습니다."));
        while (1);
    }
    else {
        Serial.println(F("* AP에 연결되었습니다."));
    }
    Serial.println();

    time_previous = millis();
    timeClient.begin(localPort);                    // NTPClient 객체 시작
}
```

스케치 70.6은 NTPClient 객체에서 시간을 얻어오는 loop 함수를 나타낸다. 스케치 70.2에서의 시간이 NTP 서버에서 얻어오는 시간이었다면, NTPClient 객체에서 반환하는 시간은 NTP 서버에서 얻어오는 시간을 바탕으로 계산을 통해 결정된다는 차이가 있다. 스케치 70.2와 같이 매번 서버로부터 시간을 얻어오기 위해서는 update 함수가 아니라 forceUpdate 함수를 사용하면 된다.

</> 스케치 70.6 loop 함수

```
void loop() {
    time_current = millis();

    // 이전 시간 정보 요청 이후 일정 시간이 지났을 때 다시 시간 정보 요청
    if (time_current - time_previous > QUERY_INTERVAL) {
        Serial.println(F("* NTP 서버에 시간 정보를 요청합니다."));
        if (timeClient.update()) {
            unsigned long ntpTime = timeClient.getEpochTime();
            printServerTime(ntpTime);
        }
        else {
```

```
                Serial.println(" => 시간 업데이트에 오류가 발생했습니다.");
        }

        time_previous = millis();
    }
}

void printServerTime(unsigned long timestamp) {
    char timeString[] = "YYYY:MM:DD, HH:MM:SS";
    sprintf(timeString, "%04d:%02d:%02d, %02d:%02d:%02d",
    year(timestamp), month(timestamp), day(timestamp),
    hour(timestamp), minute(timestamp), second(timestamp));

    Serial.println(String(" => ") + timeString);
}
```

스케치 70.5와 스케치 70.6을 사용하여 QUERY_INTERVAL로 설정한 시간 간격으로 NTP 서버에서 시간 정보를 얻어와 출력하는 스케치의 실행 결과는 그림 70.6과 같다.

그림 70.6 현재 시간 얻기 – NTPClient 라이브러리 사용

70.5 NTP 서버에서 시간 얻어오기: AT 명령

지금까지는 UDP를 통해 NTP 서버에 시간 정보를 요청하고 그 응답을 받아 시간을 알아내는 과정을 스케치로 구현한 방법들이었다. 하지만 ESP8266을 위한 AT 펌웨어에는 NTP 서버에서 시간 정보를 얻어오는 명령이 존재한다. 즉, **AT 명령을 사용하면 NTP 서버에 접속하여 시간을 얻어오는 과정을 ESP-01 모듈에서 처리하도록 지시할 수 있다.** NTP 서버에서 시간 정보를 얻어오는 AT 명령은 초기화 명령인 CIPSNTPCFG와 시간을 얻어오는 명령인 CIPSNTPTIME으로 이루어진다. 앞 절의 방법에서 얻을 수 있는 시간은 기준 시간, 즉 UTC_{Universal Time Coordinated}(협정 세계시) 시간이다. 따라서 지역 시간을 얻기 위해서는 타임존에 따른 보정이 필요하지만, AT 명령을 사용하는 경우에는 타임존까지 함께 지정하여 보정까지도 이루어진다는 장점이 있다.

명령	AT+CIPSNTPCFG=<enable>[,<timezone>] 　　[,<SNTP server0>,<SNTP server1>,<SNTP server2>]
결과	OK
파라미터	<enable> • 0: SNTP 비활성화 • 1: SNTP 활성화 <timezone>: 타임존, 한국은 +9 <SNTP server>: SNTP 서버로 3개까지 지정 가능

명령	AT+CIPSNTPTIME?
결과	+CIPSNTPTIME:<time> OK
파라미터	-

스케치 70.7은 초기화와 setup 함수 부분으로, 스케치 70.1이나 스케치 70.5와 거의 같다. NTP 서버에 시간 정보를 요청하고 응답을 받기 위해 스케치 70.1에서는 WiFiEspUDP 클래스를 사용하고 스케치 70.5에서는 NTPClient 클래스를 사용했다면, 스케치 70.7에서는 ESP-01 모듈 내에서 시간 요청을 처리하므로 별도로 UDP 연결을 위한 클래스는 사용하지 않고 실행 결과로 반환되는 시간 정보만을 시리얼 통신을 통해 받는다는 점이 이전 스케치와의 가장 큰 차이점이다.

</>　스케치 70.7 초기화

```
#include <WiFiEsp.h>
#include <SoftwareSerial.h>

#define QUERY_INTERVAL      5000            // 시간 정보 요청 간격
#define NTP_TIMEOUT         1000            // NTP 서버 응답 대기 시간 1초

#define STATE_IDLE 0                        // 시간 정보 요청 대기 상태
#define STATE_RECEIVING_INFO 1              // 시간 정보 요청 후 정보 수신 상태

SoftwareSerial ESPSerial(2, 3);             // ESP-01 모듈 연결 포트

char AP[] = "your_AP_name_here";
char PW[] = "your_AP_password_here";

String timeServer = "kr.pool.ntp.org";      // NTP 서버
```

```
const int MAX_LINE_LENGTH = 50;
char buffer[MAX_LINE_LENGTH + 1];              // 데이터 수신 버퍼
int index = 0;                                 // 버퍼 내 데이터 저장 위치
String timeString = "";                        // ESP-01 모듈이 반환하는 시간 문자열

int state = STATE_IDLE;                         // 시간 정보 요청 대기 상태로 시작

unsigned long time_previous, time_current;

void setup() {
    Serial.begin(9600);                        // 컴퓨터와의 UART 시리얼 연결
    ESPSerial.begin(9600);                     // ESP-01 모듈과의 UART 시리얼 연결

    // 'AT'에 대한 응답 확인, 리셋, 스테이션 모드 설정, SDK 버전 호환 확인
    WiFi.init(&ESPSerial);                      // ESP-01 모듈 초기화

    // AP 접속
    Serial.println(String("* \'") + AP + F("\'에 연결을 시도합니다."));
    if (WiFi.begin(AP, PW) != WL_CONNECTED) {
        Serial.println(F("* AP에 연결할 수 없습니다."));
        while (1);
    }
    else {
        Serial.println(F("* AP에 연결되었습니다."));
    }

    // NTP 설정
    if (!sendATcommand("AT+CIPSNTPCFG=1,9,\"" + timeServer + '\"', "OK", 1)) {
        Serial.println(F("* NTP 초기화 과정에서 오류가 발생했습니다."));
        while (1);
    }
    else {
        Serial.println(F("* NTP를 초기화했습니다."));
    }
    Serial.println();

    time_previous = millis();
}

// 지정한 시간 내에 지정한 응답 수신 여부로 AT 명령 실행 성공 여부 판단
boolean sendATcommand(String command, char *response, int second) {
    // 최대 대기 시간 설정
    ESPSerial.setTimeout(second * 1000);
    // AT 명령을 ESP-01 모듈로 전달하여 실행
    ESPSerial.println(command);
    // 응답 대기
    boolean responseFound = ESPSerial.find(response);
    // 최대 대기 시간을 디폴트값인 1초로 변경
    ESPSerial.setTimeout(1000);

    return responseFound;                       // AT 명령 실행 성공 여부 반환
}
```

스케치 70.8은 STATE_IDLE 상태일 때 정해진 시간 간격(QUERY_INTERVAL)으로 NTP 서버에 시간 정보를 요청하도록 지시하고, STATE_RECEIVING_INFO 상태일 때 ESP-01 모듈로부터 정해진 시간(UDP_TIMEOUT) 내에 시간 정보를 수신했는지 판단하는 loop 함수를 나타낸다. 시간 정보 요청 후에는 STATE_RECEIVING_INFO 상태로 바뀌고 정해진 시간(NTP_TIMEOUT) 내에 정보 수신을 시작하지 못하면 STATE_IDLE 상태로 바뀌면서 정해진 시간(QUERY_INTERVAL) 이후 다시 시간 정보를 요청한다. NTP 서버에 시간 정보를 요청하기 위해서는 'AT+CIPSNTPTIME?' 명령을 ESP-01 모듈로 전달하면 되고, 수신한 데이터 처리는 processReceivedInformation 함수를 통해 이루어진다.

스케치 70.8 loop 함수

```cpp
void loop() {
    time_current = millis();

    // 이전 시간 정보 요청 이후 일정 시간이 지났을 때 다시 시간 정보 요청
    if (state == STATE_IDLE) {
        if (time_current - time_previous > QUERY_INTERVAL) {
            Serial.println(F("* NTP 서버에 시간 정보를 요청합니다."));

            // NTP 서버에서 시간 정보를 요청하는 AT 명령 실행
            ESPSerial.println("AT+CIPSNTPTIME?");

            time_previous = millis();
            state = STATE_RECEIVING_INFO;
        }
    }
    else if (state == STATE_RECEIVING_INFO) {
        // 서버로부터 데이터 수신이 지연된 경우
        if (time_current - time_previous > NTP_TIMEOUT) {
            Serial.println(F(" => 시간 정보 수신 과정에서 오류가 발생했습니다."));
            Serial.println();

            time_previous = millis();
            state = STATE_IDLE;
        }
        else {
            processReceivedInformation();          // 데이터 수신 및 처리
        }
    }
    time_current = millis();
}
```

스케치 70.9는 ESP-01 모듈에서 수신한 데이터를 처리하는 processReceivedInformation 함수다. '\n' 문자를 수신할 때까지 데이터를 수신한 후 문장 단위로 처리한다. 문장에서 '+CIPSNTPTIME'이 발견되면 콜론 이하 문장의 끝까지를 시간 문자열로 저장한다. 문장에서 'OK'가 발견되면 명령 실행이 끝난 것이므로 시간 문자열을 출력하고 STATE_IDLE 상태로 전환한다.

```
void processReceivedInformation() {
    if (ESPSerial.available()) {
        char ch = ESPSerial.read();
        buffer[index] = ch;
        index = (index + 1) % MAX_LINE_LENGTH;
        buffer[index] = 0;

        if (ch == '\n') {
            if (strstr(buffer, "OK")) {              // 명령 실행 완료 문장
                Serial.println(" => " + timeString);
                time_previous = millis();
                state = STATE_IDLE;
                timeString = "";
            }
            else if (strstr(buffer, "+CIPSNTPTIME")) {  // 시간 정보 문자열 포함 문장
                int N = strlen(buffer);
                for (int i = 13; i < N; i++) {       // 콜론 이후 개행문자 전까지
                    if (buffer[i] != '\r' && buffer[i] != '\n') {
                        timeString += buffer[i];
                    }
                }
            }
            index = 0;
        }
    }
}
```

스케치 70.7에서 스케치 70.9까지 함께 사용하여 QUERY_INTERVAL로 설정한 시간 간격으로 NTP 서버에서 시간 정보를 얻어와 출력하는 스케치의 실행 결과는 그림 70.7과 같다.

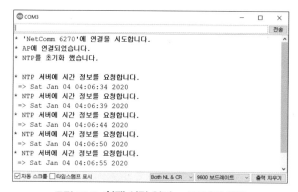

그림 70.7 현재 시간 얻기 – AT 명령 사용

NTP는 'Network Time Protocol'의 약어로, 인터넷에 연결된 기기들 사이의 시간 동기화를 위해 사용되는 프로토콜이다. NTP는 시간 지연을 최소화하기 위해 연결형 프로토콜인 TCP가 아니라 비연결형 프로토콜인 UDP를 사용한다.

아두이노에서 NTP를 사용하는 하는 방법은 여러 가지가 있다. NTP가 UDP를 기반으로 하고 있으므로 UDP를 지원하는 라이브러리가 있다면 NTP를 사용할 수 있다. 이 책에서 주로 사용하는 와이파이 라이브러리인 WiFiEsp 라이브러리 역시 WiFiEspUDP 클래스를 지원하므로 이를 통해 NTP를 사용할 수 있다. NTP를 위한 패킷의 구조가 간단하다고는 하지만 요청 패킷을 구성하고 수신 패킷을 해석하는 일은 번거로운 일이다. 따라서 NTP를 위한 전용 라이브러리를 사용하여 간단하게 시간 정보를 얻는 방법도 흔히 사용된다. 이 장에서 사용한 NTPClient 라이브러리가 그러한 예의 하나이지만, 라이브러리를 사용하면 메모리 소비가 커진다는 점도 생각해야 한다. 인터페이스가 직관적이지는 않지만 ESP8266의 펌웨어에서 제공하는 NTP 서버 연결 기능 역시 대안이 될 수 있다.

인터넷을 통해 시간 정보를 쉽게 받아올 수 있지만, 시계를 구현하기 위해 NTP 서비스에 전적으로 의지하는 것은 추천하지 않는다. NTP 서비스는 인터넷에 연결되어 있을 때만 사용할 수 있으므로 인터넷 연결이 끊어질 때를 대비해 아두이노 자체적으로 잠깐이라도 시간을 유지할 방법이 필요하며 RTC가 흔히 함께 사용되는 이유이기도 하다. 또한 너무 잦은 NTP 서버의 접근은 서버에 많은 부하를 줄 수 있다는 점도 고려해야 한다.

1 스케치 70.4의 `processTimeInfo` 함수에서는 초 단위 경과 시간을 얻기 위해 4개의 바이트 단위 데이터를 조합해서 4바이트 크기의 unsigned long 타입 데이터를 얻고 있다. 메모리에 저장된 값은 포인터 변환을 통해 다른 값으로 해석될 수 있다. 예를 들어, 스케치 70.4에서 경과 시간을 얻는 부분을 다음과 같이 수정해도 같은 결과가 나올 것으로 예상할 수 있다.

```
unsigned long highWord = word(buffer[40], buffer[41]);
unsigned long lowWord = word(buffer[42], buffer[43]);
unsigned long after19000101 = highWord << 16 | lowWord;
```

```
byte *p = &buffer[40];
unsigned long after19000101 = *((unsigned long*)p);
```

하지만 결과는 예상과 달리 5초가 경과한 후 얻은 값이 큰 폭으로 변하고 있음을 확인할 수 있다. 포인터 변환을 통해서는 경과한 시간을 얻을 수 없는 이유가 무엇인지 찾아보자. 빅 엔디언big endian과 리틀 엔디언little endian을 참고하면 된다.

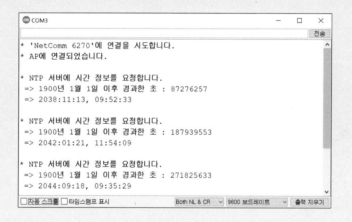

2 AT 명령으로 NTP 서버에서 시간 정보를 얻어오는 경우 아두이노에서 얻을 수 있는 값은 문자열 형식의 시간이다. 문자열에서 연월일시분초를 찾아 출력하는 함수를 작성해 보자. AT 펌웨어에서 반환하는 문자열의 길이가 일정하고 형식이 정해져 있으므로 고정된 위치에서 고정된 길이의 문자열을 추출하는 방법을 사용할 수 있다.

스케치 70.10 시간 문자열 해석

```
void setup() {
    Serial.begin(9600);

    String timeString = "Sat Jan 04 08:44:11 2020";
    parseStringTime(timeString);
}

void parseStringTime(String str) {
    int year, month, day, hour, minute, second;

    // 문자열로부터 연월일시분초 추출
    ...
}

void loop() {
}
```

미니 프로젝트: 스트림 데이터 검색기

인터넷을 통해 서버로부터 받은 데이터는 와이파이 모듈을 거쳐 아두이노로 전달되고, 아두이노는 수신된 데이터에서 필요한 정보를 찾아 사용한다. 이때 서버로부터 수신된 데이터는 많지만, 실제 필요한 정보는 그중 일부인 경우가 대부분이다. 날씨 정보 클라이언트의 경우 서버에서 수신된 데이터를 모두 저장한 후 필요한 정보를 검색하는 방법을 사용하므로 SRAM이 허용하는 크기의 데이터만 서버에서 수신할 수 있다는 한계가 있다. 이 장에서는 SRAM 크기보다 큰 데이터를 처리할 수 있도록 데이터를 수신함과 동시에 필요한 정보를 찾아내는 방법을 살펴본다. 이를 위해 이 장에서는 원형 버퍼를 사용하여 스트림 데이터에서 원하는 형식에 맞는 문자열이 수신되고 있는지 판단하고, 필요한 정보가 없는 경우에는 메모리에서 수신된 데이터를 제거함으로써 적은 SRAM만으로 큰 크기의 데이터를 다룰 수 있게 한다. 이 방법을 날씨 서버에서 수신하는 데이터 스트림에서 필요한 필드값을 찾아내는 데 사용했다.

이 장에서
사용할 부품

아두이노 우노	× 1 ➡ 스트림 데이터 검색 테스트
ESP-01모듈	× 1 ➡ 시리얼 와이파이 통신 모듈
1.5kΩ 저항	× 1 ➡ 레벨 변환
3.3kΩ 저항	× 1 ➡ 레벨 변환

원형 버퍼를 이용한 문자열 검색

스트림stream이란 단어 의미 그대로 데이터의 일관된 '흐름'을 나타내는 말로, **데이터가 만들어진 곳에서 목적지까지 흘러가는 양상 또는 흘러가는 데이터 자체를 나타내기 위해 사용**한다. 아두이노에서도 직접 사용하지는 않지만 스트림을 나타내기 위해 Stream 클래스가 정의되어 있으며, **Serial 클래스가 Stream 클래스를 상속하여 만들어진 대표적인 클래스다.** 즉, UART 시리얼 통신은 스트림을 기반으로 이루어진다고 할 수 있다. 와이파이 통신을 위한 ESP-01 모듈 역시 UART 시리얼 통신으로 아두이노와 연결된다는 점에서 스트림을 기반으로 한다고 볼 수 있다. 이 장에서 구현하고자 하는 것은 데이터 스트림에서 특정 형식을 갖는 데이터를 찾아내는 클래스다. 좀 더 구체적으로는 시작하는 문자열과 끝나는 문자열 사이에 존재하는 데이터를 찾아내는 것으로, XML이나 JSON 형식의 데이터에서 특정 필드의 값을 찾아내기 위한 용도로 사용할 수 있다.

OpenWeather 사이트*에서 오픈 API를 통해 얻어올 수 있는 오늘의 날씨 정보 형식 중 하나가 JSONJavaScript Object Notation 형식이다. HTML 형식의 데이터는 웹 페이지 표현을 위해 다양한 양식 정보가 포함되어 있어 크기가 커서 마이크로컨트롤러에서 수신하여 처리하기가 쉽지 않다. 반면, JSON 형식은 양식 정보를 제외하고 실제 날씨와 관련된 정보만을 포함하고 있으므로 아두이노 우노에서도 날씨 정보를 처리할 수 있었다. 68장 '웹 클라이언트와 서버: WiFiEsp 라이브러리'에서 구현한 오늘의 날씨 클라이언트는 서버에서 보낸 JSON 형식의 날씨 정보를 저장하기 위해 500바이트 크기의 버퍼를 사용했다. 500바이트 크기의 버퍼가 그렇게 크지는 않지만 몇 가지 고려할 점이 있다.

첫 번째는 아두이노 우노의 SRAM 크기가 2KB이므로 버퍼의 크기가 약 1/4을 차지한다는 점이다. 날씨 클라이언트를 구현하면서 시리얼 모니터로 출력하는 메시지들을 플래시 메모리에서 직접 읽어오도록 F 매크로를 사용한 이유도 SRAM 사용을 줄이기 위해서였다. 복잡한 알고리즘 구현을 위해 많은 함수를 호출하거나 많은 지역 변수를 사용한다면 SRAM 사용량이 증가해 500바이트 크기의 버퍼가 문제가 될 수 있다.

두 번째는 버퍼의 크기를 결정하는 문제다. 날씨 클라이언트의 경우 버퍼의 크기는 서버에서 보내는 데이터를 바탕으로 경험적으로 결정했지만, 서버에서 보내는 데이터의 크기가 항상 500바이트

---

*   https://openweathermap.org

보다 작다고는 확신하기 어렵다. 버퍼의 크기를 늘리는 것은 SRAM의 제한으로 역시 쉽지 않다.

세 번째는 위의 문제점들로 인해 큰 크기의 버퍼를 사용하는 것은 일반적으로 사용할 수 있는 방법은 아니라는 점이다. 서버에서 보내는 2KB 크기 데이터 내에 필요한 정보가 포함되어 있다면 SRAM 크기가 2KB인 아두이노 우노는 사용할 수 없다. 8KB SRAM을 제공하는 아두이노 메가 2560을 사용할 수 있지만, 서버에서 8KB 크기 데이터를 보낸다면 이 역시 마찬가지다. 근본적인 해결 방법은 작은 크기의 버퍼를 사용하여 데이터 스트림에서 필요한 정보를 찾아내는 것이다.

JSON 형식 데이터에서 날씨를 나타내는 문자열은 다음과 같이 표시된다. 필드 이름과 문자열 값은 큰따옴표로 표시되며 필드 이름과 값은 콜론으로 분리되어 있다.

```
"main":"Clouds","description":"broken clouds","icon":"04d"
```

날씨 서버에서 보내는 JSON 형식의 데이터 스트림에서 날씨 문자열을 얻기 위해서는 필드 이름을 포함하는 문자열("description":")과 큰따옴표(") 사이에 있는 문자열(이 예에서는 'broken clouds'에 해당)을 찾아내면 된다. 이를 위해서는 시작 문자열("description":")과 종료 문자열(") 그리고 값을 나타내는 문자열을 저장할 수 있는 크기의 버퍼만 있으면 된다. 값을 나타내는 문자열이 최대 20 바이트라고 가정하면 시작 문자열 15바이트와 끝 문자열 1바이트까지 36바이트의 버퍼면 충분하다. 즉, 서버에서 보내오는 데이터를 처음부터 끝까지 모두 저장하지 않고 현재 수신되고 있는 데이터를 포함하여 36바이트만 버퍼에 저장하고 있으면 필요한 정보를 찾아낼 수 있다. 하지만 일부 데이터만 저장할 때 생각해야 하는 점 한 가지는 현재 수신되는 데이터가 항상 버퍼의 끝에 와야 한다는 점이다. 즉, 이전에 수신된 데이터에 원하는 정보가 포함되어 있지 않다면 이를 버퍼에서 제거할 수 있지만, 이때 버퍼의 내용을 이동shift해야 한다. 하지만 버퍼의 내용을 매번 이동하려면 많은 연산이 필요하다. **FIFO**First In First Out **동작을 버퍼 내용의 이동 없이 구현하기 위해 사용할 수 있는 것 중 하나가 원형 버퍼**circular buffer**다.**

원형 버퍼는 버퍼의 머리head와 꼬리tail를 연결하여 원형으로 만든 것으로, 버퍼의 시작과 끝을 가리키는 포인터를 사용한다. 따라서 머리와 꼬리를 가리키는 포인터만 이동하면 내용을 이동하지 않았지만 이동한 것과 같은 효과를 얻을 수 있다. 그림 71.1은 이 장에서 구현할 원형 버퍼의 동작을 나타낸 것이다.

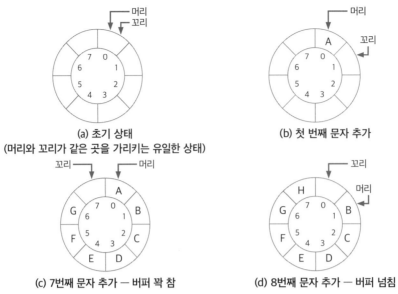

(a) 초기 상태
(머리와 꼬리가 같은 곳을 가리키는 유일한 상태)

(b) 첫 번째 문자 추가

(c) 7번째 문자 추가 — 버퍼 꽉 참

(d) 8번째 문자 추가 — 버퍼 넘침

그림 71.1 원형 버퍼의 동작

그림 71.1의 원형 버퍼에서 머리는 저장된 문자열이 시작되는 위치를 가리키고, 꼬리는 다음 문자가 저장될 위치를 가리킨다. 초기 상태에서는 머리와 꼬리가 같은 위치를 가리키고 있으며(그림 71.1(a)), 머리와 꼬리가 같은 위치를 가리키는 경우는 초기 상태가 유일하다. 첫 번째 문자가 추가되면 머리는 그대로이지만 꼬리는 버퍼의 다음 위치를 가리킨다(그림 71.1(b)). 문자가 계속 추가되어 버퍼의 크기보다 1 작은 7개 문자가 추가되면 버퍼가 꽉 찬 상태가 된다(그림 71.1(c)). 8번째 문자가 추가되어 버퍼 크기와 같은 수의 문자가 입력되면 기존에 저장되어 있던 첫 번째 문자가 제거되면서 머리가 이동하게 된다(그림 71.1(d)). 따라서 버퍼에 저장할 수 있는 문자열의 길이는 버퍼 크기보다 1만큼 작다. 스케치 71.1은 원형 버퍼 클래스의 헤더 파일이며, 스케치 71.2는 원형 버퍼 클래스의 소스 파일이다. 클래스의 이름은 문자열 검색 기능을 추가할 것이므로 CircularStringFinder로 정했다.

</> 스케치 71.1 CircularStringFinder.h

```
class CircularStringFinder {
private:
    byte N;                              // 버퍼 크기
    byte head, tail;                     // 머리, 꼬리
    char *buffer;                        // 버퍼

    void clear();                        // 초기화
public:
    CircularStringFinder(byte _N);
    ~CircularStringFinder();
```

```
    void addCharacter(char ch);                    // 버퍼에 문자 추가
    byte length();                                 // 버퍼에 저장된 문자열 길이
    void printInfo();                              // 버퍼 정보 출력
};
```

</> 스케치 71.2 CircularStringFinder.cpp

```cpp
#include <Arduino.h>
#include "CircularStringFinder.h"

CircularStringFinder::CircularStringFinder(byte _N) {
    N = _N;                                        // 버퍼 크기
    buffer = (char *)malloc(N);                    // 메모리 할당
    clear();                                       // 초기화
}

CircularStringFinder::~CircularStringFinder() {
    if (buffer) {                                  // 메모리 해제
        free(buffer);
    }
}

void CircularStringFinder::clear() {
    head = 0;
    tail = 0;
}

byte CircularStringFinder::length() {
    if (head == tail) {                            // 초기 상태
        return 0;
    }
    else {
        return (tail + N - head ) % N;
    }
}

void CircularStringFinder::addCharacter(char ch) {
    buffer[tail] = ch;                             // 문자 저장
    tail = (tail + 1) % N;                         // 꼬리 위치 옮김

    if (tail == head) {                            // 버퍼가 넘치는 경우 머리 위치 옮김
        head = (head + 1) % N;
    }
}

void CircularStringFinder::printInfo() {           // 정보 출력
    Serial.println(String("버퍼 크기\t\t: ") + N);
    Serial.println(String("머리, 꼬리\t: (") + head + ", " + tail + ")");
    Serial.println(String("문자열 길이\t: ") + length());
    Serial.print("문자열\t\t: \"");
    for (int i = head; i < head + length(); i++) {
        Serial.print(buffer[i % N]);
    }
```

```
    Serial.println("\"");
    Serial.println();
}
```

다른 스케치에서도 CircularStringFinder 클래스를 사용할 수 있도록 스케치 71.1과 스케치 71.2
를 라이브러리로 등록하여 사용한다. 스케치북 디렉터리의 libraries 디렉터리 아래에 'Circular
StringFinder' 디렉터리를 만들고 그 아래에 스케치 71.1과 스케치 71.2를 저장하면 라이브러리 등
록이 끝난다. 스케치 71.3은 CircularStringFinder 라이브러리를 사용하여 원형 버퍼의 동작을 테
스트하는 예다. 버퍼 크기(N)를 매개변수로 지정하여 객체를 생성한 후 addCharacter 함수로 문
자를 입력하면 최근에 추가된 문자 중 최대 (N − 1)개의 문자가 버퍼에 저장된다.

</> 스케치 71.3 원형 버퍼 테스트

```cpp
#include <CircularStringFinder.h>

CircularStringFinder csf(10);                  // 객체 생성, 버퍼 크기는 10

void setup() {
    Serial.begin(9600);

    csf.printInfo();                           // 초기 상태

    for (int i = 0; i < 9; i++) {              // 9개 문자 추가, 버퍼 꽉 참
        csf.addCharacter('A' + i);
    }
    csf.printInfo();

    csf.addCharacter('A' + 9);                 // 10번째 문자 추가, 버퍼 넘침
    csf.printInfo();
}

void loop() {
}
```

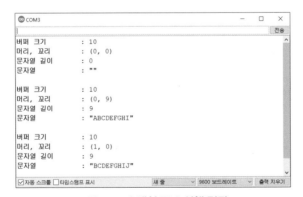

그림 71.2 스케치 71.3 실행 결과

원형 버퍼에 문자열 검색 기능을 추가해 보자. 문자열 검색은 시작 문자열(key)과 종료 문자 (terminator) 두 가지를 지정한다. 문자열 검색 상태를 나타내기 위한 상태 변수(search_status) 역시 추가한다. 문자열 검색 상태는 세 가지로 나타낼 수 있다. 첫 번째는 시작 문자열을 검색하는 STATE_KEY_SEARCHING 상태이고, 두 번째는 시작 문자열 이후 종료 문자가 발견되기 전까지 값 (found_value)이 입력되는 STATE_VALUE_SEARCHING 상태이며, 마지막은 종료 문자가 발견되어 값 입력이 끝난 STATE_VALUE_FOUND 상태다. CircularStringFinder 클래스(스케치 71.4)의 add 함수 로 문자열을 입력하면 현재 상태가 반환되므로 반환값으로 검색 상태에 따른 동작을 수행할 수 있다. 현재 문자열 검색 상태는 getSearchStatus 함수로 알아낼 수 있다.

스트림에서 데이터를 검색할 때 중요한 요소 중 하나는 버퍼의 크기다. CircularStringFinder 클래스에서는 시작 문자열(key)이 발견되면 버퍼를 비우고 값을 저장하도록 설정되어 있으며, 종료 문자(terminator)는 1바이트 크기로 버퍼에 저장하지 않는다. 따라서 버퍼의 크기는 시작 문자열이나 값을 나타내는 문자열을 저장할 수 있는 크기보다 1만큼 큰 크기로 설정하면 된다.

스케치 71.4는 원형 버퍼에 검색 함수를 추가한 CircularStringFinder 클래스의 헤더 파일이며, 스케치 71.5는 CircularStringFinder 클래스의 소스 파일이다.

</> 스케치 71.4 CircularStringFinder.h

```
#define STATE_KEY_SEARCHING      0          // 시작 문자열 탐색 중
#define STATE_VALUE_SEARCHING    1          // 값 입력 중
#define STATE_VALUE_FOUND        2          // 값 입력 종료

class CircularStringFinder {
private:
    byte N;                                 // 버퍼 크기
    byte head, tail;                        // 머리, 꼬리
    char *buffer;                           // 버퍼

    String key;
    char terminator;
    byte search_status;

    void clear();                           // 초기화
    boolean end_with_key();                 // 버퍼 내용이 시작 문자열로 끝나는지 검사

public:
    CircularStringFinder(byte _N);
    ~CircularStringFinder();

    void addCharacter(char ch);             // 버퍼에 문자 추가
    byte length();                          // 버퍼에 저장된 문자열 길이
    void printInfo();                       // 버퍼 정보 출력
```

```
    void setKey(String _key, char _terminator);        // 시작 문자열과 종료 문자 설정
    void restart();                                     // 이전 설정으로 검색 다시 시작
    String getKey();                                    // 시작 문자열 얻기
    char getTerminator();                               // 종료 문자 얻기
    byte add(char ch);                                  // 버퍼에 문자 추가 및 검색
    byte getSearchStatus();                             // 검색 상태 얻기
    String getValue();                                  // 값 얻기
};
```

</> 스케치 71.5 CircularStringFinder.cpp

```cpp
#include <Arduino.h>
#include "CircularStringFinder.h"

CircularStringFinder::CircularStringFinder(byte _N) {
    N = _N;                                             // 버퍼 크기
    buffer = (char *)malloc(N);                         // 메모리 할당
    clear();                                            // 초기화
}

CircularStringFinder::~CircularStringFinder() {
    if (buffer) {                                       // 메모리 해제
        free(buffer);
    }
}

void CircularStringFinder::restart() {                  // 이전 설정으로 검색 다시 시작
    head = 0;
    tail = 0;
    search_status = STATE_KEY_SEARCHING;
}

void CircularStringFinder::clear() {                    // 초기화
    head = 0;
    tail = 0;

    key = "";                                           // 시작 문자열과 종료 문자는 비어 있음
    terminator = 0;
    search_status = STATE_KEY_SEARCHING;
}

byte CircularStringFinder::length() {
    if (head == tail) {                                 // 초기 상태
        return 0;
    }
    else {
        return (tail + N - head ) % N;
    }
}

void CircularStringFinder::addCharacter(char ch) {
```

```
        buffer[tail] = ch;                                      // 문자 저장
        tail = (tail + 1) % N;                                  // 꼬리 위치 옮김

        if (tail == head) {                                     // 버퍼가 넘치는 경우 머리 위치 옮김
            head = (head + 1) % N;
        }
    }

    void CircularStringFinder::printInfo() {                    // 정보 출력
        Serial.println(String("버퍼 크기\t\t: ") + N);
        Serial.println(String("머리, 꼬리\t: (") + head + ", " + tail + ")");
        Serial.println(String("문자열 길이\t: ") + length());
        Serial.print("문자열\t\t: \"");
        for (int i = head; i < head + length(); i++) {
            Serial.print(buffer[i % N]);
        }
        Serial.println("\"");
        Serial.println();
    }

    void CircularStringFinder::setKey(String _key, char _terminator) {
        clear();
        key = _key;                                             // 시작 문자열 설정
        terminator = _terminator;                              // 종료 문자 설정
    };

    String CircularStringFinder::getKey() {
        return key;
    }

    char CircularStringFinder::getTerminator() {
        return terminator;
    }

    boolean CircularStringFinder::end_with_key() {
        byte key_len = key.length();
        if (key_len > length()) {                               // 시작 문자열 길이가 버퍼 길이보다 긴 경우
            return false;
        }

        for (byte i = 0; i < key_len; i++) {                   // 버퍼 내용이 시작 문자열로 끝나는지 검사
            char key_ch = key[key_len - 1 - i];
            byte buffer_index = (N + tail - 1 - i) % N;
            char buffer_ch = buffer[buffer_index];

            if (key_ch != buffer_ch) {
                return false;
            }
        }

        return true;
    }
```

```
byte CircularStringFinder::add(char ch) {                    // 문자 추가 및 탐색
    if (search_status == STATE_KEY_SEARCHING) {              // 시작 문자열 탐색 중
        addCharacter(ch);
        if (end_with_key()) {                                // 시작 문자열 발견
            head = 0;                                        // 버퍼 비움
            tail = 0;
            search_status = STATE_VALUE_SEARCHING;
        }
    }
    else if (search_status == STATE_VALUE_SEARCHING) {  // 값 입력 중
        if (ch == terminator) {                              // 종료 문자 발견
            search_status = STATE_VALUE_FOUND;
        }
        else {                                               // 버퍼에 값 저장
            addCharacter(ch);
        }
    }

    return search_status;                                    // 현재 검색 상태 반환
}

byte CircularStringFinder::getSearchStatus() {
    return search_status;                                    // 현재 검색 상태 반환
}

String CircularStringFinder::getValue() {                    // 검색된 값 반환
    buffer[tail] = 0;
    String value = String(buffer);

    return value;
}
```

스케치 71.6은 스케치 71.4와 스케치 71.5의 CircularStringFinder 라이브러리를 사용하여 스트림에서 문자열을 검색하는 방법을 보여준다. 문자열 검색은 버퍼 크기를 매개변수로 지정하여 객체를 생성하고 setKey 함수로 시작 문자열과 종료 문자를 지정한 후 add 함수로 문자를 추가하면 자동으로 진행된다. 값이 발견된 이후에 같은 시작 문자열과 종료 문자로 다시 검색을 시작하기 위해서는 restart 함수를, 다른 시작 문자열과 종료 문자로 검색을 시작하기 위해서는 setKey 함수를 사용하면 된다.

</> 스케치 71.6 테스트 스케치

```
#include <CircularStringFinder.h>

CircularStringFinder csf(10);                                // 객체 생성

String testInput = "...<key><value 1>,...<key><value 2>,...<newKey><value 3>,...";
int foundCount = 0;                                          // 값 탐색 횟수
```

```
void setup() {
    Serial.begin(9600);

    csf.setKey("<key>", ',');                          // 시작 문자열과 종료 문자 설정
    int N = testInput.length();

    for (int i = 0; i < N; i++) {                       // 테스트 데이터 입력
        byte status = csf.add(testInput[i]);            // 문자 추가 및 검색
        if (status == STATE_VALUE_FOUND) {
            foundCount++;

            Serial.print("* 발견된 값 ");
            Serial.print(foundCount);
            Serial.print(" : \"");
            Serial.print(csf.getValue());
            Serial.println('\"');

            switch (foundCount) {
            case 1:
                csf.restart();                          // 같은 설정으로 검색 다시 시작
                break;
            case 2:
                csf.setKey("<newKey>", ',');            // 새로운 설정으로 검색 다시 시작
                break;
            case 3:
                csf.restart();
                break;
            }
        }
    }
}

void loop() {
}
```

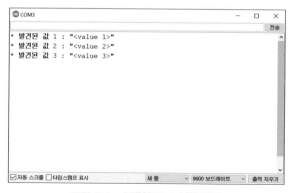

그림 71.3 스케치 71.6 실행 결과

오늘의 날씨 클라이언트

CircularStringFinder 라이브러리를 사용하여 OpenWeather 사이트에서 얻은 오늘의 날씨 데이터에서 원하는 정보를 찾아 출력하는 스케치를 작성해 보자. 오늘의 날씨 정보를 얻어오는 스케치는 68장 '웹 클라이언트와 서버: WiFiEsp 라이브러리'의 스케치를 대부분 그대로 사용하고, 원하는 필드를 검색하는 부분만을 수정하면 되므로 자세한 내용은 68장 '웹 클라이언트와 서버: WiFiEsp 라이브러리'를 참고하면 된다.

CircularStringFinder 라이브러리를 적용하기 전에 먼저 SoftwareSerial 클래스를 다른 클래스로 교체하자. SoftwareSerial 클래스는 임의의 디지털 입출력 핀을 통해 UART 시리얼 통신을 사용할 수 있게 해주는 클래스로, 아두이노의 기본 라이브러리 중 하나로 포함되어 있다. 하지만 고속에서는 데이터가 깨지는 현상이 발생하여 ESP-01 모듈을 연결할 때도 속도를 9600보율로 낮추어 사용했다. 하지만 **SoftwareSerial 클래스는 낮은 속도에서도 데이터 수신과 다른 연산이 함께 진행되는 경우 안정적인 데이터 수신을 보장하지 못한다**. 68장 '웹 클라이언트와 서버: WiFiEsp 라이브러리'에서는 큰 크기의 버퍼에 수신된 JSON 형식의 데이터를 모두 저장한 후 문자열을 탐색하는 방법을 사용했으므로 데이터 수신 과정에서 많은 연산은 이루어지지 않았다. 하지만 CircularStringFinder 라이브러리는 메모리 사용량을 줄이기 위해 데이터가 수신될 때마다 문자열을 탐색하는 방법을 사용하므로 데이터 수신 과정에서 많은 연산이 이루어져야 한다. 따라서 CircularStringFinder 라이브러리와 SoftwareSerial 라이브러리를 같이 사용하면 9600보율의 속도에서도 데이터가 손실되는 경우가 발생한다. SoftwareSerial 라이브러리를 개선한 여러 종류의 라이브러리가 공개되어 있지만, 이 장에서는 WiFiEsp 라이브러리와 호환성이 좋고 데이터 수신이 안정적인 AltSoftSerial 라이브러리를 사용했다. 다만, **AltSoftSerial 라이브러리는 16비트 타이머/카운터를 사용하므로 아두이노 우노에서 사용하는 핀은 RX 핀으로 8번, TX 핀으로 9번이 고정**되어 있으며 10번 핀의 PWM 출력은 사용할 수 없다. 아두이노 우노에 ESP-01 모듈을 그림 71.4와 같이 연결하자.

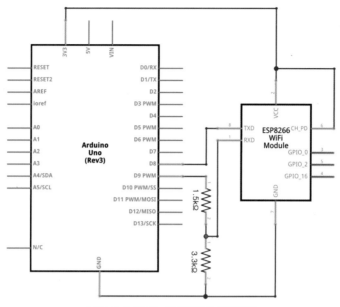

그림 71.4 ESP-01 모듈 연결 회로도

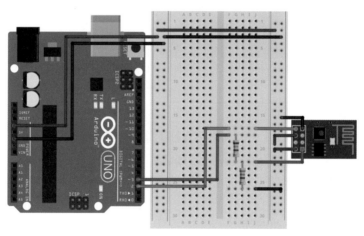

그림 71.5 ESP-01 모듈 연결 회로

라이브러리 매니저에서 'AltSoftSerial'을 검색하여 AltSoftSerial 라이브러리를 설치한다.

그림 71.6 AltSoftSerial 라이브러리 검색 및 설치

AltSoftSerial 라이브러리는 SoftwareSerial 클래스 대신 사용할 수 있는 AltSoftSerial 클래스를 제공하고 있다. AltSoftSerial 클래스는 SoftwareSerial 클래스와 사용 방법이 같으므로 포함하는 헤더를 AltSoftSerial.h로 바꾸고 객체를 생성할 때 SoftwareSerial 클래스가 아닌 AltSoftSerial 클래스를 변경하기만 하면 된다. 이때 아두이노 우노에서 AltSoftSerial 클래스가 사용하는 핀이 정해져 있으므로 SoftwareSerial 클래스와 달리 객체를 생성할 때 사용하는 핀을 지정하지 않아도 된다.

날씨 서버에 날씨 정보를 오픈 API를 사용하여 요청했을 때 수신하는 데이터는 서버 정보를 나타내는 헤더와 JSON 형식의 데이터로 구성된다. 이전 장에서는 SRAM 사용량을 줄이기 위해 헤더와 데이터를 구분하여 처리했지만, CircularStringFinder 라이브러리를 사용하면 서버에서 수신되는 모든 데이터를 같은 방법으로 처리할 수 있다. 다만, 수신되는 데이터 중에서 찾아내고자 하는 정보가 표시되는 방식만 정확하게 지정하면 된다. 서버에서 수신되는 데이터 중 찾아내고자 하는 데이터는 날씨에 대한 설명과 온도 정보 두 가지로 표 71.1과 같이 시작 문자열과 종료 문자를 정의하여 사용했다.

표 71.1 날씨 정보 검색을 위한 시작 문자열과 종료 문자

항목	예	시작 문자열	종료 문자
날씨	`"description":"broken clouds",`	`description":"`	`"`(큰따옴표)
온도	`"temp":280.69,`	`temp":`	`,`(콤마)

데이터 수신 종료는 이전과 같이 여는 괄호와 닫는 괄호 개수가 같은 경우 데이터 수신이 종료된 것으로 판단했다. 스케치 71.7은 CircularStringFinder 라이브러리를 사용하여 오늘의 날씨 클라이언트를 구현한 예다.

</> 스케치 71.7 오늘의 날씨 클라이언트

```
#include <WiFiEsp.h>
#include <AltSoftSerial.h>
#include <CircularStringFinder.h>

#define QUERY_INTERVAL 20000L          // 20초 간격으로 날씨 정보 요청
#define SERVER_TIMEOUT 10000L          // 서버 응답 대기 시간 10초

#define STATE_IDLE 0                   // 날씨 정보 요청 대기 상태
#define STATE_RECEIVING_INFO 1         // 날씨 정보 요청 후 정보 수신 상태

#define HEADER_LENGTH_MAX 100          // 서버가 보내는 헤더 한 줄의 최대 길이
//#define JSON_LENGTH_MAX 500          // JSON 형식 날씨 데이터 최대 길이
```

```
AltSoftSerial ESPSerial;                                // ESP-01 모듈 연결 포트

char AP[] = "your_AP_name_here";
char PW[] = "your_AP_password_here";
String KEY = "your_OpenWeather_API_key_here";

char HOST[] = "api.openweathermap.org";

String requestStr1
    = "GET /data/2.5/weather?id=1838524&APPID=" + KEY + " HTTP/1.1";
String requestStr2 = String("Host: ") + HOST;
String requestStr3 = "Connection: close";

int state = STATE_IDLE;                                 // 날씨 정보 요청 대기 상태로 시작
unsigned long time_previous, time_current;

char key1[] = "description\":\"";                        // 날씨 정보 시작 문자열
char key2[] = "temp\":";                                 // 기온 정보 시작 문자열

CircularStringFinder csf(20);                           // 문자열 검색 객체 생성
int foundCount = 0;

boolean braceStart = false;                             // 데이터 수신 종료 검사를 위한 괄호 맞춤
int braceCount = 0;

String weatherString, tempString;                       // 수신한 날씨 및 기온 정보

WiFiEspClient client;                                   // 웹 클라이언트

void setup() {
    Serial.begin(9600);                                 // 컴퓨터와의 UART 시리얼 연결
    ESPSerial.begin(9600);                              // ESP-01 모듈과의 UART 시리얼 연결

    // 'AT'에 대한 응답 확인, 리셋, 스테이션 모드 설정, SDK 버전 호환 확인
    WiFi.init(&ESPSerial);                              // ESP-01 모듈 초기화

    // AP 접속
    Serial.println(String("* \'") + AP + F("\'에 연결을 시도합니다."));
    if (WiFi.begin(AP, PW) != WL_CONNECTED) {
        Serial.println(F("** AP에 연결할 수 없습니다."));
        while (1);
    }
    else {
        Serial.println(F("* AP에 연결되었습니다."));
    }
    Serial.println();

    time_current = millis();
    time_previous = time_current - QUERY_INTERVAL;
}

void cleanUpTCPconnection() {                           // TCP 연결 끊기
```

```
        if (client.connected()) {                     // 연결된 경우
            client.flush();                            // 수신 버퍼 비우기
            client.stop();                             // 연결 끊기
        }
    }

    void requestWeatherInformation() {
        state = STATE_RECEIVING_INFO;

        if (!client.connect(HOST, 80)) {               // TCP 연결 오류
            Serial.println(F("** 날씨 서버 접속 과정에 오류가 발생했습니다."));

            time_previous = millis();
            state = STATE_IDLE;
            cleanUpTCPconnection();                     // TCP 연결 끊기
        }
        else {                                          // GET 메시지 전송
            Serial.println(F("** 날씨 서버에 날씨 정보를 요청합니다."));
            client.println(requestStr1);
            client.println(requestStr2);
            client.println(requestStr3);
            client.println();

            // GET 메시지 전송 후 서버로부터 정보 수신 모드로 전환
            time_previous = millis();
            Serial.println(F("** 날씨 정보를 요청하고 응답을 기다립니다."));
        }
    }

    void loop() {
        time_current = millis();

        // 이전 날씨 정보 요청 이후 일정 시간이 경과한 경우 다시 정보 요청
        if (state == STATE_IDLE) {
            if (time_current - time_previous > QUERY_INTERVAL) {
                requestWeatherInformation();            // 날씨 정보 요청

                weatherString = "";                     // 첫 번째 시작 문자열에 해당하는 날씻값
                tempString = "";                        // 두 번째 시작 문자열에 해당하는 온돗값

                braceStart = false;                     // 헤더 이후 데이터 수신 시작
                braceCount = 0;                         // 데이터 수신 종료 판단

                csf.setKey(key1, '\"');                 // 첫 번째 시작 문자열 탐색, 종료 문자는 큰따옴표
                foundCount = 0;
            }
        }
        // 서버로부터 정보 수신 대기
        else if (state == STATE_RECEIVING_INFO) {
            // 서버로부터 데이터 수신이 지연된 경우
            if (time_current - time_previous > SERVER_TIMEOUT) {
                Serial.println(F("** 날씨 정보 수신 과정에 오류가 발생했습니다."));
```

```
            time_previous = millis();
            state = STATE_IDLE;
            cleanUpTCPconnection();              // TCP 연결 끊기
        }
        else {
            processReceivedInformation();        // 데이터 수신 및 처리
        }
    }
}

void processReceivedInformation() {
    while (client.available()) {
        char data = client.read();

        if (data == '{' || data == '[') {        // 여는 괄호
            braceCount++;
            braceStart = true;                   // 첫 번째 여는 괄호가 데이터 시작
        }
        else if (data == '}' || data == ']') {   // 닫는 괄호
            braceCount--;
            if (braceStart && braceCount == 0) {  // 데이터 수신 종료
                Serial.println(F("** 날씨 정보를 성공적으로 수신했습니다."));
                Serial.print(F("\n => 날씨 : "));
                Serial.println(weatherString);

                Serial.print(F(" => 기온 : "));
                Serial.print(tempString + " K (");
                Serial.print(tempString.toFloat() - 273.15, 2);   // 섭씨온도로 변환
                Serial.println(F(" C)\n"));

                time_previous = millis();
                state = STATE_IDLE;

                cleanUpTCPconnection();           // TCP 연결 끊기
            }
        }
        else if (foundCount < 2) {               // 2개 값 검색 완료 이후 검색 중지
            byte searchStatus = csf.add(data);

            if (searchStatus == STATE_VALUE_FOUND) {
                foundCount++;
                if (foundCount == 1) {            // 날씨 문자열 수신 완료
                    weatherString = csf.getValue();
                    csf.setKey(key2, ',');        // 두 번째 시작 문자열 탐색, 종료 문자는 콤마
                }
                else if (foundCount == 2) {       // 기온 문자열 수신 완료
                    tempString = csf.getValue();
                }
            }
        }
    }
}
```

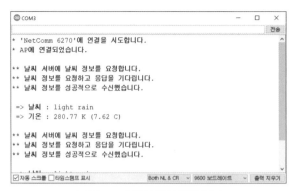

그림 71.7 스케치 71.7 실행 결과

스케치 71.7에서 이전 장의 스케치와 차이가 나는 함수는 processReceivedInformation 함수로, 데이터를 수신함과 동시에 문자열 검색이 이루어진다. 실제 문자열 검색은 CircularStringFinder 클래스에서 진행되므로 processReceivedInformation 함수는 짧고 직관적으로 작성할 수 있다. CircularStringFinder 클래스를 사용함으로써 얻을 수 있는 가장 큰 장점은 SRAM 사용량을 줄일 수 있다는 것이다. 같은 조건에서 500바이트 크기의 버퍼를 사용한 경우와 컴파일 결과를 비교한 것이 그림 71.8이다.

(a) CircularStringFinder 라이브러리 사용하지 않음

(b) CircularStringFinder 라이브러리 사용함

그림 71.8 CircularStringFinder 라이브러리 사용에 따른 메모리 사용 비교

그림 71.8에서 알 수 있듯이 플래시 메모리 사용은 510바이트 증가했다. 이는 CircularString Finder 클래스의 사용에 따른 것으로, 플래시 메모리 사용이 50% 수준이므로 문제가 되지 않는다. 반면, SRAM 사용량은 508바이트가 감소하여 전체 사용량이 65%에서 40%로 25%p 감소했다. 단순히 SRAM 사용량이 줄어든 것 이외에도 CircularStringFinder 클래스를 사용하면 서버로부터 더 많은 데이터를 수신하는 경우도 처리할 수 있다는 장점이 있다. 대부분의 공개 API

는 XML 또는 JSON 형식으로 데이터를 제공하므로 CircularStringFinder 클래스를 사용할 수 있을 것이며, 이 외에도 **스트림 데이터가 XML이나 JSON 형식과 같이 엄밀히 정해진 형식을 따르는 경우라면 정보 추출을 위해 CircularStringFinder 클래스를 사용할 수 있을 것이다.**

71.3 맺는말

아두이노 우노로 복잡한 시스템을 구현하는 경우, 가끔 접하는 문제가 메모리 부족 문제다. 32KB의 플래시 메모리도 그리 크지는 않지만, 2KB의 SRAM은 큰 크기의 배열을 사용하면 사용할 수 있는 SRAM이 남지 않을 정도로 작다. 플래시 메모리가 부족한 것은 많은 작업을 하려고 하기 때문으로 작업의 양을 줄이면 해결할 수 있다. 하지만 SRAM이 부족한 것은 많은 변수를 사용하는 복잡한 작업을 하려고 하기 때문으로, 이를 간단하게 하려면 알고리즘을 다시 만들어야 하므로 쉽지 않을 수 있다. 이 장에서는 데이터 스트림에서 필요한 정보를 찾아내기 위해 작은 크기의 버퍼만을 사용하는 스트림 데이터 해석기를 구현하는 방법을 살펴봤다. 이 장에서 구현한 CircularStringFinder 클래스는 시리얼 통신으로 수신되는 데이터 스트림에서 필요한 정보의 포함 여부를 데이터 수신과 동시에 판단하고 필요한 정보가 없는 경우에는 버퍼에서 수신된 데이터를 삭제함으로써 적은 SRAM만 사용하고도 스트림 데이터 분석이 가능하다. 구현한 CircularStringFinder 클래스는 JSON 형식의 날씨 데이터 스트림에서 필요한 필드의 값을 찾아내는 데 사용했으며 SRAM 사용량이 25%p 줄어든 것을 그림 71.8에서 확인할 수 있다. 이 외에도 CircularStringFinder 클래스는 스트림 데이터가 엄밀히 정해진 형식을 따르는 경우 적용할 수 있다.

날씨 정보 클라이언트 구현에서 SRAM 이외에 문제가 되었던 점은 SoftwareSerial 클래스의 안정성이다. SoftwareSerial 라이브러리는 아두이노의 기본 라이브러리 중 하나로, 임의의 디지털 핀을 사용하여 UART 시리얼 통신이 가능하게 해준다. 하지만 데이터 수신과 동시에 정보 검색이 이루어지는 상황에서는 수신되는 데이터가 손실될 수 있다. 이는 아두이노 우노의 16MHz 동작 속도가 충분히 빠르지 않은 것도 원인 중 하나이지만, 범용성을 강조한 SoftwareSerial 클래스의 구현 방식 역시 문제가 된다. 사용할 수 있는 핀의 제약이 있기는 하지만 16비트 타이머/카운터를 사용하는 AltSoftSerial 클래스를 사용했을 때는 데이터 손실이 발생하지 않았다.

마이크로컨트롤러가 컴퓨터의 한 종류이기는 하지만 그 연산 능력은 흔히 컴퓨터라고 이야기하는 데스크톱 컴퓨터나 랩톱 컴퓨터와 비교할 수 없는 것이 사실이다. 마이크로컨트롤러는 작고 간단한 시스템 구현을 위해 흔히 사용된다는 점, 특히 아두이노 우노는 8비트의 AVR 시리즈 마이크로컨트롤러를 사용한다는 점에서 시스템을 구현할 때는 하드웨어의 한계뿐만 아니라 제한적인 하드웨어를 사용하는 소프트웨어의 한계 역시 이해할 필요가 있다.

72

아두이노
메가2560

아두이노 메가2560은 8비트 AVR 시리즈 마이크로컨트롤러의 하나인 ATmega2560을 사용하여 만든 아두이노 보드다. 아두이노 메가2560은 아두이노 우노보다 8배 많은 플래시 메모리와 3.5배 많은 입출력 핀을 갖고 있으므로, 아두이노 우노와 비교했을 때 많은 입출력 장치를 연결하여 복잡한 알고리즘을 구현할 수가 있다. 또한 아두이노 우노와 핀 호환성이 있으므로 아두이노 우노를 사용한 시스템에서 아두이노 메가2560을 사용한 시스템으로 쉽게 변경할 수 있다. 이 장에서는 아두이노 메가2560과 아두이노 메가2560에 사용된 ATmega2560 마이크로컨트롤러에 대해 알아본다.

**이 장에서
사용할 부품**

아두이노 메가2560 × 1
USB-UART 변환 장치 × 1 ➡ USB2SERIAL

아두이노 메가2560

아두이노 메가2560은 ATmega2560 마이크로컨트롤러를 사용하여 만든 아두이노 보드의 한 종류다. 아두이노 우노가 아두이노의 대표 보드로 사용되고 있지만, 아두이노 우노는 최대 20개의 입출력 핀과 32KB의 프로그램 메모리만을 사용할 수 있어 다양한 입출력 장치를 연결하여 복잡한 알고리즘을 구현하는 데는 한계가 있다. 이에 비해 아두이노 메가2560은 최대 70개의 입출력 핀과 256KB의 프로그램 메모리를 사용할 수 있으므로 아두이노 우노를 사용한 시스템에서 메모리가 부족하거나 입출력 장치를 연결하기가 어려운 경우 선택할 수 있다.

아두이노 메가2560에 사용된 ATmega2560 마이크로컨트롤러는 100개의 핀을 갖고 있으며 핀 수와 메모리 크기를 제외하면 아두이노 우노에 사용된 ATmega328과 기본적으로 같은 기능과 성능을 가진 마이크로컨트롤러다. 표 72.1은 ATmega328과 ATmega2560 마이크로컨트롤러를 비교한 것이다.

표 72.1 ATmega328과 ATmega2560 마이크로컨트롤러 비교

항목	ATmega328	ATmega2560	항목	ATmega328	ATmega2560
동작 전압(V)	5	5	EEPROM(KB)	1	4
디지털 핀 수(개)	14	54	클록(MHz)	16	16
PWM 채널 수(개)	6	15	핀 수(개)	28	100
아날로그 입력 핀 수(개)	6	16	UART(개)	1	4
플래시 메모리(KB)	32	256	SPI(개)	1	1
SRAM(KB)	2	8	I2C(개)	1	1

사용된 마이크로컨트롤러에는 차이가 있지만, 아두이노 우노를 위한 스케치는 대부분 아두이노 메가2560에서 그대로 사용할 수 있다. 그림 72.1은 아두이노 우노와 아두이노 메가2560의 외형을 비교한 것이다.

그림 72.1에서 아두이노 메가2560의 오른쪽에 확장된 부분을 제외하면 나머지 왼쪽 부분은 아두이노 우노와 핀 헤더 배열이 같다. 따라서 **아두이노 우노에 연결된 주변장치를 그대로 아두이노 메가2560으로 옮기고, 아두이노 우노에서 사용한 스케치를 아두이노 메가2560에 업로드하면 대부분 문제없이 동작한다.** 아두이노 메가2560이 컴퓨터와의 시리얼 통신을 위해 ATmega16u2 마이크로컨트롤러를 사용하며, ATmega16u2는 스케치 업로드에 사용된다는 점도 아두이노 우노와 같다.

(a) 아두이노 우노

(b) 아두이노 메가2560

그림 72.1 **아두이노 우노와 아두이노 메가2560**

그림 72.2는 아두이노 메가2560의 마이크로컨트롤러와 핀 헤더를 나타낸 것이다. 아두이노 우노
와 아두이노 메가2560은 메인 마이크로컨트롤러 이외에 사용하는 부품 역시 거의 같으므로 자세
한 내용은 4장 '아두이노 우노'를 참고하면 된다. 아두이노 메가2560은 한마디로 사용할 수 있는
데이터 핀과 메모리가 많은 아두이노 우노의 확장판으로 볼 수 있다.

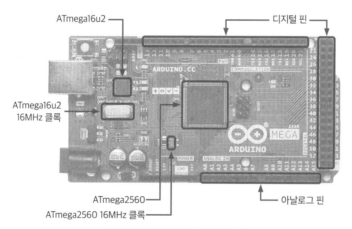

그림 72.2 **아두이노 메가2560**

아두이노 메가2560에 사용된 ATmega2560 마이크로컨트롤러는 100핀의 칩으로 전원, 크리스털,
리셋 등의 용도로 14개 핀이 사용되고, 나머지 86개 핀은 입출력 핀으로 사용할 수 있다. 하지만
**아두이노 환경에서는 86개 핀 중 70개 핀만 입출력 핀으로 정의하고 있고 70개 핀에 대한 핀 헤더만 존
재하므로 나머지 16개 핀은 아두이노 메가2560에서는 사용할 수 없다.** 70개의 핀 중 16개는 아날로그
데이터 입력 핀으로 사용할 수 있으며, 필요한 경우 70개 전체를 디지털 데이터 입출력 핀으로 사
용할 수 있는 것은 아두이노 우노와 같다. 표 72.2는 아두이노 메가2560의 70개 데이터 핀 기능
을 요약한 것이다.

표 72.2 아날로그 및 디지털 데이터 입출력 핀

디지털 핀 번호	아날로그 핀 번호	디지털 데이터 입출력	아날로그 데이터 입력	아날로그 데이터 출력(PWM)	포트 핀 번호	비고
0	–	○	×	×	PE0	UART(RX0)
1	–	○	×	×	PE1	UART(TX0)
2	–	○	×	○	PE4	INT0
3	–	○	×	○	PE5	INT1
4	–	○	×	○	PG5	
5	–	○	×	○	PE3	
6	–	○	×	○	PH3	
7	–	○	×	○	PH4	
8	–	○	×	○	PH5	
9	–	○	×	○	PH6	
10	–	○	×	○	PB4	
11	–	○	×	○	PB5	
12	–	○	×	○	PB6	
13	–	○	×	○	PB7	
14	–	○	×	×	PJ1	UART(TX3)
15	–	○	×	×	PJ0	UART(RX3)
16	–	○	×	×	PH1	UART(TX2)
17	–	○	×	×	PH0	UART(RX2)
18	–	○	×	×	PD3	UART(TX1), INT5
19	–	○	×	×	PD2	UART(RX1), INT4
20	–	○	×	×	PD1	I2C(SDA), INT3
21	–	○	×	×	PD0	I2C(SCL), INT2
22	–	○	×	×	PA0	
23	–	○	×	×	PA1	
24	–	○	×	×	PA2	
25	–	○	×	×	PA3	
26	–	○	×	×	PA4	
27	–	○	×	×	PA5	
28	–	○	×	×	PA6	
29	–	○	×	×	PA7	
30	–	○	×	×	PC7	
31	–	○	×	×	PC6	
32	–	○	×	×	PC5	
33	–	○	×	×	PC4	
34	–	○	×	×	PC3	

표 72.2 **아날로그 및 디지털 데이터 입출력 핀** (계속)

디지털 핀 번호	아날로그 핀 번호	디지털 데이터 입출력	아날로그 데이터 입력	아날로그 데이터 출력(PWM)	포트 핀 번호	비고
35	–	○	×	×	PC2	
36	–	○	×	×	PC1	
37	–	○	×	×	PC0	
38	–	○	×	×	PD7	
39	–	○	×	×	PG2	
40	–	○	×	×	PG1	
41	–	○	×	×	PG0	
42	–	○	×	×	PL7	
43	–	○	×	×	PL6	
44	–	○	×	○	PL5	
45	–	○	×	○	PL4	
46	–	○	×	○	PL3	
47	–	○	×	×	PL2	
48	–	○	×	×	PL1	
49	–	○	×	×	PL0	
50	–	○	×	×	PB3	SPI(MISO)
51	–	○	×	×	PB2	SPI(MOSI)
52	–	○	×	×	PB1	SPI(SCK)
53	–	○	×	×	PB0	SPI(SS)
54	A0	○	○	×	PF0	
55	A1	○	○	×	PF1	
56	A2	○	○	×	PF2	
57	A3	○	○	×	PF3	
58	A4	○	○	×	PF4	
59	A5	○	○	×	PF5	
60	A6	○	○	×	PF6	
61	A7	○	○	×	PF7	
62	A8	○	○	×	PK0	
63	A9	○	○	×	PK1	
64	A10	○	○	×	PK2	
65	A11	○	○	×	PK3	
66	A12	○	○	×	PK4	
67	A13	○	○	×	PK5	
68	A14	○	○	×	PK6	
69	A15	○	○	×	PK7	
핀 수		70개	16개	15개		

그림 72.3은 아두이노 메가2560의 핀 배치를 나타낸 것이다.

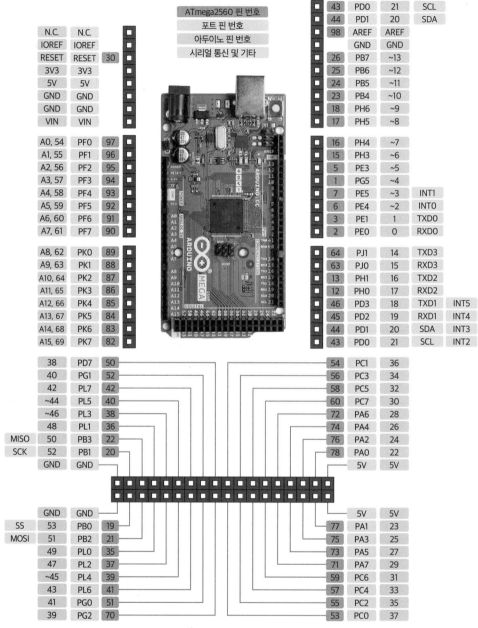

그림 72.3 **아두이노 메가2560 핀 헤더**

아두이노 메가2560에 스케치 업로드하기

아두이노 메가2560을 위한 스케치는 아두이노 우노를 위한 스케치와 다르지 않다. 먼저 아두이노 메가2560을 컴퓨터에 연결하면 아두이노 우노와 마찬가지로 장치 관리자에서 포트로 인식되는 것을 확인할 수 있다.

그림 72.4 **아두이노 메가2560에 할당된 시리얼 포트**

아두이노 프로그램에서 사용할 아두이노 보드의 종류와 아두이노 보드에 할당된 포트를 선택하는 것은 아두이노 우노의 경우와 같다. 아두이노 보드의 종류는 '툴 → 보드 → Arduino/Genuino Mega or Mega 2560'을 선택하고, '툴 → 포트' 메뉴에서는 그림 72.4에서 아두이노 메가2560에 할당된 포트인 'COM6'를 선택한다. 아두이노 메가2560을 선택하면 아두이노 우노에는 없는 '툴 → 프로세서' 메뉴가 나타나고 'ATmega2560'과 'ATmega1280'의 두 프로세서 중 하나를 선택할 수 있다.

그림 72.5 **프로세서 선택**

ATmega1280은 ATmega2560의 절반인 128KB의 플래시 메모리를 갖고 있다는 점 이외에는 ATmega2560과 같은 마이크로컨트롤러로, 지금은 단종된 '아두이노 메가'에서 사용하던 마이크로 컨트롤러다. 현재 판매되는 보드는 '아두이노 메가2560'으로 ATmega2560을 사용한다.

모든 설정이 끝났으면 '파일 → 예제 → 01.Basics → Blink' 메뉴 항목을 선택하여 블링크 예제를 연다. '스케치 → 업로드' 메뉴 항목, 'Ctrl+U' 단축키 또는 툴바의 '업로드' 버튼을 선택하여 스 케치를 업로드하고 13번 핀에 연결된 내장 LED가 1초 간격으로 점멸하는 것을 확인해 보자.

72.3 하드웨어 시리얼 포트

아두이노 우노는 0번과 1번 핀을 통해 하드웨어로 지원되는 UART 시리얼 포트를 제공하고 있으 며 이를 하드웨어 시리얼 포트라고 한다. 하드웨어 시리얼 포트는 스케치 업로드 및 컴퓨터와의 시리얼 통신을 위해 사용되며, 컴퓨터와의 USB 연결을 지원하기 위해 보드 내에 USB-UART 변 환 기능을 담당하는 ATmega16u2 마이크로컨트롤러가 포함되어 있다. 이는 아두이노 메가2560 의 경우도 마찬가지다. 0번과 1번 핀을 통해 사용할 수 있는 UART 시리얼 포트를 포함하여 **아두 이노 메가2560은 4개의 하드웨어 시리얼 포트를 제공**하고 있으므로 아두이노 우노보다 하드웨어 시 리얼 포트를 3개 더 사용할 수 있다.

아두이노 우노는 1개의 하드웨어 시리얼 포트만 사용할 수 있으므로 필요한 경우 소프트웨어로 UART 시리얼 통신을 지원하는 소프트웨어 시리얼 포트를 사용해야 한다. 하드웨어 시리얼 포트 와 소프트웨어 시리얼 포트의 가장 큰 차이는 누가 물리적인 데이터 송수신 과정을 처리하는지에 있다. 하드웨어 시리얼 포트는 데이터 송수신을 위한 전용 하드웨어가 마이크로컨트롤러 내에 포 함된 경우라면, 소프트웨어 시리얼 포트는 전용 하드웨어의 기능을 CPU에서 실행되는 소프트웨 어가 담당하는 경우다. 기능 면에서 큰 차이는 없지만, 소프트웨어 시리얼 포트를 사용하면 CPU 가 처리해야 할 일이 늘어나 다른 작업을 처리할 수 있는 여지가 줄어든다.

소프트웨어 시리얼 포트의 가장 큰 단점은 높은 보율에서 전송 오류가 발생한다는 점이다. **전용 하드웨어에 의해 처리되는 하드웨어 시리얼 포트와 비교하면 범용 하드웨어인 CPU와 소프트웨어의 조합 으로 처리되는 소프트웨어 시리얼 포트는 시리얼 통신에 최적화된 것이 아니므로 전송 속도에 제한이 있 다.** 또한 소프트웨어 시리얼 포트를 여러 개 생성할 수는 있지만 동시에 여러 포트로 데이터를 송수신할 수는 없으며 한 번에 하나의 포트로만 데이터 송수신이 가능하다. 하지만 아두이노 메가 2560의 4개 시리얼 포트는 하드웨어에 의해 지원되는 포트이므로 이런 문제가 없다.

아두이노 우노에서 지원되는 하드웨어 시리얼 포트를 담당하는 객체가 Serial이었다면, 아두이노 메가2560의 4개 하드웨어 시리얼 포트를 담당하는 객체는 Serial, Serial1, Serial2, Serial3으로 미리 정의되어 있으므로 별도로 객체를 생성하지 않고 사용할 수 있다. 표 72.3은 아두이노 메가 2560의 하드웨어 시리얼 포트를 요약한 것이다.

표 72.3 아두이노 메가2560의 하드웨어 시리얼 포트

포트 번호	사용 핀		해당 객체	비고
	RX	TX		
0	0(RX0)	1(TX0)	Serial	스케치 업로드
1	19(RX1)	18(TX1)	Serial1	
2	17(RX2)	16(TX2)	Serial2	
3	15(RX3)	14(TX3)	Serial3	

그림 72.6과 같이 USB-UART 변환 장치를 아두이노 메가2560의 1번 하드웨어 시리얼 포트에 연결하자. 이때 아두이노 메가2560은 USB-UART 변환 장치를 통한 연결(1번 시리얼 포트)과 아두이노 메가2560에 포함된 ATmega16u2를 통한 연결(0번 시리얼 포트)의 2개 연결이 컴퓨터와 연결된다.

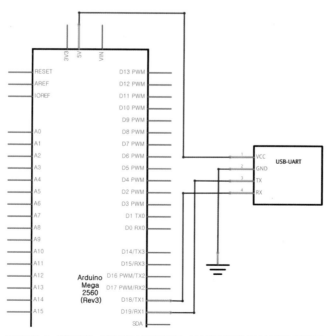

그림 72.6 아두이노 메가2560과 USB-UART 변환 장치 연결 회로도

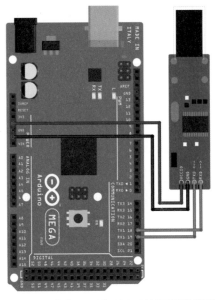

그림 72.7 아두이노 메가2560과 USB-UART 변환 장치 연결 회로

아두이노 메가2560과 USB-UART 변환 장치를 컴퓨터에 연결하면 장치 관리자에서는 각기 다른 COM 포트가 할당되며, 아두이노에서는 Serial과 Serial1의 전용 객체가 이들 포트와의 시리얼 통신을 담당한다.

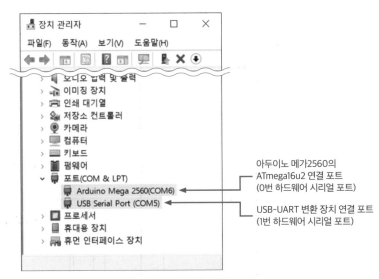

그림 72.8 아두이노 메가2560과 컴퓨터 연결

스케치 72.1은 Serial과 Serial1 객체 사이에서 데이터를 주고받는 예다.

```
void setup() {
    Serial.begin(9600);                          // 시리얼 포트 0번 초기화
    Serial1.begin(9600);                         // 시리얼 포트 1번 초기화
}

void loop() {
    if (Serial.available()) {                    // 시리얼 포트 0번의 입력을
        Serial1.write(Serial.read());            // 시리얼 포트 1번으로 출력
    }

    if (Serial1.available()) {                   // 시리얼 포트 1번의 입력을
        Serial.write(Serial1.read());            // 시리얼 포트 0번으로 출력
    }
}
```

그림 72.9 스케치 72.1 실행 결과

스케치 72.1에서 Serial 객체와 연결된 0번 하드웨어 시리얼 포트를 통해 송수신되는 데이터는 아두이노 프로그램의 시리얼 모니터를 통해 확인할 수 있다. 반면, Serial1 객체와 연결된 1번 하드웨어 시리얼 포트를 통해 송수신되는 데이터는 별도의 터미널 프로그램인 CoolTerm*을 사용하여 확인했다. 그림 72.10은 스케치 72.1의 실행 구조를 나타낸 것이다.

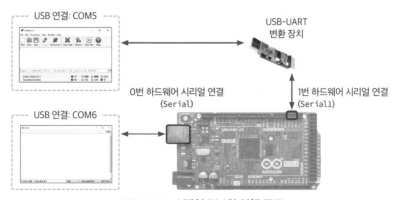

그림 72.10 스케치 72.1의 실행 구조

★   https://freeware.the-meiers.org/

스케치 72.1과 같은 동작을 하는 스케치는 아두이노 우노를 사용해서도 작성할 수 있으며, 그 예가 스케치 72.2다.

스케치 72.2 시리얼 포트 간 통신 – 아두이노 우노

```
#include <SoftwareSerial.h>

SoftwareSerial USB_UART(2, 3);                  // (RX, TX)

void setup() {
    Serial.begin(9600);                         // 하드웨어 시리얼 포트 초기화
    USB_UART.begin(9600);                       // 소프트웨어 시리얼 포트 초기화
}

void loop() {
    if (Serial.available()) {                   // 하드웨어 시리얼 포트 입력을
        USB_UART.write(Serial.read());          // 소프트웨어 시리얼 포트로 출력
    }

    if (USB_UART.available()) {                  // 소프트웨어 시리얼 포트 입력을
        Serial.write(USB_UART.read());           // 하드웨어 시리얼 포트로 출력
    }
}
```

스케치 72.1과 스케치 72.2의 차이는 하드웨어 시리얼 포트를 사용하느냐 소프트웨어 시리얼 포트를 사용하느냐의 차이뿐이다. 스케치 72.2의 실행 구조는 그림 72.11과 같이 나타낼 수 있으며 아두이노 보드에서 전용 하드웨어를 사용할 것인지 범용 하드웨어를 사용할 것인지를 제외하면, 즉 USB-UART 변환 장치를 연결하는 핀 번호의 차이 이외에는 다른 점을 찾아볼 수 없다.

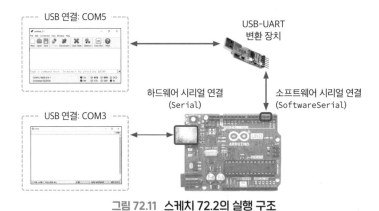

그림 72.11 스케치 72.2의 실행 구조

그림 72.10과 그림 72.11을 비교해 보면 데이터를 주고받는 기능에는 차이가 없으며 컴퓨터와의 연결 방법 역시 차이가 없다. 하지만 **아두이노 메가2560에서 하드웨어 시리얼 포트를 사용함으로써 얻을 수 있는 가장 큰 장점은 전용 하드웨어를 사용함으로써 안정적인 데이터 송수신이 가능하다는 점이다.**

아두이노의 소프트웨어 시리얼 포트는 38,400보율을 넘는 속도에서는 데이터가 깨지는 현상이 발생하므로 38,400 이하의 보율에서만 사용하는 것이 좋다. 이에 비해 하드웨어 시리얼 포트는 16MHz 클록을 사용하는 경우 최고 2Mbps 속도를 사용할 수 있는 것으로 데이터시트에서 설명하고 있으므로 소프트웨어 시리얼 포트보다 훨씬 빠른 속도로 데이터를 주고받을 수 있다.

72.4 맺는말

아두이노 메가2560은 AVR 메가 시리즈 마이크로컨트롤러 중 핀 수가 가장 많은 100핀의 ATmega2560 마이크로컨트롤러를 사용하여 만든 아두이노 보드다. 이 책에서는 아두이노 우노를 기본으로 하고 있지만, 아두이노 우노를 사용하여 시스템을 구성하다 보면 입출력 핀의 수가 모자라거나 메모리가 부족할 때가 있다. 이럴 때 사용할 수 있는 손쉬운 해결 방법 중 하나가 바로 아두이노 우노를 아두이노 메가2560으로 교체하는 것이다. 아두이노 메가2560의 핀 헤더는 아두이노 우노의 핀 헤더에 추가된 입출력 핀을 위한 헤더가 더해진 형태이므로 아두이노 우노에서 아두이노 메가2560으로 보드를 교체하는 것은 간단하다. 아두이노 레오나르도나 아두이노 제로 등도 아두이노 우노와 같은 핀 헤더를 갖고 있지만, 아두이노 우노와 호환성이 가장 좋은 보드는 ATmega328과 기능적으로 가장 비슷한 ATmega2560을 사용한 아두이노 메가2560이다.

아두이노 메가2560을 사용하는 여러 가지 이유가 있을 수 있지만, 흔한 이유 중 하나는 하드웨어 시리얼 포트를 4개 사용할 수 있다는 점이다. UART 통신은 역사가 오래된 대표적인 시리얼 통신 방법으로, 아두이노에서 사용하는 주변장치 중에서 UART 통신을 사용하는 경우를 쉽게 찾아볼 수 있다. 이 책에서 사용한 블루투스와 WiFi 통신 모듈 역시 UART 통신을 사용하고 있다. 이 책에서 주로 사용하는 WiFi 통신 모듈인 ESP-01 모듈의 경우 기본 설정은 115,200보율이지만, 아두이노 우노의 소프트웨어 시리얼 포트로 연결하기 위해 보율을 낮춰 사용했다. 이처럼 많은 주변장치에서 고속의 UART 통신을 기본으로 사용하지만, 소프트웨어 시리얼 포트로는 속도에 한계가 있으므로 하드웨어 시리얼 포트 사용을 위해 아두이노 메가2560을 선택하는 경우를 흔히 볼 수 있다. 이 외에 플래시 메모리는 아두이노 우노의 8배, SRAM은 아두이노 우노의 4배 크기이므로 크고 복잡한 시스템을 구현하기 위해서도 사용되지만, 시스템의 설계 과정에서 메모리 사용에 대한 부담 없이 빠른 프로토타이핑을 위해서도 사용하는 등 아두이노 메가2560의 사용 범위는 점점 늘어나고 있다.

① 외부 인터럽트는 핀의 입력 변화를 하드웨어가 감지하고 입력의 변화가 있을 때 하드웨어가 ISR~Interrupt Service Routine~을 호출하므로 여러 가지 작업이 동시에 진행하는 경우 유용하게 사용할 수 있다. 아두이노 우노는 2번과 3번 핀을 통해 2개의 외부 인터럽트를 사용할 수 있지만, 아두이노 메가2560은 그림 72.3에서 볼 수 있듯이 2번과 3번 핀 이외에도 18번에서 21번 핀까지 모두 6개의 외부 인터럽트를 사용할 수 있다. 21번 핀에 풀다운 저항을 사용하여 버튼을 연결하고 버튼이 눌릴 때마다 ISR을 통해 시리얼 모니터로 메시지를 출력하도록 스케치를 작성해 보자. 외부 인터럽트의 사용 방법은 52장 '인터럽트'의 아두이노 우노에 사용된 예(스케치 52.3)를 참고하면 된다.

② 아두이노가 설치된 디렉터리의 \hardware\arduino\avr 디렉터리 아래에 있는 board.txt 파일에는 아두이노 메가2560을 포함하여 아두이노 보드에 대한 정보가 기록되어 있다. 아두이노 우노와 아두이노 메가2560을 비교해 보면 부트로더의 크기가 0.5KB와 8KB로 많은 차이가 있다. ATmega328에서 사용할 수 있는 부트로더 영역의 크기는 0.5KB, 1KB, 2KB, 4KB 중 하나이고 ATmega2560에서 사용할 수 있는 부트로더 영역의 크기는 1KB, 2KB, 4KB, 8KB 중 하나다. 기능 면에서 아두이노 우노와 아두이노 메가2560의 부트로더는 차이가 없음에도 두 보드에서 부트로더의 크기가 다른 이유가 무엇인지 알아보자.

아두이노
레오나르도

아두이노 레오나르도는 8비트 AVR 시리즈 마이크로컨트롤러의 하나인 ATmega32u4를 사용하여
만든 아두이노 보드다. 아두이노 우노와 아두이노 메가2560 역시 같은 시리즈의 마이크로컨트롤
러를 사용하지만, ATmega32u4 마이크로컨트롤러는 USB 연결을 마이크로컨트롤러에서 지원한
다는 차이점이 있다. 따라서 아두이노 레오나르도는 USB-UART 변환을 위해 별도의 마이크로컨
트롤러를 사용하지 않으며, 마우스나 키보드 등의 USB 장치를 간단하게 구현할 수 있다. 이 장에
서는 아두이노 레오나르도의 특징과 아두이노 레오나르도를 사용하여 키보드나 마우스를 구현하
는 방법을 알아본다.

		이 장에서 사용할 부품
아두이노 레오나르도	× 1	
USB-UART 변환 장치	× 1 ➡ USB2SERIAL	
스위치	× 1 ➡ 마우스와 키보드 기능 켜기와 끄기	
1kΩ 저항	× 1 ➡ 스위치의 풀업 저항	
푸시 버튼	× 4 ➡ 키보드 키 입력	

아두이노 레오나르도

아두이노 레오나르도는 ATmega32u4 마이크로컨트롤러를 사용하여 만든 아두이노 보드로, 아두이노 우노나 아두이노 메가2560에 사용된 AVR 시리즈 마이크로컨트롤러와 달리 **ATmega32u4는 USB 연결을 마이크로컨트롤러에서 직접 지원한다**는 차이가 있다. ATmega32u4 마이크로컨트롤러를 다른 마이크로컨트롤러와 비교한 것이 표 73.1이다. USB 연결을 지원한다는 특징 이외에는 아두이노 우노나 아두이노 메가2560에 사용된 마이크로컨트롤러와 기본적으로 같은 성능과 기능을 갖고 있다.

표 73.1 마이크로컨트롤러 비교

항목	ATmega328	ATmega2560	ATmega32u4
동작 전압(V)	5	5	5
디지털 핀 수(개)	14	54	20
PWM 채널 수(개)	6	15	7
아날로그 입력 핀 수(개)	6	16	12
플래시 메모리(KB)	32	256	32
SRAM(KB)	2	8	2.5
EEPROM(KB)	1	4	1
클록(MHz)	16	16	16
핀 수(개)	28	100	44
UART(개)	1	4	1
SPI(개)	1	1	1
I2C(개)	1	1	1
USB(개)	0	0	1

아두이노 우노와 아두이노 레오나르도의 외형을 비교한 것이 그림 73.1로, 두 보드는 같은 개수의 핀 헤더를 갖고 있다. 사용된 마이크로컨트롤러의 형태 이외에 외형에서의 차이는 아두이노 우노가 USB B 타입 커넥터를 사용하고 아두이노 레오나르도가 Micro B 타입 커넥터를 사용한다는 점이다. 또한 ATmega32u4 마이크로컨트롤러는 자체적으로 USB 연결을 지원하므로 아두이노 우노와 같이 USB-UART 변환을 위해 별도의 마이크로컨트롤러를 사용하지 않아 아두이노 우노보다 구성이 간단하다.

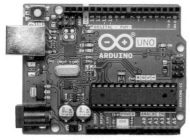
(a) 아두이노 우노

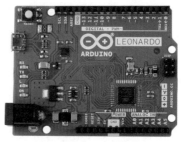
(b) 아두이노 레오나르도

그림 73.1 아두이노 우노와 아두이노 레오나르도

그림 73.1에서 핀 헤더 배열이 아두이노 우노와 같다는 점은 아두이노 우노에서와 같이 20개의 입출력 핀을 사용할 수 있다는 의미다. 하지만 표 73.1에 의하면 아두이노 레오나르도는 아두이노 우노보다 많은 27개의 데이터 핀을 사용할 수 있는 것처럼 보인다.

아두이노 우노에 사용된 **ATmega328 마이크로컨트롤러는 20개의 입출력 핀을 사용할 수 있으며, 아두이노에서는 20개의 입출력 핀을 정의하고 20개 데이터 핀에 대한 핀 헤더를 제공한다.** 아두이노 메가 2560에 사용된 **ATmega2560 마이크로컨트롤러는 86개의 입출력 핀을 사용할 수 있지만, 아두이노에서는 70개의 입출력 핀만 정의하고 70개 데이터 핀에 대한 핀 헤더를 제공한다.**

아두이노 레오나르도는 조금 복잡하다. ATmega32u4 마이크로컨트롤러는 44핀의 칩으로 전원, 크리스털, 리셋, USB 연결 등의 용도로 18개의 핀이 사용되고 나머지 26개는 입출력 핀으로 사용할 수 있다. 하지만 아두이노에서는 0번에서 30번까지 31개의 입출력 핀을 정의하고 있다. 사용할 수 있는 핀보다 많은 핀을 정의하고 있는 것은 24번에서 29번까지 6개의 핀이 같은 핀에 붙은 다른 이름이기 때문이다. 따라서 실제 정의된 핀 중 사용 가능한 핀은 0번부터 23번까지 24개의 핀과 30번 핀까지 25개다. 26개의 핀 중 나머지 하나는 아두이노의 특징인 부트로더 사용을 가능하게 하는 용도로 사용되므로 입출력 핀으로는 사용할 수 없다.

25개 핀이 정의되어 있지만, 아두이노 레오나르도의 피메일female 핀 헤더는 20개뿐이다. 나머지 5개는 어디에 있을까? 숨어 있는 5개 중 2개는 핀 헤더가 없는 핀으로 17번 핀은 RX LED에, 30번 핀은 TX LED에 연결되어 있다. 핀 헤더가 없다면 당연히 아두이노 레오나르도에서 데이터 핀으로는 사용할 수 없지만, TX LED와 RX LED를 내장 LED처럼 사용하는 것은 가능하다. 나머지 3개인 14번부터 16번까지는 SPI 통신에 사용되는 핀이다. SPI 통신은 부트로더 없이 스케치를 업로드할 때도 사용되며, 이때 스케치 업로드 장치는 ICSP 핀 헤더에 연결한다. 즉, ICSP 핀 헤더를 통해 14번부터 16번까지 핀을 사용할 수 있다.

아두이노 레오나르도의 경우를 다른 아두이노 보드와 같이 이야기하자면 **ATmega32u4 마이크로** **컨트롤러는 26개의 입출력 핀을 사용할 수 있지만 아두이노에서는 25개의 입출력 핀만 정의하고 있고 23** **개의 핀 헤더만을 제공한다.** 23개의 핀 헤더 중 3개는 ICSP를 위한 핀 헤더라는 점도 다른 아두이노 보드와 차이가 있다. 표 73.1에서 아두이노 레오나르도를 위한 디지털 핀 수 20개와 아날로그 입 력 핀 수 12개는 아두이노 우노와 같은 배열을 갖는 20개의 피메일 핀 헤더를 통해 사용할 수 있 는 최대 디지털 및 아날로그 입력 핀 수를 의미하므로 오해의 소지가 있다*. 아두이노 우노나 아두 이노 메가2560과 같은 방식으로 비교하기 위해서는 디지털 핀 17개와 아날로그 입력 핀 6개 또는 디지털 핀 11개와 아날로그 입력 핀 12개로 최대 23개의 핀을 사용할 수 있다고 표시해야 한다.

표 73.2 아날로그 및 디지털 데이터 입출력 핀

디지털 핀 번호	아날로그 핀 번호	디지털 데이터 입출력	아날로그 데이터 입력	아날로그 데이터 출력(PWM)	포트 핀 번호	비고
0	–	○	×	×	PD2	UART(RX), INT2
1	–	○	×	×	PD3	UART(TX), INT3
2	–	○	×	×	PD1	SDA, INT1
3	–	○	×	○	PD0	SCL, INT0
4	A6	○	○	×	PD4	
5	–	○	×	○	PC6	
6	A7	○	○	○	PD7	
7	–	○	×	×	PE6	INT4
8	A8	○	○	×	PB4	
9	A9	○	○	○	PB5	
10	A10	○	○	○	PB6	
11	–	○	×	○	PB7	
12	A11	○	○	×	PD6	
13	–	○	×	○	PC7	
14	–	○	×	×	PB3	ICSP 핀 헤더, MISO
15	–	○	×	×	PB1	ICSP 핀 헤더, SCK
16	–	○	×	×	PB2	ICSP 핀 헤더, MOSI
17	–	×	×	×	PB0	사용 불가, SS, RX LED
18	A0	○	○	×	PF7	
19	A1	○	○	×	PF6	

★ 표 73.1에서 20개와 12개로 표시한 것은 아두이노 공식 홈페이지의 표시를 따른 것이다.

표 72.2 아날로그 및 디지털 데이터 입출력 핀 (계속)

디지털 핀 번호	아날로그 핀 번호	디지털 데이터 입출력	아날로그 데이터 입력	아날로그 데이터 출력(PWM)	포트 핀 번호	비고
20	A2	○	○	×	PF5	
21	A3	○	○	×	PF4	
22	A4	○	○	×	PF1	
23	A5	○	○	×	PF0	
24, 4	A6	○	○	×	PD4	중복 정의
25, 6	A7	○	○	○	PD7	중복 정의
26, 8	A8	○	○	×	PB4	중복 정의
27, 9	A9	○	○	○	PB5	중복 정의
28, 10	A10	○	○	○	PB6	중복 정의
29, 12	A11	○	○	×	PD6	중복 정의
30	–	×	×	×	PD5	사용 불가, TX LED
–	–	×	×	×	PE2	사용 불가, 부트로더 실행
핀 수		23개	12개	7개		

아두이노 레오나르도에서 사용할 수 있는 핀 수를 요약하면 다음과 같다.

- 아두이노 레오나르도에 사용된 ATmega32u4 마이크로컨트롤러는 26개의 입출력 핀을 사용할 수 있다.
- 아두이노에서 정의하고 있는 입출력 핀은 31개이지만 6개는 중복해서 정의된 것이므로 실제 정의된 핀 수는 25개다.
- ATmega32u4의 26개 입출력 핀 중 정의되지 않은 1개는 부트로더 지원을 위해 사용된다.
- 25개의 핀 중 20개는 아두이노와 같은 피메일 핀 헤더를 통해 사용할 수 있다.
- 20개의 피메일 핀 헤더를 통해 사용할 수 있는 디지털 입출력 핀은 최대 20개다.
- 20개의 피메일 핀 헤더를 통해 사용할 수 있는 아날로그 입력 핀은 최대 12개다.
- 아두이노에서 정의된 25개의 핀 중 2개(17번과 30번)는 RX LED와 TX LED에 연결되어 있고 핀 헤더가 없으므로 내장 LED 용도로만 사용할 수 있다.
- 아두이노에서 정의된 25개의 핀 중 3개(14번, 15번, 16번)는 SPI 통신을 위해 사용되는 핀으로, ICSP 핀 헤더를 통해 사용할 수 있다.

그림 73.2는 아두이노 레오나르도의 핀 배치를 나타낸 것이다.

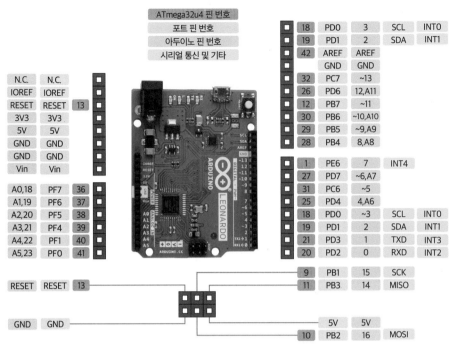

그림 73.2 아두이노 레오나르도 핀 헤더

73.2 아두이노 레오나르도에 스케치 업로드하기

입출력 핀을 3개 더 사용할 수 있다는 점 이외에 아두이노 레오나르도와 아두이노 우노의 중요한 차이는 컴퓨터와의 연결 방식이다. 아두이노 레오나르도는 아두이노 우노와 마찬가지로 USB를 통해 컴퓨터와 연결하고 스케치를 업로드한다. 하지만 동작 방식은 다르다. 아두이노 레오나르도의 ATmega32u4 마이크로컨트롤러는 USB 연결을 지원하므로 아두이노 우노처럼 ATmega16u2와 같은 별도의 마이크로컨트롤러가 필요하지 않다.

아두이노 레오나르도를 컴퓨터에 연결하면 아두이노 우노와 마찬가지로 장치 관리자에서 포트로 인식되는 것을 확인할 수 있다. 아두이노 프로그램에서 사용할 아두이노 보드의 종류와 아두이노 보드에 할당된 포트를 선택하는 것은 아두이노 우노의 경우와 같다. 아두이노 보드의 종류는 '툴 → 보드 → Arduino Leonardo'를 선택하고, '툴 → 포트' 메뉴에서는 아두이노 레오나르도에 할당된 포트를 선택한다.

모든 설정이 끝났으면 '파일 → 예제 → 01.Basics → Blink' 메뉴 항목을 선택하여 블링크 예제를 연다. '스케치 → 업로드' 메뉴 항목, `Ctrl`+`U` 단축키 또는 툴바의 '업로드' 버튼을 선택하여 스케치를 업로드하고 13번 핀에 연결된 내장 LED가 1초 간격으로 점멸하는 것을 확인해 보자. 그림 73.3은 아두이노 레오나르도의 LED를 나타낸 것으로, 아두이노 우노와는 LED 위치가 다르다는 점도 주의해야 한다. 더불어 RX와 TX에 연결된 LED도 13번 핀에 연결된 LED와 마찬가지로 블링크 스케치에서 핀 번호를 17번과 30번으로 바꾸어서 업로드하면 1초 간격으로 점멸하는 것을 확인할 수 있다.

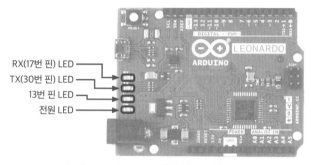

그림 73.3 아두이노 레오나르도의 LED

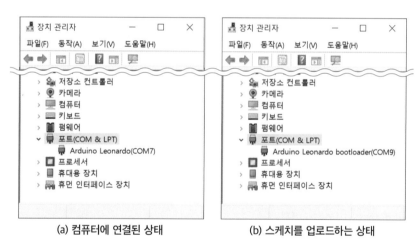

(a) 컴퓨터에 연결된 상태   (b) 스케치를 업로드하는 상태

그림 73.4 아두이노 레오나르도에 할당된 시리얼 포트

블링크 스케치를 업로드할 때 장치 관리자를 열어두면 스케치 업로드가 시작되는 시점에서 아두이노 레오나르도에 할당된 포트 번호가 바뀌는 것을 확인할 수 있다. 업로드가 끝나면 원래의 포트 번호로 다시 돌아온다. 즉, 아두이노 레오나르도를 컴퓨터에 연결했을 때와 아두이노 레오나르도로 스케치를 업로드할 때 서로 다른 포트를 사용한다. 각각의 경우 장치 관리자에 표시되는 이름 역시 서로 다르다는 점도 주의해야 한다.

아두이노 우노에서 컴퓨터와의 시리얼 통신은 **ATmega16u2 마이크로컨트롤러가 담당한다.** 따라서 아두이노 우노의 메인 마이크로컨트롤러인 ATmega328이 리셋되는 경우에도 ATmega16u2는 리셋되지 않으므로 컴퓨터와의 연결이 유지된다. 하지만 아두이노 레오나르도에서는 ATmega32u4가 컴퓨터와의 시리얼 통신까지 담당하므로 아두이노 레오나르도가 리셋되는 경우에는 컴퓨터와의 연결이 끊어진다. 스케치를 업로드하는 경우에도 리셋이 필요하며 리셋 후 가장 먼저 실행되는 부트로더에 새로운 포트가 할당되므로 그림 73.4에서와 같이 새로운 포트가 나타난다. 스케치 업로드가 끝나면 부트로더의 역할 역시 끝나고 아두이노 레오나르도에 할당된 포트가 장치 관리자에 나타난다. 이처럼 **아두이노 레오나르도에 스케치를 업로드할 때는 컴퓨터와의 연결이 끊어지고 연결되기를 반복하므로 Serial 클래스를 사용할 때 주의해야 한다.** 즉, 아두이노 레오나르도가 리셋되는 경우에는 시리얼 포트가 준비될 때까지 기다리는 과정이 필요하다.

스케치 73.1은 시리얼 모니터로 1초 간격으로 1씩 증가하는 카운터값을 출력하는 예다. 스케치 73.1에서 주의해서 살펴볼 부분은 setup 함수에서 시리얼 포트가 준비되기를 기다리는 while (!Serial) 부분이다. 시리얼 포트가 준비되기를 기다리는 것은 아두이노 레오나르도의 경우에만 필요하며, 아두이노 우노나 아두이노 메가2560의 경우 항상 true를 반환하므로 실행에 영향을 미치지 않는다. 스케치 73.1의 실행 결과는 아두이노 우노나 아두이노 메가2560의 경우와 비교해 차이가 없다.

</> 스케치 73.1 시리얼 모니터로 카운터값 출력

```
int count = 0;

void setup(){
    Serial.begin(9600);
    while(!Serial);                     // 시리얼 포트가 준비되기를 기다림
}

void loop(){
    Serial.print("현재 카운터값은 ");        // 카운터값 출력
    Serial.print(count++);
    Serial.println("입니다.");

    delay(1000);
}
```

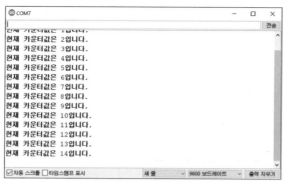

그림 73.5 스케치 73.1 실행 결과

하드웨어 시리얼 포트

아두이노 레오나르도에서 UART 시리얼 통신을 사용할 때 주의할 점 중 하나는 Serial1 객체가 존재한다는 점이다. 이는 아두이노 메가2560의 경우와 비슷하면서도 차이가 있다. 아두이노 메가2560에서 0번과 1번 핀은 하드웨어로 지원되는 UART 시리얼 통신을 위해 사용되는 핀으로 Serial 객체를 통해 사용할 수 있다. **아두이노 레오나르도 역시 0번과 1번 핀은 하드웨어로 지원되는 UART 시리얼 통신을 위해 사용되는 핀이지만 Serial 객체가 아니라 Serial1 객체를 통해 사용할 수 있다.** 아두이노 레오나르도에서 Serial 객체는 ATmega32u4 마이크로컨트롤러의 USB 통신을 위한 핀에 연결되어 있으며 USB 연결이 컴퓨터에서 시리얼 포트로 나타나므로 UART 시리얼 통신처럼 사용할 수 있는 것이다. 스케치 업로드가 Serial 객체가 연결된 핀으로 이루어진다는 점은 아두이노 메가2560과 아두이노 레오나르도가 같은 점이다.

한 가지 더 기억해야 할 점은 **ATmega32u4 마이크로컨트롤러에서 USB 연결을 위한 핀은 아두이노에서 데이터 핀으로 정의되어 있지 않다**는 점이다. 아두이노 우노나 아두이노 메가2560에서 USB 커넥터는 아두이노의 0번과 1번 핀으로 연결되어 있으므로 주변장치를 연결할 때 0번과 1번 핀은 사용하지 않는 것이 일반적이다. 하지만 아두이노 레오나르도에서 USB 커넥터는 핀 번호가 할당되어 있지 않으며 핀 헤더와 연결되어 있지 않으므로 0번과 1번 핀에 USB-UART 변환 장치를 연결하면 Serial1 객체를 통해 컴퓨터와의 시리얼 통신을 위해 사용할 수 있다.

그림 73.6과 같이 USB-UART 변환 장치를 아두이노 레오나르도의 0번과 1번 핀인 하드웨어 시리얼 포트에 연결하자. 컴퓨터와는 USB-UART 변환 장치를 통한 USB 연결(0번과 1번 핀을 통한 Serial1 객체 사용)과 아두이노 레오나르도의 USB 연결(아두이노에서는 정의되지 않은 핀을 통한 Serial 객체 사용)이 사용된다.

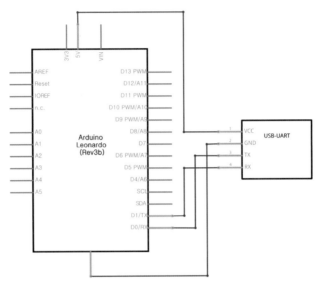

그림 73.6 **아두이노 레오나르도와 USB-UART 변환 장치 연결 회로도**

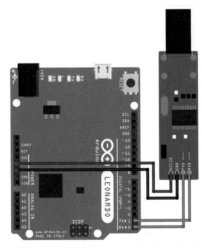

그림 73.7 **아두이노 레오나르도와 USB-UART 변환 장치 연결 회로**

아두이노 레오나르도와 USB-UART 변환 장치를 컴퓨터에 연결하면 장치 관리자에서는 각기 다른 COM 포트가 할당되며, 아두이노 레오나르도에서는 Serial과 Serial1 객체가 이들 포트와의 시리얼 통신을 담당한다.

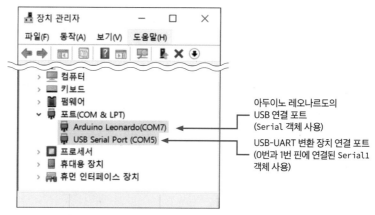

그림 73.8 **아두이노 레오나르도와 컴퓨터 연결**

스케치 73.2는 Serial과 Serial1 객체 사이에서 데이터를 주고받는 예다.

</> 스케치 73.2 **시리얼 포트 간 통신 – 아두이노 레오나르도**

```
void setup() {
    Serial.begin(9600);                         // 시리얼 포트 0번(USB 포트) 초기화
    Serial1.begin(9600);                        // 시리얼 포트 1번(UART 포트) 초기화

    while (!Serial);                             // 시리얼 포트가 준비되기를 기다림
}

void loop() {
    if (Serial.available()) {                   // 시리얼 포트 0번의 입력을
        Serial1.write(Serial.read());           // 시리얼 포트 1번으로 출력
    }

    if (Serial1.available()) {                  // 시리얼 포트 1번의 입력을
        Serial.write(Serial1.read());           // 시리어 포트 0번으로 출력
    }
}
```

그림 73.9 **스케치 73.2 실행 결과**

스케치 73.2에서 Serial 객체와 연결된 USB 포트를 통해 송수신되는 데이터는 아두이노 프로그램의 시리얼 모니터를 통해 확인할 수 있으며, Serial1 객체와 연결된 0번과 1번 핀을 사용하는 하드웨어 시리얼 포트로 송수신되는 데이터는 별도의 터미널 프로그램으로 확인할 수 있다. 그림 73.10은 스케치 73.2의 실행 구조를 아두이노 우노 및 아두이노 메가2560의 경우와 비교한 것이다. 스케치 73.2와 같은 동작을 하는 스케치를 아두이노 우노에서 작성하는 경우에는 하나의 하드웨어 시리얼 포트와 하나의 소프트웨어 시리얼 포트를 사용하면 되고, 아두이노 메가2560에서 작성하는 경우에는 2개의 하드웨어 시리얼 포트를 사용하면 된다. 아두이노 메가2560의 하드웨어 시리얼 포트에 관한 내용은 72장 '아두이노 메가2560'을 참고하면 된다.

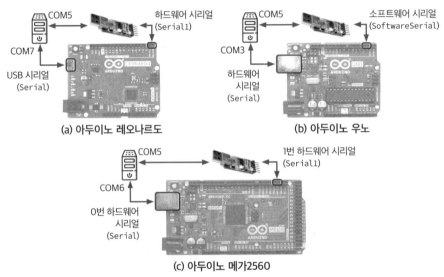

(a) 아두이노 레오나르도

(b) 아두이노 우노

(c) 아두이노 메가2560

그림 73.10 아두이노 보드에 따른 2개의 시리얼 포트 사용 구조

표 73.3 아두이노 보드에 따른 시리얼 포트 사용 방식의 비교

		아두이노 우노	아두이노 메가2560	아두이노 레오나르도
시리얼 포트 1	사용 핀	0번, 1번	0번, 1번	아두이노에서 정의되지 않은 핀
	사용 클래스/객체	Serial	Serial	Serial
	UART 지원 방식	UART 하드웨어	UART 하드웨어	USB 하드웨어
	USB-UART 변환	ATmega16u2	ATmega16u2	ATmega32u4
	비고	스케치 업로드에 사용되는 포트		
시리얼 포트 2	사용 핀	2번, 3번	18번, 19번	0번, 1번
	사용 클래스/객체	SoftwareSerial	Serial1	Serial1
	UART 지원 방식	소프트웨어	UART 하드웨어	UART 하드웨어
	USB-UART 변환	외부 USB-UART 변환 장치		
	비고	38,400 이하 보율을 추천		

마우스와 키보드 라이브러리

ATmega32u4 마이크로컨트롤러는 USB 연결을 지원하므로 간단하게 USB 마우스나 키보드로 동작하게 할 수 있으며, 이를 지원하기 위한 라이브러리가 아두이노의 기본 라이브러리로 제공되고 있다. 아두이노 우노도 USB 마우스와 키보드로 동작하도록 만들 수 있지만, 이는 아두이노 우노의 메인 마이크로컨트롤러인 ATmega328이 아니라 USB-UART 변환 장치로 사용되는 ATmega16u2 마이크로컨트롤러를 사용한 것이다. 즉, ATmega16u2와 ATmega32u4는 그 이름에서 알 수 있듯이 USB 연결을 직접 지원하는 마이크로컨트롤러들이다.

73.4.1 마우스 라이브러리

마우스 라이브러리는 아두이노 레오나르도가 연결된 컴퓨터에서 마우스로 동작할 수 있게 해주는 라이브러리다. 마우스 라이브러리에서는 마우스 동작을 지원하기 위해 Mouse_ 클래스를 제공하고 있으며 그 유일한 객체로 Mouse를 선언하고 있으므로 별도로 객체를 생성하지 않고 사용할 수 있다. 마우스 라이브러리를 사용하기 위해서는 먼저 헤더 파일을 포함해야 한다. '스케치 → 라이브러리 포함하기 → Mouse' 메뉴 항목을 선택하거나 #include 문을 직접 입력하면 된다.

```
#include <Mouse.h>
```

Mouse_ 클래스에서는 다양한 마우스 동작을 지원하기 위해 다음과 같은 멤버 함수를 정의하고 있다.

■ **begin**

```
void Mouse_::begin()
  - 매개변수: 없음
  - 반환값: 없음
```

아두이노 보드를 컴퓨터에 연결된 마우스로 동작하게 한다. 마우스로 사용하기 이전에 반드시 begin 함수를 호출해 주어야 하며 마우스 동작을 끝내기 위해서는 end 함수를 사용하면 된다.

■ end

```
void Mouse_::end()
  - 매개변수: 없음
  - 반환값: 없음
```

아두이노 보드가 마우스로 동작하는 것을 끝낸다. 마우스 동작을 시작하기 위해서는 begin 함수를 사용하면 된다.

■ click

```
void Mouse_::click(uint8_t button = MOUSE_LEFT)
  - 매개변수
     button: 버튼 종류(MOUSE_LEFT, MOUSE_RIGHT, MOUSE_MIDDLE 중 한 가지)
  - 반환값: 없음
```

연결된 컴퓨터의 현재 마우스 포인터 위치에 클릭 이벤트를 전송한다. 클릭은 마우스 버튼을 누르고press 떼는release 동작의 조합에 해당한다. 매개변수를 지정하지 않으면 디폴트값으로 왼쪽 버튼 클릭 이벤트를 전송한다. 마우스 버튼은 MOUSE_LEFT, MOUSE_RIGHT, MOUSE_MIDDLE 등 미리 정의된 상수 중 하나를 사용하면 된다.

■ move

```
void Mouse_::move(signed char x, signed char y, signed char wheel)
 - 매개변수
     x: 마우스 포인터의 x축 방향 이동량
     y: 마우스 포인터의 y축 방향 이동량
     wheel: 휠이 움직인 양
  - 반환값: 없음
```

마우스 포인터와 휠을 지정한 양만큼 움직인다. 마우스 포인터의 움직임은 현재 마우스 포인터의 위치에서 상대적인 값을 나타낸다.

■ press

```
void Mouse_::press(uint8_t button = MOUSE_LEFT)
  - 매개변수
```

button: 버튼 종류(MOUSE_LEFT, MOUSE_RIGHT, MOUSE_MIDDLE 중 한 가지)
  - 반환값: 없음

연결된 컴퓨터의 현재 마우스 포인터 위치에 마우스 누름press 이벤트를 전송한다. 매개변수를 지정하지 않으면 디폴트값으로 왼쪽 버튼 누름 이벤트를 전송한다. 마우스 버튼은 MOUSE_LEFT, MOUSE_RIGHT, MOUSE_MIDDLE 등 미리 정의된 상수 중 하나를 사용하면 된다.

■ release

```
void Mouse_::release(uint8_t button = MOUSE_LEFT)
  - 매개변수
    button: 버튼 종류(MOUSE_LEFT, MOUSE_RIGHT, MOUSE_MIDDLE 중 한 가지)
  - 반환값: 없음
```

연결된 컴퓨터의 현재 마우스 포인터 위치에 마우스 뗌release 이벤트를 전송한다. 매개변수를 지정하지 않으면 디폴트값으로 왼쪽 버튼 뗌 이벤트를 전송한다. 마우스 버튼은 MOUSE_LEFT, MOUSE_RIGHT, MOUSE_MIDDLE 등 미리 정의된 상수 중 하나를 사용하면 된다.

■ isPressed

```
bool Mouse_::isPressed(uint8_t button = MOUSE_LEFT)
  - 매개변수
    button: 버튼 종류(MOUSE_LEFT, MOUSE_RIGHT, MOUSE_MIDDLE 중 한 가지)
  - 반환값: 버튼이 눌렸는지 여부를 반환
```

지정한 마우스 버튼의 누름 여부를 반환한다. 매개변수를 지정하지 않으면 디폴트값으로 왼쪽 버튼 누름 여부를 검사하고 그 결과를 반환한다. 마우스 버튼은 MOUSE_LEFT, MOUSE_RIGHT, MOUSE_MIDDLE 등 미리 정의된 상수 중 하나를 사용하면 된다.

아두이노 레오나르도를 마우스나 키보드로 사용하는 경우 잘못된 스케치로 인해 원치 않는 입력이 계속될 수 있으며 이 경우 컴퓨터를 제어할 수 없는 상황이 발생할 수 있다. 이때 아두이노 레오나르도의 전원을 끄는 것만으로는 해결되지 않고 컴퓨터를 다시 시작해야 할 수 있으므로 마우스나 키보드 입력을 금지하는 하드웨어적인 수단을 마련하는 것이 좋다. 그림 73.11과 같이 13번 핀에 스위치를 연결하자.

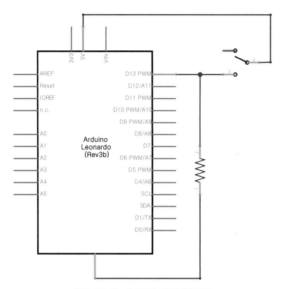

그림 73.11 스위치 연결 회로도

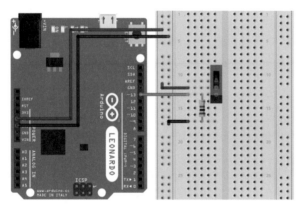

그림 73.12 스위치 연결 회로

스케치 73.3은 마우스의 왼쪽 버튼을 눌러 그림판에 사각형을 그리는 예다. 13번 핀에 연결된 스위치를 ON 상태로 놓았을 때만 아두이노 레오나르도가 마우스로 동작하여 사각형이 그려진다. 그림판에서는 펜 도구를 선택하여 사각형이 그려지는 것을 확인해 보자.

</> 스케치 73.3 USB 마우스

```
#include <Mouse.h>

int ON_OFF_BTN = 13;                        // 마우스 on/off 버튼
int state = 0;                              // 사각형을 그리는 상태
int SIZE = 50;                              // 사각형 크기
int MOVE = 20;                              // 사각형 이동
```

```
void setup() {
    pinMode(ON_OFF_BTN, INPUT);                  // 버튼을 입력으로 설정
    Mouse.begin();                               // 마우스 동작 시작
}

void loop() {
    // 마우스 기능이 켜진 경우에만 마우스 이벤트 전송
    if (digitalRead(ON_OFF_BTN) == HIGH) {
        switch (state) {
        case 0:                                  // 시작 위치에서 마우스 왼쪽 버튼 누름
            Mouse.press();
            state = 1;
            break;
        case 1:
            Mouse.move(SIZE, 0, 0);              // (SIZE, 0) 움직임, 오른쪽
            state = 2;
            break;
        case 2:
            Mouse.move(0, SIZE, 0);              // (0, SIZE) 움직임, 아래쪽
            state = 3;
            break;
        case 3:
            Mouse.move(-SIZE, 0, 0);             // (-SIZE, 0) 움직임, 왼쪽
            state = 4;
            break;
        case 4:
            Mouse.move(0, -SIZE, 0);             // (0, -SIZE) 움직임, 위쪽
            Mouse.release();                     // 왼쪽 버튼 뗌
            Mouse.move(MOVE, MOVE);              // 다음 사각형 그릴 위치로 이동
            state = 0;
        }
    }
    delay(500);
}
```

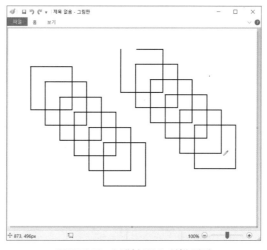

그림 73.13 스케치 73.3 실행 결과

73.4.2 키보드 라이브러리

키보드 라이브러리는 아두이노 레오나르도가 연결된 컴퓨터에서 키보드로 동작할 수 있게 해주는 라이브러리다. 키보드 라이브러리에서는 키보드 동작을 지원하기 위해 Keyboard_ 클래스를 제공하고 있으며, 그 유일한 객체로 Keyboard를 선언하고 있으므로 별도로 객체를 생성하지 않고 사용할 수 있다. 키보드 라이브러리를 사용하기 위해서는 먼저 헤더 파일을 포함해야 한다. '스케치 → 라이브러리 포함하기 → Keyboard' 메뉴 항목을 선택하거나 #include 문을 직접 입력하면 된다.

```
#include <Keyboard.h>
```

키보드 라이브러리를 통해 키보드에 있는 대부분의 키 입력이 가능하지만 모든 아스키 문자를 입력할 수 있는 것은 아니며, 특히 제어 문자의 경우에는 일부만 사용할 수 있다. 화면에 표시되는 문자 이외에 레오나르도에서 입력할 수 있는 키는 표 73.4에 정의된 키들이다.

표 73.4 아두이노 레오나르도에서 입력 가능한 제어키

키	16진값	10진값	키	16진값	10진값
KEY_LEFT_CTRL	0x80	128	KEY_F1	0xC2	194
KEY_LEFT_SHIFT	0x81	129	KEY_F2	0xC3	195
KEY_LEFT_ALT	0x82	130	KEY_F3	0xC4	196
KEY_LEFT_GUI	0x83	131	KEY_F4	0xC5	197
KEY_RIGHT_CTRL	0x84	132	KEY_F5	0xC6	198
KEY_RIGHT_SHIFT	0x85	133	KEY_F6	0xC7	199
KEY_RIGHT_ALT	0x86	134	KEY_F7	0xC8	200
KEY_RIGHT_GUI	0x87	135	KEY_F8	0xC9	201
KEY_UP_ARROW	0xDA	218	KEY_F9	0xCA	202
KEY_DOWN_ARROW	0xD9	217	KEY_F10	0xCB	203
KEY_LEFT_ARROW	0xD8	216	KEY_F11	0xCC	204
KEY_RIGHT_ARROW	0xD7	215	KEY_F12	0xCD	205
KEY_BACKSPACE	0xB2	178	KEY_F13	0xF0	240
KEY_TAB	0xB3	179	KEY_F14	0xF1	241
KEY_RETURN	0xB0	176	KEY_F15	0xF2	242
KEY_ESC	0xB1	177	KEY_F16	0xF3	243
KEY_INSERT	0xD1	209	KEY_F17	0xF4	244
KEY_DELETE	0xD4	212	KEY_F18	0xF5	245
KEY_PAGE_UP	0xD3	211	KEY_F19	0xF6	246

표 73.4 **아두이노 레오나르도에서 입력 가능한 제어키** (계속)

키	16진값	10진값	키	16진값	10진값
KEY_PAGE_DOWN	0xD6	214	KEY_F20	0xF7	247
KEY_HOME	0xD2	210	KEY_F21	0xF8	248
KEY_END	0xD5	213	KEY_F22	0xF9	249
KEY_CAPS_LOCK	0xC1	193	KEY_F23	0xFA	250
			KEY_F24	0xFB	251

Keyboard_ 클래스에서는 다양한 키보드 입력 동작을 지원하기 위해 다음과 같은 멤버 함수를 정의하고 있다.

■ begin

```
void Keyboard_::begin()
  - 매개변수: 없음
  - 반환값: 없음
```

아두이노 보드를 컴퓨터에 연결된 키보드로 동작하게 한다. 키보드로 사용하기 이전에 반드시 begin 함수를 호출해 주어야 하며 동작을 끝내기 위해서는 end 함수를 사용하면 된다.

■ end

```
void Keyboard_::end()
  - 매개변수: 없음
  - 반환값: 없음
```

아두이노 보드가 키보드로 동작하는 것을 끝낸다. 키보드 동작을 시작하기 위해서는 begin 함수를 사용하면 된다.

■ press

```
void Keyboard_::press(uint8_t key)
  - 매개변수
     key: 키값
  - 반환값: 없음
```

지정한 키값의 키가 눌린 상태에 있게 한다. 여러 개의 키를 함께 누르는 경우 먼저 누른 키가 눌린 상태를 유지하게 하려는 목적으로 사용할 수 있다. 예를 들어 Ctrl + C 키를 누르는 경우 press(KEY_LEFT_CTRL) 함수로 Ctrl 키를 누른 상태에 둘 수 있다. 눌린 상태를 해제하기 위해서는 release 또는 releaseAll 함수를 사용하면 된다.

- **release**

```
void Keyboard_::release(uint8_t key)
 - 매개변수
    key: 키값
 - 반환값: 없음
```

지정한 키값의 키가 눌리지 않은 상태에 있게 한다.

- **releaseAll**

```
void Keyboard_::releaseAll()
 - 매개변수
 - 반환값: 없음
```

현재 눌린 모든 키가 눌리지 않은 상태에 있게 한다.

- **print, println**

```
size_t Keyboard_::print(value)
size_t Keyboard_::println(value)
 - 매개변수
    value: 문자 또는 문자열
 - 반환값: 키보드 입력으로 컴퓨터에 전달된 데이터의 바이트 수
```

주어진 문자 또는 문자열을 키보드 입력으로 컴퓨터에 전달한다. print/println 함수를 통한 키보드 입력은 실제 키보드에 의한 입력에 우선한다.

- **write**

```
size_t Keyboard_::write(uint8_t key)
size_t Keyboard_::write(const uint8_t *buffer, size_t size)
 - 매개변수
    key: 키값
    buffer: 키값 배열
 - 반환값: 키보드 입력으로 컴퓨터에 전달된 데이터의 바이트 수
```

주어진 키값 또는 키값 배열을 키보드 입력으로 컴퓨터에 전달한다. write는 키보드를 누르고
press 떼는release 동작의 조합에 해당한다. write 함수를 통한 키보드 입력은 실제 키보드에 의한
입력에 우선한다.

키보드 입력 테스트를 위해서는 마우스 입력의 경우와 마찬가지로 그림 73.11과 같이 키보드 입
력을 활성화하는 스위치를 연결하여 잘못된 키보드 입력을 제어할 수 있게 하는 것이 좋다. 그림
73.14와 같이 4개의 버튼을 내부 풀업 저항을 사용하여 연결하고 각 버튼을 눌렀을 때 키보드의
방향키로 동작하도록 스케치를 작성해 보자.

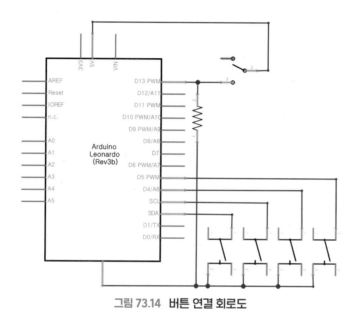

그림 73.14 버튼 연결 회로도

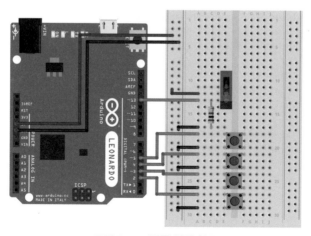

그림 73.15 버튼 연결 회로

스케치 73.4는 아두이노 레오나르도에 연결된 버튼을 눌렀을 때 컴퓨터에서 방향키로 동작하게
하는 예다.

</> 스케치 73.4 USB 키보드

```
#include <Keyboard.h>

int ON_OFF_BTN = 13;                                 // 키보드 on/off 버튼

int BUTTON_LEFT = 2;                                 // 왼쪽 화살표 키
int BUTTON_RIGHT = 3;                                // 오른쪽 화살표 키
int BUTTON_UP = 4;                                   // 위쪽 화살표 키
int BUTTON_DOWN = 5;                                 // 아래쪽 화살표 키

void setup() {
    Keyboard.begin();                                // 키보드 시작

    pinMode(ON_OFF_BTN, INPUT);                      // 버튼을 입력으로 설정
    // 화살표 키에 해당하는 버튼은 저항 없이 내부 풀업 저항 사용
    pinMode(BUTTON_LEFT, INPUT_PULLUP);
    pinMode(BUTTON_RIGHT, INPUT_PULLUP);
    pinMode(BUTTON_UP, INPUT_PULLUP);
    pinMode(BUTTON_DOWN, INPUT_PULLUP);

    Serial.begin(9600);
    while(!Serial);
}

void loop() {
    if (digitalRead(ON_OFF_BTN) == HIGH) {           // 키보드 기능이 켜진 경우에만 키값 전송
        if (digitalRead(BUTTON_LEFT) == LOW) {
            Keyboard.write(KEY_LEFT_ARROW);
            Serial.println("* 왼쪽 화살표 키 누름");
        }
        if (digitalRead(BUTTON_RIGHT) == LOW) {
            Keyboard.write(KEY_RIGHT_ARROW);
            Serial.println("* 오른쪽 화살표 키 누름");
        }
        if (digitalRead(BUTTON_UP) == LOW) {
            Keyboard.write(KEY_UP_ARROW);
            Serial.println("* 위쪽 화살표 키 누름");
        }
        if (digitalRead(BUTTON_DOWN) == LOW) {
            Keyboard.write(KEY_DOWN_ARROW);
            Serial.println("* 아래쪽 화살표 키 누름");
        }

        delay(100);
    }
}
```

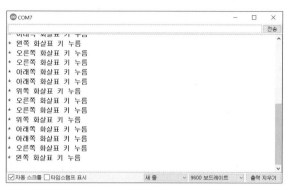

그림 73.16 스케치 73.4 실행 결과

맺는말

아두이노 레오나르도는 ATmega32u4 마이크로컨트롤러를 사용하여 만들어진 아두이노 보드다. ATmega32u4 마이크로컨트롤러가 아두이노 우노에 사용된 ATmega328 마이크로컨트롤러와 다른 점 중 한 가지는 USB 연결을 마이크로컨트롤러에서 지원한다는 점이다. ATmega32u4 마이크로컨트롤러가 USB 연결을 지원하므로 아두이노 레오나르도를 사용하면 USB 마우스나 키보드를 간단하게 구현할 수 있으며, 이를 위해 아두이노에는 마우스 라이브러리와 키보드 라이브러리가 기본 라이브러리로 포함되어 있다.

아두이노 레오나르도에서 한 가지 아쉬운 점이라면 아두이노에서 사용할 수 있도록 정의된 핀 중 일부는 사용할 수 있는 핀 헤더가 없거나 사용하기 불편하다는 점이다. 하지만 ICSP 핀 헤더를 통해 아두이노 우노보다 3개의 입출력 핀을 더 사용할 수 있고, 아두이노 우노와 달리 0번과 1번 핀이 스케치 업로드에 사용되지 않으므로 주변장치 연결에 제한이 없어 아두이노 레오나르도의 활용 범위는 아두이노 우노보다 넓다고 할 수 있다. 무엇보다 USB 장치를 만들기가 쉽다는 점이 아두이노 레오나르도의 가장 큰 장점이므로 USB 장치를 만들고 싶다면 아두이노 레오나르도 사용을 고려해 볼 수 있다.

1 아두이노 레오나르도에 사용된 ATmega32u4 마이크로컨트롤러는 아두이노 우노와 아두이노 메가2560에서 USB-UART 변환 기능을 담당하는 ATmega16u2 마이크로컨트롤러와 기본적으로 같은 기능을 한다. 두 마이크로컨트롤러는 USB 연결을 위한 USB 컨트롤러를 포함하고 있어 컴퓨터에 직접 연결하여 USB 장치를 만드는 데 사용할 수 있다. 이 외에 ATmega16u2와 ATmega32u4 마이크로컨트롤러의 공통점과 차이점을 알아보자.

2 아두이노 레오나르도를 USB 키보드로 사용하는 경우 버튼 하나로 여러 개의 키를 입력한 효과를 얻는, 흔히 이야기하는 키보드 매크로를 구현할 수 있다. 2번과 3번 핀에 내부 풀업 저항을 사용하여 버튼을 연결하고 2번 핀에 연결된 버튼을 누른 경우 'Ctrl + C' 키로, 3번 핀에 연결된 버튼을 누른 경우 'Ctrl + V' 키로 동작하도록 스케치를 작성해 보자.

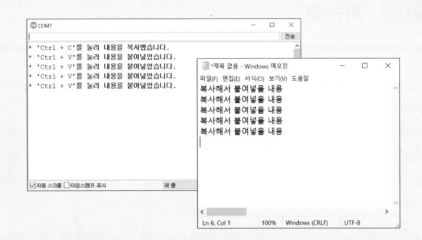

아두이노 나노와
아두이노 나노 에브리

아두이노 나노는 아두이노 우노와 같은 ATmega328 마이크로컨트롤러를 사용한 소형 아두이노 보드로, 아두이노 우노와 같은 마이크로컨트롤러를 사용하지만 SMD 타입의 칩을 사용하므로 아두이노 우노보다 2개의 아날로그 입력 핀을 더 사용할 수 있다는 장점이 있다. 여기에 새로운 아두이노 나노 시리즈의 하나인 아두이노 나노 에브리는 아두이노 나노와 핀 단위로 호환되면서 아두이노 나노보다 높은 성능을 보여주므로 활용 가능성이 더 넓어졌다. 이 장에서는 아두이노 나노와 아두이노 나노 에브리의 특징과 사용 방법을 알아본다.

아두이노 나노 ✕ 1 ➡
아두이노 나노 에브리 ✕ 1 ➡
가변저항 ✕ 1 ➡ 아날로그 입력
USB-UART 변환 장치 ✕ 1 ➡ USB2SERIAL

이 장에서
사용할 부품

아두이노 나노

아두이노 나노Nano는 그 이름에서도 알 수 있듯이 소형 아두이노 보드 중 하나다. 여러 종류의 소형 아두이노 보드가 판매되었지만, 아두이노 보드 중에서는 아두이노 우노가 기본 보드로 가장 많이 사용되는 것처럼 소형 보드 중에서는 아두이노 나노가 가장 많이 사용되고 있다. 아두이노 나노는 ATmega328 마이크로컨트롤러를 사용하므로 아두이노 우노와 기본적인 성능과 기능은 같다. 하지만 작은 크기로 만들기 위해 아두이노 우노에 사용된 DIP 타입 칩이 아니라 SMD 타입 칩을 사용하고 있다는 점이 가장 큰 차이라고 할 수 있다. **아두이노 우노에 사용된 DIP 타입 칩이 28개의 핀을 갖고 있다면, 아두이노 나노에 사용된 SMD 타입 칩은 32개의 핀을 갖고 있다.** 추가된 4 핀 중 2핀은 VCC와 GND이고 나머지 두 핀은 아날로그-디지털 변환 채널 6번과 7번에 해당한다. 즉, **아두이노 나노에서는 아날로그 입력 핀을 6개가 아닌 8개까지 사용할 수 있으며 추가된 핀은 각각 20번(A6)과 21번(A7)으로 정의되어 있다.** 표 74.1은 아두이노 우노와 아두이노 나노를 비교한 것이다. 아날로그 입력 핀 수를 제외한 나머지는 아두이노 우노와 아두이노 나노가 같으며, **20번과 21번 핀은 디지털 입출력 핀으로 사용할 수 없으므로** 디지털 입출력 핀으로 사용할 수 있는 최대 핀 수 역시 20개로 같다.

표 74.1 아두이노 보드 비교

항목	아두이노 우노	아두이노 나노
마이크로컨트롤러	ATmega328P-PU(DIP 타입)	ATmega328P-AU(SMD 타입)
핀 수(개)	28	32
동작 전압(V)	5	5
디지털 핀 수(개)	14	14
PWM 채널 수(개)	6	6
아날로그 입력 핀 수(개)	6	8
플래시 메모리(KB)	32	32
SRAM(KB)	2	2
EEPROM(KB)	1	1
클록(MHz)	16	16
USB-UART 변환 칩	ATmega16u2	FTDI FT232RL
USB 커넥터	B 타입	Mini B 타입

아두이노 우노와 아두이노 나노의 차이점 중 한 가지는 아두이노 우노는 USB-UART 변환을 위해 사용한 칩의 종류로 ATmega16u2 마이크로컨트롤러를 사용했다면, 아두이노 나노는 범용 변환 칩인 FTDI 칩을 사용하고 있다. 따라서 아두이노 나노는 아두이노 우노와 같은 방법으로 USB 장치를 만드는 데 사용할 수는 없다.

그림 74.1은 아두이노 나노의 외형을 나타낸 것으로 앞면에는 ATmega328 마이크로컨트롤러, 리셋 버튼, 4개의 LED, ICSP 핀 헤더 등이 있고 뒷면에서는 USB-UART 변환을 위한 FTDI 칩을 확인할 수 있다.

(a) 앞면   (b) 뒷면

그림 74.1 아두이노 나노

그림 74.1에서 볼 수 있듯이, 아두이노 나노는 아두이노 우노와 같은 피메일 핀 헤더가 아니라 브레드보드에 꽂아 사용할 수 있도록 메일 핀 헤더를 제공하고 있다. 그림 74.2는 아두이노 나노의 주요 부품을 나타낸 것이다.

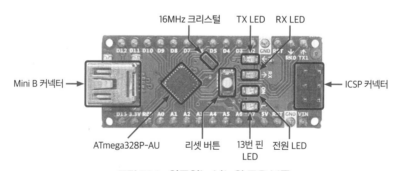

그림 74.2 아두이노 나노의 주요 부품

아두이노 나노에는 아두이노 우노와 같이 어댑터를 연결할 수 있는 배럴 잭이 없다. 따라서 아두이노 나노에는 다음과 같은 세 가지 방법으로 전원을 공급할 수 있다.

• Mini B 타입 USB 커넥터를 통해 전원을 공급할 수 있다.

• 5V 핀을 통해 5V 전원을 공급할 수 있다. 다른 방법으로 전원이 공급되는 경우 5V 핀은 주변 장치에 5V 전원을 공급하는 용도로 사용할 수 있다.

- Vin 핀을 통해 6~12V 전원을 공급할 수 있다. 공급된 전원은 아두이노 나노 뒷면에 있는 레귤레이터를 통해 5V 동작 전압으로 변환된다.

표 74.2는 아두이노 나노에 정의된 22개의 핀을 요약한 것으로 추가된 2개의 아날로그 입력 핀이 포트에 속하지 않는다는 점, 따라서 디지털 입출력 핀으로는 사용할 수 없다는 점도 주의해야 한다.

표 74.2 아날로그 및 디지털 데이터 입출력 핀

디지털 핀 번호	아날로그 핀 번호	디지털 데이터 입출력	아날로그 데이터 입력	아날로그 데이터 출력(PWM)	포트 핀 번호	비고
0	-	○	×	×	PD0	UART(RX)
1	-	○	×	×	PD1	UART(TX)
2	-	○	×	×	PD2	INT0
3	-	○	×	○	PD3	INT1
4	-	○	×	×	PD4	
5	-	○	×	○	PD5	
6	-	○	×	○	PD6	
7	-	○	×	×	PD7	
8	-	○	×	×	PB0	
9	-	○	×	○	PB1	
10	-	○	×	○	PB2	
11	-	○	×	○	PB3	SPI(MOSI)
12	-	○	×	×	PB4	SPI(MISO)
13	-	○	×	×	PB5	SPI(SCK)
14	A0	○	○	×	PC0	
15	A1	○	○	×	PC1	
16	A2	○	○	×	PC2	
17	A3	○	○	×	PC3	
18	A4	○	○	×	PC4	I2C(SDA)
19	A5	○	○	×	PC5	I2C(SCL)
20	A6	×	○	×	-	
21	A7	×	○	×	-	
핀 수		20개	8개	6개		

그림 74.3은 아두이노 나노의 핀 배치를 나타낸 것이다.

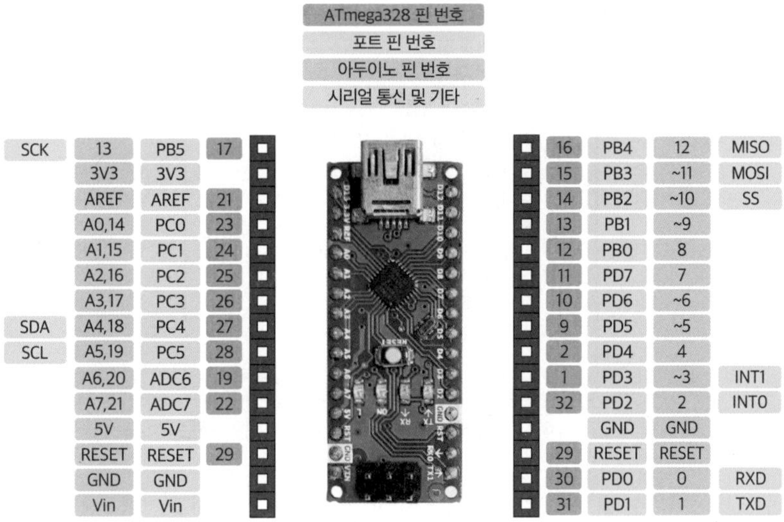

그림 74.3 **아두이노 나노의 핀 헤더**

74.2 아두이노 나노에 스케치 업로드하기

아두이노 나노는 아두이노 우노보다 아날로그 입력 핀을 2개 더 사용할 수 있다는 점을 제외하면 아두이노 우노와 같다. 한 가지 주의할 점은 추가된 아날로그 입력 핀인 A6번과 A7번 핀은 디지털 입출력 핀으로는 사용할 수 없다는 점이다. 다른 데이터 핀들은 모두 포트에 속해 있다. 예를 들어, A5 핀은 PC5로 포트 C의 5번 비트에 해당한다. 하지만 A6번과 A7번은 포트에 속하지 않으며 ADC6과 ADC7로 아날로그-디지털 변환기의 채널로만 존재한다. 따라서 아날로그 입력을 위해 사용할 수 있지만, 디지털 입출력 핀으로 사용할 수는 없다. 디지털 입출력 핀으로 사용해도 컴파일 과정에서 오류는 발생하지 않지만, 실행했을 때 원하는 결과를 얻을 수는 없다.

아두이노 나노를 컴퓨터에 연결하면 다른 아두이노 보드와 마찬가지로 장치 관리자에서 포트로 인식된다. 하지만 다른 아두이노 보드의 경우 장치 관리자에서 보드의 이름이 포트 번호와 함께 나타나지만, 아두이노 나노는 '아두이노 나노'라는 이름이 나타나지 않는다. 이는 아두이노 나노의 경우 USB-UART 변환을 위해 범용의 FTDI 칩을 사용하기 때문이다.

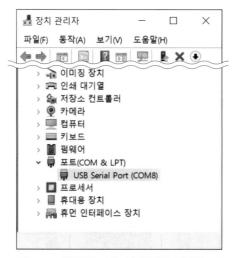

그림 74.4 아두이노 나노에 할당된 시리얼 포트

아두이노 보드의 종류는 '툴 → 보드 → Arduino Nano'를 선택하고, '툴 → 포트' 메뉴에서는 그림 74.4에서 아두이노 나노에 할당된 포트인 'COM8'을 선택한다. 아두이노 나노를 선택하면 아두이노 우노에는 없는 '툴 → 프로세서' 메뉴가 나타난다. 이전 버전의 아두이노 나노에서 ATmega168을 사용한 예도 있지만, 이 장에서 사용하는 아두이노 나노는 ATmega328을 사용하고 있다. ATmega328의 경우도 부트로더의 종류에 따라 두 종류가 있으며, 현재 사용되고 있는 부트로더는 새로운 부트로더이므로 'ATmega328P' 메뉴 항목을 선택하면 된다.

그림 74.5 프로세서 선택

모든 설정이 끝났으면 '파일 → 예제 → 01.Basics → Blink' 메뉴 항목을 선택하여 블링크 예제를 연다. '스케치 → 업로드' 메뉴 항목, 'Ctrl+U' 단축키 또는 툴바의 '업로드' 버튼을 선택하여 스케치를 업로드하고 13번 핀에 연결된 내장 LED가 1초 간격으로 점멸하는 것을 확인해 보자.

아두이노 나노의 아날로그 입력 핀

아두이노 나노는 8개의 아날로그 입력 핀을 갖고 있다. 이는 아두이노 우노에 사용된 DIP 타입의 ATmega328 칩이 아니라 SMD 타입의 ATmega328 칩을 사용하기 때문이다. A0에서 A5까지 5개 아날로그 입력 핀은 아두이노 우노와 사용 방법이 같지만, A6번과 A7번 핀은 아날로그 입력 핀으로만 사용할 수 있다는 점에서 아두이노 우노와 차이가 있다. 그림 74.6과 같이 아두이노 나노에 추가된 A7번 핀에 가변저항을 연결하자.

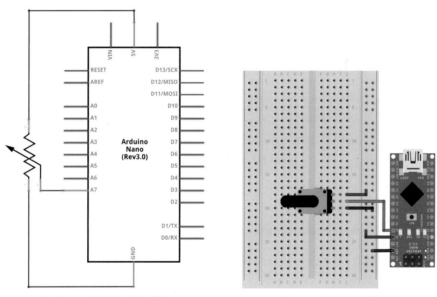

그림 74.6 **가변저항 연결 회로도**   그림 74.7 **가변저항 연결 회로**

스케치 74.1은 가변저항값을 읽어 시리얼 모니터로 출력하는 예다. A7번 핀은 아두이노 우노에서는 사용할 수 없는 핀이라는 사실을 기억하면 된다. 또한 digitalWrite(A7, HIGH)와 같은 문장은 컴파일 과정에서는 아무런 오류가 없지만, 아무런 결과를 얻을 수 없다.

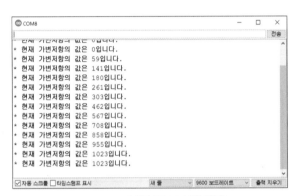
스케치 74.1 A7번 아날로그 입력 핀 읽기

```
void setup() {
  Serial.begin(9600);
}

void loop() {
    int v = analogRead(A7);

    Serial.println(String("* 현재 가변저항의 값은 ") + v + "입니다.");

    delay(1000);
}
```

그림 74.8 스케치 74.1 실행 결과

74.4 아두이노 나노 에브리

아두이노 나노는 ATmega328 마이크로컨트롤러를 사용하여 만든 소형 아두이노 우노로 생각할 수 있으며, 작은 크기로 시스템 구현에서 흔히 사용된다. 최근 사물인터넷 등에 활용할 수 있는 소형 아두이노 보드에 대한 수요가 증가함에 따라 아두이노에서는 새로운 아두이노 나노 시리즈를 선보였으며 아두이노 나노 33, 아두이노 나노 에브리Every 등이 포함되어 있다. 새로운 아두이노 나노 시리즈는 아두이노 나노 보드와 크기가 같고 핀 수도 같아 기존 아두이노 나노를 사용한 시스템에 쉽게 적용할 수 있다. 표 74.3은 새로운 아두이노 나노 시리즈의 사양을 비교한 것이다.

표 74.3 **아두이노 나노 시리즈 보드**

항목	아두이노 나노 에브리	아두이노 나노 33 BLE	아두이노 나노 33 IoT
마이크로컨트롤러	ATmega4809	nRF52840	ATSAMD21
클록(MHz)	20	64	48
플래시 메모리(KB)	48	1,024	256
SRAM(KB)	6	256	32
인터페이스	SPI, I2C, UART	SPI, I2C, I2S, UART	SPI, I2C, I2S, UART
동작 전압(V)	5	3.3	3.3
디지털 입출력 핀(개)	14	14	14
PWM 출력 핀(개)	5	6	8
아날로그 입력 핀(개)	8	8	8
기타	–	BLE 5.0	WiFi, BLE 4.2

새로운 아두이노 나노 시리즈 보드 중 아두이노 나노 에브리는 아두이노 나노의 개선된 버전으로 AVR 시리즈 마이크로컨트롤러 중 하나인 ATmega4809를 사용하여 더 많은 메모리를 제공한다는 점을 제외하면 아두이노 나노와 비슷한 기능과 성능을 갖고 있다. 이에 비해 무선 연결을 지원하는 아두이노 나노 33 보드들은 Cortex-M 기반 마이크로컨트롤러를 사용한 고성능 보드들이다. 이 장에서는 AVR 시리즈 마이크로컨트롤러를 사용한 아두이노 나노 에브리를 사용한다. 그림 74.9는 아두이노 나노 에브리의 외형을 나타낸 것으로 아두이노 나노와 크기, 핀 수, 핀 배치가 같다.

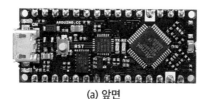

(a) 앞면   (b) 뒷면

그림 74.9 **아두이노 나노 에브리**

아두이노 나노 에브리가 아두이노 나노와 다른 점 한 가지는 USB-UART 변환 칩으로 아두이노 우노의 ATmega16u2 마이크로컨트롤러나 아두이노 나노의 FTDI 칩과는 다른 Cortex-M 기반의 ATSAMD11 마이크로컨트롤러를 사용하고 있다는 점이다. 그림 74.10은 아두이노 나노 에브리의 주요 부품을 나타낸다.

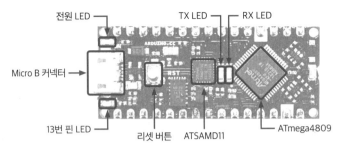

그림 74.10 아두이노 나노 에브리의 주요 부품

표 74.4는 아두이노 나노와 아두이노 나노 에브리를 비교한 것이다.

표 74.4 아두이노 나노와 아두이노 나노 에브리 비교

항목	아두이노 나노	아두이노 나노 에브리
마이크로컨트롤러	ATmega328P-AU(SMD 타입)	ATmega4809(SMD 타입)
핀 수(개)	32	48
동작 전압(V)	5	5
최대 디지털 핀 수(개)	20	22
PWM 채널 수(개)	6	5
아날로그 입력 핀 수(개)	8	8
플래시 메모리(KB)	32	48
SRAM(KB)	2	6
EEPROM(KB)	1	0.25
클록(MHz)	16	16(최대 20)*
USB-UART 변환 칩	FTDI FT232RL	ATSAMD11
USB 커넥터	Mini B 타입	Micro B 타입
UART(개)	1	2(4)
SPI(개)	1	1
I2C(개)	1	1

아두이노 나노 에브리에 사용된 마이크로컨트롤러는 ATmega4809로 아두이노 우노나 아두이노
나노에 사용된 ATmega328 마이크로컨트롤러와 비교하면 플래시 메모리는 1.5배, SRAM은 3배
로 커져 복잡한 알고리즘을 구현할 수 있다. 또한 아두이노 나노 에브리의 모든 디지털 입출력 핀

---

*   아두이노 나노 에브리에 관한 아두이노의 홈페이지 설명에는 아두이노 나노 에브리가 20MHz 클록을 사용하는 것처럼 되어 있지만,
    실제 보드 정의(Arduino megaAVR Boards 1.8.5 버전 기준)에서는 16MHz를 사용하도록 정의되어 있다. ATmega4809의 공장 초깃값은
    20MHz다.

으로는 외부 인터럽트를 사용할 수 있다. ATmega4809 마이크로컨트롤러는 4개의 UART 포트를 갖고 있다는 점도 활용 가능성을 높이는 점 중 하나다. 하지만 아두이노 나노 에브리에서는 4개 중 2개의 UART 포트만 사용하고 있다. ATmega4809 마이크로컨트롤러는 내부 RC 오실레이터로 20MHz 클록까지 지원하며, 아두이노 나노 에브리 역시 크리스털 없이 내부 RC 오실레이터를 사용한다는 점도 아두이노 나노와의 차이점이다.

ATmega4809는 48핀의 칩으로 48핀 중 전원, 리셋 등을 위해 사용되는 핀을 제외하면 최대 39개의 핀을 데이터 입출력 핀으로 사용할 수 있다. 이 중 **아두이노에서는 0번에서 25번까지 26개의 입출력 핀을 정의하고 있으며 22개의 핀에 대한 핀 헤더만 제공한다.** 22개 핀 헤더는 0번에서 13번까지 14개의 디지털 입출력 핀과 A0에서 A7까지 8개의 아날로그 입력 핀에 대한 헤더로 아날로그 나노의 핀 헤더와 같다. 아두이노 나노에서는 A6번과 A7번 핀을 디지털 입출력 핀으로 사용할 수 없지만, 아두이노 나노 에브리는 A6번과 A7번 핀도 디지털 입출력 핀으로 사용할 수 있다. 따라서 디지털 입출력 핀의 수는 최대 22개로 아두이노 나노보다 2개가 많다.

26개 입출력 핀이 정의되고 22개 핀에 대한 헤더만 제공되면 나머지 4개는 어디에 있을까? 핀 헤더가 없는 4개 핀 중 **22번과 23번 핀은 I2C 통신을 위해 사용되는 핀으로 18번(A4), 19번(A5) 핀과 같은 핀 헤더를 사용한다.** 즉, 하나의 핀 헤더에 2개의 입출력 핀이 연결되어 있다. 아두이노 나노에서도 I2C 통신을 위해 A4와 A5번 핀이 사용된다. 하지만 아두이노 나노에서는 아날로그 입력과 I2C 통신이 하나의 핀에서 제공하는 두 가지 기능이라면, 아두이노 나노 에브리에서는 아두이노 나노와의 호환성을 위해 2개의 핀에서 제공하는 한 가지씩의 기능을 하나의 핀 헤더로 연결해 놓았다.

26개의 핀 중 마지막 2개 **24번과 25번 핀은 USB-UART 변환을 위해 사용되는 ATSAMD11 마이크로컨트롤러와 연결된 핀으로,** ATSAMD11은 아두이노 나노 에브리의 USB 커넥터와 연결되어 있다. 즉, 24번과 25번 핀은 범용 입출력 핀으로는 사용할 수 없으며 스케치 업로드와 컴퓨터와의 시리얼 통신을 위해 사용되는 핀이다. 하지만 24번과 25번 핀에는 RX LED와 TX LED가 연결되어 있으므로 내장 LED로 사용할 수 있다.

표 74.5 아날로그 및 디지털 데이터 입출력 핀

디지털 핀 번호	아날로그 핀 번호	디지털 데이터 입출력	아날로그 데이터 입력	아날로그 데이터 출력(PWM)	포트 핀 번호	비고
0	–	○	×	×	PC5	RXD1
1	–	○	×	×	PC4	TXD1
2	–	○	×	×	PA0	
3	–	○	×	○	PF5	
4	–	○	×	×	PC6	
5	–	○	×	○	PB2	
6	–	○	×	○	PF4	
7	–	○	×	×	PA1	
8	–	○	×	×	PE3	SPI SS
9	–	○	×	○	PB0	
10	–	○	×	○	PB1	
11	–	○	×	×	PE0	SPI MOSI
12	–	○	×	×	PE1	SPI MISO
13	–	○	×	×	PE2	SPI SCK
14	A0	○	○	×	PD3	
15	A1	○	○	×	PD2	
16	A2	○	○	×	PD1	
17	A3	○	○	×	PD0	
18	A4	○	○	×	PF2	22번과 같은 핀 헤더
19	A5	○	○	×	PF3	23번과 같은 핀 헤더
20	A6	○	○	×	PD4	
21	A7	○	○	×	PD5	
22	–	–	–	–	PA2	SDA, 18번과 같은 핀 헤더
23	–	–	–	–	PA3	SCL, 19번과 같은 핀 헤더
24	–	–	–	–	PB5	사용 불가, RXD3
25	–	–	–	–	PB4	사용 불가, TXD3
핀 수		22개	8개	5개		

그림 74.11은 아두이노 나노 에브리의 핀 배치를 나타낸 것이다.

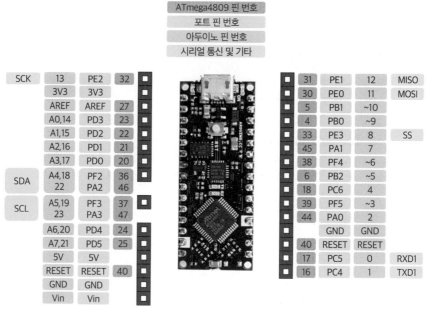

그림 74.11 아두이노 나노 에브리의 핀 헤더

아두이노 나노 에브리에 스케치 업로드하기

아두이노 나노 에브리는 아두이노 나노와 같은 수와 같은 배열의 핀 헤더를 갖고 있으며, A6과 A7번 핀을 디지털 입출력 핀으로 사용할 수 있다는 점을 제외하면 기능 역시 아두이노 나노와 거의 같다. 스케치를 업로드하는 방법 역시 기본적으로 같지만, **아두이노 프로그램에 아두이노 나노 에브리를 지원하는 파일이 디폴트로 설치되지 않으므로 별도로 설치해야 한다.** '툴 → 보드 → 보드 매니저...' 메뉴 항목을 선택하여 보드 매니저 다이얼로그를 실행하고 보드 매니저에서 'Arduino megaAVR Boards'를 검색하여 설치하면 아두이노 나노 에브리를 사용할 준비는 끝난다.

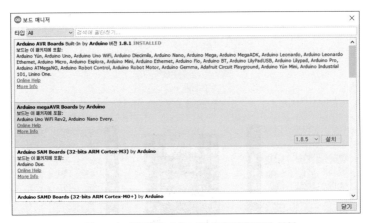

그림 74.12 아두이노 나노 에브리 지원 파일 설치

아두이노 나노 에브리를 컴퓨터에 연결하면 아두이노 나노와 마찬가지로 장치 관리자에서 포트로 인식된다.

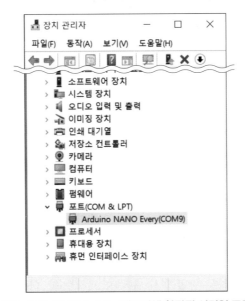

그림 74.13 아두이노 나노 에브리에 할당된 시리얼 포트

'Arduino megaAVR Boards'를 설치하면 ATmega4809 마이크로컨트롤러를 사용하는 아두이노 나노 에브리와 아두이노 우노 와이파이가 '툴 → 보드' 메뉴에 추가된다.

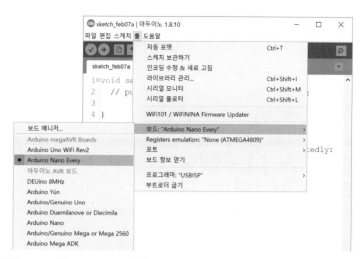

그림 74.14 ATmega4809 마이크로컨트롤러를 사용한 아두이노 보드 항목 추가

아두이노 보드의 종류는 '툴 → 보드 → Arduino Nano Every'를 선택하고, '툴 → 포트' 메뉴에서
는 아두이노 나노 에브리에 할당된 COM9 포트를 선택한다. 아두이노 나노 에브리를 선택하면
'Registers emulation' 메뉴가 나타나며 'ATMEGA328' 또는 'None (ATMEGA4809)' 중 하나를 선택
할 수 있다. 이는 아두이노 우노나 아두이노 나노와의 스케치 호환성을 위한 것으로, 스케치를 새
롭게 작성하는 경우라면 어느 것을 선택해도 상관없다. 하지만 기존에 ATmega328 마이크로컨트롤
러가 사용된 아두이노 보드를 위한 스케치를 아두이노 나노 에브리에서 사용하고자 한다면, 특히
스케치에 어셈블리 코드를 포함하고 있는 스케치라면 'ATMEGA328' 메뉴 항목을 선택함으로써
스케치의 수정 없이 ATmega4809에서 ATmega328을 위한 레지스터 조작 명령을 사용할 수 있다.

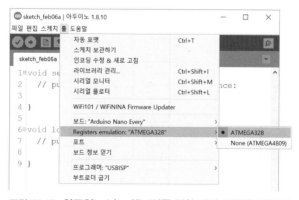

그림 74.15 아두이노 나노 에브리를 위한 레지스터 에뮬레이션

모든 설정이 끝났으면 '파일 → 예제 → 01.Basics → Blink' 메뉴 항목을 선택하여 블링크 예제
를 연다. '스케치 → 업로드' 메뉴 항목, 'Ctrl + U' 단축키 또는 툴바의 '업로드' 버튼을 선택하여

스케치를 업로드하고 13번 핀에 연결된 내장 LED가 1초 간격으로 점멸하는 것을 확인해 보자. 마찬가지로 RX와 TX에 연결된 LED도 블링크 스케치에서 핀 번호를 24번(RX)과 25번(TX)으로 바꾸어서 업로드하면 1초 간격으로 점멸하는 것을 확인할 수 있다.

74.6 아두이노 나노 에브리의 하드웨어 시리얼 포트

아두이노 나노 에브리에서 UART 시리얼 통신을 사용할 때 주의할 점 중 하나는 하드웨어로 지원되는 포트에 해당하는 Serial1 객체가 존재한다는 점이다. 이는 아두이노 메가2560, 아두이노 레오나르도 등과 비슷하면서도 약간의 차이가 있다. 아두이노 나노 에브리에서는 2개의 하드웨어 시리얼 포트를 사용한다. 그중 하나는 3번 UART 시리얼 포트로, 스케치 업로드와 컴퓨터와의 시리얼 통신에 사용되며 Serial 객체로 제어한다. Serial 객체에서 사용하는 핀은 24번과 25번 핀으로 핀 헤더가 없으므로 시리얼 통신 이외의 디지털 입출력 핀으로는 사용할 수 없다. 반면, 0번과 1번 핀으로 사용하는 1번 UART 시리얼 포트는 Serial1 객체로 제어하며 스케치 업로드와는 무관하므로 UART 시리얼 통신이나 디지털 입출력 핀으로 사용할 수 있다. 그림 74.16과 같이 USB-UART 변환 장치를 아두이노 나노 에브리의 0번과 1번 핀에 연결하자.

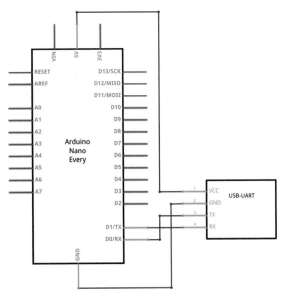

그림 74.16 아두이노 나노 에브리와 USB-UART 변환 장치 연결 회로도

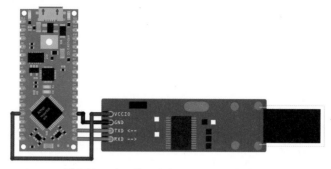

그림 74.17 아두이노 나노 에브리와 USB-UART 변환 장치 연결 회로

아두이노 나노 에브리와 USB-UART 변환 장치를 컴퓨터에 연결하면 장치 관리자에서는 각기 다른 COM 포트가 할당되며, 아두이노 나도 에브리에서는 Serial과 Serial1 객체가 이들 포트와의 시리얼 통신을 담당한다.

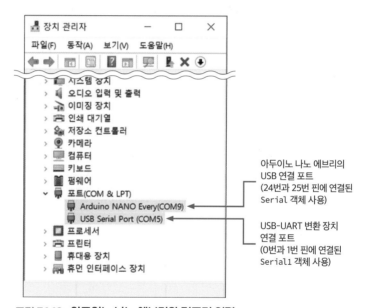

그림 74.18 아두이노 나노 에브리와 컴퓨터 연결

스케치 74.2는 Serial과 Serial1 객체 사이에 데이터를 주고받는 예다.

```
void setup() {
    Serial.begin(9600);                          // 시리얼 포트 3번 초기화
    Serial1.begin(9600);                         // 시리얼 포트 1번 초기화
}

void loop() {
    if (Serial.available()) {                    // 시리얼 포트 3번의 입력을
        Serial1.write(Serial.read());            // 시리얼 포트 1번으로 출력
    }

    if (Serial1.available()) {                   // 시리얼 포트 1번의 입력을
        Serial.write(Serial1.read());            // 시리어 포트 0번으로 출력
    }
}
```

그림 74.19   스케치 74.2 실행 결과

스케치 74.2에서 Serial 객체와 연결된 포트를 통해 송수신되는 데이터는 아두이노 프로그램의 시리얼 모니터를 통해 확인할 수 있고, 0번과 1번 핀을 사용하며 Serial1 객체와 연결된 포트를 통해 송수신되는 데이터는 별도의 터미널 프로그램을 통해 확인할 수 있다.

스케치 74.2와 같은 동작을 하는 스케치를 아두이노 메가2560에서 작성하는 경우에는 2개의 하드웨어 시리얼 포트를 사용하면 된다. 아두이노 레오나르도 역시 2개의 하드웨어 포트를 사용하지만 둘 중 하나는 USB 포트라는 점에서 아두이노 나노 에브리와는 차이가 있다. 아두이노 메가2560, 아두이노 레오나르도, 아두이노 나노 에브리의 시리얼 포트를 비교하면 다음과 같다. 아두이노 메가2560과 아두이노 레오나르도의 시리얼 포트에 관한 내용은 72장 '아두이노 메가2560'과 73장 '아두이노 레오나르도'를 참고하면 된다.

- 아두이노 메가2560은 4개의 하드웨어 시리얼 포트를 제공하며, 0번과 1번 핀으로 사용할 수 있는 UART 시리얼 포트는 Serial 객체를 통해 제어할 수 있다. 나머지 3개의 하드웨어 시리얼 포트는 각각 Serial1, Serial2, Serial3 객체가 제어를 담당한다. USB 커넥터로 연결된 포트는 0번 UART 포트로, Serial 객체와 연결되어 있다.

- 아두이노 레오나르도는 1개의 UART 시리얼 포트와 1개의 USB-UART 포트를 제공하며, 0번과 1번 핀으로 사용할 수 있는 UART 시리얼 포트를 제어하는 객체는 Serial1이다. Serial 객체는 USB-UART 포트에 연결되어 있고 USB 커넥터로 컴퓨터와 연결하는 포트이기도 하다. 아두이노 레오나르도의 USB-UART 포트와 연결된 핀은 아두이노에서 정의되지 않은 핀이다.

- 아두이노 나노 에브리는 4개의 하드웨어 시리얼 포트를 제공하며 2개의 시리얼 포트를 아두이노 환경에서 사용할 수 있다. 24번과 25번 핀으로 사용할 수 있는 3번 UART 시리얼 포트를 제어하는 객체가 Serial이다. 0번과 1번 핀으로 사용할 수 있는 1번 UART 시리얼 포트를 제어하는 객체는 Serial1이며 아두이노 환경에서 나머지 2개 시리얼 포트는 사용할 수 없다. USB 커넥터로 연결된 포트는 3번 시리얼 포트로, Serial 객체와 연결되어 있다.

그림 74.20은 스케치 74.2의 실행 구조를 나타낸 것으로, 2개의 하드웨어 시리얼 포트를 사용하는 아두이노 레오나르도 및 아두이노 메가2560과 비교하고 있다.

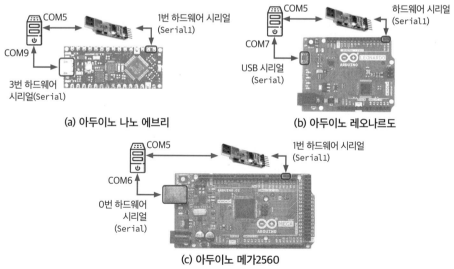

(a) 아두이노 나노 에브리 (b) 아두이노 레오나르도

(c) 아두이노 메가2560

그림 74.20 아두이노 보드에 따른 2개의 하드웨어 시리얼 포트 사용 구조

표 74.6 아두이노 보드에 따른 2개의 하드웨어 시리얼 포트 사용 방식 비교

		아두이노 나노 에브리	아두이노 레오나르도	아두이노 메가2560
시리얼 포트 1	사용 핀	24번, 25번	아두이노에서 정의되지 않은 핀	0번, 1번
	사용 클래스/객체	Serial	Serial	Serial
	UART 지원 방식	UART 하드웨어	USB 하드웨어	UART 하드웨어
	USB-UART 변환	ATSAMD11	ATmega32u4	ATmega16u2
	비고	스케치 업로드에 사용되는 포트		
시리얼 포트 2	사용 핀	0번, 1번	0번, 1번	18번, 19번
	사용 클래스/객체	Serial1	Serial1	Serial1
	UART 지원 방식	UART 하드웨어	UART 하드웨어	UART 하드웨어
	USB-UART 변환	외부 USB-UART 변환 장치		
	비고	0번 1번 핀을 범용 입출력 핀으로 사용하는 데 제한 없음		

74.7 맺는말

아두이노 나노는 아두이노 우노와 성능이 같으면서 아두이노 우노보다 2개의 아날로그 입력 핀을 더 사용할 수 있는 소형 아두이노 보드다. 아두이노 나노는 작은 크기로 시스템 구현에 적용하기가 쉬워 흔히 사용된다. 이러한 아두이노 나노의 인기에 힘입어 새로운 아두이노 나노 시리즈 보드들이 최근 추가되었다. 추가된 아두이노 나노 보드들은 크기가 작다는 공통점으로 나노라는 이름을 사용하고 있지만 사용하는 마이크로컨트롤러는 이전의 아두이노 나노와는 다르다. 새로운 아두이노 나노 시리즈 보드 중 아두이노 나노 에브리는 AVR 시리즈 마이크로컨트롤러 중 하나인 ATmega4809를 사용하며, 아두이노 나노보다 많은 메모리를 사용할 수 있는 등 아두이노 나노의 업그레이드 버전으로 생각할 수 있다. 반면, 아두이노 나노 33 보드들은 Cortex-M 코어 기반의 아두이노 보드로, 무선 환경에서 소형 시스템을 구현하기 위한 목적으로 만들어진 보드들이다.

새로운 나노 시리즈 보드 중 이 장에서는 아두이노 나노 에브리를 살펴봤다. 아두이노 나노와 비교했을 때 아두이노 나노 에브리는 플래시 메모리가 1.5배로 더 큰 스케치를 작성할 수 있지만, 무엇보다 SRAM이 6KB로 많은 변수를 사용할 수 있다는 점이 큰 장점이라 할 수 있다. 새로운 아두이노 나노 시리즈 보드들은 높은 성능과 다양한 기능을 제공하면서도 기존 아두이노 나노와 크기가 같고 핀 배치 역시 같으므로 아두이노 나노보다 적용 범위가 넓을 것으로 기대된다. ATmega4809 마이크로컨트롤러는 와이파이 기능이 포함된 '아두이노 우노 WiFi rev. 2'에도 사용되는 등 아두이노에서 사용된 예도 늘어나고 있다. 하지만 ATmega4809 마이크로컨트롤러는 아두이노 보드에 사용된 다른 AVR 시리즈 마이크로컨트롤러와 내부 구조에 차이가 있다. ATmega328과의 호환 모드를 제공하고는 있지만 다른 아두이노 보드와의 스케치 호환성에 문제가 있을 수 있다는 것은 앞으로 지켜봐야 할 점이다.

1 아두이노가 설치된 디렉터리 아래 '\hardware\arduino\avr'에 있는 boards.txt 파일에는 아두이노 프로그램에서 사용할 수 있는 보드들이 정의되어 있다. 보드 정의에서 아두이노 우노와 아두이노 나노를 비교해 보면 크게 두 가지 차이를 발견할 수 있다. 하나는 부트로더 영역의 크기이고, 다른 하나는 사용할 수 있는 아날로그 핀 수의 차이다. 부트로더 영역의 크기 차이는 여러 가지 옵션에 영향을 미치며 퓨즈 바이트 역시 그중 하나다. 아두이노 우노와 아두이노 나노 보드의 정의에서 퓨즈 바이트값을 비교해 보고 그 차이점을 살펴보자.

2 아두이노 나노 에브리에 사용된 ATmega4809는 megaAVR 0-series에 속하는 마이크로컨트롤러로, 아트멜이 마이크로칩에 합병된 이후 출시된 마이크로컨트롤러다. megaAVR 0-series 마이크로컨트롤러는 부트로더의 사용, 프로그래밍 인터페이스 등에서 이전 AVR 시리즈와 차이가 있다. 따라서 이 장에서 살펴본 기본적인 사용 방법에서는 아두이노 나노와 아두이노 나노 에브리 사이에 차이가 없어 보이지만, 실제 동작 방식에 차이가 있다. megaAVR 0-series 마이크로컨트롤러가 이전 AVR 시리즈 마이크로컨트롤러에 비해 달라진 점을 알아보자.

DIY 아두이노

아두이노는 오픈 소스를 바탕으로 하고 있으므로 소프트웨어인 아두이노 프로그램을 무료로 내려 받아 사용할 수 있을 뿐만 아니라, 하드웨어인 아두이노 보드 설계 역시 공개되어 있어 아두이노 호환 보드를 쉽게 만들 수 있다. 이 장에서는 스케치 업로드 등의 부가 기능을 제외하고 아두이노 우노로 동작할 수 있게 하는 데 필수적인 기능들로 이루어진 아두이노 우노 호환 보드 DEUino를 만드는 과정을 살펴보고 DEUino를 사용하는 방법을 알아본다.

이 장에서 사용할 부품

부품	수량	용도	부품	수량	용도
아두이노 우노	× 1	업로드 장치로 활용	ISP 방식 프로그래머	× 1	USBISP
USB-UART 변환 장치	× 1	USB2SERIAL	7805 칩	× 1	정전압 칩
1N4001 다이오드	× 1	역전류 방지	47μF 전해 커패시터	× 2	정전압 변환
LED	× 2		220Ω 저항	× 2	
10kΩ 저항	× 1	리셋 풀업 저항	스위치	× 1	전원 ON/OFF
푸시 버튼	× 1	리셋	0.1μF 세라믹 커패시터	× 3	전원 안정화
16MHz 크리스털	× 1		22pF 세라믹 커패시터	× 2	크리스털 안정화
ATmega328P 칩	× 1		IC 소켓	× 1	28핀, ATmega328P용
6핀 커넥터	× 2	ISP 방식 프로그래머 및 USB-UART 변환 장치 연결 커넥터			
만능 기판	× 1		배럴잭	× 1	
피메일 핀 헤더	× 1	40핀 이상			

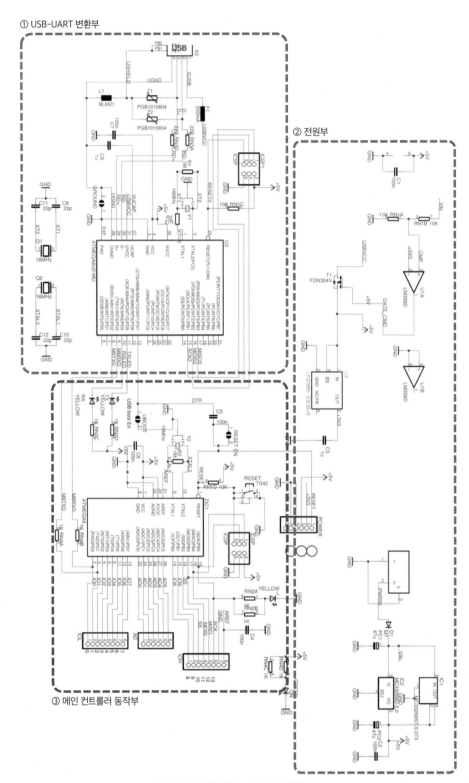

그림 75.1 아두이노 우노 R3 회로도

아두이노는 오픈 소스를 바탕으로 하고 있으므로 **아두이노 프로그램뿐만 아니라 아두이노 보드의 회로도 역시 공개되어 있다.** 인터넷에서 아두이노 우노 회로도를 검색하면 아두이노 우노 R3의 회로도를 쉽게 찾아볼 수 있다. 그림 75.1은 아두이노 우노 R3의 회로도다. 회로도상으로는 아주 복잡해 보이지만, 아두이노 우노 호환 보드를 만드는 데 필요한 부분은 그리 많지 않다. 아두이노 우노의 회로도는 크게 세 부분으로 나눌 수 있다. 첫 번째는 ATmega16u2 마이크로컨트롤러를 사용한 USB-UART 변환 부분으로 컴퓨터와의 USB 연결을 담당하는 부분이다. 두 번째는 전원 관련 부분으로 USB 전원이나 어댑터 전원 등을 사용하여 5V와 3.3V 전압을 만들어 아두이노 우노에 공급하는 부분이다. 마지막 세 번째가 아두이노 우노 호환 보드를 만드는 데 필요한 부분이자 ATmega328 마이크로컨트롤러의 동작과 관련된 부분이다. ATmega328 마이크로컨트롤러는 그 자체로 하나의 컴퓨터라고 할 수 있으므로 스케치가 업로드되어 있다면 설치된 스케치를 실행하기 위해 전원 이외에 많은 부품이 필요하지 않다. 그림 75.1에서도 입출력 핀을 위한 헤더를 제외한다면 ATmega328 마이크로컨트롤러에 연결된 부품이 10개를 넘지 않는다. 아두이노 우노 호환 보드인 DEUino는 그림 75.1에서 ATmega328 동작 부분을 중심으로 하고 전원 공급을 위한 부분 일부로 이루어진다. 스케치는 USB-UART 변환 장치나 ISP 방식 프로그래머 등의 별도 외부 장치를 사용하여 업로드하는 것으로 한다.

75.1 DEUino: DIY and Enjoy Your Arduino

75.1.1 전원 공급 회로

아두이노 우노에는 USB나 어댑터를 통해 전원을 공급할 수 있다. 스케치를 작성하는 동안 DEUino에는 ISP 방식 프로그래머나 USB-UART 변환 장치를 통해 전원을 공급할 수 있지만, 스케치를 업로드한 후 컴퓨터와 별도로 동작하기 위해서는 ATmega328의 동작 전압인 5V를 공급하는 방법이 필요하다. 동작 전압 공급을 위해 DEUino에서는 7805 레귤레이터를 사용한다. 7805 레귤레이터는 7~25V의 입력 전압에서 5V의 출력 전압과 최대 1A의 출력 전류를 제공한다. 그림 75.2는 7805 레귤레이터를 나타낸다. 7~25V의 입력 전압과 5V의 출력 전압 차이는 많은 부분 열로 방출되므로 레귤레이터의 머리 부분 GND가 다른 부품 쪽으로 향하지 않게 하는 것이 좋다. 또한 안전을 위해 방열판 사용을 고려할 수 있다.

그림 75.3은 DEUino의 전원 공급 회로로 7805 칩에 전원 안정화를 위한 커패시터, 전원 연결을 확인하기 위한 LED, 역전류 방지를 위한 다이오드 그리고 DEUino를 켜고 끌 수 있는 스위치를 추가하여 구성했다.

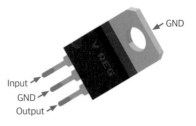

그림 75.2 **7805 레귤레이터**

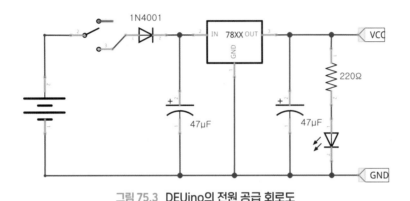

그림 75.3 **DEUino의 전원 공급 회로도**

75.1.2 외부 크리스털 회로

아두이노 우노에 사용된 ATmega328은 16MHz의 속도로 동작한다. ATmega328에는 내부 발진기가 포함되어 있어 외부 클록 없이도 동작할 수 있지만, **내부 발진기를 사용하는 경우 최대 동작 속도는 8MHz로 제한**되므로 DEUino는 아두이노 우노와 같이 외부 클록을 기본으로 한다. 외부 클록은 발진기 안정화를 위한 커패시터와 함께 ATmega328의 9번 및 10번 핀에 연결한다.

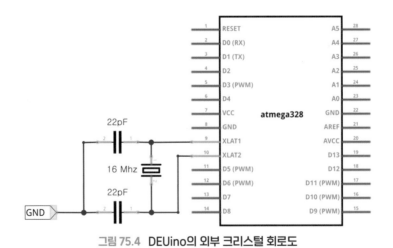

그림 75.4 **DEUino의 외부 크리스털 회로도**

75.1.3 리셋 회로

마이크로컨트롤러를 리셋하기 위한 리셋 버튼도 필요하다. ATmega328의 리셋 핀은 1번 핀으로 설치된 스케치가 실행되고 있을 때는 VCC가 가해지도록 풀업 저항 사용이 추천되고, 리셋 핀에 LOW가 가해질 때 리셋된다active low. 리셋은 마이크로컨트롤러를 초기화하는 경우 이외에 스케치를 업로드할 때도 필요하다.

아두이노에 스케치를 업로드하는 방법은 USB-UART 변환 장치를 사용하는 방법과 ISP 방식 프로그래머를 사용하는 방법 두 가지가 있으며, 각각의 경우 리셋 핀을 연결하는 방법이 다르다. **USB-UART 변환 장치를 사용하여 스케치를 업로드할 때 사용하는 리셋은 리셋 핀과 직렬로 0.1µF 커패시터가 연결되어 있어야 하지만, ISP 방식 프로그래머를 사용하여 스케치를 업로드할 때 사용하는 리셋은 리셋 핀으로 바로 연결하면 된다.** 이 두 가지를 구별하기 위해 커패시터가 연결된 리셋을 'RESET-C', 직접 연결된 리셋을 'RESET'으로 구별하여 표시했다.

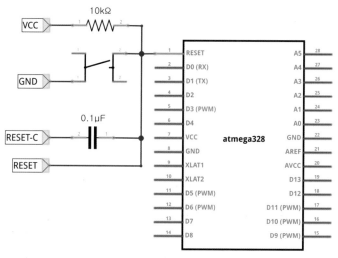

그림 75.5 DEUino의 리셋 회로도

75.1.4 마이크로컨트롤러 전원 회로

ATmega328에 전원은 디지털 전원인 VCC와 GND, 아날로그 전원인 AVCC와 GND를 연결해야 한다. 여기에 전원 안정화를 위해 0.1µF 커패시터를 추가한다. AREF 핀은 아날로그 데이터 입력 시 기준이 되는 전압 중 하나로, 0~5V 사이의 외부 전원을 연결하여 사용할 수 있다. 아날로그 변환 시 기준 전압은 AVCC인 5V가 흔히 사용된다.

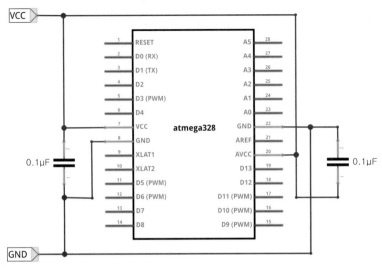

그림 75.6 DEUino의 마이크로컨트롤러 전원 회로도

75.1.5 ISP 방식 프로그래머 커넥터

스케치 업로드를 위해 사용할 수 있는 전용 장치 중 하나인 ISP 방식 프로그래머를 연결하기 위해서는 아두이노 우노의 ICSP 핀 헤더 기능을 하는 6핀 커넥터가 필요하다. ICSP 핀 헤더는 아두이노 우노에 있는 2열 구성이 표준 배열 중 하나이지만, 이 책에서 주로 사용하는 USBISP에 맞게 1열 6핀으로 구성했다. 다른 ISP 방식 프로그래머를 사용하고자 한다면 사용하고자 하는 장치에 맞게 핀 배열을 수정하여 사용하면 된다.

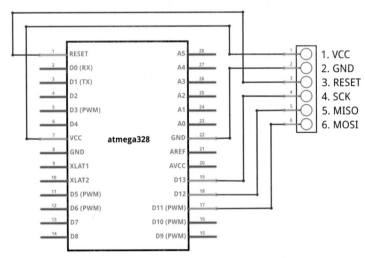

그림 75.7 DEUino의 ISP 방식 프로그래머 연결 회로도

75.1.6 USB-UART 변환 장치 커넥터

아두이노 우노는 부트로더를 사용하는 시리얼 방식 업로드를 기본으로 사용한다. 아두이노 우노에는 시리얼 방식 업로드에 사용할 수 있는 ATmega16u2 마이크로컨트롤러가 포함되어 있지만, DEUino에는 USB-UART 변환 장치가 포함되어 있지 않고 USB-UART 변환 장치를 연결하기 위한 커넥터만 포함되어 있다. 별도의 USB-UART 변환 장치를 연결하면 아두이노 우노에서와 마찬가지로 스케치 업로드는 물론 컴퓨터와의 UART 시리얼 통신을 위해서도 사용할 수 있다. **UART 시리얼 연결은 일반적으로 RX, TX, VCC, GND의 4핀 연결을 사용하지만, 아두이노에서는 프로그램 업로드를 위해 리셋 핀이 추가된 5핀 연결을 사용한다.** 이때 리셋은 커패시터가 연결된 'RESET-C'로 연결된다는 점에 주의해야 한다. 스케치 업로드가 시작되는 순간 리셋 버튼을 눌러주어야 하는 불편함을 감수할 수 있다면 4핀 연결로도 스케치 업로드가 가능하다.

USB-UART 변환 장치의 경우 4핀 또는 6핀 커넥터가 흔히 사용되며 이 책에서 주로 사용하는 USB-UART 변환 장치는 6핀 커넥터를 갖고 있다. 따라서 ISP 방식 프로그래머를 위한 커넥터와 마찬가지로 6핀 커넥터를 사용했다. 아두이노에서 스케치 업로드를 위해 사용할 수 있는 USB-UART 변환 장치에서는 리셋 핀을 'RESET' 또는 'RST'로 표시하기도 하지만, RS-232C의 표준에 따라 DTR_{Data Terminal Ready}로 표시할 때도 있다. DTR은 동작이 가능한 상태, 즉 데이터를 주고받을 준비가 되었음을 알려주는 신호로 아두이노에서는 DTR 신호를 사용하여 리셋 신호를 만들어 사용한다.

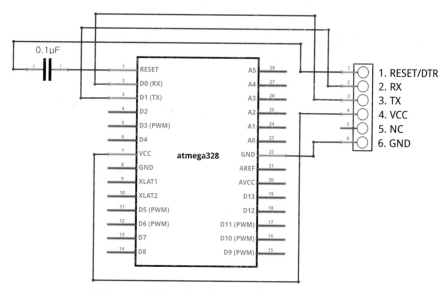

그림 75.8 DEUino의 USB-UART 변환 장치 연결 회로도

ISP 방식 프로그래머와 마찬가지로 USB-UART 변환 장치를 위한 1열 6핀 커넥터에 대한 표준 배열은 존재하지 않으므로, 이 책에서 주로 사용하는 US2SERIAL 장치에 맞게 1열 6핀으로 구성했다. 다른 USB-UART 변환 장치를 사용하고자 한다면 사용하고자 하는 장치에 맞게 핀 배열을 수정하여 사용하면 된다.

75.1.7 핀 헤더 회로

DEUino에 주변장치를 연결하기 위해서는 핀 헤더 역시 필요하다. 핀 헤더는 아날로그 입력 핀을 위해 6개, 디지털 입출력을 위해 14개가 필요하며 전원 및 리셋을 위해 3개 등 최소 23개의 핀 헤더를 연결한다. 여러 개의 주변장치를 연결하는 경우에는 전원 핀을 연결할 핀 헤더가 부족할 수 있으므로 VCC와 GND를 위해 2개 이상의 핀 헤더를 연결해 둬야 할 수도 있다. 핀 헤더에 직접 연결하지 않는다면 브레드보드를 사용해야 한다.

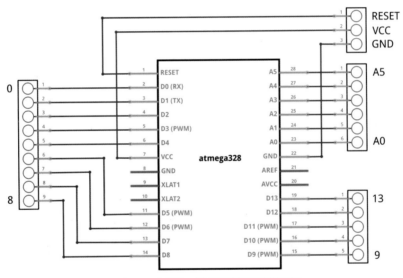

그림 75.9 DEUino의 핀 헤더 연결 회로도

75.1.8 DEUino 회로도

위의 회로도와 아두이노 8번 핀에 해당하는 ATmega328의 14번 핀에 LED를 추가하여 완성한 DEUino의 회로도는 그림 75.10과 같으며, 그림 75.11은 DEUino를 브레드보드상에 구현한 예다. 회로를 간단히 하기 위해 그림 75.10과 그림 75.11에서는 ISP 방식 프로그래머 커넥터, USB-UART 변환 장치 커넥터, 핀 헤더 등은 표시하지 않았다.

LED는 아두이노 13번 핀에 연결하는 것이 일반적이지만, 아두이노 13번 핀은 ISP 방식 스케치 업로드에도 사용되는 핀이다. 외부 ISP 방식 프로그래머를 사용하는 경우에는 문제가 없었지만, 아두이노 보드를 사용하여 ISP 방식으로 부트로더를 굽거나 스케치를 업로드 과정에서 중복 사용으로 인한 충돌이 발생하는 경우가 있어 LED는 아두이노 13번 핀이 아니라 아두이노 8번 핀, 즉 ATmega328의 14번 핀에 연결했다.

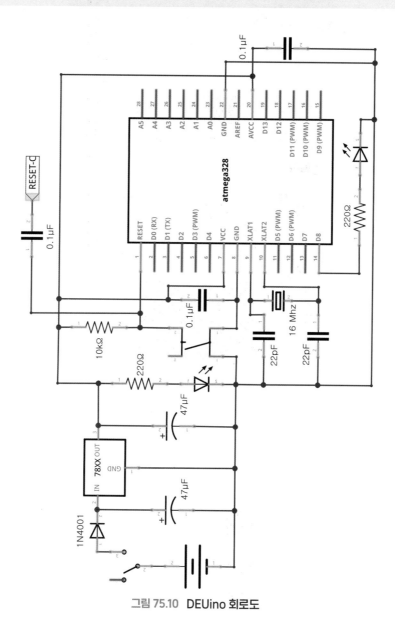

그림 75.10　DEUino 회로도

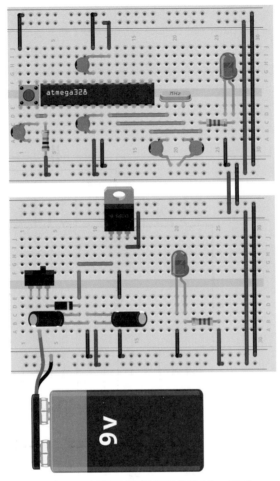

그림 75.11 브레드보드를 이용한 DEUino 연결

DEUino 제작을 위해 필요한 부품을 정리하면 표 75.1과 같다.

표 75.1 DEUino 부품 리스트

부품	수량	이미지	비고
7805 정전압 IC	1		ATmega328 동작을 위한 5V 정전압 공급
1N4001 다이오드	1		역전류 방지 다이오드
47µF 전해 커패시터	2		전원부 전원 안정화를 위한 커패시터

표 75.1 DEUino 부품 리스트 (계속)

부품	수량	이미지	비고
LED	2		전원 LED 및 13번 디지털 핀 출력 확인을 위한 LED
220Ω 저항	2		LED 전류 제한을 위한 저항
10kΩ 저항	1		RESET 핀 풀업 저항
스위치	1		DEUino ON/OFF용 스위치
푸시 버튼	1		RESET 버튼
0.1µF 세라믹 커패시터	3		ATmega328 전원 공급 안정화 및 시리얼 방식 업로드를 위한 커패시터 '104'
16MHz 크리스털	1		16MHz 클록 생성을 위한 크리스털
22pF 세라믹 커패시터	2		크리스털 안정화를 위한 커패시터 '22'
ATmega328P	1		Pico power 칩
28핀 IC 소켓	1		ATmega328 장착용 소켓
6핀 커넥터	2		ISP 방식 프로그래머 및 USB-UART 변환 장치 커넥터
만능 기판	1		DEUino 제작용 만능 기판
배럴 잭	1		외부 전원 어댑터 연결 잭
핀 헤더	1		주변장치 연결용 피메일 핀 헤더, 40핀 이상

75.2 DEUino에 스케치 업로드하기

브레드보드나 만능 기판에 만들어진 DEUino에 스케치를 업로드하기 위해서는 아두이노에서와 마찬가지로 ISP 방식이나 시리얼 방식을 사용할 수 있다. 아두이노 우노의 경우 시리얼 방식 업로드를 지원하기 위해 ATmega16u2 마이크로컨트롤러가 포함되어 있으므로 별도의 장치 없이 USB 연결선만으로 스케치를 업로드할 수 있지만, ISP 방식을 사용하기 위해서는 별도의 ISP 방식 프로그래머가 필요하다. DEUino의 경우에는 USB-UART 변환 장치 역시 포함되어 있지 않으므로 별도의 USB-UART 변환 장치가 필요하다. 만약 아두이노 우노를 갖고 있다면 **아두이노 우노를 USB-UART 변환 장치나 ISP 방식 프로그래머로 사용할 수도 있다.**

시리얼 방식 업로드를 사용하고 싶다면 먼저 부트로더를 굽고 스케치를 업로드하는 두 단계가 필요하며, USB-UART 변환 장치와 ISP 방식 프로그래머가 필요하다. 부트로더를 사용하지 않고 ISP 방식 업로드를 사용하고 싶다면 부트로더를 굽지 않고 ISP 방식으로 스케치를 업로드하는 단계만 필요하다. 두 가지 방법 모두에서 **ATmega328 칩을 새로 구입한 경우라면, 부트로더를 사용하지 않더라도 퓨즈 비트 설정을 위해 한 번은 부트로더를 굽는 것이 별도로 퓨즈 비트를 설정하는 것보다 간단하다.** 표 75.2는 두 가지 업로드 방법을 비교한 것이다. 자세한 내용은 7장 '부트로더와 스케치 업로드'를 참고하면 된다.

표 75.2 프로그램 업로드 방식

	시리얼 방식	ISP 방식
스케치 업로드	가능	가능
주요 용도	스케치 업로드	부트로더 굽기
부트로더 사용	○	×
부트로더 굽기	불가능	가능
사용 하드웨어	USB-UART 변환 장치	ISP 방식 프로그래머
통신 방식	UART	SPI
기타	• 아두이노에서 기본적으로 사용하는 스케치 업로드 방식 • 컴퓨터와의 시리얼 통신에도 사용 가능	• ISP 방식으로 스케치를 업로드하면 부트로더는 지워짐

아두이노 보드를 이용한 업로드

아두이노 우노를 갖고 있다면 아두이노 우노를 ISP 방식 프로그래머로 설정하여 DEUino에 부트로더를 굽거나 프로그램을 업로드할 수 있다. 이를 위해서는 먼저 아두이노 우노를 ISP 방식 프로그래머로 설정해야 한다. 아두이노 우노를 컴퓨터에 연결하고 ISP 방식 프로그래머로 동작할 수 있도록 스케치를 업로드한다. 아두이노 프로그램에는 아두이노를 ISP 방식 프로그래머로 사용할 수 있게 해주는 예제가 포함되어 있으므로 다음 과정을 통해 아두이노 우노를 ISP 방식 프로그래머로 설정할 수 있다. ISP 방식 프로그래머로 설정하는 과정은 다른 스케치를 업로드하는 과정과 다르지 않다.

■ **아두이노 우노를 ISP 방식 프로그래머로 사용하기 위한 설정**

① '파일 → 예제 → 11.ArduinoISP → ArduinoISP' 메뉴 항목을 선택하여 예제 스케치를 연다.

② '툴 → 보드' 메뉴에서 아두이노 우노(Arduino/Genuino Uno)를 선택한다.

③ '툴 → 포트' 메뉴에서 아두이노 우노 보드에 할당된 포트를 선택한다.

④ '스케치 → 업로드' 메뉴 항목, 'Ctrl+U' 단축키, 또는 툴바의 '업로드' 버튼을 선택하여 아두이노 우노에 ArduinoISP 스케치를 업로드한다.

ArduinoISP 스케치를 업로드하면 아두이노 우노는 ISP 방식 프로그래머로 동작할 준비가 끝난다. 이제 아두이노 우노와 DEUino를 그림 75.12와 같이 연결한다. 그림 75.12에서 DEUino는 ISP 프로그래머를 통해 프로그램을 업로드하기 위한 최소한의 회로만을 나타내었다. 8번 핀의 LED는 스케치 업로드를 테스트하기 위해 남겨두었다.

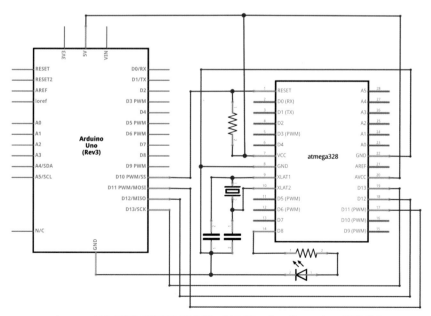

그림 75.12 ISP 프로그래머로 동작하는 아두이노 우노와 DEUino 연결 회로도

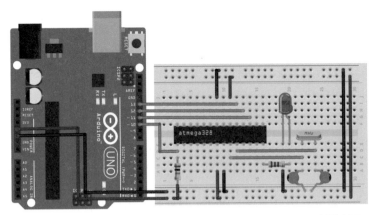

그림 75.13 ISP 프로그래머로 동작하는 아두이노 우노와 DEUino 연결 회로

아두이노 우노와 DEUino는 ISP 연결에 사용되는 6핀으로 연결한다. 아두이노 우노와 DEUino의 연결 핀을 요약하면 표 75.3과 같다.

표 75.3 **아두이노 우노와 DEUino의 연결 핀 – ISP 방식 업로드**

아두이노 우노(아두이노 핀 번호)	DEUino(칩 핀 번호)	비고
5V	7(VCC), 20(AVCC)	
GND	8(GND), 22(GND)	
10	1(RESET)	
11	17(MOSI)	SPI 통신의 MOSI
12	18(MISO)	SPI 통신의 MISO
13	19(SCK)	SPI 통신의 SCK

먼저 부트로더를 구워보자. 부트로더를 굽기 위해서는 다음 순서를 따르면 된다. 자세한 내용은 59장 'ISP 방식 스케치 업로드 장치'를 참고하면 된다.

■ 부트로더 굽기 – 아두이노 우노 사용

① '툴 → 포트' 메뉴에서 아두이노 우노에 할당된 포트를 선택한다.

② '툴 → 보드' 메뉴에서는 DEUino에 해당하는 보드를 선택한다. DEUino는 아두이노 우노 호환 보드이므로 'Arduino/Genuino Uno'를 선택하면 된다.

③ '툴 → 프로그래머' 메뉴에서 'Arduino as ISP'를 선택한다.

④ '툴 → 부트로더 굽기' 메뉴 항목을 선택하여 DEUino에 부트로더를 굽는다.

시간이 지나고 '부트로더 굽기 완료' 메시지를 확인할 수 있다면, 아두이노 우노를 ISP 방식 프로그래머로 사용하여 DEUino의 부트로더 굽기에 성공한 것이다. 부트로더 굽기에 성공했으면 ISP

방식으로 스케치를 업로드해 보자. 스케치 75.1은 이 장에서 스케치 업로드를 위해 공통으로 사용하는 스케치로, 블링크 예제에서 LED가 연결된 핀을 8번으로 바꾼 것이다.

</> 스케치 75.1 8번 핀 LED 블링크

```
const int INTERVAL = 500;                    // LED 점멸 간격
int LEDpin = 8;                              // LED 연결 핀
boolean LEDstate = false;                    // LED 상태

void setup() {
    pinMode(LEDpin, OUTPUT);                 // LED 연결 핀을 출력으로 설정
}

void loop() {
    digitalWrite(LEDpin, LEDstate);
    LEDstate = !LEDstate;                    // LED 상태 반전
    delay(INTERVAL);
}
```

스케치를 업로드하기 위해서는 다음 순서를 따르면 된다.

■ ISP 방식 스케치 업로드 – 아두이노 우노 사용

① '툴 → 포트' 메뉴에서 아두이노 우노에 할당된 포트를 선택한다.

② '툴 → 보드' 메뉴에서는 DEUino에 해당하는 보드를 선택한다. DEUino는 아두이노 우노 호환 보드이므로 'Arduino/Genuino Uno'를 선택하면 된다.

③ '툴 → 프로그래머' 메뉴에서 'Arduino as ISP'를 선택한다.

④ '스케치 → 프로그래머를 이용해 업로드' 메뉴 항목, 'Shift + Ctrl + U' 단축키, 또는 'Shift +툴바 업로드 버튼'으로 DEUino에 스케치 75.1을 업로드한다.

ISP 방식으로 스케치를 업로드하는 과정을 부트로더를 굽는 과정과 비교해 보면 마지막 ④번을 제외하면 같음을 알 수 있다. 업로드가 정상적으로 끝나고 DEUino의 아두이노 8번 핀에 연결된 LED가 1초 간격으로 깜빡이는 것을 확인할 수 있는가?

스케치를 업로드하는 두 번째 방법은 부트로더를 통한 시리얼 방식이다. 시리얼 방식을 사용하기 위해서는 부트로더가 굽힌 상태여야 하고, 부트로더는 ISP 방식으로만 구울 수 있으므로 부트로더가 굽혀 있는지 다시 한번 확인하자. **부트로더를 구운 후 ISP 방식으로 스케치 75.1을 업로드했다면 부트로더가 지워진 상태이므로 부트로더를 다시 구워야 한다.**

아두이노 우노를 ISP 방식 프로그래머로 사용하기 위해서는 전용 스케치를 업로드해서 사용하면 된다. 아두이노 우노를 USB-UART 변환 장치로 사용하는 방법은 이와는 다르다. 아두이노 우노

는 USB 입력을 UART 데이터로 변환하는 ATmega16u2 마이크로컨트롤러 부분과 메인 마이크로컨트롤러인 ATmega328 부분으로 나눌 수 있다. DEUino의 경우 ATmega328 마이크로컨트롤러만을 포함하고 있으므로 USB-UART 변환 기능은 없다. 아두이노 우노에서 ATmega16u2 마이크로컨트롤러 기능만을 사용할 수 있는 방법은 없을까? **아두이노 우노에서 ATmega16u2 마이크로컨트롤러의 USB-UART 변환 기능만 사용하는 방법 중 하나가 ATmega328 마이크로컨트롤러를 제거하는 것이다.** ATmega328 마이크로컨트롤러를 제거하면 ATmega328 마이크로컨트롤러의 UART 포트로 전달되던 데이터를 0번과 1번 핀 헤더를 통해 DEUino로 전달할 수 있다. ATmega328 마이크로컨트롤러가 제거된 아두이노 우노와 DEUino는 그림 75.14와 같이 연결하자.

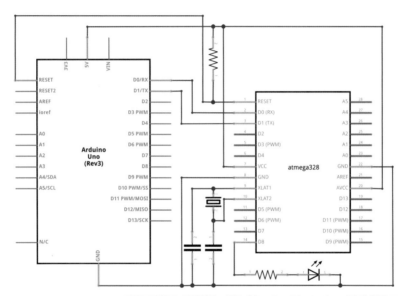

그림 75.14 USB-UART 변환 장치로 동작하는 아두이노 우노와 DEUino 연결 회로도

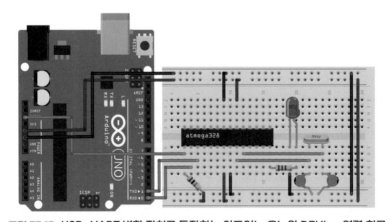

그림 75.15 USB-UART 변환 장치로 동작하는 아두이노 우노와 DEUino 연결 회로

아두이노 우노와 DEUino는 UART 시리얼 통신을 위한 4핀과 리셋을 위한 핀까지 5핀으로 연결한다. 아두이노 우노와 DEUino의 연결 핀을 요약하면 표 75.4와 같다. **ATmega16u2 마이크로컨트롤러에서 이미 RX와 TX를 교차해서 내보내므로 DEUino에 연결할 때는 교차하지 않고 연결한다는 점**에 주의해야 한다. 또 한 가지 주의할 점은 아두이노 우노의 RESET 핀을 ATmega328의 RESET으로 연결해야 한다는 점이다. 이때 시리얼 방식 업로드를 지원하기 위해서는 RESET-C, 즉 커패시터를 직렬로 연결한 후 연결해야 하지만 아두이노 우노 보드에 이미 커패시터가 연결되어 있으므로 직접 연결해도 된다.

표 75.4 아두이노 우노와 DEUino의 연결 핀 – 시리얼 방식 업로드

아두이노 우노(아두이노 핀 번호)	DEUino(칩 핀 번호)	비고
5V	7(VCC), 20(AVCC)	
GND	8(GND), 22(GND)	
RESET	1(RESET)	
0(RX)	2(RX)	교차하지 않음
1(TX)	3(TX)	

아두이노 우노를 USB–UART 변환 장치로 이용하여 스케치 75.1을 업로드하는 과정은 다음과 같다.

■ 시리얼 방식 스케치 업로드 – 아두이노 우노 사용

① '툴 → 포트' 메뉴에서 아두이노 우노에 할당된 포트를 선택한다.
② '툴 → 보드' 메뉴에서는 DEUino에 해당하는 보드를 선택한다. DEUino는 아두이노 우노 호환 보드이므로 'Arduino/Genuino Uno'를 선택하면 된다.
③ '스케치 → 업로드' 메뉴 항목, 'Ctrl + U' 단축키, 또는 툴바의 '업로드' 버튼으로 DEUino에 스케치 75.1을 업로드한다.

아두이노 우노를 ISP 방식 프로그래머와 USB–UART 변환 장치로 사용하는 방법을 비교한 것이 표 75.5다.

표 75.5 스케치 업로드를 위한 아두이노 우노와 DEUino 연결 방법 비교

아두이노 보드의 역할	ISP 방식 프로그래머	USB-UART 변환 장치
부트로더 굽기	○	×
프로그램 업로드	○	○
아두이노 우노 설정	'파일 → 예제 → 11.ArduinoISP → ArduinoISP' 업로드	아두이노 우노에서 ATmega328 마이크로컨트롤러를 제거
'툴 → 보드'	Arduino/Genuino Uno(DEUino)	
'툴 → 포트'	아두이노 우노가 연결된 COM 포트	
'툴 → 프로그래머'	'Arduino as ISP'	–
DEUino와의 연결	ISP 연결(그림 75.12)	UART 연결(그림 75.14)

75.2.2 전용 장치를 이용한 업로드

아두이노 우노가 옆에 있다면 아두이노 우노를 사용하여 부트로더를 굽고 스케치를 업로드하는 것도 가능하지만, ISP 방식 프로그래머나 USB-UART 변환 장치로 변경하는 작업이 필요하다는 단점이 있다. 게다가 아두이노 보드는 업로드 장치로 사용하기 위해 만들어진 것이 아닌 만큼 효율이나 안정성 면에서 전용 업로드 장치와 비교할 수 없는 것이 사실이다. 아두이노를 제대로 알고 싶다면, 예를 들어 아두이노를 직접 만들고자 한다면 ISP 방식 프로그래머와 USB-UART 변환 장치는 하나씩 장만해 두는 것을 추천한다.

전용 업로드 장치를 사용하는 방법은 준비 과정을 제외하면 아두이노를 업로드 장치로 사용하는 방법과 다르지 않다. 먼저 ISP 방식 프로그래머를 DEUino에 연결해 보자. 그림 75.16은 이 장에서 사용하는 ISP 방식 프로그래머다. 그림 75.12에서 아두이노 우노에 연결된 6개 연결선을 USBISP의 6핀으로 연결하면 연결은 끝난다.

VCC
GND
RESET
SCK
MISO
MOSI

그림 75.16 USBISP

표 75.6은 USBISP와 DEUino의 연결 핀을 요약한 것으로, 아두이노 우노의 연결 핀도 함께 나타내었다.

표 75.6 ISP 방식 프로그래머와 DEUino의 연결 핀

ISP 방식 프로그래머	DEUino(칩 핀 번호)	아두이노 우노(아두이노 핀 번호)	비고
VCC	7(VCC), 20(AVCC)	5V	
GND	8(GND), 22(GND)	GND	
RESET	1(RESET)	10	
SCK	19(SCK)	13	SPI 통신의 SCK
MISO	18(MISO)	12	SPI 통신의 MISO
MOSI	17(MOSI)	11	SPI 통신의 MOSI

USBISP를 사용하기 위해서는 먼저 USBISP가 아두이노 프로그램에 등록되어 있어야 한다. 아두이노 프로그램이 설치된 디렉터리 아래 'hardware\arduino\avr' 디렉터리에 있는 programmers.txt 파일에 다음과 같이 USBISP의 정보를 추가한다. ISP 방식 프로그래머 등록에 대한 자세한 내용은 7장 '부트로더와 스케치 업로드'를 참고하면 된다.

```
USBISP.name=USBISP
USBISP.communication=serial
USBISP.protocol=stk500v2
USBISP.program.protocol=stk500v2
USBISP.program.tool=avrdude
USBISP.program.extra_params=-P{serial.port}
```

부트로더를 굽는 순서는 다음과 같다. 아두이노 우노를 ISP 방식 프로그래머로 사용하는 경우와 비교하면 ①에서 선택하는 포트와 ③에서 선택하는 프로그래머의 종류에서만 차이가 있고 나머지는 같다.

■ 부트로더 굽기 – ISP 방식 전용 프로그래머 사용

① '툴 → 포트' 메뉴에서 ISP 방식 프로그래머에 할당된 포트를 선택한다.

② '툴 → 보드' 메뉴에서는 DEUino에 해당하는 보드를 선택한다. DEUino는 아두이노 우노 호환 보드이므로 'Arduino/Genuino Uno'를 선택하면 된다.

③ '툴 → 프로그래머' 메뉴에서 'USBISP'를 선택한다.

④ '툴 → 부트로더 굽기' 메뉴 항목을 선택하여 DEUino에 부트로더를 굽는다.

ISP 방식 프로그래머로 스케치를 업로드하는 방법은 다음과 같다. 부트로더를 굽는 예와 마찬가지로 ①에서 선택하는 포트와 ③에서 선택하는 프로그래머의 종류에서만 차이가 있고 나머지는 아두이노 우노를 ISP 방식 프로그래머로 사용하는 경우와 같다.

■ ISP 방식 스케치 업로드 - ISP 방식 전용 프로그래머 사용

① '툴 → 포트' 메뉴에서 ISP 방식 프로그래머에 할당된 포트를 선택한다.

② '툴 → 보드' 메뉴에서는 DEUino에 해당하는 보드를 선택한다. DEUino는 아두이노 우노 호환 보드이므로 'Arduino/Genuino Uno'를 선택하면 된다.

③ '툴 → 프로그래머' 메뉴에서 'USBISP'를 선택한다.

④ '스케치 → 프로그래머를 이용해 업로드' 메뉴 항목, '⎡Shift⎤ + ⎡Ctrl⎤ + ⎡U⎤' 단축키, 또는 '⎡Shift⎤ + 툴바 업로드 버튼'으로 DEUino에 스케치 75.1을 업로드한다.

부트로더를 구운 후에는 시리얼 방식으로 스케치를 업로드할 수 있다. 시리얼 방식 스케치 업로드에 사용하는 USB-UART 변환 장치는 일반적으로 UART 시리얼 통신에 사용하는 VCC, GND, RX, TX의 4핀에 DTR/RESET 핀을 추가하여 5핀을 연결한다.

먼저 시리얼 방식 프로그래머를 DEUino에 연결해 보자. 그림 75.17은 이 장에서 사용하는 USB-UART 변환 장치인 USB2SERIAL을 나타낸다. USB2SERIAL은 6핀 커넥터를 갖고 있지만 5개 핀만 사용하고 나머지 하나는 사용하지 않는다. 그림 75.14에서 아두이노 우노에 연결된 5개 연결선을 USB2SERIAL의 5핀으로 연결하면 연결은 끝난다.

DTR
TX
RX
VCC
N.C.
GND

그림 75.17 USB2SERIAL

표 75.7은 USB2SERIAL과 DEUino의 연결 핀을 요약한 것으로, 아두이노 우노의 연결 핀도 함께 나타내었다. 아두이노 우노를 사용하는 경우와 비교하면 **RX와 TX는 교차하여 연결해야 한다**는 점에서 차이가 있다. 아두이노 우노를 사용할 때는 ATmega16u2에서 이미 교차시킨 상태이므로 다시 교차하여 연결할 필요가 없었다. 또 한 가지 잊지 말아야 할 점은 DTR/RESET 핀을 사용하려면 ATmega328의 리셋 핀과 USB2SERIAL 장치의 DTR 사이에는 커패시터가 연결되어 있어야 한다는 점이다. 아두이노 우노를 USB-UART 변환 장치로 사용하는 경우에는 시리얼 방식 업로드에서 커패시터가 없는 핀(RESET)과 커패시터가 있는 핀(RESET-C) 모두를 리셋 핀으로 사용할 수 있지만, 별도의 USB-UART 변환 장치를 사용하는 경우에는 커패시터가 필요하다. 참고로, **DTR 핀에 커패시터를 연결하여 사용하는 것은 아두이노에서만 사용하는 방식으로 RS-232C와는 상관이 없다.**

일부 아두이노를 위한 USB-UART 변환 장치는 내부에 커패시터를 포함되어 있기도 하지만, 대부분 USB-UART 변환 장치에는 별도로 커패시터를 사용해야 한다.

표 75.7 시리얼 방식 프로그래머와 DEUino의 연결 핀

시리얼 방식 프로그래머	DEUino(칩 핀 번호)	아두이노 우노(아두이노 핀 번호)	비고
DTR	1(RESET)	RESET	
TX	2(RX)	0(RX)	시리얼 방식 프로그래머는
RX	3(TX)	1(TX)	교차하여 연결
VCC	7(VCC), 20(AVCC)	5V	
GND	8(GND), 22(GND)	GND	

시리얼 방식으로 스케치를 업로드하는 순서는 다음과 같다. 아두이노 우노를 시리얼 방식 프로그래머로 사용하는 경우와 비교하면 ①에서 선택하는 포트만 차이가 있을 뿐 나머지 과정과 방법은 같다.

■ 시리얼 방식 스케치 업로드 – 시리얼 방식 전용 프로그래머 사용

① '툴 → 포트' 메뉴에서 시리얼 방식 프로그래머에 할당된 포트를 선택한다.

② '툴 → 보드' 메뉴에서는 DEUino에 해당하는 보드를 선택한다. DEUino는 아두이노 우노 호환 보드이므로 'Arduino/Genuino Uno'를 선택하면 된다.

③ '스케치 → 업로드' 메뉴 항목, 'Ctrl + U' 단축키, 또는 툴바의 '업로드' 버튼으로 DEUino에 스케치 75.1을 업로드한다.

75.3 8MHz 내부 클록 사용

아두이노 우노는 일반적으로 16MHz 외부 클록으로 동작하며, DEUino 역시 16MHz를 기본으로 한다. 하지만 ATmega328에는 내부 발진기가 포함되어 있어 외부 클록 없이도 동작할 수 있다. **내부 발진기를 클록으로 사용하는 경우 최대 클록은 8MHz로 제한되며 외부 클록과 비교했을 때 정밀도가 떨어진다**는 점은 단점일 수 있지만, 회로 구성을 간단히 하고 싶다면 내부 클록 사용을 고려해 볼 수 있다.

내부 클록을 이용하기 위해서는 내부 클록을 사용하는 새로운 보드를 정의해야 한다. DEUino는 아두이노 우노와 호환되므로 새로운 보드를 정의하지 않고 아두이노 우노의 정의를 사용했다. 아두이노 설치 디렉터리 아래 'hardware\arduino\avr' 디렉터리에 있는 boards.txt 파일을 열어 아두이노 우노에 대한 정의를 확인해 보자.

```
uno.name=Arduino/Genuino Uno

uno.vid.0=0x2341
uno.pid.0=0x0043
uno.vid.1=0x2341
uno.pid.1=0x0001
uno.vid.2=0x2A03
uno.pid.2=0x0043
uno.vid.3=0x2341
uno.pid.3=0x0243

uno.upload.tool=avrdude
uno.upload.protocol=arduino
uno.upload.maximum_size=32256
uno.upload.maximum_data_size=2048
uno.upload.speed=115200

uno.bootloader.tool=avrdude
uno.bootloader.low_fuses=0xFF
uno.bootloader.high_fuses=0xDE
uno.bootloader.extended_fuses=0xFD
uno.bootloader.unlock_bits=0x3F
uno.bootloader.lock_bits=0x0F
uno.bootloader.file=optiboot/optiboot_atmega328.hex

uno.build.mcu=atmega328p
uno.build.f_cpu=16000000L
uno.build.board=AVR_UNO
uno.build.core=arduino
uno.build.variant=standard
```

여기서는 설정의 모든 부분을 설명하지는 않고 8MHz 내부 클록을 사용하는 데 필요한 부분들만 설명할 것이며 붉은색 부분들이 이에 해당한다. 물론 아두이노 우노에 대한 식별자인 'uno'는 새로운 식별자인 'DEUino8'로 모두 바꾸어야 한다. USB를 사용하는 제품에 대한 생산자 ID와 제품 ID인 vid$_{Vendor\ ID}$와 pid$_{Product\ ID}$는 사용하지 않는다.

먼저 내부 클록으로 동작하는 보드의 이름을 지정하자. 보드의 이름은 식별자와 달리 아두이노 프로그램의 메뉴에 출력될 이름으로, 'DEUino 8MHz'로 이름$_{name}$을 변경하자. build.board의 이름도 'AVR_DEUINO'로 변경한다.

다음은 업로드 속도(upload.speed)를 변경해야 한다. 아두이노 우노는 16MHz로 동작하므로 업로드 속도가 115,200으로 설정되어 있지만, 내부 클록을 이용하여 8MHz로 동작하는 경우에는 업로드 속도도 절반으로 줄어들기 때문에 업로드 속도를 57,600으로 설정한다. CPU의 클록(build.f_cpu) 역시 16MHz에서 8MHz로 변경한다.

마지막으로, ATmega328에서 내부 클록 사용을 위해 퓨즈를 설정해야 한다. 클록은 로우 퓨즈low fuse로 선택하며 아두이노 우노의 경우 0xFF로 설정되어 있다. 아두이노 우노와 DEUino 8MHz에서 로우 퓨즈의 설정 및 의미는 표 75.8과 같다.

표 75.8 클록 선택을 위한 로우 퓨즈 설정

비트	이름	의미	아두이노 우노 설정값	DEUino 8MHz 설정값
7	CKDIV8	클록을 8로 나눔	1 (나누지 않음)	1
6	CKOUT	클록을 포트 B의 0번 핀으로 출력	1 (출력하지 않음)	1
5	SUT1	초기 구동 시간	11 (느리게 상승하는 전력)	10 (느리게 상승하는 전력)
4	SUT0			
3	CKSEL3	클록 소스	1111 (외부 크리스털 오실레이터)	0010 (내부 RC 오실레이터)
2	CKSEL2			
1	CKSEL1			
0	CKSEL0			

퓨즈 비트는 0이 프로그램된 상태 또는 설정된 상태를, 1이 프로그램되지 않은 상태 또는 설정되지 않은 상태를 나타낸다. 아두이노 우노는 클록을 내부적으로 나누어 낮은 속도로 동작하지 않으며(비트 7), 클록을 PORT B의 0번 핀으로 출력하지 않고 PORT B의 0번 핀을 입출력 핀으로 사용할 수 있게(비트 6) 설정되어 있으므로 이들 설정은 변경할 필요가 없다. 클록의 종류와 특성은 SUT와 CKSEL 비트에 의해 결정된다. 아두이노 우노는 SUT = 11_2로 구동 시간이 가장 길며 CKSEL = 1111_2로 외부 크리스털을 사용하도록 설정되어 있다. 내부 8MHz를 사용하기 위해서는 이들 값을 역시 구동 시간이 가장 긴 SUT = 10_2, 내부 클록을 나타내는 CKSEL = 0010_2으로 설정하면 된다. 자세한 내용은 60장 '퓨즈, 락, 시그너처 바이트'를 참고하면 된다. 로우 퓨즈를 포함하여 수정된 값들을 사용한 'DEUino 8MHz' 보드의 정의는 다음과 같다. 붉은색 부분이 변경된 부분들이다.

```
DEUino8.name=DEUino 8MHz

DEUino8.upload.tool=avrdude
DEUino8.upload.protocol=arduino
DEUino8.upload.maximum_size=32256
DEUino8.upload.maximum_data_size=2048
DEUino8.upload.speed=57600

DEUino8.bootloader.tool=avrdude
DEUino8.bootloader.low_fuses=0xE2
DEUino8.bootloader.high_fuses=0xDE
DEUino8.bootloader.extended_fuses=0xFD
DEUino8.bootloader.unlock_bits=0x3F
DEUino8.bootloader.lock_bits=0x0F
DEUino8.bootloader.file=optiboot/optiboot_atmega328.hex

DEUino8.build.mcu=atmega328p
DEUino8.build.f_cpu=8000000L
DEUino8.build.board=AVR_DEUINO
DEUino8.build.core=arduino
DEUino8.build.variant=standard
```

boards.txt 파일의 시작 부분에 보드 정의 부분을 추가한 후 아두이노 프로그램을 다시 실행했을 때 '툴 → 보드' 메뉴에서 'DEUino 8MHz'를 확인할 수 있다면 보드가 정상적으로 추가된 것이다.

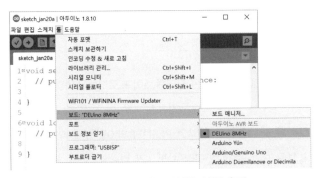

그림 75.18 DEUino 8MHz 보드 추가

먼저 ISP 방식 프로그래머를 DEUino 8MHz에 연결하여 부트로더를 구워보자. ISP 방식 프로그래머를 연결하는 방법은 DEUino의 경우(표 75.6 참고)와 같다. 외부 크리스털을 사용하지 않으므로 크리스털과 크리스털 안정화를 위한 커패시터는 제거해도 된다.

DEUino 8MHz에 부트로더를 굽는 방법은 다음과 같다. DEUino 8MHz에 부트로더를 구울 때 ②에서 선택하는 보드가 'Arduino/Genuino Uno'가 아니라 'DEUino 8MHz'로 바뀐 점을 제외하면 DEUino에 부트로더를 굽는 방법과 같다.

- **DEUino 8MHz 부트로더 굽기 – ISP 방식 전용 프로그래머 사용**

① '툴 → 포트' 메뉴에서 ISP 방식 프로그래머에 할당된 포트를 선택한다.

② '툴 → 보드' 메뉴에서 'DEUino 8MHz'를 선택한다.

③ '툴 → 프로그래머' 메뉴에서 'USBISP'를 선택한다.

④ '툴 → 부트로더 굽기' 메뉴 항목을 선택하여 DEUino에 부트로더를 굽는다.

ISP 방식 프로그래머로 스케치를 업로드하는 방법은 다음과 같다. 부트로더를 굽는 경우와 마찬가지로 ②에서 선택하는 보드가 바뀐 점 이외에는 DEUino의 경우와 같다.

- **DEUino 8MHz ISP 방식 스케치 업로드 – ISP 방식 전용 프로그래머 사용**

① '툴 → 포트' 메뉴에서 ISP 방식 프로그래머에 할당된 포트를 선택한다.

② '툴 → 보드' 메뉴에서 'DEUino 8MHz'를 선택한다.

③ '툴 → 프로그래머' 메뉴에서 'USBISP'를 선택한다.

④ '스케치 → 프로그래머를 이용해 업로드' 메뉴 항목, `Shift`+`Ctrl`+`U`' 단축키, 또는 '`Shift`+툴바 업로드 버튼'으로 DEUino에 스케치 75.1을 업로드한다.

부트로더를 구운 후에는 시리얼 방식으로 스케치를 업로드할 수 있다. USB-UART 변환 장치를 연결하는 방법은 DEUino의 경우(표 75.7 참고)와 같다. USB-UART 변환 장치를 연결했으면 다음 순서에 따라 시리얼 방식으로 스케치를 업로드해 보자. ISP 방식에서와 마찬가지로 ②에서 선택하는 보드가 바뀐 점 이외에는 DEUino의 경우와 같다.

- **DEUino 8MHz 시리얼 방식 스케치 업로드 – 시리얼 방식 전용 프로그래머 사용**

① '툴 → 포트' 메뉴에서 시리얼 방식 프로그래머에 할당된 포트를 선택한다.

② '툴 → 보드' 메뉴에서 'DEUino 8MHz'를 선택한다.

③ '스케치 → 업로드' 메뉴 항목, `Ctrl`+`U` 단축키, 또는 툴바의 '업로드' 버튼으로 DEUino에 스케치 75.1을 업로드한다.

16MHz 외부 클록과 8MHz 내부 클록을 이용하도록 설정된 ATmega328 마이크로컨트롤러의 퓨즈 바이트는 'fusebytes' 스케치*를 통해 확인할 수 있다. fusebytes 스케치를 아두이노나 DEUino 보드에 업로드하면 현재 설정된 바이트값을 시리얼 모니터로 출력해 준다. DEUino는 아두이노 우노와 같은 퓨즈 바이트값을 사용하지만, DEUino 8MHz는 클록 설정 부분에서 차이가 있다. 그림 75.19는 아두이노 우노의 퓨즈 바이트값을, 그림 75.20은 DEUino 8MHz의 퓨즈 바이트값을 출력한 예다.

★ https://github.com/WestfW/fusebytes

그림 75.19 외부 16MHz 클록을 사용하도록 설정된 아두이노 우노의 퓨즈 바이트

그림 75.20 내부 8MHz 클록을 사용하도록 설정된 DEUino 8MHz의 퓨즈 바이트

8MHz로 동작하도록 설정된 DEUino 8MHz를 사용하여 12번과 13번 핀에 연결된 2개의 LED를 번갈아 점멸하는 최소한의 회로를 구성해 보자. 스케치 75.2는 2개의 LED를 번갈아 점멸하는 예다.

```
const int INTERVAL = 500;
int pins[] = {12, 13};                          // LED 연결 핀

void setup() {
    for (int i = 0; i < 2; i++) {
        pinMode(pins[i], OUTPUT);               // LED 연결 핀을 출력으로 설정
    }
}

void loop() {
    digitalWrite(pins[0], HIGH);
    digitalWrite(pins[1], LOW);
    delay(INTERVAL);

    digitalWrite(pins[0], LOW);
    digitalWrite(pins[1], HIGH);
    delay(INTERVAL);
}
```

안정된 전원이 공급되고 있다고 가정했을 때 스케치 75.2를 업로드한 DEUino 8MHz는 그림 75.21과 같이 저항 2개와 LED 2개만으로 동작한다. 하지만 그림 75.21에서 생략된 전원 안정화를 위한 커패시터와 리셋 핀의 풀업 저항은 잡음이 많은 환경에서 사용하는 경우라면 연결하는 것을 추천한다.

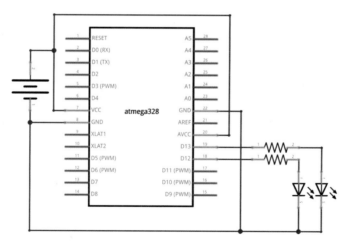

그림 75.21 DEUino 8MHz에서 LED 점멸을 위한 최소 회로도

그림 75.22 DEUino 8MHz에서 LED 점멸을 위한 최소 회로

마이크로컨트롤러는 하나의 작은 컴퓨터로, 프로그램이 설치된 후에는 전원만 공급되면 동작한다. 아두이노 우노의 복잡한 회로 중 많은 부분은 스케치를 업로드하고 범용 입출력을 지원하기 위한 회로들로 마이크로컨트롤러의 동작과는 무관하므로, 특별한 용도로 아두이노 우노를 사용하고자 한다면 아두이노 우노가 아니라 ATmega328 마이크로컨트롤러를 사용함으로써 작고 효율적인 시스템을 구성할 수 있다. 이러한 점은 61장 '전원 관리와 슬립 모드'에서도 확인할 수 있다.

75.4 맺는말

아두이노 우노에는 많은 부품이 포함되어 있다. 하지만 아두이노 우노가 동작하는 데 필요한 부품은 그중 일부에 지나지 않으며, 나머지 부품들은 아두이노 우노가 개발 보드의 역할을 할 수 있도록 추가된 것들이 대부분이다. 아두이노 우노의 회로도에서도 볼 수 있듯이 실제 아두이노 우노의 핵심인 ATmega328의 동작과 관련된 부분은 전체 회로의 20%를 넘지 않는다. 이 장에서는 아두이노 우노의 회로도에서 아두이노 우노로 동작하기 위해 필수적인 부분들만을 선별하여 나만의 아두이노 우노를 만드는 방법을 살펴봤다. 나만의 아두이노 우노를 만들어 사용하면 원하는 방향으로 기능을 추가하거나 기존 기능을 변경할 수 있으며, 아두이노 우노에 비해 효율적인 동작이 가능해진다. 그 예의 하나로 이 장에서는 크리스털을 제거하고 8MHz로 동작하게 하는 방법을 살펴봤다. 그림 75.21의 회로도에서 볼 수 있듯이 크리스털까지 제거하고 나면 마이크로컨트롤러 이외에는 부품이 거의 필요하지 않다. 물론 전원의 안정화를 위한 커패시터나 리셋 버튼의 풀업 저항 등은 동작의 안정성을 위해 추가하는 편이 좋다.

나만의 아두이노를 만들지는 않더라도 아두이노 우노의 호환 보드를 직접 만들어본다면 아두이노에 대한 이해를 높일 수 있는 것은 당연하다. 아두이노 우노의 하드웨어 측면에서의 특징을 4장 '아두이노 우노'에서 확인하고 최소한의 회로로 아두이노 우노를 만들어본다면 최소한 아두이노 우노가 보기보다 복잡하지 않다는 사실은 확인할 수 있을 것이다.

1 아두이노가 설치된 디렉터리 아래 'hardware\arduino\avr' 디렉터리에 있는 boards.txt 파일에는 아두이노 보드에 대한 정보가 나열되어 있다. 그중 아두이노 우노에 대한 정의를 살펴보면 upload 항목 중에서 최대 크기를 지정하는 항목을 확인할 수 있다.

```
uno.upload.maximum_size=32256
uno.upload.maximum_data_size=2048
```

maximum_size와 maximum_data_size가 의미하는 것이 무엇인지 생각해 보자.

2 아두이노가 설치된 디렉터리 아래 'hardware\arduino\avr' 디렉터리에 있는 boards.txt 파일에서 아두이노 보드에 대한 정의를 살펴보면 퓨즈 바이트 설정을 찾을 수 있다. 퓨즈 바이트는 마이크로컨트롤러의 기본적인 동작 환경을 정의하려는 목적으로 사용된다. 60장 '퓨즈, 락, 시그너처 바이트'를 참고하여 보드 정의에 있는 아두이노 우노와 아두이노 메가 2560의 락 바이트값이 갖는 의미를 비교해 보자.

```
uno.bootloader.low_fuses=0xFF
uno.bootloader.high_fuses=0xDE
uno.bootloader.extended_fuses=0xFD

mega.bootloader.low_fuses=0xFF
mega.menu.cpu.atmega2560.bootloader.high_fuses=0xD8
mega.menu.cpu.atmega2560.bootloader.extended_fuses=0xFD
```

ATmega128

ATmega128은 AVR의 메가 시리즈에 속하는 마이크로컨트롤러로, 아두이노에 사용된 마이크로
컨트롤러와 함께 가장 많이 언급되는 AVR 시리즈 마이크로컨트롤러 중 하나다. ATmega128은 아
두이노에서 공식적으로 사용하는 마이크로컨트롤러는 아니지만, 아두이노의 전신인 와이어링에서
사용한 마이크로컨트롤러로 간단한 제어 장치를 구성하기에 충분한 입출력 핀을 제공하고 있다.
무엇보다 교육 현장에서 아두이노와 함께 가장 많이 사용되는 마이크로컨트롤러라는 점에서 그 가
치를 찾을 수 있다. 이 장에서는 ATmega128 마이크로컨트롤러를 아두이노 환경에서 사용하는
방법을 알아본다.

이 장에서
사용할 부품

ATmega128 보드	× 1 ➡ 128USB
ISP 방식 프로그래머	× 1 ➡ USBISP
가변저항	× 1
LED	× 1
220Ω 저항	× 1
DHT11 온습도 센서	× 1 ➡ 디지털 온습도 센서
10kΩ 저항	× 1 ➡ DHT 센서 풀업 저항

ATmega128 마이크로컨트롤러

ATmega128 마이크로컨트롤러는 AVR 시리즈 중에서도 ATmega328, ATmega2560과 같은 메가 시리즈에 속하는 마이크로컨트롤러다. 메가 시리즈에 속하는 마이크로컨트롤러는 28~100개의 핀과 4~256KB의 플래시 메모리를 갖고 있다. 핀 수만 생각한다면 아두이노 우노에 사용된 ATmega328이 28핀으로 가장 작은 마이크로컨트롤러이고, 아두이노 메가2560에 사용된 ATmega2560이 100핀으로 가장 큰 마이크로컨트롤러에 해당한다. 반면, ATmega128은 64핀으로 그 사이에 있다. ATmega328에서 사용할 수 있는 20개의 입출력 핀은 복잡한 시스템을 구현하기에 부족할 수 있다. 반면, ATmega2560은 사용 가능한 86개의 입출력 핀 중 70개만 아두이노에서 사용할 수 있도록 정의되어 있다. 그 사이에 있는 **ATmega128은 64개의 핀 중 전원, 크리스털 등을 위한 11개의 핀을 제외한 53개의 핀을 입출력 핀으로 사용할 수 있다.** 프로그램 메모리의 크기에서도 ATmega128은 ATmega328의 32KB와 ATmega2560의 256KB 사이인 128KB를 갖고 있다. 이처럼 ATmega128은 다양한 시스템 구현에 사용하기에 충분한 입출력 핀 수와 프로그램 메모리를 제공하고 있어 가격과 기능 면에서 활용 가능성이 큰 마이크로컨트롤러라고 할 수 있다. ATmega128은 아두이노에서 공식적으로 사용하지는 않지만, 아두이노의 전신인 와이어링Wiring에서 사용하는 마이크로컨트롤러라는 점 그리고 교육 현장에서 아두이노 이전에 가장 많이 사용되던 마이크로컨트롤러라는 점에서 살펴볼 가치가 충분하다고 할 수 있다. 표 76.1은 아두이노에 사용된 메가 시리즈 마이크로컨트롤러와 ATmega128을 비교한 것이다.

표 76.1 메가 시리즈 마이크로컨트롤러 비교

항목	ATmega328	ATmega128	ATmega2560
핀 수(개)	28	64	100
전형적인 동작 주파수(MHz)	16(외부 클록)		
동작 전압(V)	5		
프로그램 메모리(KB)	32	128	256
SRAM(KB)	2	4	8
EEPROM(KB)	1	4	4
디지털 입출력 사용 가능 핀(아날로그 핀 + 디지털 핀)(개)	20	53	70
ADC 채널(아날로그 입력 가능 핀)(개)	6	8	16
PWM 채널(개)	6	7	15
UART 시리얼 포트(개)	1	2	4

ATmega128 마이크로컨트롤러의 핀 배치도는 그림 76.1과 같다.

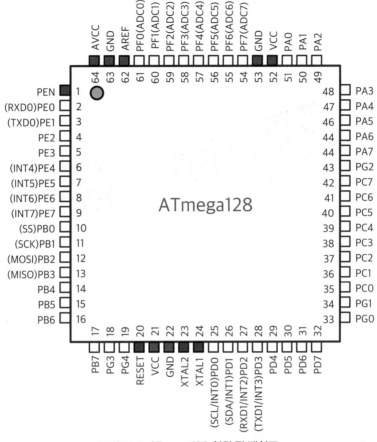

그림 76.1 ATmega128 칩의 핀 배치도

아두이노에서 ATmega128 마이크로컨트롤러를 사용하지는 않지만 ATmega128 마이크로컨트롤러를 위한 지원 파일을 설치하면 아두이노 환경에서 스케치를 작성하고 업로드할 수 있다. 하지만 ATmega128은 SMD 타입의 칩만 판매되고 있으므로 ATmega328처럼 아두이노 호환 보드를 만들기는 쉽지 않다. 따라서 판매되고 있는 ATmega128 기반의 보드를 사용하는 경우가 대부분이다. **또한 기존에 판매되는 ATmega128 기반 보드 대부분은 아두이노 환경에서의 사용을 고려하지 않고 만들어져 있어 시리얼 방식 업로드를 사용할 수 없다.** 이 장에서도 ATmega128의 퓨즈 바이트 설정을 위해 부트로더를 굽고, 스케치 업로드는 ISP 방식을 사용한다.

ATmega128 보드 설정

그림 76.2는 이 장에서 사용하는 ATmega128 보드를 나타낸 것이다.

그림 76.2 **ATmega128 보드**[★]

그림 76.2의 ATmega128 보드에는 ISP 방식 프로그래머는 물론 UART 통신을 위한 커넥터, RS-232C 레벨 통신을 위한 커넥터, JTAG 커넥터 등이 있어 준비되어 있다. 또한 브레드보드에 꽂아 사용할 수 있도록 메일male 핀 헤더를 제공하고 있다.

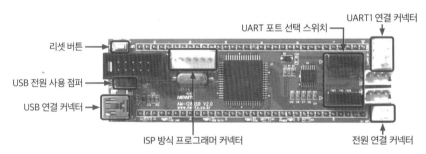

그림 76.3 **ATmega128 보드의 커넥터**

ATmega128 보드를 아두이노 환경에서 사용하기 위해서는 ISP 방식 프로그래머 커넥터에 ISP 방식 프로그래머를 연결하여 스케치 업로드에 사용하고, USB 커넥터나 UART1 커넥터를 통해 컴퓨터와의 시리얼 통신을 수행할 수 있다.

★ http://newtc.co.kr/dpshop/shop/item.php?it_id=1379923787

USB 커넥터는 ATmega128 보드에 내장된 USB-UART 변환 장치를 통해 연결되어 있으므로 별도의 변환 장치 없이 케이블을 연결하는 것만으로 컴퓨터와 시리얼 통신이 가능하다. 또한 UART 포트 선택 스위치를 통해 ATmega128에서 제공하는 2개의 UART 포트 중 하나를 USB 커넥터로 연결하여 사용할 수 있다. 다만 선택하는 포트에 따라 아두이노 사용하는 Serial 객체는 달라진다. **ATmega128이 제공하는 2개의 UART 시리얼 포트는 Serial(UART0)과 Serial1(UART1) 객체를 통해 사용할 수 있다.** UART 포트 선택 스위치는 RX와 TX를 나누어 선택하도록 2개의 스위치가 있으므로, 포트를 선택할 때는 2개의 스위치를 모두 바꾸어야 한다.

USB 커넥터와 달리 UART1 커넥터는 USB-UART 변환 장치를 거치지 않고 UART1 포트에 직접 연결되어 있으므로, UART1 커넥터를 통해 컴퓨터에 연결하려면 별도의 USB-UART 변환 장치를 사용해야 한다.

이 장에서는 ISP 방식 프로그래머 커넥터에 ISP 방식 프로그래머를 연결하고, USB 커넥터를 USB 케이블만으로 컴퓨터와 연결하는 것으로 가정한다. UART 포트 선택 스위치는 UART0 포트를 선택하여 아두이노 우노와 같이 Serial 클래스를 통해 컴퓨터와 시리얼 통신을 수행한다.

ATmega128 보드를 아두이노 환경에서 사용하기 위해서는 먼저 ATmega128 마이크로컨트롤러 보드에 대한 지원 파일을 설치해야 한다. '파일 → 환경설정' 메뉴 항목을 선택하여 환경설정 다이얼로그를 실행하고 '추가적인 보드 매니저 URLs'에 다음 URL을 입력한다.

https://mcudude.github.io/MegaCore/package_MCUdude_MegaCore_index.json

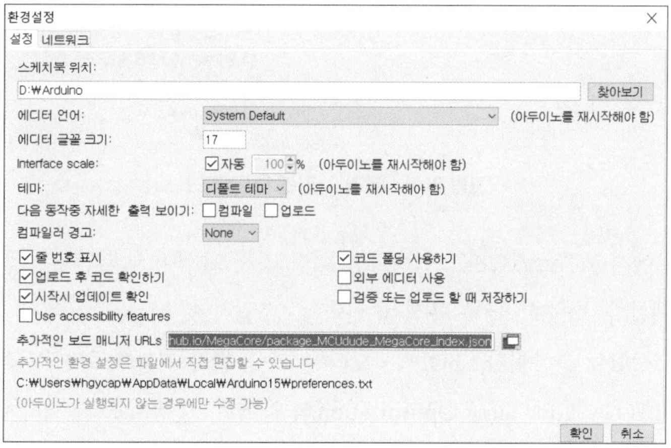

그림 76.4 환경설정 다이얼로그 – ATmega128 보드 지원 파일 다운로드 URL 입력

'확인' 버튼을 누른 후 '툴 → 보드 → 보드 매니저' 메뉴 항목을 선택하여 보드 매니저 다이얼로그를 실행한 후, 보드 매니저 다이얼로그에서 'ATmega'를 검색하여 메가 시리즈 보드에 대한 지원 파일인 MegaCore를 설치한다.

그림 76.5 **ATmega 시리즈 보드 지원 파일 검색 및 설치***

지원 파일이 설치되면 '툴 → 보드' 메뉴에서 ATmega128 보드를 포함하여 메가 시리즈 보드가 추가된 것을 확인할 수 있다.

그림 76.6 **메가 시리즈 보드 추가**

'툴 → 보드' 메뉴에서 'ATmega128'을 선택하면 여러 가지 옵션이 나타난다. 'Clock' 메뉴에서는 클록 소스를 선택한다. 다양한 클록 옵션을 선택할 수 있지만, MegaCore에서 디폴트로 사용하는 클록은 외부 16MHz 클록이다. 'BOD'는 브라운 아웃 감지 기능으로 2.7V 레벨이 흔히 사용된다. 'Compiler LTO'는 'Link Time Optimization'의 약어로, 실행 속도의 저하 없이 실행 파일의

★ https://github.com/MCUdude/MegaCore

크기를 줄여주는 기능이다. 버전 1.6.11 이후 아두이노 프로그램에서는 디폴트로 LTO를 사용하고 있다. MegaCore에서 LTO가 디폴트로 사용되지 않도록 설정되어 있는 이유는 이전 버전과의 호환성을 위해서이므로 사용하는 것으로 선택한다. 'Bootloader'는 시리얼 방식으로 스케치를 업로드할 포트를 선택하기 위해 사용한다. ATmega128은 2개의 UART 시리얼 포트를 제공하며 2개의 포트 모두를 스케치 업로드를 위해 사용할 수 있다. 하지만 아두이노에서 부트로더를 통한 업로드를 사용하려면 리셋 핀에 직렬로 커패시터가 연결되어 있어야 하며, 이는 아두이노 보드가 아닌 AVR 기반 마이크로컨트롤러 보드에서는 찾아보기 어렵다. 따라서 이 장에서는 부트로더를 사용한 시리얼 방식 업로드가 아닌 ISP 방식 업로드를 사용한다.

ISP 방식 업로드를 사용하기 위해서는 사용하고자 하는 ISP 방식 프로그래머가 아두이노 프로그램에 등록되어 있어야 한다. 아두이노 프로그램이 설치된 디렉터리 아래 'hardware\arduino\avr' 디렉터리에 있는 programmers.txt 파일에 다음과 같이 ISP 방식 프로그래머의 정보를 추가한다. 프로그래머 등록에 대한 자세한 내용은 7장 '부트로더와 스케치 업로드'를 참고하면 된다.

```
USBISP.name=USBISP
USBISP.communication=serial
USBISP.protocol=stk500v2
USBISP.program.protocol=stk500v2
USBISP.program.tool=avrdude
USBISP.program.extra_params=-P{serial.port}
```

프로그래머는 'USBISP'를 선택하고, 포트는 ISP 방식 프로그래머에 할당된 포트를 선택하면 된다.

표 76.2 ATmega128 선택에 따른 옵션

메뉴	선택	비교
툴 → 보드	ATmega128	
툴 → Clock	External 16 MHz	MegaCore의 디폴트 클럭 소스
툴 → BOD	BOD 2.7V	브라운 아웃 감지(brown out detection) 옵션
툴 → Compiler LTO	LTO enabled	Link Time Optimization 사용 여부
툴 → Bootloader	No bootloader	ATmega128 보드에서 하드웨어로 지원되어야 사용 가능
툴 → 포트	COM4	ISP 방식 프로그래머에 할당된 포트
툴 → 프로그래머	USBISP	ISP 방식 프로그래머는 아두이노 프로그램에 미리 등록되어 있어야 함

모든 옵션을 선택했으면 '툴 → 부트로더 굽기' 명령을 실행한다. 그림 76.2의 ATmega128 보드에서는 부트로더를 통한 시리얼 방식 업로드를 사용할 수 없지만, 부트로더를 굽는 과정에서 퓨즈

바이트 설정이 이루어지므로 **ATmega128 보드**를 아두이노 환경에서 처음 사용하는 경우에는 퓨즈 바이트 설정을 위해 부트로더를 구워야 한다.

ATmega128에서 사용할 수 있는 입출력 핀은 최대 53이며 MegaCore에서는 53개 핀을 모두 입출력 핀으로 사용할 수 있도록 0에서 52번까지 핀 번호가 할당되어 있다. 53개의 핀 중 8개는 아날로그 입력을 연결할 수 있는 핀이며, 7개는 PWM 출력이 가능하다. 표 76.3은 ATmega128 마이크로컨트롤러의 입출력 핀을 요약한 것이다.

표 76.3 **ATmega128 마이크로컨트롤러의 아날로그 및 디지털 데이터 입출력 핀**

디지털 핀 번호	아날로그 핀 번호	디지털 데이터 입출력	아날로그 데이터 입력	아날로그 데이터 출력(PWM)	포트 핀 번호	비고
0	–	○	×	×	PE0	UART(RX0)
1	–	○	×	×	PE1	UART(TX0)
2	–	○	×	×	PE2	
3	–	○	×	○	PE3	
4	–	○	×	○	PE4	INT4
5	–	○	×	○	PE5	INT5
6	–	○	×	×	PE6	INT6
7	–	○	×	×	PE7	INT7
8	–	○	×	×	PB0	SPI(SS)
9	–	○	×	×	PB1	SPI(SCK)
10	–	○	×	×	PB2	SPI(MOSI)
11	–	○	×	×	PB3	SPI(MISO)
12	–	○	×	○	PB4	
13	–	○	×	○	PB5	
14	–	○	×	○	PB6	
15	–	○	×	○	PB7	
16	–	○	×	×	PG3	
17	–	○	×	×	PG4	
18	–	○	×	×	PD0	I2C(SCL), INT0
19	–	○	×	×	PD1	I2C(SDA), INT1
20	–	○	×	×	PD2	UART(RX1), INT2
21	–	○	×	×	PD3	UART(TX1), INT3
22	–	○	×	×	PD4	

표 76.3 ATmega128 마이크로컨트롤러의 아날로그 및 디지털 데이터 입출력 핀 (계속)

디지털 핀 번호	아날로그 핀 번호	디지털 데이터 입출력	아날로그 데이터 입력	아날로그 데이터 출력(PWM)	포트 핀 번호	비고
23	–	○	×	×	PD5	
24	–	○	×	×	PD6	
25	–	○	×	×	PD7	
26	–	○	×	×	PG0	
27	–	○	×	×	PG1	
28	–	○	×	×	PC0	
29	–	○	×	×	PC1	
30	–	○	×	×	PC2	
31	–	○	×	×	PC3	
32	–	○	×	×	PC4	
33	–	○	×	×	PC5	
34	–	○	×	×	PC6	
35	–	○	×	×	PC7	
36	–	○	×	×	PG2	
37	–	○	×	×	PA7	
38	–	○	×	×	PA6	
39	–	○	×	×	PA5	
40	–	○	×	×	PA4	
41	–	○	×	×	PA3	
42	–	○	×	×	PA2	
43	–	○	×	×	PA1	
44	–	○	×	×	PA0	
45	A0	○	○	×	PF0	
46	A1	○	○	×	PF1	
47	A2	○	○	×	PF2	
48	A3	○	○	×	PF3	
49	A4	○	○	×	PF4	
50	A5	○	○	×	PF5	
51	A6	○	○	×	PF6	
52	A7	○	○	×	PF7	
핀 수		53개	8개	7개		

그림 76.7은 ATmega128 보드의 핀 헤더를 나타낸 것이다.

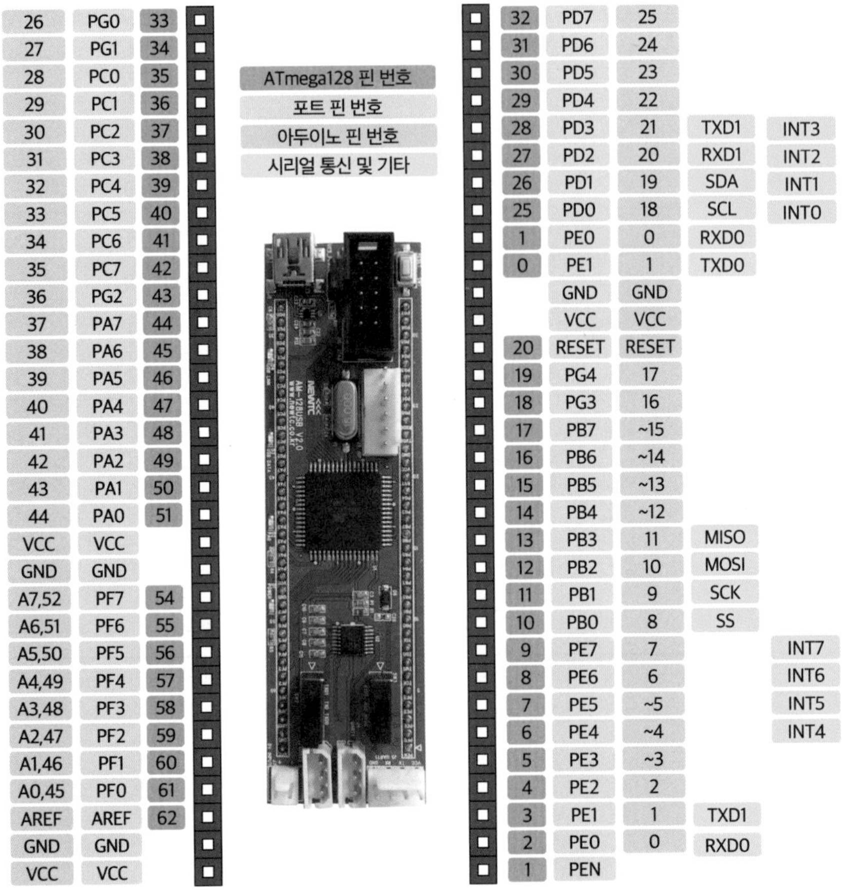

26	PG0	33
27	PG1	34
28	PC0	35
29	PC1	36
30	PC2	37
31	PC3	38
32	PC4	39
33	PC5	40
34	PC6	41
35	PC7	42
36	PG2	43
37	PA7	44
38	PA6	45
39	PA5	46
40	PA4	47
41	PA3	48
42	PA2	49
43	PA1	50
44	PA0	51
VCC	VCC	
GND	GND	
A7,52	PF7	54
A6,51	PF6	55
A5,50	PF5	56
A4,49	PF4	57
A3,48	PF3	58
A2,47	PF2	59
A1,46	PF1	60
A0,45	PF0	61
AREF	AREF	62
GND	GND	
VCC	VCC	

- ATmega128 핀 번호
- 포트 핀 번호
- 아두이노 핀 번호
- 시리얼 통신 및 기타

32	PD7	25		
31	PD6	24		
30	PD5	23		
29	PD4	22		
28	PD3	21	TXD1	INT3
27	PD2	20	RXD1	INT2
26	PD1	19	SDA	INT1
25	PD0	18	SCL	INT0
1	PE0	0	RXD0	
0	PE1	1	TXD0	
	GND	GND		
	VCC	VCC		
20	RESET	RESET		
19	PG4	17		
18	PG3	16		
17	PB7	~15		
16	PB6	~14		
15	PB5	~13		
14	PB4	~12		
13	PB3	11	MISO	
12	PB2	10	MOSI	
11	PB1	9	SCK	
10	PB0	8	SS	
9	PE7	7		INT7
8	PE6	6		INT6
7	PE5	~5		INT5
6	PE4	~4		INT4
5	PE3	~3		
4	PE2	2		
3	PE1	1	TXD1	
2	PE0	0	RXD0	
1	PEN			

그림 76.7 ATmega128 보드 핀 헤더

76.3 ATmega128 아두이노 프로그래밍

그림 76.2의 ATmega128 보드에는 PA0(아두이노 44번) 핀에 연결된 내장 LED가 포함되어 있다. 내장 LED를 1초 간격으로 점멸하는 블링크 스케치가 스케치 76.1이다. 스케치 76.1을 입력하고 '스케치 → 프로그래머를 이용해 업로드' 메뉴 항목, 'Ctrl + Shift + U' 단축키 또는 'Shift + 툴바 업로드 버튼'을 선택하여 스케치를 업로드해 보자.

'스케치 → 프로그래머를 이용해 업로드' 메뉴 항목, 'Ctrl+Shift+U' 단축키 또는 'Shift+툴바 업로드 버튼'을 선택하는 것은 ISP 방식 업로드를 위한 명령이다. 하지만 '툴 → Bootloader' 메뉴에서 부트로더를 사용하지 않는 것으로 설정되어 있으므로 '스케치 → 업로드' 메뉴 항목, 'Ctrl+U' 단축키, 툴바의 '업로드' 버튼 등 시리얼 방식 업로드를 위한 명령을 선택해도 아두이노 프로그램에서 자동으로 ISP 방식의 업로드가 실행된다.

</> 스케치 76.1 44번 핀 LED 블링크

```
int pinLED = 44;                            // PA0
boolean LEDstate = false;                   // LED 상태

void setup() {
    pinMode(pinLED, OUTPUT);
}

void loop() {
    LEDstate = !LEDstate;                   // LED 상태 반전
    digitalWrite(pinLED, LEDstate);

    delay(1000);
}
```

아날로그 데이터 입출력을 확인하기 위해 아날로그 입력이 가능한 PF7(아두이노 52번) 핀에 가변저항을 연결하고, PWM 신호 출력이 가능한 PE5(아두이노 5번) 핀에 LED를 연결하자.

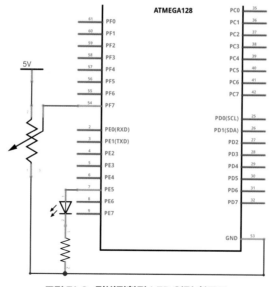

그림 76.8 가변저항과 LED 연결 회로도

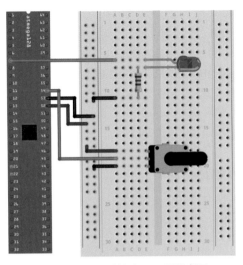

그림 76.9 가변저항과 LED 연결 회로

스케치 76.2는 10비트의 가변저항값을 analogRead 함수로 읽고, 비트 이동 연산으로 8비트의
PWM 값으로 바꾼 후, analogWrite 함수를 사용하여 LED의 밝기를 변경하는 예다. 가변저항
을 돌리면서 LED의 밝기가 변하는 것을 확인해 보자.

</> 스케치 76.2 아날로그 데이터 입출력

```
int pinLED = 5;                              // PE5, PWM 출력 가능 핀
int vrPin = 52;                              // PF7, 아날로그 입력 가능 핀

void setup() {
}

void loop() {
    int vrValue = analogRead(vrPin);         // 10비트 아날로그값 읽기
    int PWMvalue = vrValue >> 2;             // 8비트 PWM 값 만들기

    analogWrite(pinLED, PWMvalue);           // PWM 신호 출력
}
```

기본적인 디지털 및 아날로그 입출력 기능과 함께 UART 시리얼 통신은 아두이노에서 거의 모든
스케치에서 사용하는 기능이다. ATmega128 마이크로컨트롤러는 아두이노 우노와 달리 2개의 하
드웨어 UART 포트(UART0과 UART1)를 제공하고 있으며 아두이노에서는 각기 Serial과 Serial1
객체를 통해 사용할 수 있다. 컴퓨터와 시리얼 통신을 수행하기 위해서는 USB 커넥터를 컴퓨터와
연결하면 된다.

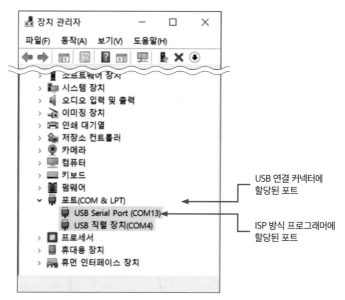

그림 76.10 컴퓨터와 시리얼 통신을 위한 ATmega128 보드의 포트

이때 한 가지 주의할 점은 아두이노 프로그램에서 선택된 포트는 스케치를 업로드하는 포트라는 점, 즉 ISP 방식 프로그래머에 할당된 포트라는 점이다. 시리얼 모니터를 터미널 프로그램으로 사용하려면 스케치를 업로드할 때와는 다른 포트를 선택한 후 시리얼 모니터를 실행해야 하고, 스케치를 업로드하려면 다시 포트를 바꾸어야 한다. 그림 76.3에서 UART 포트 선택 스위치가 UART0를 선택하고 있어야 한다는 점도 잊지 말아야 한다. 스케치 76.3은 Serial 객체를 통해 1초에 1씩 증가하는 카운터값을 출력하는 예다. 포트 전환의 번거로움을 피하기 위해 USB 커넥터에 할당된 포트는 별도의 터미널 프로그램을 사용하여 연결했다.

</> 스케치 76.3 Serial 객체 사용

```
int count = 0;

void setup() {
    Serial.begin(9600);
}

void loop() {
    count++;

    Serial.print("* 현재 카운터값 : ");
    Serial.println(count);

    delay(1000);
}
```

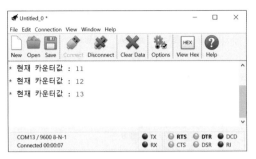

그림 76.11 스케치 76.3 실행 결과

UART1 포트를 사용하고 싶다면 스케치 76.3에서 Serial을 Serial1로 바꾸고, ATmega128 보드의 UART 포트 선택 스위치를 RX0와 TX0에서 RX1과 TX1으로 바꾸면 된다.

ATmega128에서 Serial을 사용할 때 편리한 점 중 하나는 printf 함수를 지원한다는 점이다. 아두이노에서 공식적으로 지원하는 Serial 클래스는 형식을 지정하여 출력하는 printf 함수를 지원하지 않는다. 따라서 형식에 맞게 시리얼 모니터로 데이터를 출력하기 위해서는 print와 println 함수를 여러 번 사용해야 하는 불편함이 있다. 하지만 MegaCore에서는 printf 함수를 기본적으로 지원하고 있으므로 C 언어에서 사용하는 익숙한 방법으로 형식을 지정하여 데이터를 출력할 수 있다. 스케치 76.4는 여러 가지 진법으로 정수를 출력하는 방법과 숫자를 일정한 폭으로 정렬하여 출력하는 방법을 보인 예다. printf 함수는 표준 C 언어의 형식을 따르고 있으므로 자세한 사용 방법은 C 언어 책을 참고하면 된다.

</> 스케치 76.4 printf 사용

```
int count = 0;

void setup() {
    Serial.begin(9600);

    int v = 123;
    Serial.printf("8진수 = %o, 10진수 = %d, 16진수 = 0x%X\n", v, v, v);

    Serial.printf("일반 출력 \t\t:|%d|\n", v);
    Serial.printf("오른쪽 정렬 \t:|%5d|\n", v);
    Serial.printf("왼쪽 정렬 \t\t:|%-5d|\n", v);
}

void loop() {
}
```

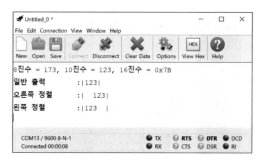

그림 76.12 스케치 76.4 실행 결과

ATmega128은 ATmega328이나 ATmega2560과 같은 메가 시리즈에 속하는 마이크로컨트롤러인 만큼 저수준의 레지스터 이름에서 약간의 차이가 있지만, 레지스터를 이용한 마이크로컨트롤러 제어 방법에는 크게 차이가 없다. 따라서 아두이노 우노나 아두이노 메가2560에서 사용하는 많은 라이브러리를 큰 수정 없이 또는 그대로 사용할 수 있다. 디지털 온습도 센서인 DHT11을 ATmega128 보드에 연결하여 온도와 습도를 읽어 출력하는 스케치를 작성해 보자. DHT11 온습도 센서는 그림 76.13과 같이 연결한다.

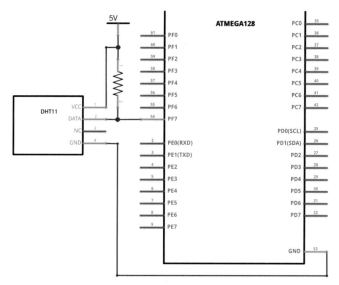

그림 76.13 DHT11 온습도 센서 연결 회로도

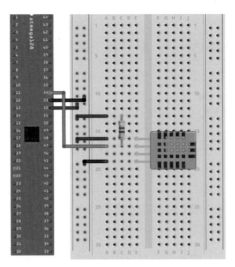

그림 76.14 DHT11 온습도 센서 연결 회로

스케치 76.5는 DHT11 디지털 온습도 센서에서 온도와 습도를 읽어 터미널 프로그램으로 출력하는 예다. 스케치 76.5는 아두이노 우노에 DHT11 디지털 온습도 센서를 연결하고 데이터를 읽어출력하는 스케치에서 센서 연결 핀 번호만 바꾼 것으로, DHT11 온습도 센서를 위한 라이브러리는 ATmega128 마이크로컨트롤러에서도 사용할 수 있다. DHT11 온습도 센서에 대한 자세한 내용은 33장 '디지털 온습도 센서'를 참고하면 된다.

</> 스케치 76.5 DHT11 디지털 온습도 센서

```
#include <DHT.h>

const byte DHTPIN = 52;                         // DHT11 센서가 연결된 핀
DHT dht(DHTPIN, DHT11);                          // 객체 생성

void setup() {
    Serial.begin(9600);

    dht.begin();
}

void loop() {
    delay(2000);                                // 2초 이상의 시간 간격으로 센서값 읽기를 추천

    float h = dht.readHumidity();
    float c = dht.readTemperature();            // 섭씨온도, 디폴트값
    float f = dht.readTemperature(true);        // 화씨온도

    if (isnan(h) || isnan(c) || isnan(f)) {
        Serial.println("* 온도 및 습도 데이터 읽기 실패...");
```

```
        return;
    }

    Serial.println(String("습도 \t\t: ") + h + " %");
    Serial.println(String("섭씨온도 \t: ") + c + " C");
    Serial.println(String("화씨온도 \t: ") + f + " F");

    Serial.println();
}
```

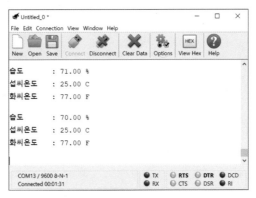

그림 76.15 스케치 76.5 실행 결과

76.4 맺는말

ATmega128은 아두이노 우노의 ATmega328, 아두이노 메가2560의 ATmega2560과 같은 메가 시리즈에 속하는 마이크로컨트롤러 중 하나다. 아두이노에서는 공식적으로 ATmega128을 사용하지 않는다. 하지만 아두이노 우노는 데이터 핀이 너무 적고 아두이노 메가2560은 데이터 핀이 너무 많다. 이에 비해 ATmega128의 53개 데이터 핀은 아두이노 메가2560보다 가격이 저렴하고 아두이노 우노보다 확장성이 뛰어나다는 장점이 있으므로 아두이노 우노나 아두이노 메가2560을 대체할 수 있을 것이다.

아두이노 환경에서 사용할 수 있는 ATmega128을 위한 라이브러리가 다수 존재한다는 점도 ATmega128을 선택하는 이유가 될 수 있다. 아두이노 보드로 동작하는 데 필요한 아날로그 및 디지털 데이터 입출력 기능과 UART, SPI, I2C 등의 시리얼 통신 기능은 이미 MegaCore에서 제공하고 있다. 또한 이를 바탕으로 하는 많은 라이브러리는 수정 없이 그대로 ATmega128에서 사용할 수 있으며, 이 장에서 살펴본 DHT 온습도 센서 라이브러리는 그 예에 해당한다. ATmega128은 아두이노 이전에 교육 현장에서 흔히 사용하던 마이크로컨트롤러의 하나인 만큼, 기존 학습 도구를 활용하면서 아두이노 환경을 경험하기 원한다면 ATmega128을 아두이노 환경에서 동작하게 해주는 MegaCore가 나쁘지 않은 선택이 될 것이다.

1 MegaCore에는 ATmega128 마이크로컨트롤러에서 사용할 수 있는 여러 가지 라이브러리가 포함되어 있으며, 내부 EEPROM에 데이터를 읽고 쓰기 위한 EEPROM 라이브러리가 그중 하나다. 스케치 76.6은 ATmega128 마이크로컨트롤러에 포함된 4KB 크기의 EEPROM에 데이터를 읽고 쓰는 예다. 기본적으로 내부 EEPROM에 데이터를 읽거나 쓰는 방법은 아두이노 우노와 같다. 스케치 76.6을 업로드하고 실행 결과를 확인해 보자. EEPROM에 대한 자세한 내용은 53장 '내부 EEPROM'을 참고하면 된다.

</> 스케치 76.6 **EEPROM에 쓰기와 읽기**

```
#include <EEPROM.h>

const int MAX_ADDR = 5;                        // 기록할 최대 번지

void setup() {
    Serial.begin(9600);

    for (int i = 0; i <= MAX_ADDR; i++) {
        EEPROM.update(i, i * 10);              // EEPROM에 쓰기
        Serial.println(String("EEPROM의 ") + i + "번지에 " + (i * 10) + "을 씁니다.");
    }
    Serial.println();

    for (int i = 0; i <= MAX_ADDR; i++) {
        uint8_t val = EEPROM.read(i);          // EEPROM에서 읽기
        Serial.println(String("EEPROM의 ") + i + "번지 값은 " + val + "입니다.");
    }
}

void loop() {
}
```

②　MegaCore는 SoftwareSerial 라이브러리를 통해 범용 입출력 핀으로 UART 시리얼 통신을 사용할 수 있게 해준다. 다만, MegaCore에서는 데이터 수신을 위해 인터럽트를 사용하므로 모든 핀을 데이터 수신을 위해 사용할 수 있는 것은 아니고 4, 5, 6, 7, 18, 19, 20, 21번 핀만 사용할 수 있다. USB-UART 변환 장치를 4번과 5번 핀에 연결하고 SoftwareSerial 클래스를 사용하여 1초에 1씩 증가하는 카운터값을 컴퓨터로 출력하는 스케치를 작성해 보자. 4번 핀은 RX에 해당하므로 USB-UART 변환 장치의 TX에 연결하고, 5번 핀은 TX에 해당하므로 USB-UART 변환 장치의 RX에 연결해야 한다. 또한 SoftwareSerial 클래스는 Serial 클래스와 마찬가지로 printf 함수를 지원하므로 형식을 지정하여 출력하게 해보자.

ATtiny85

ATtiny85는 AVR 타이니 시리즈에 속하는 마이크로컨트롤러로, 8개의 핀을 갖고 있는 초소형 마이크로컨트롤러다. 하지만 ATtiny85 마이크로컨트롤러도 핀 수가 적어 사용할 수 있는 입출력 핀이 적을 뿐 기능과 성능 면에서 ATmega328과 거의 같으므로 많은 입출력 핀이 필요하지 않은 간단한 시스템을 구현하기 위해서는 ATmega328의 대안이 될 수 있다. 아두이노 환경에서 USB 장치를 개발하기 위해 사용할 수 있는 소형 보드로, 킥스타터의 펀딩에 성공한 Digispark가 ATtiny85 마이크로컨트롤러를 사용한 보드의 한 예다. 이 장에서는 ATtiny85 마이크로컨트롤러와 Digispark 보드를 아두이노 환경에서 사용하는 방법을 알아본다.

이 장에서 사용할 부품

ATtiny85 칩	× 1
ISP 방식 프로그래머	× 1 ➡ USBISP
USB-UART 변환장치	× 1 ➡ USB2SERIAL
Digispark	× 1 ➡ ATtiny85 USB 개발 보드
LED	× 1
220Ω 저항	× 1
푸시 버튼	× 1
텍스트 LCD	× 1 ➡ 16×2 크기
I2C 변환보드	× 1 ➡ 텍스트 LCD 인터페이스 변환
4.7kΩ 저항	× 2 ➡ 텍스트 LCD SDA, SCL 풀업 저항

AVR 시리즈 중 적은 핀과 적은 메모리를 갖고 있어 간단한 시스템 구현에 사용할 수 있는 것이 타이니tiny 시리즈다. 타이니 시리즈 마이크로컨트롤러는 6핀에서 32핀까지 다양한 핀 수와 1~8KB의 프로그램 메모리를 갖는 마이크로컨트롤러들이 포함되어 있으며, 이 장에서 살펴볼 마이크로컨트롤러는 8개 핀을 갖는 ATtiny85 마이크로컨트롤러다. ATtiny85 마이크로컨트롤러의 핀 배치도는 그림 77.1과 같다.

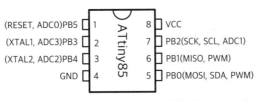

그림 77.1 ATtiny85 칩 핀 배치도

ATtiny85 마이크로컨트롤러는 전원 핀 2개와 입출력 핀 6개로 구성되어 있으며, 입출력 핀 수가 적다는 점을 제외하면 ATmega328과 거의 같은 성능을 보여준다. 표 77.1은 ATmega328과 ATtiny85 마이크로컨트롤러를 비교한 것이다.

표 77.1 ATmega328과 ATtiny85 마이크로컨트롤러 비교

항목	ATmega328	ATtiny85
핀 수(개)	28	8
주로 사용하는 동작 주파수(MHz)	16(외부 클록)	8(내부 클록)
동작 전압(V)	5	
프로그램 메모리(KB)	32	8
EEPROM(KB)	1	0.5
디지털 입출력 사용 가능 핀(아날로그 핀 + 디지털 핀)(개)	20	최대 6
ADC 채널(아날로그 입력 가능 핀)(개)	6	4
PWM 채널(개)	6	2
SPI 프로그래밍	○	○
시리얼 프로그래밍	○	×(UART 지원 안 함)

ATtiny85 마이크로컨트롤러의 또 다른 장점은 아두이노 환경에서 프로그램을 작성하고 업로드할 수 있다는 점이다. 핀의 개수가 제한되어 있으므로 사용할 수 있는 디지털 또는 아날로그 핀 수에 제한이 있지만, 아두이노 우노와 같은 방법으로 스케치를 작성할 수 있다. 하지만 **ATtiny85 마이크로컨트롤러는 UART 통신을 지원하지 않으므로 ISP 방식 프로그래머를 이용한 업로드만 가능하다.** ATtiny85 마이크로컨트롤러와 ISP 방식 프로그래머를 그림 77.2와 같이 연결하자.

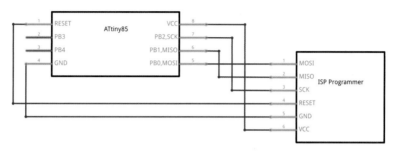

그림 77.2 ATtiny85와 ISP 방식 프로그래머 연결 회로도

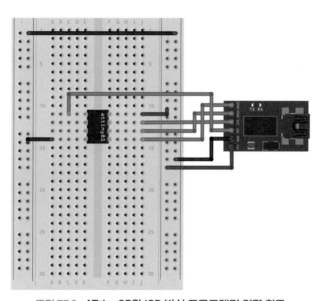

그림 77.3 ATtiny85와 ISP 방식 프로그래머 연결 회로

ATtiny85 마이크로컨트롤러를 아두이노 환경에서 사용하기 위해서는 먼저 ATtiny85 마이크로컨트롤러 보드에 대한 지원 파일을 설치해야 한다. '파일 → 환경설정' 메뉴 항목을 선택하여 환경설정 다이얼로그를 실행하고 '추가적인 보드 매니저 URLs'에 다음 URL을 입력한다.

https://raw.githubusercontent.com/damellis/attiny/ide-1.6.x-boards-manager/
package_damellis_attiny_index.json

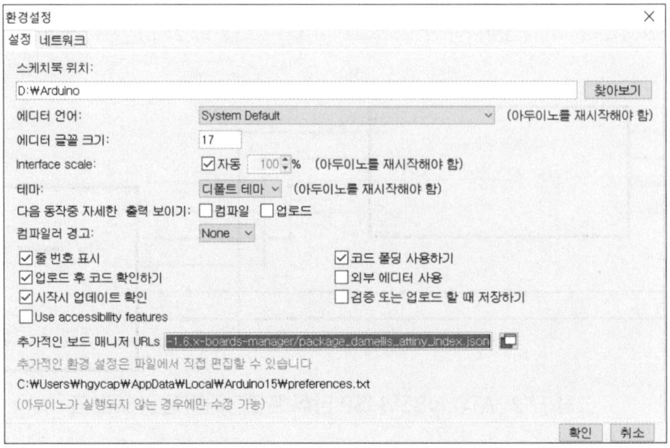

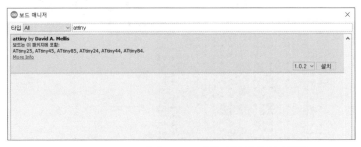

그림 77.4 환경설정 다이얼로그 – ATtiny 보드 지원 파일 다운로드 URL 입력

'확인' 버튼을 누른 후 '툴 → 보드 → 보드 매니저' 메뉴 항목을 선택하여 보드 매니저 다이얼로
그를 실행한 다음, 보드 매니저 다이얼로그에서 'ATtiny'를 검색하여 ATtiny 시리즈 보드에 대한
지원 파일을 설치한다.

그림 77.5 ATtiny 시리즈 보드 지원 파일 검색 및 설치*

보드에 대한 지원 파일을 설치하면 '툴 → 보드' 메뉴에서 ATtiny25/45/85와 ATtiny24/44/84 보드
가 추가된 것을 확인할 수 있다.

---

*   https://github.com/damellis/attiny

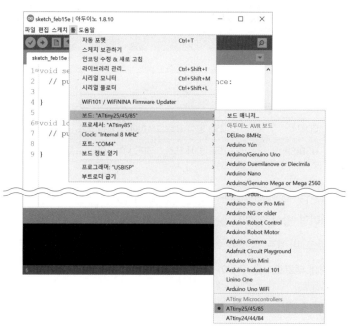

그림 77.6 **ATtiny 시리즈 보드 추가**

'ATtiny25/45/85' 보드를 선택했을 때 나타나는 메뉴에서 프로세서는 'ATtiny85'를, 'Clock'은 'Intenal 8 MHz'를 선택한다. ISP 방식 업로드를 사용하기 위해서는 사용하고자 하는 ISP 방식 프로그래머가 아두이노 프로그램에 등록되어 있어야 한다. 아두이노 프로그램이 설치된 디렉터리 아래 'hardware\arduino\avr' 디렉터리에 있는 programmers.txt 파일에 다음과 같이 ISP 방식 프로그래머의 정보를 추가한다. 프로그래머 등록에 대한 자세한 내용은 7장 '부트로더와 스케치 업로드'를 참고하면 된다.

```
USBISP.name=USBISP
USBISP.communication=serial
USBISP.protocol=stk500v2
USBISP.program.protocol=stk500v2
USBISP.program.tool=avrdude
USBISP.program.extra_params=-P{serial.port}
```

프로그래머는 'USBISP'를 선택하고, 포트는 ISP 방식 프로그래머에 할당된 포트를 선택하면 된다.

표 77.2 ATtiny85 스케치 업로드를 위한 설정

메뉴 항목	선택	비고
툴 → 보드	ATtiny25/45/85	
툴 → 프로세서	ATtiny85	
툴 → Clock	Internal 8 MHz	
툴 → 포트	COM4	ISP 방식 프로그래머에 할당된 포트
툴 → 프로그래머	USBISP	ISP 방식 프로그래머는 아두이노 프로그램에 미리 등록되어 있어야 함

모든 옵션을 선택했으면 '툴 → 부트로더 굽기' 명령을 실행한다. ATtiny85 마이크로컨트롤러에는 부트로더를 통한 시리얼 방식 업로드를 사용하지 않고 ISP 방식 업로드만 사용하지만, 부트로더를 굽는 과정에서 퓨즈 바이트 설정이 이루어지므로 **새로운 ATtiny85 칩을 사용하는 경우에는 퓨즈 바이트를 설정하기 위해 부트로더를 구워야 한다.**

ATtiny85에서 사용할 수 있는 입출력 핀은 최대 6개이지만, 아두이노 환경에서는 0번부터 9번까지 10개의 핀이 정의되어 있다. 10개의 핀 중 6개는 디지털 입출력 핀에 해당하며 나머지 4개 핀은 아날로그 입력 핀으로, **4개의 아날로그 입력 핀은 6개의 디지털 입출력 핀 중 4개에 해당하는 핀으로 중복 정의되어 있다.** 또 한 가지 기억해야 할 점은 입출력 핀이 최대 6개이지만 그중 하나인 5번(PB5) 핀은 리셋 용도로 사용한다는 점이다. 리셋 기능을 사용하지 않도록 설정하면 ISP 방식으로 스케치를 업로드할 수 없으므로 ATtiny85 마이크로컨트롤러에서는 일반적으로 5개의 입출력 핀만 사용한다.

표 77.3 ATtiny 마이크로컨트롤러의 아날로그 및 디지털 데이터 입출력 핀

디지털 핀 번호	아날로그 핀 번호	디지털 데이터 입출력	아날로그 데이터 입력	아날로그 데이터 출력(PWM)	포트 핀 번호	비고
0	–	○	×	○	PB0	MOSI
1	–	○	×	○	PB1	MISO
2	A1	○	○	×	PB2	SCK
3	A3	○	○	×	PB3	
4	A2	○	○	×	PB4	
5	A0	○	○	×	PB5	RESET
6	A0	○	○	×	PB5	중복 정의
7	A1	○	○	×	PB2	중복 정의
8	A2	○	○	×	PB4	중복 정의
9	A3	○	○	×	PB3	중복 정의
핀 수		6개	4개	2개		

블링크 스케치를 테스트하기 위해 3번 핀에 LED를 연결하자.

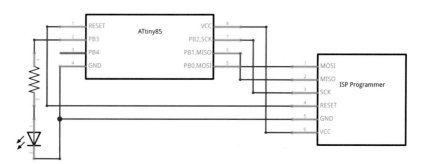

그림 77.7 LED 연결 회로도

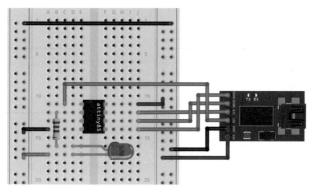

그림 77.8 LED 연결 회로

LED를 연결했으면 '스케치 → 프로그래머를 이용해 업로드' 메뉴 항목, `Ctrl`+`Shift`+`U` 단축키 또는 '`Shift`+툴바 업로드 버튼'을 선택하여 스케치 77.1을 ISP 방식으로 업로드하고 LED 가 1초 간격으로 깜빡이는지 확인해 보자. 스케치 77.1은 블링크 스케치에서 핀 번호를 3번(PB3) 으로 바꾼 것이다.

</> 스케치 77.1 3번 핀 LED 블링크

```
int pinLED = 3;

void setup() {
    pinMode(pinLED, OUTPUT);
}

void loop() {
    digitalWrite(pinLED, HIGH);
    delay(1000);
    digitalWrite(pinLED, LOW);
    delay(1000);
}
```

사용할 수 있는 입출력 핀의 수가 적기는 하지만, 아두이노 환경에서 기본적인 디지털 및 아날로그 데이터 입출력 함수들을 모두 사용할 수 있으므로, 많은 입출력 핀이 필요하지 않은 작고 간단한 제어 장치를 구현하기 위해서라면 ATtiny85를 고려해 볼 수 있다.

ATtiny85 마이크로컨트롤러를 사용할 때 불편한 점 한 가지는 UART 시리얼 통신 포트가 없어 컴퓨터로 데이터를 전달할 수 없다는 점이다. 하지만 아두이노 우노에서 SoftwareSerial 클래스를 사용하여 소프트웨어로 지원되는 UART 포트를 사용한 것과 마찬가지로 ATtiny85를 위한 소프트웨어 시리얼 라이브러리를 통해 UART 시리얼 통신을 사용할 수 있다. USB-UART 변환 장치의 RX 핀을 그림 77.9와 같이 ATtiny85 마이크로컨트롤러의 2번 핀(PB2)에 연결하자. 2번 핀은 TX 역할을 하므로 USB-UART 변환 장치의 RX에 연결하면 된다. **ATtiny85 마이크로컨트롤러의 프로그램 메모리 크기가 작아 RX 기능은 지원하지 않는다.**

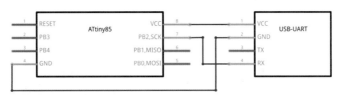

그림 77.9 **USB-UART 변환 장치 연결 회로도**★

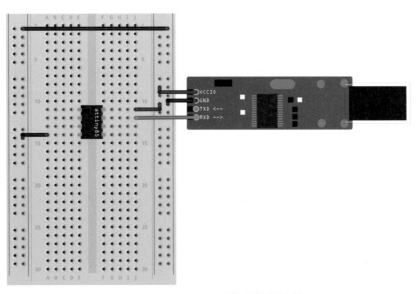

그림 77.10 **USB-UART 변환 장치 연결 회로**

★   ISP 방식 프로그래머를 나타내지 않았지만, 스케치 업로드를 위해 함께 연결해야 한다.

라이브러리 매니저에서 'ATtiny Serial'을 검색하여 ATtinySerialOut 라이브러리를 설치하자.

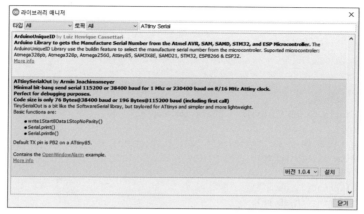

그림 77.11 **ATtinySerialOut 라이브러리 검색 및 설치**＊

ATtinySerialOut 라이브러리는 소프트웨어로 지원되는 단방향 시리얼 통신을 지원하기 위해 TinySerialOut 클래스를 제공하고 있다. 단방향 통신만 지원하는 이유는 ATtiny85의 프로그램 메모리가 8KB로 작기 때문이며, 따라서 ATtinySerialOut 라이브러리는 디버깅 목적으로 주로 사용된다. ATtinySerialOut 라이브러리를 사용하기 위해서는 먼저 헤더 파일을 포함해야 한다. '스케치 → 라이브러리 포함하기 → ATtinySerialOut' 메뉴 항목을 선택하거나 #include 문을 직접 입력하면 된다.

```
#include <ATtinySerialOut.h>
```

ATtinySerialOut 라이브러리에는 TinySerialOut 클래스의 유일한 객체로 Serial을 정의하고 있으므로 별도로 객체를 생성하지 않고 사용할 수 있다. 객체를 사용할 때 주의할 점은 **8MHz 클록을 사용할 때 통신 속도를 115,200보율로 설정해야 한다**는 점이다. **ATtiny85에서 TX로 사용되는 핀은 라이브러리에 2번 핀(PB2)으로 설정되어 있으며, 헤더 파일을 수정하면 다른 핀을 사용할 수 있다.** 스케치 77.2는 아두이노의 ASCIITable 예제를 수정한 것으로, 아스키 문자를 다양한 진법으로 표현된 숫자와 함께 출력하는 예다.

＊ https://github.com/ArminJo/ATtinySerialOut

</> 스케치 77.2 아스키 문자표 출력

```
#include <ATtinySerialOut.h>

void setup() {
    Serial.begin(115200);                              // 속도 설정 주의
}

void loop() {
    Serial.println();
    Serial.println("* ASCII Table ~ Character Map");

    for (byte thisByte = 33; thisByte < 127; thisByte++) {
        Serial.write(thisByte);

        Serial.print(", dec: ");
        Serial.print(thisByte);
        Serial.print(", hex: ");
        Serial.print(thisByte, HEX);
        Serial.print(", oct: ");
        Serial.print(thisByte, OCT);
        Serial.print(", bin: ");
        Serial.println(thisByte, BIN);
    }

    delay(5000);
}
```

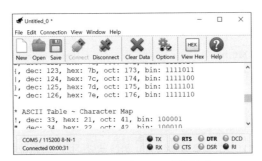

그림 77.12 스케치 77.2 실행 결과

Digistump의 Digispark 보드

Digispark 보드는 Digistump에서 ATtiny85 마이크로컨트롤러를 사용하여 만든 소형 개발 보드다. Digispark 보드는 킥스타터*를 통해 크라우드 펀딩에 성공하여 알려지기 시작했고 지금까지도 간단한 시스템 구현에 많이 사용되고 있다. Digispark 보드는 ATtiny85 마이크로컨트롤러의 작고 가격이 저렴하다는 장점을 그대로 가질 뿐만 아니라, 별도의 프로그래머 없이 스케치를 업로드할 수 있다는 장점이 있다. 그림 77.13은 Digispark 보드를 나타낸 것으로, ATtiny85 마이크로컨트롤러와 외부 전원 공급을 위한 레귤레이터 이외에 특별한 부품이 사용되지는 않는다.

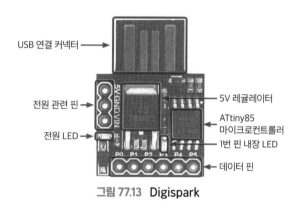

그림 77.13 **Digispark**

특별한 부품 없이 USB를 통해 스케치를 업로드할 수 있는 비밀은 부트로더에 있다. **Digispark 보드에 사용된 부트로더는 Digispark 보드를 컴퓨터에 연결했을 때 USB 장치로 인식하게 해준다.** Digispark 보드가 USB 장치로 인식되면 하드웨어 지원 없이 USB 장치와의 통신을 통해 소프트웨어로만 스케치 업로드가 가능하다. 아두이노 우노에서 컴퓨터와의 시리얼 통신을 위해 사용되는 ATmega16u2 마이크로컨트롤러를 제거하고 부트로더를 사용하면 스케치 업로드가 가능할 것으로 생각할 수 있다. 물론 가능하다. 하지만 부트로더는 전원을 연결하여 마이크로컨트롤러가 부팅될 때 잠깐만 동작하는 프로그램이다. 부트로더는 잠깐의 동작 이후 사용자가 작성하여 업로드한 스케치로 실행을 넘겨주며, 이때 컴퓨터와의 연결이 끊어져 컴퓨터와 통신할 수 없다. **사용자가 작성한 스케치가 실행될 때 Digispark 보드는 컴퓨터에서 알 수 없는 장치로 인식된다.** 아두이노 우노는 컴퓨터와의 USB 연결을 위한 ATmega16u2 마이크로컨트롤러가 포함되어 있어 컴퓨터와의 연결

---

* https://www.kickstarter.com/

이 끊어지지 않는다. 아두이노 레오나르도는 ATmega32u4 마이크로컨트롤러에서 USB 연결을 직접 지원하므로 연결이 끊어지지 않지만 부트로더가 실행될 때와 스케치가 실행될 때 포트가 달라진다는 차이가 있다.

부트로더를 사용하는 경우의 또 다른 문제점은 플래시 메모리를 사용한다는 점이다. Digispark 보드에서 부트로더는 USB 통신을 소프트웨어로 지원해야 하므로, 아두이노 우노처럼 하드웨어로 지원되는 UART 시리얼 통신을 사용하는 경우와 비교하면 부트로더의 크기가 크다. **아두이노 우노에 사용되는 부트로더의 크기는 약 0.5KB 정도이지만, Digispark 보드에 사용되는 부트로더의 크기는 약 2KB다.** 따라서 ATtiny85의 플래시 메모리 8KB 중 실제로 사용자가 사용할 수 있는 플래시 메모리는 6KB뿐이다.

불편하지만 소프트웨어만으로 스케치를 업로드할 수 있다는 점은 장점이 분명하다. 하지만 부트로더를 굽기가 어렵다는 점 역시 불편한 점이다. Digispark 보드에서는 사용 가능한 입출력 핀 수를 늘리기 위해 리셋 핀을 입출력 핀으로 사용하도록 설정하고 있다. 따라서 ISP 방식으로는 부트로더를 굽거나 스케치를 업로드할 수 없으며, 부트로더를 통한 스케치 업로드가 유일한 방법이다. 부트로더가 손상되었다면 어떻게 해야 할까? 부트로더를 다시 구우면 되지만, ISP 방식 프로그래머를 사용할 수 없다면 고전압 프로그래머를 사용하는 것이 유일한 해결책이며 이를 위해 전용 장치가 필요하다. 이 장에서는 고전압 프로그래머를 사용하여 부트로더를 굽는 방법은 다루지 않는다.*

Digispark 보드를 아두이노 환경에서 사용하기 위해서는 먼저 Digispark 보드에 대한 지원 파일을 설치해야 한다. '파일 → 환경설정' 메뉴 항목을 선택하여 환경설정 다이얼로그를 실행하고 '추가적인 보드 매니저 URLs'에 다음 URL을 입력한다. 다른 URL이 입력되어 있다면 입력창 옆에 있는 버튼을 눌러 줄을 바꾸어 입력하면 된다.

http://digistump.com/package_digistump_index.json

---

* Digispark 보드는 리셋 기능을 사용할 수 없도록 설정하고 있다. 하지만 일부 Digispark 호환 보드는 리셋 기능을 사용할 수 있도록 설정되어 있다. 대신 데이터 핀은 0번부터 4번까지 5개만 사용할 수 있다. ATtiny85를 선택했다면 데이터 핀 5개와 6개가 큰 문제는 되지 않는 경우가 대부분이므로 리셋 기능을 사용하도록 설정하는 편이 여러 가지 상황에서 Digispark 보드의 사용 가능성을 높일 수 있다.

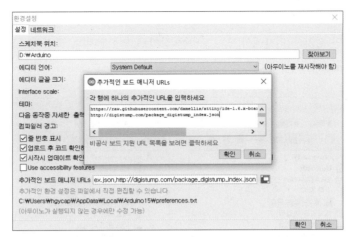

그림 77.14 환경설정 다이얼로그 – Digispark 보드 지원 파일 다운로드 URL 입력

'확인' 버튼을 누른 후 '툴 → 보드 → 보드 매니저' 메뉴 항목을 선택하여 보드 매니저 다이얼로 그를 실행한 다음, 보드 매니저 다이얼로그에서 'Digispark'를 검색하여 Digistump 보드에 대한 지원 파일을 설치한다.

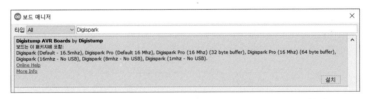

그림 77.15 Digistump AVR Boards 지원 파일 검색 및 설치*

보드에 대한 지원 파일을 설치할 때 운영체제에 따라서는 오류가 발생하며, 아두이노 프로그램의 메시지 창에서 발생한 오류를 확인할 수 있다.

> 경고: non trusted contribution, skipping script execution

발생하는 오류는 Digispark 보드의 부트로더가 실행 중일 때 USB 장치로 인식되게 해주는 드라 이버가 설치되지 않았음을 의미한다. 이는 Digistump에서 오래도록 업데이트를 진행하지 않아 윈 도우 운영체제의 업데이트를 반영하지 못해 발생하는 것이다. 오류가 발생했다면 드라이버 파일을 내려받아** 설치하면 된다. 내려받은 파일에서 32비트 운영체제는 Install Drivers.exe 파일을, 64비

---

*   http://digistump.com/wiki/digispark

**   https://github.com/digistump/DigistumpArduino/releases/download/1.6.7/Digistump.Drivers.zip

트 운영체제는 DPInst64.exe 파일을 실행하면 된다. 드라이버를 설치하기 전에 Digispark 보드를 컴퓨터에 연결하면 장치 관리자에서 '알 수 없는 장치'로 인식되지만, 드라이버를 설치한 후에는 'Digispark Bootloader'로 인식된다.

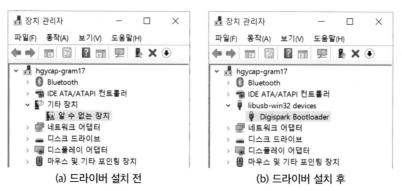

(a) 드라이버 설치 전   (b) 드라이버 설치 후

그림 77.16　Digispark 보드 드라이버 설치

하지만 앞에서도 이야기했듯이 Digispark 보드가 USB 장치로 인식되는 것은 부트로더가 실행 중인 동안뿐이다. 부트로더는 5초 동안 새로운 스케치 업로드를 기다리다가 새로운 스케치가 없으면 사용자가 작성한 프로그램을 실행하도록 제어권을 넘겨주며, 이때 컴퓨터에서는 '알 수 없는 USB 장치'로 인식된다.

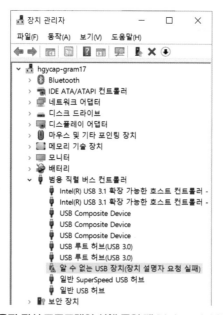

그림 77.17　사용자 작성 프로그램이 실행 중일 때 Digispark 보드의 인식 상태

드라이버 설치까지 끝났으면 '툴 → 보드' 메뉴에서 'Digispark (Default - 16.5mhz)'를 선택한다. **Digispark 보드는 컴퓨터에서 시리얼 포트로 인식되지 않으므로** 보드만 선택하고 포트는 선택하지 않는다.

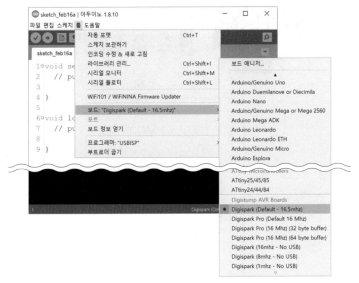

그림 77.18 Digispark 보드 선택

앞 절에서 사용한 ATtiny 보드 지원 파일에서는 아두이노 환경에서 사용할 수 있는 핀을 10개 정의했으며, 이 중 4개는 중복해서 정의된 것이었다. Digispark 보드 지원 파일에서는 중복된 핀 4개를 제외하고 6개의 핀만 정의하고 있으며 핀 번호는 앞 절에서와 같다.

표 77.4 Digispark 보드의 아날로그 및 디지털 데이터 입출력 핀

디지털 핀 번호	아날로그 핀 번호	디지털 데이터 입출력	아날로그 데이터 입력	아날로그 데이터 출력(PWM)	포트 핀 번호	비고
0	–	○	×	○	PB0	
1	–	○	×	○	PB1	내장 LED
2	A1	○	○	×	PB2	
3	A3	○	○	×	PB3	USB-
4	A2	○	○	×	PB4	USB+
5	A0	○	○	×	PB5	RESET
핀 수		6개	4개	2개		

그림 77.19는 Digispark 보드의 핀 헤더를 나타낸 것이다.

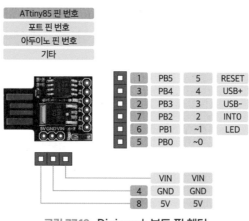

	ATtiny85 핀 번호		
	포트 핀 번호		
	아두이노 핀 번호		
	기타		

	1	PB5	5	RESET
	3	PB4	4	USB+
	2	PB3	3	USB−
	7	PB2	2	INT0
	6	PB1	~1	LED
	5	PB0	~0	

		VIN	VIN
	4	GND	GND
	8	5V	5V

그림 77.19 Digispark 보드 핀 헤더

Digispark 보드의 0번 핀에 그림 77.20과 같이 LED를 연결하자.

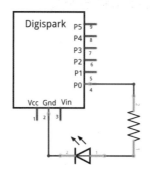

그림 77.20 LED 연결 회로도

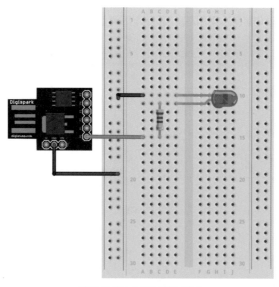

그림 77.21 LED 연결 회로

스케치 77.3은 0번 핀에 연결된 LED를 1초 간격으로 점멸하는 예다.

</> 스케치 77.3 0번 핀 LED 블링크

```
int pinLED = 0;

void setup() {
    pinMode(pinLED, OUTPUT);
}

void loop() {
    digitalWrite(pinLED, HIGH);
    delay(1000);
    digitalWrite(pinLED, LOW);
    delay(1000);
}
```

스케치를 입력한 후 '스케치 → 업로드' 메뉴 항목, 'Ctrl + U' 단축키 또는 툴바의 '업로드' 버튼
을 선택하여 스케치를 업로드하자.

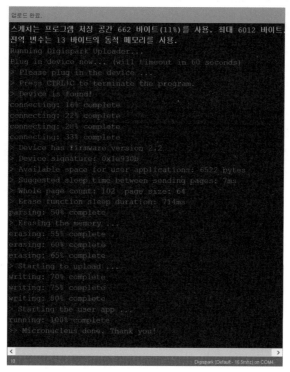

그림 77.22 Digispark 보드 업로드 과정

컴파일에 문제가 없다면 장치를 연결하라는 메시지가 나타나면서 장치가 연결되기를, 정확하게 이야기하자면 Digispark Bootloader가 동작하기를 60초 동안 기다린다. **Digispark 보드가 연결되어 있지 않으면 Digispark 보드를 연결하고, 연결되어 있다면 연결 해제 후 다시 연결하면 Digispark Bootloader가 동작하면서 컴퓨터와의 연결이 이루어지고 스케치 업로드가 시작된다.** 스케치 업로드가 끝나면 업로드한 스케치가 실행되면서 Digispark Bootloader와의 연결이 끊어져 Digispark 보드는 다시 알 수 없는 USB 장치로 인식된다.

Digispark 환경을 설치하면 다양한 라이브러리와 다양한 예제가 함께 설치된다. 라이브러리 중에는 UART 시리얼 통신을 소프트웨어로 지원하는 라이브러리도 포함되어 있다. UART 시리얼 통신이 전용 하드웨어 없이 소프트웨어로 지원되는 통신이라면, SPI와 I2C는 ATtiny85 마이크로컨트롤러에서 하드웨어로 지원되는 통신이다. 하지만 ATmega328과 같이 별도의 전용 핀을 제공하는 것이 아니라 USI_{Universal Serial Interface}를 통해 공통의 핀을 사용하여 지원된다. 표 77.5는 SPI와 I2C 통신에 사용되는 핀을 나타낸 것이다.

표 77.5 ATtiny85 마이크로컨트롤러의 USI 사용 핀

아두이노 핀 번호	포트 핀 번호	SPI	I2C
2	PB2	SCK	SCL
1	PB1	MISO	–
0	PB0	MOSI	SDA

I2C 통신을 사용하여 I2C 방식의 텍스트 LCD에 문자를 출력해 보자. 먼저 그림 77.23과 같이 I2C 방식 텍스트 LCD를 연결하자. 이때 4.7kΩ 저항을 SCL과 SDA 연결선에 풀업 저항으로 연결해야 한다.

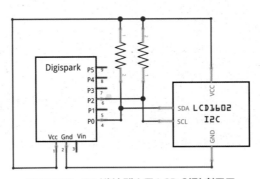

그림 77.23 I2C 방식 텍스트 LCD 연결 회로도

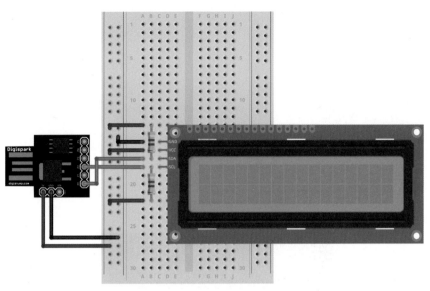

그림 77.24 I2C 방식 텍스트 LCD 연결 회로

I2C 통신을 위해 아두이노에는 Wire 라이브러리가 기본 라이브러리의 하나로 포함되어 있지만 ATtiny85 마이크로컨트롤러에서는 사용할 수 없다. 따라서 ATtiny85 마이크로컨트롤러를 지원하는 I2C 통신 라이브러리가 필요하며, I2C 통신에서 마스터 동작을 지원하는 라이브러리가 Digispark 환경에 포함되어 있는 TinyWireM 라이브러리다. I2C 방식 텍스트 LCD를 지원하는 LiquidCrystal_I2C 라이브러리 역시 포함되어 있으므로 별도로 라이브러리를 설치할 필요는 없다. 스케치 77.4는 I2C 방식 텍스트 LCD에 문자를 출력하는 예다. TinyWireM 클래스의 초기화 함수인 begin 함수를 호출해야 한다는 점을 제외하면 40장 '텍스트 LCD'에서 사용한 스케치와 같으므로 자세한 내용은 이를 참고하면 된다. 한 가지 주의할 점은 **40장 '텍스트 LCD'에서 설치한 LiquidCrystal I2C 라이브러리와 같은 이름의 클래스를 사용하므로 LiquidCrystal I2C 라이브러리가 설치된 상태에서는 컴파일 오류가 발생할 수 있다는** 점이다. Digispark 환경에서 제공하는 LiquidCrystal I2C 라이브러리는 ATtiny85 마이크로컨트롤러에 사용할 수 있도록 수정한 것이므로 이전에 설치된 라이브러리를 삭제한 후 컴파일해야 오류 없이 컴파일된다.

</> 스케치 77.4 I2C 방식 텍스트 LCD

```
#include <TinyWireM.h>
#include <LiquidCrystal_I2C.h>

#define I2C_ADDR 0x27                          // 텍스트 LCD의 I2C 주소

LiquidCrystal_I2C lcd(I2C_ADDR, 16, 2);        // (주소, 16문자, 2줄)
```

```
void setup() {
    TinyWireM.begin();                          // I2C 마스터 라이브러리 초기화

    lcd.init();                                 // LCD 초기화
    lcd.backlight();

    lcd.print("Hello Text LCD");
    lcd.setCursor(1, 1);
    lcd.print("from ATtiny85");
}

void loop() {
}
```

그림 77.25 스케치 77.4 실행 결과

77.3 맺는말

ATtiny85는 타이니 시리즈 중에서도 핀 수가 8개인 소형 마이크로컨트롤러로, 리셋 핀을 사용하지 않으면 최대 6개의 입출력 핀을 사용할 수 있다. 6개 입출력 핀이 너무 적어 보일 수 있지만, 사람이 가까이에 오면 문을 여는 소형 시스템을 구현하기에 20개의 입출력 핀을 제공하는 ATmega328은 가격과 공간 효율 면에서 적당하지 않을 수 있으며, 이런 경우라면 ATmega328 대신 ATtiny85를 고려해 볼 수 있다. ATtiny85를 아두이노 환경에서 사용할 수 있게 해주는 몇 가지 방법이 존재한다는 점 역시 ATmega328 대신 사용하는 이유 중 하나가 될 수 있다.

이 장에서는 ATtiny85 마이크로컨트롤러를 아두이노 환경에서 사용할 수 있게 해주는 두 가지 방법을 살펴봤다. ATtiny85 마이크로컨트롤러 또는 ATtiny85를 사용한 보드의 지원 파일을 아두이노 프로그램에 추가하면 아두이노 우노와 거의 같은 방법으로 스케치를 작성하고 업로드할 수 있다. 하지만 두 가지 환경 모두 몇 년 동안 업데이트가 이루어지지 않고 있다는 점은 감안해야 한다. ATtiny85가 아두이노에서 공식적으로 사용하는 마이크로컨트롤러가 아니므로 기본적인 데이터 입출력에는 문제가 없지만, 아두이노 환경과의 호환성에서 문제가 있을 수 있다. 특히 Digispark

보드는 스케치 업로드를 펌웨어로 지원하여 별도의 하드웨어가 필요하지 않고, 흥미로운 예제를 여러 가지 제공하고 있어 소형 시스템 개발에 다양하게 활용될 수 있을 것으로 생각되지만, 아두이노 프로그램과 윈도우 운영체제의 업데이트가 고려되지 않아 실행할 수 없는 많은 예제는 아쉬운 점이다. Digispark 환경이 업데이트되거나, 비슷한 구성과 기능을 가진 아두이노 호환 제품이 출시되어 아두이노 보드의 틈새를 메꾸어주기를 기대해 본다.

1 Digispark 보드의 1번 핀에는 내장 LED가 연결되어 있으며, 1번 핀은 PWM 신호를 출력할 수 있는 핀이다. 2번(A1) 핀에 가변저항을 연결하고 스케치 77.5를 업로드한 후 가변저항을 돌리면서 LED의 밝기가 변하는 것을 확인해 보자.

</> 스케치 77.5　아날로그 데이터 입출력

```
void setup() {
}

void loop() {
    int v = analogRead(A1);
    analogWrite(1, v >> 2);
}
```

2 Digispark 보드의 부트로더가 동작하면 운영체제에서는 USB 장치로 인식되며, USB 장치를 통해 새로운 스케치를 업로드할 수 있다. 비슷하게 Digispark 환경에는 Digispark 보드를 소프트웨어만으로 키보드로 인식할 수 있게 해주는 **DigiKeyboardDevice** 클래스를 제공하고 있다. 스케치 77.6은 Digispark 보드가 키보드로 동작하여 1초 간격으로 증가하는 카운터값을 입력하는 예다. 메모장을 실행하고 카운터값이 입력되는 것을 확인해 보자. 또한 스케치 77.6이 실행될 때 장치 관리자에서 HID 키보드 장치로 인식되는 것도 확인해 보자.

</> 스케치 77.6　키보드 입력

```
#include <DigiKeyboard.h>

int count = 0;

void setup() {
}

void loop() {
    DigiKeyboard.println(count);        // 키보드 입력
    count++;                            // 카운터 증가
    DigiKeyboard.delay(1000);
}
```

```
📄 *제목 없음 - Windows 메모장
파일(F) 편집(E) 서식(O) 보기(V) 도움말
0
1
2
3
4
5
6
7
8
9
|

Ln 11, Col 1        100%    Windows (CRLF)
```

ESP8266과 NodeMCU

ESP8266은 와이파이 통신 기능을 포함하고 있는 마이크로컨트롤러로 저렴한 가격과 높은 성능으로 메이커들의 주목을 받고 있으며, 아두이노 공식 보드의 하나인 아두이노 우노 와이파이에서 ESP8266을 사용한 것이 이를 뒷받침하고 있다. 이 책에서도 ESP8266을 사용한 ESP-01 모듈을 와이파이 통신 모듈로 사용했지만, ESP-01 모듈은 범용 입출력 핀으로 사용할 수 있는 핀이 하나뿐이어서 시스템 구현에 사용하기는 어렵다. 이 장에서는 ESP-01 모듈의 업그레이드 버전인 ESP-12 모듈을 사용하여 아두이노 보드 없이 단독으로 시스템 구현에 사용할 수 있게 만들어진 NodeMCU 보드를 아두이노 환경에서 사용하는 방법을 알아본다.

NodeMCU	× 1 ➡	버전 3
LED	× 1	
220Ω 저항	× 1	
USB-UART 변환장치	× 1 ➡	USB2SERIAL
OLED 디스플레이	× 1 ➡	SPI 방식 0.96인치
텍스트 LCD	× 1 ➡	16×2 크기
I2C 변환보드	× 1 ➡	텍스트 LCD 인터페이스 변환

이 장에서
사용할 부품

NodeMCU

NodeMCU는 루아 스크립트Lua script를 사용하여 간편하게 사물인터넷에서 동작하는 사물을 만들 수 있게 해주는 사물인터넷 플랫폼으로, 개발 보드인 NodeMCU 보드와 루아 스크립트의 인터프리터에 해당하는 NodeMCU 펌웨어로 이루어져 있다. NodeMCU 보드는 이 책에서 와이파이 통신 모듈로 사용한 ESP-01 모듈의 업그레이드 버전으로 생각할 수 있는 ESP-12 시리즈 모듈을 사용하여 만들어졌고, USB-UART 변환 장치를 포함하고 있어 컴퓨터와 USB 케이블을 연결하는 것만으로 사용할 수 있다. 아두이노 보드 역시 컴퓨터와 USB 케이블을 연결하는 것만으로 사용할 수 있다는 점에서 사용 방법이 비슷하다고 할 수 있다. 하지만 NodeMCU 보드를 위한 프로그램 작성은 아두이노와 차이가 있다. 아두이노 환경에서 작성하는 '스케치'는 컴파일을 통해 마이크로컨트롤러에서 실행되는 기계어 파일이 만들어진다. 반면, NodeMCU 환경에서는 '스크립트'를 작성한다. **작성한 스크립트 파일을 데이터 파일처럼 NodeMCU 보드에 저장하면 NodeMCU 펌웨어가 이를 읽고 해석해서 실행하는 과정을 거친다.** 따라서 엄밀히 말하자면 NodeMCU 환경에서 작성하는 루아 스크립트는 펌웨어는 아니지만 루아 스크립트 역시 스케치와 같은 목적을 가지므로 펌웨어라 불리기도 한다.

NodeMCU 보드에서 사용하는 ESP8266 모듈은 ESP-12 시리즈 모듈이다. ESP-nn 모듈은 그 종류가 많지만, 와이파이 통신 모듈로 사용하는 경우에는 ESP-01 모듈이, NodeMCU에서와 같이 단독으로 사용하는 경우에는 ESP-12 모듈이 많이 사용된다. 그림 78.1은 ESP-nn 모듈의 형태를 비교한 것이다.

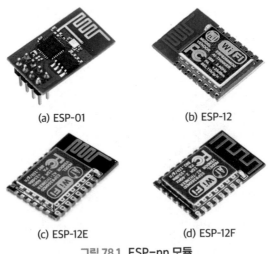

(a) ESP-01   (b) ESP-12

(c) ESP-12E   (d) ESP-12F

그림 78.1 ESP-nn 모듈

ESP-01 모듈은 ESP8266 칩을 사용하는 데 필요한 최소의 회로로 구성되어 있다. ESP-01 모듈에 포함된 2개의 칩 중 하나는 ESP8266 칩이며 다른 하나는 플래시 메모리다. ESP-01은 가장 간단한 형태의 ESP8266 기반 모듈로 8개 핀을 제공하고 있다. 하지만 8개 핀은 2열로 배치되어 있어 브레드보드에 꽂아 사용할 수는 없으며, 8개의 핀 중 범용 입출력 핀으로 사용할 수 있는 핀은 하나뿐이므로 와이파이 통신 모듈로 메인 컨트롤러와 함께 사용하는 것이 일반적이다.

이에 비해 ESP-12 시리즈 모듈은 대부분의 ESP8266 핀을 사용할 수 있도록 만들어져 있다. 특히 ESP-12E/F 모듈은 22개의 연결 핀을 갖고 있어 다양한 장치를 연결할 수 있고, 와이파이 통신을 위한 안테나 역시 포함하고 있는 등의 장점으로 가장 많이 사용되는 ESP8266 기반 모듈 중 하나다. ESP-12 모듈은 ESP-12E/F 모듈과 비교하면 안테나 반대쪽에 6개의 핀이 없지만, 이들 핀은 플래시 메모리 연결에 사용되는 핀으로 ESP-12E/F 모듈에서도 사용하지 않는다. ESP-12E 모듈과 ESP-12F 모듈의 눈에 띄는 차이 중 하나는 안테나 패턴이 달라진 것으로, ESP-12F가 ESP-12E의 개선된 버전에 해당한다. 하지만 **ESP-12F와 ESP-12E는 핀 단위로 호환**되므로 어느 모듈을 사용해도 무방하다.

ESP-01 모듈의 핀이 2열로 배치되어 있어 브레드보드에 꽂아 사용하기가 불편한 것처럼, ESP-12 시리즈 모듈 역시 핀 간격이 2mm로 브레드보드 홀 간격인 2.54mm보다 좁아 브레드보드에 꽂아 사용할 수 없다. 따라서 핀 간격을 변환하는 브레이크아웃 보드를 사용하기도 하지만, ESP-12 모듈에 주변 회로를 추가하여 와이파이 응용 시스템을 구현할 수 있게 만들어진 보드를 사용하는 경우가 많으며 NodeMCU 보드가 대표적인 예다. NodeMCU 보드는 버전 2와 버전 3 보드를 흔히 볼 수 있는데, 버전 2와 버전 3 보드의 차이점 중 하나는 사용하는 ESP8266 모듈에 있다. 버전 2 보드는 ESP-12 또는 ESP-12E 모듈을 사용하지만, ESP-12E 모듈을 사용한 보드가 대부분이다. 반면, 버전 3 보드는 ESP-12E 모듈과 ESP-12F 모듈을 사용한 보드를 모두 볼 수 있다. ESP-12E 모듈과 ESP-12F 모듈은 핀 단위로 호환되므로 버전 2와 버전 3 NodeMCU 보드 역시 호환된다. 또 한 가지 다른 점은 USB-UART 변환 기능을 위해 사용한 칩이 달라졌다는 점이다. 버전 2 보드에서는 USB-UART 변환을 위해 CP2102 칩을 사용하지만, 버전 3 보드에서는 CH340 칩을 사용한다. 이 외에도 버전 3 보드에서는 버전 2 보드보다 USB 연결의 안정성이 높다는 등 몇 가지 개선이 이루어졌다. 이 장에서는 ESP-12F 모듈을 사용한 버전 3 보드를 사용한다.

표 78.1 NodeMCU 보드의 버전 비교

NodeMCU	ESP8266 모듈	USB-UART 변환 칩
버전 2	ESP-12 또는 ESP-12E	CP2102
버전 3	ESP-12E 또는 ESP-12F	CH340

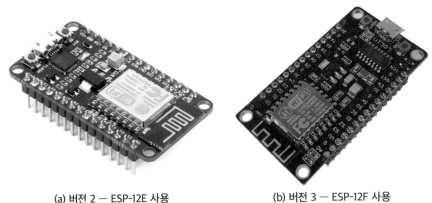

(a) 버전 2 — ESP-12E 사용   (b) 버전 3 — ESP-12F 사용

그림 78.2 **NodeMCU 보드**

78.2 아두이노 환경에서 NodeMCU 보드 사용

NodeMCU 보드는 NodeMCU 펌웨어를 통해 루아 스크립트를 실행하기 위한 전용 보드로 만들어졌지만, 펌웨어를 변경하면 다른 프로그래밍 환경에서도 사용할 수 있으며 아두이노 환경에서 아두이노 호환 보드로 사용하는 것이 그 예다.

아두이노 환경에서 NodeMCU 보드를 포함한 ESP8266 기반 모듈을 사용하기 위해서는 추가 프로그램 설치가 필요하다. 아두이노 프로그램을 실행하고 '파일 → 환경설정' 메뉴 항목을 선택하여 환경설정 다이얼로그를 실행한다. 환경설정 다이얼로그에서 '추가적인 보드 매니저 URLs'에 아래 경로를 입력한 후 '확인' 버튼을 누른다. 지정한 경로의 파일에는 아두이노 환경에서 사용할 수 있는 ESP8266 기반 보드들의 정보 및 필요한 파일의 정보가 포함되어 있다.

http://arduino.esp8266.com/stable/package_esp8266com_index.json

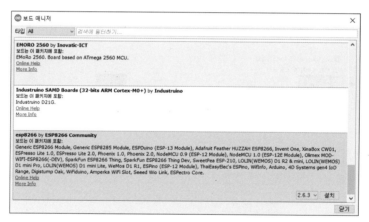

그림 78.3 환경설정 다이얼로그 – ESP8266 기반 보드 지원 파일 다운로드 URL 입력

경로 지정이 끝났으면 아두이노 프로그램에서 '툴 → 보드 → 보드 매니저...' 메뉴 항목을 선택하여 보드 매니저를 실행한다. 보드 매니저에서 'ESP8266'을 검색하여 ESP8266 기반의 보드에서 스케치 파일을 작성하는 데 필요한 파일을 내려받아 설치하면 ESP8266을 위한 환경설정은 끝이 난다. 설치되는 파일은 'ESP8266 core for Arduino' 파일로 아두이노 환경에서 ESP8266을 위한 스케치 작성에 필요한 파일이다.

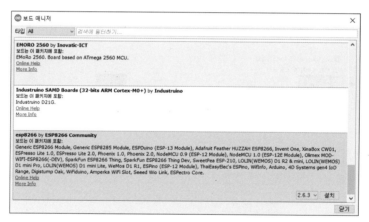

그림 78.4 보드 매니저 다이얼로그

설치가 완료된 후 NodeMCU 보드를 USB 케이블로 컴퓨터에 연결하면 장치 관리자에서 COM 포트로 인식된다.

그림 78.5 NodeMCU 보드에 할당된 COM 포트

'툴 → 보드' 메뉴에서 새로 추가된 ESP8266 기반의 다양한 보드들을 확인할 수 있으며, 그중 NodeMCU 보드를 위한 'NodeMCU 0.9 (ESP-12 Module)' 메뉴 항목과 'NodeMCU 1.0 (ESP-12E Module)' 메뉴 항목 역시 확인할 수 있다. 이 장에서 사용하고자 하는 보드는 버전 3으로 ESP-12F 모듈을 사용하고 있지만, ESP-12E 모듈과 호환되므로 'NodeMCU 1.0 (ESP-12E Module)' 메뉴 항목을 선택하면 된다. '툴 → 포트' 메뉴에서는 그림 78.5에서 NodeMCU 보드에 할당된 COM10을 선택하고 나머지는 디폴트 옵션을 사용하면 된다.

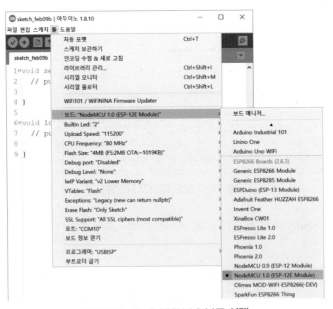

그림 78.6 NodeMCU 1.0 보드 선택

블링크 스케치 테스트를 위해 NodeMCU 보드의 D7번 핀에 LED를 연결하자.

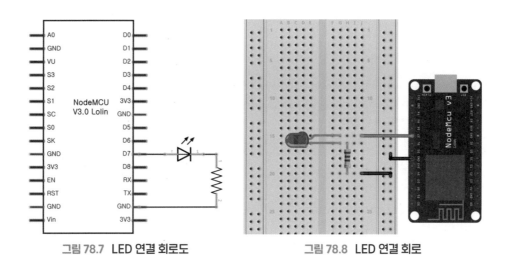

그림 78.7 **LED 연결 회로도**   그림 78.8 **LED 연결 회로**

'파일 → 예제 → 01.Basics → Blink' 메뉴 항목을 선택하여 블링크 스케치를 열고 '스케치 → 업
로드' 메뉴 항목, `Ctrl`+`U` 단축키 또는 툴바의 '업로드' 버튼을 선택하여 스케치를 업로드해 보
자. LED가 1초 간격으로 점멸하는가? 아두이노의 블링크 스케치는 13번 핀에 연결된 LED를 1초
간격으로 점멸하는 스케치다. 반면, 그림 78.7에서는 D7번 핀에 LED를 연결했다. 즉, **NodeMCU
보드에서 사용하는 핀 번호와 아두이노에서 사용하는 핀 번호는 일치하지 않으므로 연결에 주의해야 한
다.** 그림 78.9는 NodeMCU 보드의 핀 배치를 나타낸 것으로, 아두이노에서 사용하는 핀 번호는
ESP8266 칩에서 GPIO(범용 입출력) 핀 번호에 해당한다. 반면, NodeMCU에서는 자체적으로 핀
번호를 정해 사용하고 있다.

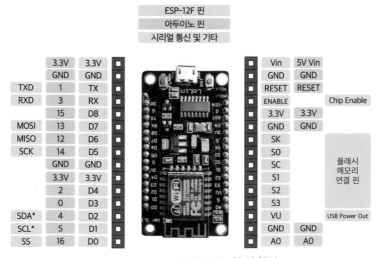

그림 78.9 **NodeMCU 보드의 핀 헤더**

NodeMCU 보드에서는 17개의 디지털 입출력 핀과 1개의 아날로그 입력 핀을 사용할 수 있지만 6개의 디지털 입출력 핀은 외부 플래시 메모리 연결에 사용되므로 실제 사용할 수 있는 디지털 입출력 핀은 11개다. 디지털 입출력 핀을 사용할 때는 ESP8266이 3.3V 기준 레벨을 사용하기 때문에 5V를 직접 연결하면 보드가 손상될 수 있으므로 주의해야 한다. 표 78.2는 NodeMCU 보드의 디지털 및 아날로그 입출력 핀 기능을 요약한 것이다.

표 78.2 NodeMCU 보드의 입출력 핀

아두이노 핀 번호	디지털 입력	디지털 출력	아날로그 입력	아날로그 출력(PWM)
0	INPUT, INPUT_PULLUP	OUTPUT	×	○
1	INPUT, INPUT_PULLUP	OUTPUT	×	○
2	INPUT, INPUT_PULLUP	OUTPUT	×	○
3	INPUT, INPUT_PULLUP	OUTPUT	×	○
4	INPUT, INPUT_PULLUP	OUTPUT	×	○
5	INPUT, INPUT_PULLUP	OUTPUT	×	○
12	INPUT, INPUT_PULLUP	OUTPUT	×	○
13	INPUT, INPUT_PULLUP	OUTPUT	×	○
14	INPUT, INPUT_PULLUP	OUTPUT	×	○
15	INPUT, INPUT_PULLUP	OUTPUT	×	○
16	INPUT, INPUT_PULLDOWN_16	OUTPUT	×	×
A0(17)	×	×	○(0~1V)	×

표 78.2에서 여타 아두이노 보드들과는 다른 몇 가지 특징을 발견할 수 있다.

- 디지털 데이터 입출력으로 사용할 수 있는 핀은 11개이지만, 아날로그 데이터 입력으로 사용할 수 있는 핀은 1개뿐이다. 또한 **아날로그 데이터 입력 핀은 디지털 데이터 입출력 핀으로 사용할 수 없다.**
- 디지털 데이터 입출력 핀 중 16번 핀을 제외하면 모두 내부 풀업 저항을 사용할 수 있다. **16번 핀은 내부 풀다운 저항을 사용할 수 있다.**
- **아날로그 데이터 입력 핀은 10비트 해상도를 갖지만, 최대 1V 전압만 가할 수 있다.**
- 16번 핀을 제외한 10개의 디지털 데이터 입출력 핀으로는 10비트 해상도의 PWM 신호를 출력할 수 있다. 즉, **100% 듀티 사이클에 해당하는 값은 1023이다.**

시리얼 통신

NodeMCU 보드에서는 UART, I2C, SPI 등의 시리얼 통신을 사용할 수 있다. 먼저 UART 시리얼 통신을 사용해 보자. NodeMCU 보드에서 컴퓨터와의 연결을 위해서는 그림 78.5에서 알 수 있듯이 CH340 칩을 사용하며, 이 포트를 통해 스케치 업로드 및 컴퓨터와의 시리얼 통신이 이루어진다. CH340 칩과 연결된 포트는 UART0으로 1번과 3번 핀을 사용한다. 이 외에도 UART1과 UART2라는 2개의 UART 포트를 더 사용할 수 있어 **ESP-12 모듈에서는 총 3개의 UART 포트를 사용할 수 있다.** UART1 포트는 송신 기능만 있고 수신 기능이 없으므로 디버깅 메시지 출력용으로 흔히 사용된다. UART1 포트를 제어하는 객체는 Serial1이다. 반면, UART2 포트는 UART0 포트를 제어하는 객체와 같은 Serial 객체를 사용한다. 즉, **UART0과 UART2 포트는 같은 객체로 관리되므로 동시에 사용할 수는 없다. 포트를 전환하기 위해서는 Serial 클래스의 swap 함수를 사용하면 된다.** 표 78.3은 NodeMCU 보드에서 사용할 수 있는 UART 포트를 요약한 것이다.

표 78.3 NodeMCU 보드의 UART 포트

	UART0	UART1	UART2
RX	3(RX)	–	13
TX	1(TX)	2	15
아두이노 클래스	Serial	Serial1	Serial
비고	UART2와 같은 객체 사용	데이터 수신을 위한 RX 핀은 정의되어 있지 않음	UART0과 같은 객체 사용

그림 78.10과 같이 UART1 포트에 USB-UART 변환 장치를 연결해 보자. 사용한 USB-UART 변환 장치가 5V만 지원하는 것으로 가정하고 전원은 VU~USB Power Out~ 핀을 사용했다. 또한 UART1 포트의 출력 기준 레벨이 3.3V이지만 5V 기준 레벨을 사용하는 장치에서 논리 1을 인식하는 데 문제가 없으므로 직접 연결했다.

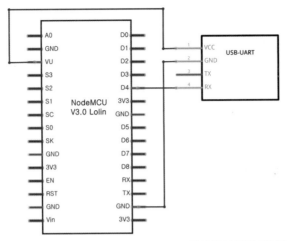

그림 78.10 **UART1 포트에 USB-UART 변환 장치 연결 회로도**

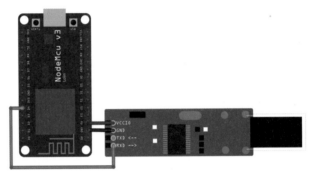

그림 78.11 **UART1 포트에 USB-UART 변환 장치 연결 회로**

스케치 78.1은 UART0 포트(Serial)를 통해 입력된 데이터를 UART0 포트와 UART1 포트(Serial1)
로 출력하는 예다.

</> 스케치 78.1 UART0와 UART1 포트 사용

```
void setup() {
    Serial.begin(9600);                          // UART0 포트
    Serial1.begin(9600);                         // 송신 전용 UART1 포트

}

void loop() {
    if (Serial.available()) {                    // 시리얼 모니터에 입력한 데이터
        char ch = Serial.read();

        Serial.write(ch);                        // Serial: 시리얼 모니터로 출력
        Serial1.write(ch);                       // Serial1: CoolTerm 터미널로 출력
    }
}
```

그림 78.12 스케치 78.1 실행 결과

NodeMCU 보드에서는 SPI 통신 역시 사용할 수 있다. OLED 디스플레이를 NodeMCU 보드에 연결하여 사용해 보자. 이 장에서 사용하는 OLED는 0.96인치에 128×64 해상도를 갖는 OLED로 SPI 통신을 사용한다.

먼저 OLED 디스플레이를 NodeMCU 보드에 연결해 보자. OLED 디스플레이는 3.3V에서도 동작하므로 NodeMCU 보드의 3.3V 출력을 사용하면 된다.

① GND
② VCC
③ D0: SCK
④ D1: MOSI
⑤ RES: RESET
⑥ DC: Data/Command
⑦ CS: Chip Select

그림 78.13 SPI 방식 OLED 디스플레이

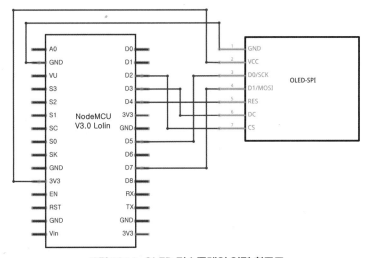

그림 78.14 OLED 디스플레이 연결 회로도

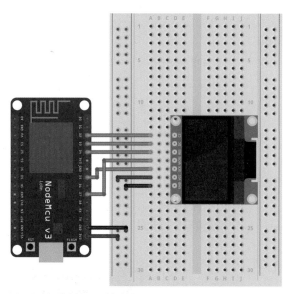

그림 78.15 OLED 디스플레이 연결 회로

OLED 디스플레이와 연결해야 하는 5개의 데이터 핀 중 D0(SCK), D1(MOSI) 핀을 제외한 나머지 3개 핀은 임의의 디지털 핀을 사용할 수 있다. 표 78.4는 OLED 디스플레이와 NodeMCU 보드의 연결 핀을 요약한 것이다.

표 78.4 OLED 디스플레이와 NodeMCU 보드 연결 핀

OLED 디스플레이	NodeMCU 핀	설명
GND	GND	
VCC	VCC	
D0	14	Serial Clock
D1	13	Master Out Slave In
RES	2	RESET
DC	0	Data/Command 선택
CS	4	Chip Select 또는 Slave Select(SS)

OLED 디스플레이를 사용하기 위해서는 ESP8266을 지원하는 OLED 라이브러리가 필요하다. 42장 'OLED 디스플레이'에서 사용한 Adafruit SSD1306 라이브러리는 ESP8266에서도 사용할 수 있으므로 그대로 사용하면 된다. 스케치 78.2는 OLED 디스플레이에 서로 다른 폰트 크기로 문자열을 출력하는 예다. 라이브러리의 설치와 사용 방법에 대한 자세한 내용은 42장 'OLED 디스플레이'를 참고하면 된다.

</> 스케치 78.2 OLED 디스플레이에 문자열 출력

```
#include <Adafruit_SSD1306.h>

#define SCREEN_WIDTH 128                                // OLED x축 해상도
#define SCREEN_HEIGHT 64                                // OLED y축 해상도

#define OLED_CLK     14
#define OLED_MOSI    13
#define OLED_RESET    2
#define OLED_DC       0
#define OLED_CS       4

// OLED 제어를 위한 객체 생성
Adafruit_SSD1306 display(SCREEN_WIDTH, SCREEN_HEIGHT,
OLED_MOSI, OLED_CLK, OLED_DC, OLED_RESET, OLED_CS);

void setup() {
    // OLED 객체 초기화 및 디스플레이 버퍼 할당
    if ( !display.begin(SSD1306_SWITCHCAPVCC) ) {
        while (1);                                      // 초기화 실패로 정지
    }
    display.clearDisplay();                             // 디스플레이 버퍼 지우기
    display.setTextColor(WHITE);                        // 텍스트 색상 지정

    int y = 0;                                          // 문자열을 출력할 y축 위치
    for (int scale = 1; scale < 4; scale++) {
        display.setTextSize(scale);                     // 텍스트 배율 지정
        display.setCursor(0, y);                        // 텍스트 커서 위치 변경, 픽셀 단위

        display.print("Size:");
        display.print(scale);

        y = y + 8 * scale + 2;                          // 2픽셀 여백
    }
    display.display();                                  // 디스플레이 버퍼 화면에 나타내기
}

void loop() {
}
```

그림 78.16 스케치 78.2 실행 결과

ESP8266에서 I2C 통신은 UART나 SPI 통신과 달리 하드웨어로 지원되는 것이 아니라 소프트웨어로 지원되므로 임의의 디지털 데이터 입출력 핀을 사용할 수 있다. 하지만 4번과 5번 핀이 디폴트로 SDA와 SCL 핀으로 지정되어 있으므로 디폴트 핀에 연결하면 40장 '텍스트 LCD'에서 사용한 LiquidCrystal_I2C 라이브러리를 그대로 사용할 수 있다. 디폴트 핀이 아닌 다른 핀을 사용하고 싶다면 ESP8266을 위한 I2C 방식 텍스트 LCD 라이브러리*를 사용해야 한다. 먼저 그림 78.17과 같이 I2C 방식 텍스트 LCD를 NodeMCU 보드에 연결하자. 텍스트 LCD는 5V 전원이 필요하므로 VU_{USB Power Out} 핀을 사용했다.

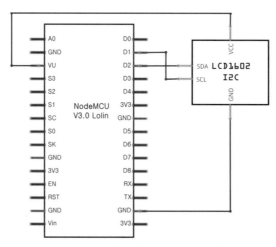

그림 78.17 I2C 방식 텍스트 LCD 연결 회로도

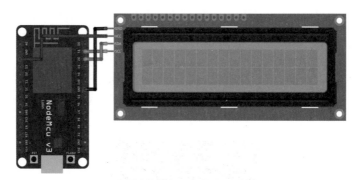

그림 78.18 I2C 방식 텍스트 LCD 연결 회로

스케치 78.3은 I2C 방식 텍스트 LCD에 문자열을 출력하는 예다. 라이브러리의 설치와 사용 방법에 대한 자세한 내용은 40장 '텍스트 LCD'를 참고하면 된다.

★   https://github.com/agnunez/ESP8266-I2C-LCD1602

스케치 78.3 I2C 방식 텍스트 LCD에 문자열 출력

```
#include <LiquidCrystal_I2C.h>

LiquidCrystal_I2C lcd(0x27, 16, 2);                // (주소, 열, 행)

void setup() {
    lcd.init();                                    // LCD 초기화

    lcd.clear();
    lcd.backlight();                               // 백라이트 켜기

    lcd.print("Hello, I2C LCD!");                  // 문자열 출력
}

void loop() {
}
```

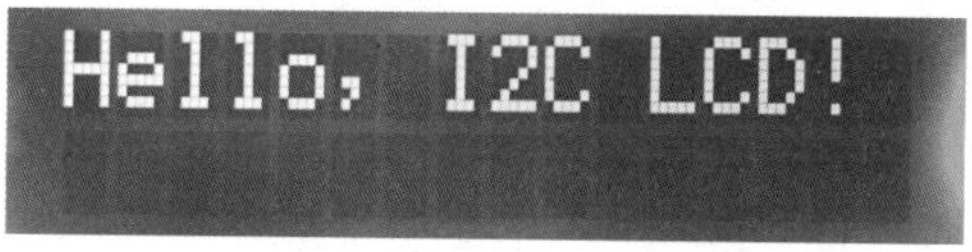

그림 78.19 스케치 78.3 실행 결과

78.4 와이파이

NodeMCU 보드의 가장 큰 장점은 별도의 추가 장치 없이 와이파이 통신을 사용할 수 있다는 점이다. ESP-01 모듈을 와이파이 통신 모듈로 사용하기 위해 WiFiEsp 라이브러리를 사용했다면, NodeMCU 보드에서 와이파이 기능을 사용하기 위해서는 'ESP8266 core for Arduino'와 함께 설치되는 ESP8266WiFi 라이브러리를 사용하면 된다. 즉, WiFiEsp 라이브러리는 와이파이 통신 모듈을 위한 라이브러리라면 ESP8266WiFi 라이브러리는 아두이노 호환 보드를 위한 라이브러리라는 차이가 있다. ESP8266WiFi 라이브러리를 사용하기 위해서는 먼저 헤더 파일을 포함해야 한다. '스케치 → 라이브러리 포함하기 → ESP8266WiFi' 메뉴 항목을 선택하면 여러 개의 헤더 파일을 포함하지만, 꼭 포함해야 하는 헤더 파일은 ESP8266WiFi.h뿐이고 나머지는 사용하고자 하는 기능에 따라 선택적으로 포함하면 된다. 이 장에서 사용하는 스케치에서는 ESP8266WiFi.h 파일만 포함하면 되므로 `#include` 문을 직접 입력하면 된다.

```
#include <ESP8266WiFi.h>
```

ESP8266WiFi 라이브러리를 사용하여 AP에 접속하기 위해서는 WiFi 객체를 사용한다. WiFi는
ESP8266을 위한 와이파이 클래스인 ESP8266WiFiClass의 유일한 객체로, 다양한 와이파이 관련
동작을 WiFi 객체를 통해 수행할 수 있다.

■ mode

```
bool ESP8266WiFiClass::mode(WiFiMode_t m)
  - 매개변수
    m: ESP8266의 모드(WIFI_OFF, WIFI_STA, WIFI_AP, WIFI_AP_STA 중 하나)
  - 반환값: 모드 변경 성공 여부
```

ESP8266의 동작 모드를 설정한다. ESP8266은 스테이션 모드, 소프트AP 모드, 소프트AP + 스
테이션 모드 등 세 가지 동작 모드를 지원하며, AP를 통해 인터넷에 연결하기 위해서는 스테이션
모드나 소프트AP + 스테이션 모드를 사용하면 된다.

■ disconnect

```
bool ESP8266WiFiClass::disconnect()
  - 매개변수: 없음
  - 반환값: AP 연결 끊기 성공 여부
```

기존에 연결되어 있던 AP와의 연결을 끝낸다.

■ begin

```
wl_status_t ESP8266WiFiClass::begin(char* ssid, char *passphrase)
  - 매개변수
    ssid: 접속할 AP의 SSID
    passphrase: 접속할 AP의 패스워드
  - 반환값: AP 연결 상태
```

지정한 AP로 연결을 시작한다. AP에 연결하기 위해서는 AP의 이름인 SSID와 패스워드를 매개변
수로 사용하며, AP 연결 상태를 반환한다.

기타 ESP8266WiFiClass 클래스의 멤버 함수는 68장 '웹 클라이언트와 서버: WiFiEsp 라이브러리'

를 참고하면 된다. WiFiEsp 클래스에서 같은 이름의 함수는 없을 수 있지만, 기본적인 와이파이 기능을 지원하기 위해 비슷한 이름의 멤버 함수들이 제공되고 있다.

스케치 78.4는 지정한 AP에 접속하고 AP와 스테이션의 정보를 출력하는 예다. WiFiEsp 라이브러리가 UART 시리얼 통신을 통해 와이파이 통신을 수행하는 데 비해 ESP8266WiFi 라이브러리는 마이크로컨트롤러에 내장된 와이파이 통신 기능을 직접 사용하므로 ESP-01 모듈을 와이파이 통신 모듈로 사용하는 것과 비교하면 간단하고 직관적으로 사용할 수 있다.

</> 스케치 78.4 AP 연결 및 연결된 AP 정보 출력

```
#include <ESP8266WiFi.h>

char *ssid = "your_AP_name";
char *password = "password_to_your_AP";

void setup() {
    Serial.begin(9600);

    Serial.println();
    WiFi.mode(WIFI_STA);                        // 스테이션 모드
    WiFi.disconnect();                          // 기존 연결 종료

    Serial.print(String("* \'") + ssid + "\'에 연결을 시작합니다.");
    WiFi.begin(ssid, password);                 // AP에 접속

    // AP에 접속이 될 때까지 대기
    while (WiFi.status() != WL_CONNECTED) {
        delay(500);
        Serial.print(".");
    }
    Serial.println();
    Serial.println("* AP에 연결되었습니다.");

    // AP 정보
    Serial.println();
    Serial.println("* AP 정보");
    Serial.print(" - SSID\t: ");                // AP의 SSID(이름)
    Serial.println(WiFi.SSID());
    Serial.print(" - RSSI\t: ");                // AP의 신호 강도
    Serial.println(WiFi.RSSI());
    Serial.print(" - BSSID\t: ");               // AP의 MAC 주소
    printBSSID();
    Serial.print(" - Subnet mask\t: ");         // 서브넷 마스크
    Serial.println(WiFi.subnetMask());
    Serial.print(" - Gateway IP\t: ");          // 게이트웨이 주소
    Serial.println(WiFi.gatewayIP());
    Serial.print(" - DNS IP\t: ");              // DNS 주소
    Serial.println(WiFi.dnsIP());
```

```
    // 스테이션 정보
    Serial.println();
    Serial.println("* 스테이션 정보");
    Serial.print(" - IP address\t: ");                  // DHCH를 통해 할당된 IP 주소
    Serial.println(WiFi.localIP());
    Serial.print(" - MAC address\t: ");                 // ESP8266의 MAC 주소
    Serial.println(WiFi.macAddress());
}

void printBSSID() {                                     // 6바이트 MAC 주소 표시
    uint8_t *bssid = WiFi.BSSID();

    for (int i = 0; i < 6; i++) {
        Serial.print(bssid[i], HEX);
        if (i != 5) {
            Serial.print(":");
        }
    }
    Serial.println();
}

void loop() {
}
```

그림 78.20 스케치 78.4 실행 결과

ESP8266은 와이파이 기능을 포함하고 있는 마이크로컨트롤러다. 이 책에서는 와이파이 통신을 위해 ESP-01 모듈을 와이파이 통신 모듈로 사용하고 메인 컨트롤러인 아두이노와 UART 시리얼 통신으로 연결하여 사용했다. 하지만 ESP-01 모듈에 사용된 ESP8266은 AVR 시리즈 마이크로컨트롤러보다 빠른 속도와 많은 메모리를 갖고 있으므로 ESP-01 모듈만으로도 와이파이 통신 기능을 가진 시스템을 구현할 수 있다. 즉, **ESP8266을 와이파이 통신 모듈로만 사용하는 것은 ESP8266의 기능을 충분히 활용하지 못하는 것이라 할 수 있다.** 하지만 ESP-01 모듈은 1개의 범용 입출력 핀만을 사용할 수 있어 마이크로컨트롤러로 사용하기는 어려운 것도 사실이다.

ESP-01 모듈의 업그레이드 버전으로 생각할 수 있는 ESP-12 시리즈 모듈은 11개의 디지털 데이터 입출력 핀과 1개의 아날로그 입력 핀을 사용할 수 있으며, 아두이노에서 흔히 사용하는 UART, SPI, I2C 등의 시리얼 통신 역시 지원하므로 '아두이노 보드 + ESP-01 모듈' 대용으로 사용하면 작고 간단하게 시스템을 구현할 수 있다. 하지만 ESP-12 시리즈 모듈 역시 몇 가지 불편한 점이 있어 ESP-12 시리즈 모듈을 기본으로 컴퓨터와의 연결을 위한 USB-UART 변환 장치, 브레드 보드에 꽂아 사용할 수 있는 메일 핀 헤더 등을 추가한 보드가 흔히 사용되며 이 장에서 사용한 NodeMCU 보드가 대표적인 예다.

NodeMCU 보드는 루아 스크립트를 사용하여 사물인터넷을 위한 사물을 만들기 위한 오픈 소스 사물인터넷 플랫폼이다. 즉, NodeMCU 보드는 아두이노 환경에서 사용할 것을 염두에 두지 않고 만들어졌다. 따라서 NodeMCU 보드의 핀 번호가 아두이노 환경에서의 핀 번호와 다른 점이 아두이노 환경에서 NodeMCU 보드를 사용할 때 가장 불편한 점이다. 이를 제외하면 NodeMCU 보드는 AVR 시리즈 마이크로컨트롤러를 사용하는 아두이노 보드보다 빠른 속도와 많은 메모리는 물론 추가 장치 없이 와이파이 통신 기능을 사용할 수 있다는 점에서 매력적인 선택이 될 것이다. 특히 NodeMCU 보드에서 사용하는 ESP8266WiFi 라이브러리가 ESP-01 모듈을 와이파이 통신 모듈로 사용하는 데 필요한 WiFiEsp 라이브러리보다 간단하고 효율적이라는 점에서 와이파이 통신 기능이 필요한 시스템에서는 NodeMCU 보드가 아두이노 보드의 대안이 될 수 있다.

1. 일정한 시간 간격으로 반복되는 작업을 진행하기 위해 아두이노에서는 millis 함수 사용을 추천하고 있다. millis 함수 자체는 인터럽트를 기반으로 실행 시간을 계산하는 함수이지만, loop 함수 내에서 millis 함수를 호출하여 경과 시간을 계속 확인해야 한다는 점에서 폴링 방식으로 동작한다. 반면, ESP8266을 위한 아두이노 환경에서는 설정한 시간 간격으로 콜백 함수를 자동으로 호출하는 Ticker 라이브러리를 기본 라이브러리로 제공하고 있다. 13번 핀에 LED를 연결하고 스케치 78.5를 업로드하여 1초 간격으로 LED가 점멸하는 것을 확인해 보자. Ticker 클래스 객체에는 하나의 콜백 함수만 연결할 수 있지만, 필요한 수만큼 Ticker 클래스 객체를 사용하면 시간 간격이 서로 다른 여러 개의 작업을 동시에 진행할 수 있다.

</> **스케치 78.5 Ticker 라이브러리 사용**

```
#include <Ticker.h>

int pin_LED = 13;
boolean LED_state = false;
Ticker ticker;                              // Ticker 객체

void setup() {
    pinMode(pin_LED, OUTPUT);               // 출력으로 설정
    digitalWrite(pin_LED, LED_state);       // 꺼진 상태로 시작

    ticker.attach(1, blinking);             // 1초에 한 번 호출되는 함수 설정
}

void blinking() {                           // 콜백 함수
    LED_state = !LED_state;                 // LED 상태 반전
    digitalWrite(pin_LED, LED_state);       // LED 상태 표시
}

void loop() {
}
```

2. ESP8266 칩을 제작한 에스프레시프Espressif사에서 제작한 칩 중에 ESP32가 있다. ESP32는 ESP8266의 업그레이드 버전으로 더 많은 CPU 코어, 더 빠른 와이파이, 더 많은 범용 입출력 핀, BLE 지원 등 많은 기능이 개선되거나 추가되었다. 아두이노의 공식 보드인 아두이노 우노 와이파이에서도 첫 번째 버전에서는 ESP8266 칩을 사용했지만 두 번째 버전에서는 ESP32 칩을 사용하고 있다. ESP8266과 ESP32 칩의 장단점을 비교해 보자.

아두이노
기본 함수

아두이노는 마이크로컨트롤러 제어를 위한 기본 동작을 추상화한 함수를 통해 서로 다른 마이크
로컨트롤러를 사용한 아두이노 보드를 공통의 함수로 제어할 수 있게 해준다. 이를 통해 아두이노
보드 사이에 스케치 호환성을 제공할 수 있으며, 이러한 점이 아두이노의 장점 중 하나다. 이 장에
서는 아두이노에서 제공하는 기본 함수의 기능에 대해 알아본다. 함수 설명은 AVR 시리즈 마이크
로컨트롤러를 사용하는 아두이노 보드를 기준으로 하지만, 다른 마이크로컨트롤러를 사용한 아두
이노 보드에서도 대부분 사용할 수 있다.

A.1 디지털 입출력 함수

■ pinMode

```
void pinMode(uint8_t pin, uint8_t mode)
 - 매개변수
    pin: 핀 번호
    mode: INPUT, OUTPUT, INPUT_PULLUP 중 하나
 - 반환값: 없음
```

지정한 번호의 핀을 입력 또는 출력으로 설정한다. mode가 INPUT_PULLUP으로 지정되면 내부 풀업 저항을 사용하도록 설정하며, INPUT으로 지정되면 내부 풀업 저항을 사용하지 않도록 설정한다.

■ digitalWrite

```
void digitalWrite(uint8_t pin, uint8_t value)
 - 매개변수
    pin: 핀 번호
    value: HIGH 또는 LOW
 - 반환값: 없음
```

지정한 번호의 핀으로 HIGH 또는 LOW의 디지털값을 출력한다. HIGH 값이 출력된 경우 핀으로 실제 출력되는 전압은 아두이노 보드에서 사용하는 동작 전압으로 5V 또는 3.3V다. 핀이 입력 상태로 설정된 경우 digitalWrite 함수로 HIGH 값을 출력하면 내부 풀업 저항이 연결되고, LOW 값을 출력하면 풀업 저항 연결이 해제된다.

■ digitalRead

```
int digitalRead(uint8_t pin)
 - 매개변수
    pin: 핀 번호
 - 반환값: HIGH 또는 LOW
```

지정한 번호의 핀에 가해지는 전압을 HIGH 또는 LOW의 디지털값으로 반환한다.

아날로그 입출력 함수

■ **analogReference**

```
void analogReference(uint8_t type)
 - 매개변수
    type: DEFAULT, INTERNAL, INTERNAL1V1, INTERNAL2V56, EXTERNAL 중 한 가지
 - 반환값: 없음
```

아날로그 입력을 위한 기준 전압을 설정한다. 아두이노 우노, 메가2560, 레오나르도 등 AVR 시리즈 마이크로컨트롤러를 사용하는 아두이노 보드에서 설정 가능한 옵션은 표 A.1의 5가지가 있다.

표 A.1 아날로그 입력 기준 전압 – AVR 시리즈 마이크로컨트롤러

옵션	설명
DEFAULT	아두이노 보드의 동작 전압을 기준으로 설정한다. 아두이노 보드의 동작 전압은 보드의 종류에 따라 5V 또는 3.3V다.
INTERNAL	내부 전압을 기준 전압으로 설정한다. ATmega168이나 ATmega328의 경우 1.1V, ATmega3274나 ATmega8의 경우 2.56V로 설정된다. 아두이노 메가에서는 사용할 수 없다.
INTERNAL1V1	내부 1.1V를 기준 전압으로 설정한다. 아두이노 메가에서만 사용할 수 있다.
INTERNAL2V56	내부 2.56V를 기준 전압으로 설정한다. 아두이노 메가에서만 사용할 수 있다.
EXTERNAL	AREF 핀에 가해지는 0V에서 5V 사이의 전압을 기준 전압으로 설정한다.

아두이노 나노 에브리를 포함하여 megaAVR 시리즈 마이크로컨트롤러를 사용하는 아두이노 보드에서 설정 가능한 옵션은 표 A.2의 9가지가 있다.

표 A.2 아날로그 입력 기준 전압 – megaAVR 시리즈 마이크로컨트롤러

옵션	설명
DEFAULT	내부 0.55V를 기준 전압으로 설정한다.
INTERNAL	내부 0.55V를 기준 전압으로 설정한다.
VDD	ATmega4809의 VDD 전압인 5V를 기준 전압으로 설정한다.
INTERNAL0V55	내부 0.55V를 기준 전압으로 설정한다.
INTERNAL1V1	내부 1.1V를 기준 전압으로 설정한다.
INTERNAL1V5	내부 1.5V를 기준 전압으로 설정한다.
INTERNAL2V5	내부 2.5V를 기준 전압으로 설정한다.

옵션	설명
INTERNAL4V3	내부 4.3V를 기준 전압으로 설정한다.
EXTERNAL	AREF 핀에 가해지는 0V에서 5V 사이의 전압을 기준 전압으로 설정한다.

■ analogRead

```
int analogRead(uint8_t pin)
 - 매개변수
     pin: 아날로그 핀 번호
 - 반환값: 0에서 1023 사이의 정숫값
```

지정한 아날로그 입력 핀으로부터 값을 읽고 10비트 해상도의 ADC를 통해 0에서 $1023(= 2^{10} - 1)$ 사이의 디지털값을 반환한다. 5V 기준 전압을 사용하는 경우 5V/1024 ≈ 4.9mV의 전압 차이를 인식할 수 있으며, 인식할 수 있는 전압 차이는 analogReference 함수를 통해 설정된 기준 전압에 따라 달라질 수 있다. AVR 시리즈 마이크로컨트롤러를 사용한 아두이노 보드에서는 하나의 아날로그값을 읽어 디지털값으로 변환하는 데 약 100μs가 소요되므로 1초에 최대 10,000번 아날로그값을 읽을 수 있다.

아무런 외부 회로가 연결되어 있지 않은 아날로그 입력 핀을 analogRead 함수로 읽으면 정전기나 인접한 핀의 상태 등에 영향을 받아 무작위 값을 반환하므로 난수 생성을 위해 사용될 수 있다.

■ **analogWrite**

```
void analogWrite(uint8_t pin, int value)
 - 매개변수
     pin: 핀 번호
     value: 듀티 사이클duty cycle, 0(항상 OFF, 듀티 사이클 0%)에서 255(항상 ON, 듀티 사이클 100%)
     사이의 값
 - 반환값: 없음
```

지정한 번호의 핀으로 지정한 듀티 사이클을 갖는 PWMPulse Width Modulation(펄스 폭 변조) 신호를 출력한다. PWM 신호는 LED의 밝기나 모터의 속도 제어 등에 사용된다. PWM 신호는 모든 핀으로 출력할 수는 없으며 아두이노 보드의 종류에 따라 PWM 신호를 출력할 수 있는 핀 번호와 출력되는 PWM 신호의 주파수에 차이가 있다. 아두이노 보드에는 PWM 신호 출력이 가능한 핀 번호 앞에 물결표(~)를 붙여 구분하고 있다.

표 A.3 아두이노 보드에 따른 PWM 출력 핀 및 PWM 주파수

아두이노 보드	PWM 출력 가능 핀	PWM 주파수
우노, 나노	3, 5, 6, 9, 10, 11	490Hz, 5번과 6번 핀은 980Hz
메가	2~13, 44~46	490Hz, 4번과 13번 핀은 980Hz
레오나르도	3, 5, 6, 9, 10, 11, 13	490Hz, 3번과 11번 핀은 980Hz
나노 에브리	3, 5, 6, 9, 10	976Hz

A.3 고급 입출력 함수

■ tone

```
void tone(uint8_t pin, unsigned int frequency, unsigned long duration = 0)
  - 매개변수
     pin: 핀 번호
     frequency: 출력 주파수
     duration: 밀리초 단위 출력 지속 시간
  - 반환값: 없음
```

지정한 번호의 핀으로 50% 듀티 사이클과 지정된 주파수를 갖는 구형파square wave를 지정된 시간 동안 출력한다. 핀에 피에조 버저나 스피커를 연결하면 단음을 재생할 수 있다. 지속 시간이 지정되지 않으면 noTone 함수가 호출될 때까지 구형파 출력이 계속된다.

tone 함수를 사용한 구형파 출력은 한 번에 하나의 핀으로만 이루어질 수 있다. 어떤 핀으로 구형파 출력이 진행 중일 때 다른 핀에 tone 함수를 사용하면 아무런 효과가 없다. 같은 핀으로 다른 주파수를 사용하여 tone 함수를 호출하면 출력되는 구형파의 주파수가 바뀐다. tone 함수 사용은 PWM 신호 출력과 충돌할 수 있으므로 주의해야 한다. 아두이노 우노의 경우 tone 함수를 사용할 때 3번과 11번 핀의 PWM 출력을 사용할 수 없다.

■ noTone

```
void noTone(uint8_t pin)
  - 매개변수
     pin: 핀 번호
  - 반환값: 없음
```

지정한 번호의 핀으로 tone 함수에 의해 출력되는 구형파 출력을 정지한다.

■ shiftOut

```
void shiftOut(uint8_t dataPin, uint8_t clockPin, uint8_t bitOrder, uint8_t value)
 – 매개변수
    dataPin: 비트 데이터 출력이 일어날 핀
    clockPin: 비트 데이터 출력 후 비트 데이터 출력이 완료되었음을 알려주기 위해 펄스가 출력
    되는 핀
    bitOrder: 비트 출력 순서, MSBFIRST(MSB 우선) 또는 LSBFIRST(LSB 우선)
    value: 출력될 데이터
 – 반환값: 없음
```

지정한 번호의 데이터 핀(dataPin)으로 바이트 단위의 값(value)을 비트별로 나눠서 출력 순서 (bitOrder)에 따라 출력한다. 출력 순서는 MSB_{Most Significant Bit} 또는 LSB_{Least Significant Bit}부터 출력하도록 지정할 수 있으며, 하나의 비트가 출력된 이후에는 clockPin으로 펄스가 출력되어 데이터 동기화에 사용된다.

shiftOut 함수를 사용하기 전에 dataPin과 clockPin은 pinMode 함수를 사용하여 출력으로 설정해야 한다. 또한 clockPin으로는 비트 데이터를 쓰기 전에 HIGH, 쓴 후에 LOW가 출력되므로 상승 에지에서 동기화가 이루어져야 한다면 digitalWrite 함수를 사용하여 clockPin의 초기 상태를 LOW로 설정해야 한다. 하강 에지에서 동기화가 이루어진다면 clockPin의 초기 상태와 무관하게 동기화가 이루어진다.

■ shiftIn

```
uint8_t shiftIn(uint8_t dataPin, uint8_t clockPin, uint8_t bitOrder)
 – 매개변수
    dataPin: 비트 입력을 받아들이는 핀
    clockPin: 비트 입력을 위한 클록 핀
    bitOrder: 비트 입력 순서, MSBFIRST(MSB 우선) 또는 LSBFIRST(LSB 우선)
 – 반환값: 입력값
```

지정한 번호의 핀(dataPin)으로부터 데이터를 입력받아 비트 입력 순서(bitOrder)에 따라 정렬한 후 바이트 단위로 반환한다. clockPin은 데이터 동기화를 위해 사용되는 핀이다.

shiftIn 함수를 사용하기 전에 pinMode 함수를 사용하여 dataPin은 입력으로, clockPin은

출력으로 설정해야 한다. clockPin으로는 비트 데이터를 읽기 전에 HIGH, 읽은 후에는 LOW가 출력되므로 상승 에지에서 동기화가 이루어져야 한다면 digitalWrite 함수를 사용하여 clockPin의 초기 상태를 LOW로 설정해야 한다. 하강 에지에서 동기화가 이루어진다면 clockPin의 초기 상태와 무관하게 동기화가 이루어진다.

- **pulseIn**

```
unsigned long pulseIn(uint8_t pin, uint8_t state,
                      unsigned long timeout = 1000000L)
  - 매개변수
      pin: 펄스를 읽어 들일 핀 번호
      state: 읽어 들일 펄스의 종류, HIGH 또는 LOW
      timeout: 펄스 길이 측정이 완료되기까지의 마이크로초 단위 시간으로 디폴트값은 1초
  - 반환값: 마이크로초 단위의 펄스의 길이를 반환하며 펄스 길이 측정에 실패하면 0을 반환
```

지정한 번호의 핀으로부터 펄스를 읽어 그 길이를 마이크로초 단위로 반환한다. state에 HIGH를 지정하고 pulseIn 함수를 호출하면 먼저 입력 핀으로 상승 에지가 발생할 때까지 기다린 후, 하강 에지가 발생할 때까지의 시간을 측정하여 그 길이를 마이크로초 단위로 반환한다. 펄스의 길이 측정이 완료되기까지의 대기 시간은 timeout 값으로 지정할 수 있다. 측정할 수 있는 펄스의 길이는 10마이크로초에서 3분까지이며, 이 외의 경우에는 오차가 발생할 수 있다. 펄스 길이가 긴 경우에는 오차가 발생할 수 있으며 인터럽트가 발생하지 않는 상태에서 짧은 펄스의 길이를 측정하기 위해 사용할 수 있다.

- **pulseInLong**

```
unsigned long pulseInLong(uint8_t pin, uint8_t state,
                          unsigned long timeout = 1000000L)
  - 매개변수
      pin: 펄스를 읽어 들일 핀 번호
      state: 읽어 들일 펄스의 종류, HIGH 또는 LOW
      timeout: 펄스 길이 측정이 완료되기까지의 마이크로초 단위 시간으로 디폴트값은 1초
  - 반환값: 마이크로초 단위의 펄스의 길이를 반환하며 펄스 길이 측정에 실패하면 0을 반환
```

지정한 번호의 핀으로부터 펄스를 읽어 그 길이를 마이크로초 단위로 반환한다. pulseIn 함수와 매개변수가 같고 같은 동작을 하지만 pulseIn 함수가 긴 펄스 길이를 측정할 때 오차가 발생하는 것을 보완한 함수다. micros 함수를 사용하므로 인터럽트 처리가 금지된 경우에는 사용할 수 없으며 펄스 길이가 짧은 경우에는 오차가 발생할 수 있다.

시간 함수

■ millis

```
unsigned long millis()
  - 매개변수: 없음
  - 반환값: 프로그램이 시작된 이후의 밀리초 단위 경과 시간
```

현재 실행 중인 프로그램이 시작된 이후의 경과 시간을 밀리초 단위로 반환한다. 반환값은 4바이트 크기이므로 약 50일의 시간이 지나면 오버플로가 발생하여 0이 된다.

■ micros

```
unsigned long micros()
  - 매개변수: 없음
  - 반환값: 프로그램이 시작된 이후의 마이크로초 단위 경과 시간
```

현재 실행 중인 프로그램이 시작된 이후의 경과 시간을 마이크로초 단위로 반환한다. 반환값은 4바이트 크기이므로 약 70분의 시간이 지나면 오버플로가 발생하여 0이 된다. 16MHz 클록을 사용하는 아두이노 보드의 경우 해상도는 4마이크로초이므로, 반환되는 값은 항상 4의 배수다. 8MHz 클록을 사용하는 아두이노 보드의 경우 해상도는 8마이크로초다.

■ delay

```
void delay(unsigned long ms)
  - 매개변수
    ms: 밀리초 단위의 지연 시간
  - 반환값: 없음
```

지정한 밀리초 단위의 시간만큼 프로그램 실행을 일시 중지한다. delay 함수는 프로그램 실행을 일시 정지시키므로 정지된 시간 동안 다른 작업을 할 수 없다. 따라서 스케치가 아주 간단한 경우가 아니라면 수십 밀리초 이상의 지연 시간을 delay 함수로 구현하는 것은 피하는 것이 좋다. 하지만 delay 함수는 인터럽트 처리를 금지하지는 않으므로 인터럽트를 기반으로 하는 시리얼 통신의 데이터 수신, PWM 신호 출력 등은 계속된다.

- **delayMicroseconds**

```
void delayMicroseconds(unsigned int us)
  - 매개변수
      us: 마이크로초 단위의 지연 시간 unsigned int
  - 반환값: 없음
```

지정한 마이크로초 단위의 시간만큼 프로그램 실행을 일시 중지한다. 긴 시간을 지정하는 경우 오차가 발생하므로 수천 마이크로초 이상의 지연은 delay 함수를 사용하는 것이 좋다.

A.5 수학 함수

- **min**

```
min(x, y)
  - 매개변수
      x: 첫 번째 데이터
      y: 두 번째 데이터
  - 반환값: 두 수 중 작은 값
```

```
#define min(a, b) ((a) < (b) ? (a) : (b))
```

두 값 중 최솟값을 반환한다.

- **max**

```
max(x, y)
  - 매개변수
      x: 첫 번째 데이터
      y: 두 번째 데이터
  - 반환값: 두 수 중 큰 값
```

```
#define max(a, b) ((a) > (b) ? (a) : (b))
```

두 값 중 최댓값을 반환한다.

▪ abs

```
abs(x)
 - 매개변수
    x: 데이터
 - 반환값: x의 절댓값
```

```
#define abs(x) ((x) > 0 ? (x) : -(x))
```

주어진 값의 절댓값을 반환한다.

▪ constrain

```
constrain(x, a, b)
 - 매개변수
    x: 데이터
    a: x가 가질 수 있는 최솟값
    b: x가 가질 수 있는 최댓값
 - 반환값: x가 범위 내의 값이면 x, a보다 작은 경우 a, b보다 큰 경우 b
```

```
#define constrain(amt, low, high)
                ((amt) < (low) ? (low) : ((amt) > (high) ? (high) : (amt)))
```

주어진 값이 지정한 범위 내의 값일 때는 주어진 값을 그대로 반환하고, 최솟값보다 작은 경우에는 최솟값을, 최댓값보다 큰 경우에는 최댓값을 반환한다.

▪ map

```
long map(long value, long fromLow, long fromHigh, long toLow, long toHigh)
 - 매개변수
    value: 데이터
    fromLow: 현재 데이터가 가질 수 있는 최솟값
    fromHigh: 현재 데이터가 가질 수 있는 최댓값
    toLow: 변환하고자 하는 범위의 최솟값
    toHigh: 변환하고자 하는 범위의 최댓값
 - 반환값: 지정한 범위로 사상된 값
```

주어진 데이터값을 지정된 범위의 값으로 선형 사상linear mapping하여 반환한다. 이때 주어지는 값은 [fromLow, fromHigh] 범위의 값이 아니어도 무방하며, toLow 값은 toHigh 값보다 커도 무방하다. map 함수는 정수 연산을 한다는 점에 주의해야 한다.

■ pow

```
double pow(double base, double exponent)
 - 매개변수
    base: 밑
    exponent: 지수
 - 반환값: 거듭제곱값
```

주어진 밑과 지수로 거듭제곱을 반환한다.

■ sqrt

```
double sqrt(double x)
 - 매개변수
    x: 데이터
 - 반환값: x의 양의 제곱근
```

주어진 값의 양의 제곱근을 반환한다.

■ sq

```
sq(x)
 - 매개변수
    x: 데이터
 - 반환값: x의 제곱
```

```
#define sq(x) ((x)*(x))
```

주어진 값의 제곱을 반환한다.

A.6 삼각 함수

- **sin**

  double sin(double rad)
  - 매개변수
      rad: 라디안_{radian} 형식의 각도
  - 반환값: 주어진 각도의 사인값

라디안 형식으로 주어진 각도의 사인값을 반환한다.

- **cos**

  double cos(double rad)
  - 매개변수
      rad: 라디안 형식의 각도
  - 반환값: 주어진 각도의 코사인값

라디안 형식으로 주어진 각도의 코사인값을 반환한다.

- **tan**

  double tan(double rad)
  - 매개변수
      rad: 라디안 형식의 각도
  - 반환값: 주어진 각도의 탄젠트값

라디안 형식으로 주어진 각도의 탄젠트값을 반환한다.

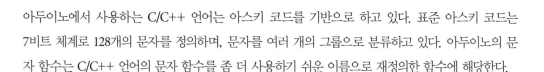

A.7 문자 함수

아두이노에서 사용하는 C/C++ 언어는 아스키 코드를 기반으로 하고 있다. 표준 아스키 코드는 7비트 체계로 128개의 문자를 정의하며, 문자를 여러 개의 그룹으로 분류하고 있다. 아두이노의 문자 함수는 C/C++ 언어의 문자 함수를 좀 더 사용하기 쉬운 이름으로 재정의한 함수에 해당한다.

■ isAlphaNumeric

```
boolean isAlphaNumeric(int c)
 – 매개변수
    c: 문자 데이터
 – 반환값: 알파뉴메릭alphanumeric 문자 여부
```
C 함수: int isalnum(int c)

알파뉴메릭 문자 여부를 반환한다. 알파뉴메릭 문자에는 알파벳 문자와 10진 숫자 표현을 위한 문자가 포함된다.

■ isAlpha

```
boolean isAlpha(int c)
 – 매개변수
    c: 문자 데이터
 – 반환값: 알파벳 문자 여부
```
C 함수: int isalpha(int c)

알파벳 문자 여부를 반환한다. 알파벳 문자는 소문자와 대문자로 이루어진다.

■ isAscii

```
boolean isAscii(int c)
 – 매개변수
    c: 문자 데이터
 – 반환값: 아스키 문자 여부
```
C 함수: int isascii(int c)

아스키 문자 여부를 반환한다. 아스키 문자는 7비트로 정의 가능한 문자를 말한다.

■ isWhitespace

```
boolean isWhitespace(int c)
 - 매개변수
    c: 문자 데이터
 - 반환값: 빈칸 문자 여부
```
```
C 함수: int isblank(int c)
```

빈칸 문자 여부를 반환한다. 빈칸 문자에는 스페이스(' ')와 수평탭('\t')의 2개 문자가 포함된다. 일반적으로 화이트 스페이스는 isSpace 함수에서 사용하는 6개의 문자를 가리키므로 주의해야 한다.

■ isControl

```
boolean isControl(int c)
 - 매개변수
    c: 문자 데이터
 - 반환값: 제어 문자control character 여부
```
```
C 함수: int iscntrl(int c)
```

제어 문자 여부를 반환한다. 제어 문자는 아스키 문자에서 출력 가능한 문자를 제외한 나머지 문자들을 말한다.

■ isDigit

```
boolean isDigit(int c)
 - 매개변수
    c: 문자 데이터
 - 반환값: 10진 숫자 표현 문자 여부
```
```
C 함수: int isdigit(int c)
```

10진 숫자를 나타내기 위해 사용하는 문자 여부를 반환한다.

▪ isGraph

```
boolean isGraph(int c)
 - 매개변수
     c: 문자 데이터
 - 반환값: 그래픽 문자graphic character 여부

C 함수: int isgraph(int c)
```

그래픽 문자 여부를 반환한다. 그래픽 문자에는 숫자, 문자, 구두점 등이 포함되며 화이트 스페이스 문자는 포함되지 않는다.

▪ isLowerCase

```
boolean isLowerCase(int c)
 - 매개변수
     c: 문자 데이터
 - 반환값: 소문자 여부

C 함수: int islower(int c)
```

소문자 여부를 반환한다.

▪ isPrintable

```
boolean isPrintable(int c)
 - 매개변수
     c: 문자 데이터
 - 반환값: 출력 가능 문자printing character 여부

C 함수: int isprint(int c)
```

출력 가능 문자 여부를 반환한다. 출력 가능 문자에는 그래픽 문자와 스페이스(' ')가 포함된다.

▪ inPunct

```
boolean isPunct(int c)
 - 매개변수
     c: 문자 데이터
 - 반환값: 구두점 문자punctuation character 여부

C 함수: int ispunct(int c)
```

구두점 문자 여부를 반환한다.

- **isSpace**

```
boolean isSpace(int c)
 - 매개변수
    c: 문자 데이터
 - 반환값: 공백문자space character 여부

C 함수: int isspace(int c)
```

공백문자 여부를 반환한다. 공백문자에는 스페이스(' ', 아스키 32), 수평탭('\t', 아스키 9), 수직탭('\v', 아스키 11), 폼피드('\f', 아스키 12), 새 줄('\n', 아스키 10), 캐리지 리턴('\r', 아스키 13)의 6개 문자가 포함된다.

- **isUpperCase**

```
boolean isUpperCase(int c)
 - 매개변수
    c: 문자 데이터
 - 반환값: 대문자 여부

C 함수: int isupper(int c)
```

대문자 여부를 반환한다.

- **isHexadecimalDigit**

```
boolean isHexadecimalDigit(int c)
 - 매개변수
    c: 문자 데이터
 - 반환값: 16진 숫자 표현 문자 여부

C 함수: int isxdigit(int c)
```

16진 숫자를 나타내기 위해 사용하는 문자 여부를 반환한다. 16진 숫자를 나타내기 위해서는 '0'~'9', 'A'~'F', 'a'~'f' 등의 문자가 사용된다.

표 A.4 아스키 문자의 종류

아스키값	문자	isControl(iscntrl)	isWhitespace(isblank)	isSpace(isspace)	isUpperCase(isupper)	isLowerCase(islower)	isAalpha(isalpha)	isDigit(isdigit)	isHexadecimalDigit(isxdigit)	isAlphaNumeric(isalnum)	isPunct(ispunct)	isGraph(isgraph)	isPrintable(isprint)	isAscii(isascii)
0x00~0x08	NULL, 제어 문자	○												○
0x09	탭(\t)	○	○	○										○
0x0A~0x0D	공백문자 (\f, \v, \n, \r)	○		○										○
0x0E~0x1F	제어 문자	○												○
0x20	스페이스		○	○									○	○
0x21~0x2F	!"#$%&'()*+,-./										○	○	○	○
0x30~0x39	0123456789							○	○	○		○	○	○
0x3A~0x40	:;<=>?@										○	○	○	○
0x41~0x46	ABCDEF				○		○		○	○		○	○	○
0x47~0x5A	GHIJKLMNOPQRSTUVWXYZ				○		○			○		○	○	○
0x5B~0x60	[\]^_`										○	○	○	○
0x61~0x66	abcdef					○	○		○	○		○	○	○
0x67~0x7A	ghijklmnopqrstuvwxyz					○	○			○		○	○	○
0x7B~0x7E	{|}~										○	○	○	○
0x7F	(DEL)	○												○

A.8 난수 함수

■ randomSeed

```
void randomSeed(unsigned int seed)
 - 매개변수
    seed: 의사 난수의 시작 위치 결정을 위한 값
 - 반환값: 없음
```

의사 난수 생성기를 초기화한다. 시드(seed)는 의사 난수 생성기의 시작 위치를 나타낸다. 시작 위치가 같으면 같은 순서로 값이 만들어지므로 시작 위치를 임의로 지정해야 난수와 비슷한 수를 얻을 수 있다. 시작 위치를 임의로 지정하기 위해서는 외부 회로가 연결되지 않은 아날로그 입력 핀으로부터 analogRead 함수를 사용하여 읽은 값이 흔히 사용된다. 하지만 디버깅 목적을 위해 시작 위치를 고정하고 같은 순서로 숫자가 생성되게 하는 경우도 있다.

■ random

```
long random(long max)
long random(long min, long max)
 - 매개변수
    min: 생성될 난수의 최솟값
    max: max − 1이 생성될 난수의 최댓값
 - 반환값: [min, max − 1] 범위의 정수
```

의사 난수를 생성하여 반환한다. 최솟값을 지정하지 않으면 최솟값은 0으로 설정된다.

비트 조작 함수

- **lowByte**

```
lowByte(x)
  - 매개변수
      x: 데이터
  - 반환값: x의 최하위 바이트
```

```
#define lowByte(w) ((uint8_t) ((w) & 0xff))
```

주어진 값의 최하위 바이트를 반환한다.

- **highByte**

```
highByte(x)
  - 매개변수
      x: 데이터
  - 반환값: x의 두 번째 하위 바이트
```

```
#define highByte(w) ((uint8_t) ((w) >> 8))
```

주어진 값의 두 번째 하위 바이트를 반환한다.

- **bitRead**

```
bitRead(x, n)
  - 매개변수
      x: 데이터
      n: 읽어낼 비트 위치로, LSB부터 0에서 시작하여 증가
  - 반환값: 0 또는 1의 비트값
```

```
#define bitRead(value, bit) (((value) >> (bit)) & 0x01)
```

주어진 값(x)의 n번째 비트값을 읽어 반환한다. n은 LSB부터 0에서 시작하여 증가한다.

■ bitWrite

```
bitWrite(x, n, b)
 - 매개변수
    x: 데이터
    n: 기록할 비트 위치로, LSB부터 0에서 시작하여 증가
    b: 0 또는 1의 비트값
 - 반환값: 없음
```

```
#define bitWrite(value, bit, bitvalue)
              (bitvalue ? bitSet(value, bit) : bitClear(value, bit))
```

주어진 값(x)의 n번째 비트에 b 값(0 또는 1)을 쓴다. n은 LSB부터 0에서 시작하여 증가한다.

■ bitSet

```
bitSet(x, n)
 - 매개변수
    x: 데이터
    n: 기록할 비트 위치로, LSB부터 0에서 시작하여 증가
 - 반환값: 없음
```

```
#define bitSet(value, bit) ((value) |= (1UL << (bit)))
```

주어진 값(x)의 n번째 비트를 1로 설정한다. n은 LSB부터 0에서 시작하여 증가한다.

■ bitClear

```
bitClear(x, n)
 - 매개변수
    x: 데이터
    n: 기록할 비트 위치로 LSB부터 0에서 시작하여 증가
 - 반환값: 없음
```

```
#define bitClear(value, bit) ((value) &= ~(1UL << (bit)))
```

주어진 값(x)의 n번째 비트를 0으로 설정한다. n은 LSB부터 0에서 시작하여 증가한다.

- **bit**

```
bit(n)
 - 매개변수
     n: 계산하고자 하는 비트 위치로 LSB부터 0에서 시작하여 증가
 - 반환값: n에 의해 지정된 비트의 비트값
```

```
#define bit(b) (1UL << (b))
```

지정된 위치(n)에 해당하는 비트의 자릿값인 2^n을 반환한다. n은 LSB부터 0에서 시작하여 증가한다.

A.10 외부 인터럽트 함수

- **attachInterrupt**

```
void attachInterrupt(uint8_t interrupt, void (*function)(void), int mode)
 - 매개변수
     interrupt: 인터럽트 번호
     function: 인터럽트를 처리할 인터럽트 서비스 루틴ISR: Interrupt Service Routine
     mode: 인터럽트가 발생하는 시점
 - 반환값: 없음
```

지정한 번호의 외부 인터럽트가 발생했을 때 인터럽트를 처리할 인터럽트 서비스 루틴ISR을 지정하여 인터럽트 처리를 활성화한다. 아두이노 우노의 경우 디지털 2번과 3번 핀을 통해 0번과 1번, 2개의 외부 인터럽트를 사용할 수 있으며, 사용할 수 있는 외부 인터럽트의 수는 아두이노 보드에 따라 차이가 있다. 첫 번째 매개변수인 인터럽트 번호는 이후 확장과 호환을 위해 digital PinToInterrupt 함수를 통해 핀 번호를 인터럽트 번호로 변환하여 사용하는 것을 추천한다.

```
attachInterrupt(digitalPinToInterrupt(2), myISR, RISING);
```

표 A.5 **아두이노 보드에 따른 외부 인터럽트 사용 가능 핀**

아두이노 보드	외부 인터럽트 사용 가능 핀
우노, 나노	2, 3
메가	2, 3, 18, 19, 20, 21
레오나르도	0, 1, 2, 3, 7
나노 에브리	모든 디지털 입출력 핀

mode는 인터럽트가 발생하는 시점을 나타내며 표 A.6의 상수 중 하나를 사용할 수 있다.

표 A.6 **외부 인터럽트 발생 시점 정의 상수**

상수	외부 인터럽트 발생 시점
LOW	입력값이 LOW일 때 인터럽트 발생
CHANGE	입력값의 상태가 변할 때 인터럽트 발생(RISING 또는 FALLING)
RISING	입력값이 LOW에서 HIGH로 변할 때 인터럽트 발생
FALLING	입력값이 HIGH에서 LOW로 변할 때 인터럽트 발생
HIGH	입력값이 HIGH일 때 인터럽트 발생(Cortex-M 기반 아두이노 보드에서만 사용할 수 있음)

인터럽트 처리 함수인 ISR은 매개변수가 없고 반환값 역시 없다. ISR 내에서는 또 다른 인터럽트 사용 함수인 delay, millis 등이 정상적으로 동작하지 않으며, 시리얼 데이터는 손실될 수 있다. 또한 ISR 내에서 값을 변경하는 변수는 volatile로 선언해야 변숫값의 변경이 정상적으로 이루어진다.

- **digitalPinToInterrupt**

```
digitalPinToInterrupt(p)
 - 매개변수
     p: 핀 번호
 - 반환값: 인터럽트 번호
```

```
#define digitalPinToInterrupt(p)
       ((p) == 2 ? 0 : ((p) == 3 ? 1 : NOT_AN_INTERRUPT))
```

아두이노 핀 번호에 해당하는 인터럽트 번호를 반환한다. 외부 인터럽트를 사용할 수 없는 핀인 경우에는 NOT_AN_INTERRUPT(−1)를 반환한다. 아두이노 보드에 따라 사용할 수 있는 인터럽트 핀이 다르므로 digitalPinToInterrupt는 아두이노 보드에 따라 다르게 정의된다. 위의 예는 아두이노 우노의 경우로 2번 핀인 경우 인터럽트 번호 0번을, 3번 핀인 경우 인터럽트 번호 1번을 반환한다.

▪ detachInterrupt

```
void detachInterrupt(uint8_t interrupt)
 - 매개변수
    interrupt: 인터럽트 번호
 - 반환값: 없음
```

지정한 번호의 외부 인터럽트 처리를 비활성화한다. attachInterrupt 함수와 마찬가지로 digital PinToInterrupt 함수를 통해 핀 번호를 인터럽트 번호로 변환하여 사용하는 것이 추천된다.

```
detachInterrupt(digitalPinToInterrupt(2));
```

 인터럽트 함수

▪ interrupts

```
interrupts()
 - 매개변수: 없음
 - 반환값: 없음
```

```
#define interrupts() sei()
```

인터럽트 처리를 허용한다. 아두이노에서 인터럽트 처리는 디폴트로 허용되어 있다.

▪ noInterrupts

```
noInterrupts()
 - 매개변수: 없음
 - 반환값: 없음
```

```
#define noInterrupts() cli()
```

인터럽트 처리를 금지한다.

아두이노
기본 클래스

아두이노에서는 마이크로컨트롤러의 기본 기능을 추상화한 함수와 함께 마이크로컨트롤러의 고급 기능과 다양한 주변장치를 쉽고 간단하게 제어할 수 있도록 클래스로 구현된 라이브러리를 제공한다. 이처럼 소프트웨어 측면에서 아두이노의 장점은 아두이노의 기본 함수와 확장 가능한 라이브러리가 많은 부분을 차지하고 있다. 이 장에서는 별도로 헤더 파일을 포함하지 않고 사용할 수 있는 2개의 기본 클래스인, UART 시리얼 통신을 위한 Serial 클래스와 문자열을 위한 String 클래스에 대해 알아본다.

B.1 Serial

아두이노 우노에서 UART 시리얼 통신을 위한 클래스는 HardwareSerial이고 HardwareSerial 클래스를 사용하여 미리 정의된 객체의 이름이 Serial이다. 다른 아두이노 보드에서 Serial 객체를 생성하는 클래스는 다를 수 있지만, 아두이노 보드를 컴퓨터에 연결했을 때 장치 관리자에 나타나는 시리얼 포트와의 통신을 담당하는 객체는 Serial로 미리 정의되어 있다. 이처럼 UART 시리얼 통신을 담당하는 객체는 미리 정의되어 있고 임의로 생성하는 경우는 없으므로 Serial을 클래스로 이야기하는 경우가 많다. 따라서 이 장에서도 Serial을 클래스이자 객체로 이야기하며, 아두이노 우노를 기준으로 한다.

B.1.1 함수

■ if(Serial)

시리얼 포트가 준비되었는지 검사하여 준비되었으면 true를, 그렇지 않으면 false를 반환한다. 아두이노 우노나 아두이노 메가2560 등은 항상 true를 반환한다. 아두이노 레오나르도는 USB를 통한 가상의 시리얼 포트를 사용하므로 리셋 후 가상 시리얼 포트의 생성이 완료될 때까지 기다리는 데 필요하다.

■ available

```
int Serial::available()
  - 매개변수: 없음
  - 반환값: 시리얼 포트 수신 데이터 버퍼에 저장된 데이터의 바이트 수
```

시리얼 포트로 수신되어 수신 버퍼에 저장된 데이터의 바이트 수를 반환한다. Serial 클래스는 원형 버퍼를 사용하여 64바이트까지 수신된 데이터를 저장할 수 있다.

■ availableForWrite

```
int Serial::availableForWrite()
  - 매개변수: 없음
  - 반환값: 시리얼 포트 송신 버퍼에 기록할 수 있는 데이터의 바이트 수
```

시리얼 포트의 송신 버퍼에 쓰기 명령으로 기록할 수 있는 데이터의 바이트 수를 반환한다.

■ begin

```
void Serial::begin(unsigned long baud)
void Serial::begin(unsigned long baud, byte config)
 - 매개변수
    baud: 속도
    config: 데이터 비트 수, 패리티, 정지 비트 설정
 - 반환값: 없음
```

지정한 전송 속도와 옵션으로 시리얼 통신을 시작한다. 전송 속도는 보율로 지정하며, 흔히 사용되는 보율에는 300, 1200, 2400, 4800, 9600, 19200, 38400, 57600, 115200, 230400, 250000 등이 있다. 옵션은 데이터 비트 수, 패리티 비트, 정지 비트 등을 설정할 수 있다. 옵션은 SERIAL_nXm 형식의 상수로 정의되어 있으며, 'n'은 데이터 비트의 수로 5, 6, 7, 8 비트 중 하나를 사용할수 있다. 'X'는 패리티 비트 없음(N), 짝수 패리티(E), 홀수 패리티(O) 중 하나를 사용할 수 있다. 'm'은 정지 비트의 수로 1 또는 2를 사용할 수 있다. 디폴트값은 8 데이터 비트, 패리티 비트 없음, 1 정지 비트로 SERIAL_8N1이다.

■ end

```
void Serial::end()
 - 매개변수: 없음
 - 반환값: 없음
```

시리얼 통신을 종료한다. 시리얼 통신으로 사용하지 않는 경우 RX 및 TX 핀은 범용 입출력 핀으로 사용할 수 있다.

■ find

```
bool Serial::find(char *target)
 - 매개변수
    target: 검색 문자열
 - 반환값: 검색 문자열 발견 여부
```

시리얼 통신 수신 버퍼에서 주어진 문자열(target)이 발견되면 true를 반환하고, 검색 시간이 초과하면 false를 반환한다. 검색 시간의 디폴트값은 1초이며 setTimeout 함수로 설정할 수 있다.

■ findUntil

```
bool Serial::findUntil(char *target, char *terminator)
  – 매개변수
     target: 검색 문자열
     terminator: 종료 문자열
  – 반환값: 검색 문자열 발견 여부
```

시리얼 통신 수신 버퍼에서 주어진 문자열(target)이 발견되면 true를 반환하고, 종료 문자열(terminator)이 발견되거나 검색 시간이 초과하면 false를 반환한다. 검색 시간의 디폴트값은 1초이며 setTimeout 함수로 설정할 수 있다.

■ flush

```
void Serial::flush()
  – 매개변수: 없음
  – 반환값: 없음
```

송신 버퍼에 있는 데이터의 전송이 완료될 때까지 대기한다.

■ parseFloat

```
float Serial::parseFloat(LookaheadMode lookahead, char ignore)
float Serial::parseFloat(LookaheadMode lookahead)
float Serial::parseFloat()
  – 매개변수
     lookahead: 실수가 시작하기 전에 나타나는 실수가 아닌 문자 처리 방식
     ignore: 실수가 시작된 후 무시할 문자
  – 반환값: 수신 버퍼에서 발견된 첫 번째 유효한 float 형 데이터
```

시리얼 통신 수신 버퍼에서 첫 번째 유효한 실수를 반환한다. 검색 시간을 초과하거나 유효하지 않은 문자로 시작되면 0을 반환한다. 검색 시간의 디폴트값은 1초이며 setTimeout 함수로 설정할 수 있다.

매개변수 lookahead는 실수에 해당하는 문자열이 시작되기 전에 나타나는 문자들을 처리하는 방식을 나타낸다. LookaheadMode는 열거형 상수로 표 B.1의 값 중 하나를 가질 수 있다.

표 B.1 LookaheadMode 상수 정의

상수	설명
SKIP_ALL	마이너스 기호, 소수점, 숫자 이외의 모든 문자를 무시한다. 디폴트로 설정된 값이다.
SKIP_NONE	어떤 문자도 무시하지 않으며 버퍼 내 문자열을 그대로 사용한다.
SKIP_WHITESPACE	탭, 스페이스, 새 줄('\n'), 캐리지 리턴('\r') 문자만 무시한다.

매개변수 ignore는 실수가 시작된 이후 무시할 문자를 나타내며, 천 단위를 구분하는 데 사용하는 콤마(,)를 처리하기 위해 흔히 사용된다.

■ **parseInt**

```
int Serial::parseInt(LookaheadMode lookahead, char ignore)
int Serial::parseInt(LookaheadMode lookahead)
int Serial::parseInt()
 - 매개변수
    lookahead: 정수가 시작하기 전에 나타나는 정수가 아닌 문자 처리 방식
    ignore: 정수가 시작된 후 무시할 문자
 - 반환값: 수신 버퍼에서 발견된 첫 번째 유효한 int 형 데이터
```

시리얼 통신 수신 버퍼에서 첫 번째 유효한 정수를 반환한다. 검색 시간을 초과하거나 유효하지 않은 문자로 시작되면 0을 반환한다. 검색 시간의 디폴트값은 1초이며 setTimeout 함수로 설정할 수 있다.

매개변수 lookahead는 정수에 해당하는 문자열이 시작되기 전에 나타나는 문자들을 처리하는 방식을 나타낸다. LookaheadMode는 열거형 상수로 표 B.1의 값 중 하나를 가질 수 있지만, SKIP_ALL을 지정했을 때 소수점 역시 무시된다. 매개변수 ignore는 정수가 시작된 이후 무시할 문자를 나타내며, 천 단위를 구분하기 위해 사용하는 콤마(,)를 처리하기 위해 흔히 사용된다.

■ **peek**

```
int Serial::peek()
 - 매개변수: 없음
 - 반환값: 시리얼 통신 수신 버퍼의 첫 번째 바이트 데이터 또는 −1
```

시리얼 통신 수신 버퍼의 첫 번째 바이트 데이터를 반환한다. read 함수와 달리 peek 함수는 수신 버퍼에서 반환한 데이터를 제거하지 않는다. 수신 버퍼가 비어 있는 경우 −1을 반환한다.

- **print**

```
size_t Serial::print(value, format)
size_t Serial::print(value)
 - 매개변수
    value: 출력값(char, char 배열, String, 정수, 실수 등)
    format: 출력 형식
 - 반환값: 시리얼 포트로 출력된 바이트 수
```

주어진 값을 아스키 형식의 문자열로 변환하여 시리얼 포트로 출력한다. 정수의 경우 format 값에 따라 출력 형식을 2진법(BIN), 8진법(OCT), 10진법(DEC), 16진법(HEX) 중 하나를 선택할 수 있고, 실수의 경우 format 값으로 소수점 이하 자릿수를 지정할 수 있다. 디폴트값은 10진수 또는 소수점 이하 두 자리다. 문자, 문자열, String 객체 등도 출력할 수 있으며 시리얼 포트로 출력된 데이터의 바이트 수를 반환한다.

- **println**

```
size_t Serial::println(value, format)
size_t Serial::println(value)
 - 매개변수
    value: 출력값(char, char 배열, String, 정수, 실수 등)
    format: 출력 형식
 - 반환값: 시리얼 포트로 출력된 바이트 수
```

데이터 출력 후 개행문자 '\r'과 '\n'을 추가로 출력한다는 점을 제외하면 print 함수와 같다.

- **read**

```
int Serial::read()
 - 매개변수: 없음
 - 반환값: 시리얼 통신 수신 버퍼의 첫 번째 문자 또는 −1
```

시리얼 통신 수신 버퍼에서 첫 번째 바이트 데이터를 읽어 반환한다. peek 함수와 달리 read 함수는 수신 버퍼에서 반환한 데이터를 제거한다. 수신 버퍼가 비어 있으면 −1을 반환한다.

▪ readBytes

```
size_t Serial::readBytes(char *buffer, size_t length)
  - 매개변수
     buffer: 입력받을 데이터를 저장할 버퍼
     length: 입력받을 데이터의 최대 바이트 수
  - 반환값: 입력받은 데이터의 바이트 수
```

시리얼 통신 수신 버퍼의 데이터를 읽어 buffer에 저장한다. length로 지정한 바이트 수의 데이터를 저장했거나 시간 초과가 발생하면 종료하고 버퍼에 저장한 데이터의 바이트 수를 반환한다. 대기 시간의 디폴트값은 1초이며 setTimeout 함수로 설정할 수 있다.

▪ readBytesUntil

```
size_t Serial::readBytesUntil(char terminator, char *buffer, size_t length)
  - 매개변수
     terminator: 종료 문자
     buffer: 입력받을 데이터를 저장할 버퍼
     length: 입력받을 데이터의 최대 바이트 수
  - 반환값: 입력받은 데이터의 바이트 수
```

시리얼 통신 수신 버퍼의 데이터를 읽어 buffer에 저장한다. 종료 문자(terminator)가 발견되었거나, length로 지정한 바이트 수의 데이터를 저장했거나, 시간 초과가 발생하면 종료하고 버퍼에 저장한 데이터의 바이트 수를 반환한다. 종료 문자는 버퍼에 저장되지 않는다. 대기 시간의 디폴트값은 1초이며 setTimeout 함수로 설정할 수 있다.

▪ readString

```
String Serial::readString()
  - 매개변수: 없음
  - 반환값: 입력받은 문자열
```

시리얼 통신 수신 버퍼의 데이터를 읽어 String 객체에 저장한다. 시간 초과가 발생하면 종료하고 입력받은 데이터가 저장된 String 객체를 반환한다. 대기 시간의 디폴트값은 1초이며 setTimeout 함수로 설정할 수 있다.

■ readStringUntil

```
String Serial::readStringUntil(char terminator)
 - 매개변수
    terminator: 종료 문자
 - 반환값: 입력받은 문자열
```

시리얼 통신 수신 버퍼의 데이터를 읽어 String 객체에 저장한다. 종료 문자(terminator)가 발견되었거나 시간 초과가 발생하면 종료하고 입력받은 데이터가 저장된 String 객체를 반환한다. 종료 문자는 버퍼에 저장되지 않는다. 대기 시간의 디폴트값은 1초이며 setTimeout 함수로 설정할 수 있다.

■ setTimeout

```
void Serial::setTimeout(unsigned long timeout)
 - 매개변수
    timeout: 대기 시간
 - 반환값: 없음
```

find, findUntil, readBytes, readBytesUntil, readString, readStringUntil, parseInt, parseFloat 등 대기 시간이 사용되는 함수에서 대기 시간을 밀리초 단위로 설정한다. 디폴트값은 1초다.

■ write

```
size_t Serial::wirte(uint8_t ch)
size_t Serial::write(const char *str)
size_t Serial::write(const uint8_t *buffer, size_t size)
 - 매개변수
    ch: 출력 문자
    str: 출력 문자열
    buffer: 출력 데이터 배열
    size: 버퍼의 크기
 - 반환값: 출력한 바이트 수
```

주어진 값을 이진 형식으로 시리얼 포트로 출력한다. 문자나 문자열의 경우 print 함수와 같은 결과를 가져오지만, 숫자는 print 함수와는 다른 방식으로 동작한다. 예를 들어 write(65)는

1바이트의 데이터를 시리얼 포트로 출력하여 문자 'A'가 표시되지만, print(65)는 2바이트의 데이터를 시리얼 포트로 출력하여 문자열 '65'가 출력된다. 시리얼 포트로 출력된 데이터의 바이트 수를 반환한다.

- **serialEvent**

```
void serialEvent()
  - 매개변수: 없음
  - 반환값: 함수
```

Serial 클래스의 멤버 함수가 아니며 수신 버퍼에 데이터가 수신된 경우 호출되는 함수다. serialEvent 함수는 그 이름과 다르게 인터럽트 방식이 아닌 폴링 방식으로 동작한다. 아두이노 메가 2560에서는 serialEvent1, serialEvent2, serialEvent3 등의 함수 역시 정의되어 있으며 아두이노 레오나르도에서는 사용할 수 없다.

B.2 String

B.2.1 함수

- **String**

```
String::String(value)
String::String(value, base)
String::String(value, decimalPlaces)
  - 매개변수
      value: String 객체로 변환할 값
      base: 정수 변환 시 적용할 진법(BIN, OCT, DEC, HEX)
      decimalPlaces: 소수점 이하 자릿수
  - 반환값: 없음
```

String 클래스의 생성자로 정수, 문자, 문자 배열, String 객체 등 다양한 타입의 데이터를 사용하여 String 클래스 객체를 생성할 수 있다. 정수가 매개변수로 주어질 때는 base 값을 통해 진법을 지정할 수 있으며 디폴트값은 십진수(DEC)다. 실수가 매개변수로 주어질 때는 소수점 이하 자릿수를 decimalPlaces로 지정할 수 있으며 디폴트값은 두 자리다.

■ **charAt**

```
char String::charAt(unsigned int index)
 - 매개변수
    index: 문자열에서의 위치로, 0부터 시작
 - 반환값: 문자열에서 index번째 문자
```

문자열 내에서 지정한 위치의 문자를 반환한다. 연산자 '[]'와 같은 기능을 수행한다.

■ **compareTo**

```
int String::compareTo(const String &string2)
 - 매개변수
    string2: 비교 대상이 되는 문자열
 - 반환값: 순서상으로 string2가 먼저 나오면 양의 값, string2와 동일하면 0, string2가 뒤에
    나오면 음의 값을 반환
```

두 문자열을 사전 배열 순서에 따라 비교하여 비교한 결과를 반환한다.

■ **concat**

```
unsigned char String::concat(const String &str)
unsigned char String::concat(const char *cstr)
unsigned char String::concat(char c)
unsigned char String::concat(unsigned char num)
unsigned char String::concat(int num)
unsigned char String::concat(unsigned int num)
unsigned char String::concat(long num)
unsigned char String::concat(unsigned long num)
unsigned char String::concat(float num)
unsigned char String::concat(double num)
unsigned char String::concat(const __FlashStringHelper * str)
 - 매개변수
    str, cstr, c: 이어붙일 문자 또는 문자열
    num: 이어붙일 숫자. 문자열로 변환하여 이어붙인다.
 - 반환값: 성공하면 1, 실패하면 0을 반환
```

문자열 뒤에 인자로 주어진 문자열을 이어붙인다. 성공하면 1을, 실패하면 0을 반환한다. 연산자 '+='와 같은 기능을 수행한다. 이 외에도 문자형, long 형 등을 매개변수로 갖는 함수들이 다중 정의되어 있다.

■ c_str

```
const char *String::cstr()
  - 매개변수: 없음
  - 반환값: String 객체 내 문자열이 저장된 버퍼의 포인터
```

String 객체에 저장된 문자열 버퍼에 대한 포인터를 반환한다. String 객체 내의 버퍼는 C 스타일의 NULL 문자로 끝나는 문자 배열로 이루어져 있다. 반환되는 포인터를 통해 String 객체의 문자열을 조작할 수가 있지만, 사용하지 않는 것을 추천한다.

■ endsWith

```
unsigned char String::endsWith(const String &str)
  - 매개변수
      str: 비교 대상 문자열
  - 반환값: 문자열이 str로 끝나는 경우 1, 아닌 경우 0을 반환
```

문자열이 str에 주어진 문자열로 끝나는지 검사하여 str로 끝나면 1을, str로 끝나지 않으면 0을 반환한다.

■ equals

```
unsigned char String::equals(const String &str)
  - 매개변수
      str: 비교 대상 문자열
  - 반환값: 문자열이 str과 같으면 1, 다르면 0을 반환
```

문자열이 str에 주어진 문자열과 같은지 비교하여 같으면 1을, 다르면 0을 반환한다. 문자열 비교는 아스키 코드값을 기준으로 하므로 영어 대소문자는 서로 다른 문자로 처리한다.

■ equalsIgnoreCase

```
unsigned char String::equalsIgnoreCase(const String &str)
 - 매개변수
    str: 비교 대상 문자열
 - 반환값: 문자열이 str과 같으면 1, 다르면 0을 반환
```

문자 비교 시 대문자와 소문자를 같은 문자로 처리하는 것을 제외하면 equals 함수와 같다.

■ getBytes

```
void String::getBytes(unsigned char *buf, unsigned int bufsize)
 - 매개변수
    buf: 문자를 복사할 버퍼
    bufsize: 버퍼의 크기
 - 반환값: 없음
```

String 객체 내에 저장된 문자들을 (bufsize – 1)개 이내에서 문자열 배열 형식의 버퍼로 복사한다.

■ indexOf

```
int String::indexOf(char ch)
int String::indexOf(char ch, unsigned int fromIndex)
int String::indexOf(const String &str)
int String::indexOf(const String &str, unsigned int fromIndex)
 - 매개변수
    ch, str: 검색할 문자 또는 문자열
    fromIndex: 검색을 시작할 위치
 - 반환값: 검색 문자 또는 문자열이 처음 발견된 위치를 반환하며, 발견되지 않으면 −1을 반환
```

문자열 내에서 주어진 문자나 문자열을 검사하여 첫 번째 발견된 위치를 반환하며, 주어진 문자나 문자열이 존재하지 않는 경우 −1을 반환한다. fromIndex 값으로 시작 위치를 지정할 수 있으며, 지정하지 않으면 문자열을 처음부터 검색한다.

▪ lastIndexOf

```
int String::lastIndexOf(char ch)
int String::lastIndexOf(char ch, unsigned int fromIndex)
int String::lastIndexOf(const String &str)
int String::lastIndexOf(const String &str, unsigned int fromIndex)
```
 – 매개변수
   ch, str: 검색할 문자 또는 문자열
   fromIndex: 검색을 시작할 위치
 – 반환값: 검색 문자 또는 문자열이 발견된 첫 번째 위치를 반환하며, 발견되지 않으면 −1을 반환

문자열의 끝에서부터 역방향으로 검사한다는 점을 제외하면 indexOf 함수와 같다.

▪ length

```
unsigned int String::length()
```
 – 매개변수: 없음
 – 반환값: 문자열의 길이

문자열의 길이를 반환한다. 문자열의 길이에 문자열 끝을 나타내는 NULL 문자는 포함되지 않는다.

▪ remove

```
void String::remove(unsigned int index)
void String::remove(unsigned int index, unsigned int count)
```
 – 매개변수
   index: 제거를 시작할 문자 위치로, 0부터 시작
   count: 제거할 문자의 개수
 – 반환값: 없음

문자열에서 index 위치부터 count개의 문자를 제거한다. count 값이 지정되지 않으면 index 위치부터 문자열 끝까지 모두 제거한다.

- **replace**

```
void String::replace(char find, char replace)
void String::replace(const String& find, const String& replace)
 - 매개변수
    find: 찾을 문자열
    replace: 바꿀 문자열
 - 반환값: 없음
```

find에 주어진 문자나 문자열을 모두 찾아 replace에 주어진 문자나 문자열로 바꾼다.

- **reserve**

```
unsigned char String::reserve(unsigned int size)
 - 매개변수
    size: 버퍼 크기
 - 반환값: 성공하면 1, 실패하면 0을 반환
```

문자열 조작을 위해 지정한 크기(size)만큼의 버퍼를 할당한다. 현재 버퍼의 크기가 지정한 크기보다 크거나 메모리 할당에 성공하면 1을, 실패하면 0을 반환한다.

- **setCharAt**

```
void String::setCharAt(unsigned int index, char ch)
 - 매개변수
    index: 바꿀 문자의 위치로 0부터 시작
    ch: 바꿀 문자
 - 반환값: 없음
```

문자열의 index번째 문자를 ch로 바꾼다. 대입 연산자의 좌변에 놓이는 연산자 '[]'와 같은 기능을 수행한다.

■ startsWith

```
unsigned char String::startsWith(const String &str)
unsigned char String::startsWith(const String &str, unsigned int offset)
 - 매개변수
    str: 비교 대상 문자열
    offset: 문자열 시작 위치
 - 반환값: 문자열이 str로 시작하는 경우 1, 아닌 경우 0을 반환
```

문자열이 str에 주어진 문자열로 시작하는지 검사하여 str로 시작하면 1을, str로 시작하지 않으면 0을 반환한다. offset이 주어지면 문자열의 처음 offset개 문자는 무시하고 offset 위치에서부터 비교하여 결과를 반환한다.

■ substring

```
String String::substring(unsigned int from)
String String::substring(unsigned int from, unsigned int to)
 - 매개변수
    from: 추출할 부분 문자열의 시작 위치
    to: 추출할 부분 문자열 끝 위치의 다음 위치
 - 반환값: [from, to) 범위의 추출한 부분 문자열을 반환
```

문자열의 부분 문자열을 반환한다. from에 지정된 위치의 문자는 포함되는 반면, to 위치의 문자는 포함되지 않는다. 끝 위치가 지정되지 않으면 시작 위치에서 문자열 끝까지를 부분 문자열로 반환한다.

■ toCharArray

```
void String::toCharArray(char *buf, unsigned int bufsize)
 - 매개변수
    buf: 문자들을 복사할 버퍼
    bufsize: 버퍼의 크기
 - 반환값: 없음
```

String 객체의 문자열을 (bufsize – 1)개 이내에서 문자 배열 형식의 버퍼에 복사한다.

■ toInt

```
long String::toInt()
  - 매개변수: 없음
  - 반환값: 변환된 정숫값
```

문자열을 정수로 변환하여 반환한다. 문자열은 정수로 시작해야 한다. 변환에 실패할 경우 0을 반환한다.

■ toFloat, toDouble

```
float String::toFloat()
double String::toDouble()
  - 매개변수: 없음
  - 반환값: 변환된 실숫값
```

문자열을 float 또는 double 타입의 실수로 변환하여 반환한다. 문자열은 실수로 시작해야 한다. 변환에 실패할 경우 0을 반환한다.

■ toLowerCase

```
void String::toLowerCase()
  - 매개변수: 없음
  - 반환값: 없음
```

문자열 내의 대문자를 소문자로 바꾼다.

■ toUpperCase

```
void String::toUpperCase()
  - 매개변수: 없음
  - 반환값: 없음
```

문자열 내의 소문자를 대문자로 바꾼다.

- **trim**

```
void String::trim()
 - 매개변수: 없음
 - 반환값: 없음
```

문자열의 시작과 끝에 포함된 화이트 스페이스white space를 제거한다. 화이트 스페이스에는 스페이스(' ', 아스키 32), 수평탭('\t', 아스키 9), 수직탭('\v', 아스키 11), 폼피드('\f', 아스키 12), 새 줄('\n', 아스키 10), 캐리지 리턴('\r', 아스키 13)의 6개 문자가 포함된다.

B.2.2 연산자

- **[ ](문자열 요소)**

```
char String::operator [] (unsigned int index)
 - 매개변수
    index: 문자열에서 찾고 싶은 문자의 위치
 - 반환값: 문자열에서 index번째 문자
```

문자열 내에서 지정한 위치의 문자를 반환한다.

- **+(문자열 연결)**

```
StringSumHelper & String::operator + (const StringSumHelper &lhs, const String &rhs)
StringSumHelper & String::operator + (const StringSumHelper &lhs, const char *cstr)
StringSumHelper & String::operator + (const StringSumHelper &lhs, char c)
StringSumHelper & String::operator + (const StringSumHelper &lhs, unsigned char num)
StringSumHelper & String::operator + (const StringSumHelper &lhs, int num)
StringSumHelper & String::operator + (const StringSumHelper &lhs, unsigned int num)
StringSumHelper & String::operator + (const StringSumHelper &lhs, long num)
StringSumHelper & String::operator + (const StringSumHelper &lhs, unsigned long num)
StringSumHelper & String::operator + (const StringSumHelper &lhs, float num)
StringSumHelper & String::operator + (const StringSumHelper &lhs, double num)
 - 매개변수
    lhs: 연결할 첫 번째 문자열
    rhs, cstr, c: 연결할 문자 또는 문자열
    num: 연결할 숫자. 문자열로 변환하여 연결한다.
 - 반환값: 두 문자열을 연결한 새로운 문자열
```

2개의 문자열을 연결하여 새로운 문자열을 반환한다.

■ +=(문자열 추가)

```
String & String::operator += (const String &rhs)
String & String::operator += (const char *cstr)
String & String::operator += (char c)
String & String::operator += (unsigned char num)
String & String::operator += (int num)
String & String::operator += (unsigned int num)
String & String::operator += (long num)
String & String::operator += (unsigned long num)
 - 매개변수
   rhs, cstr, c: 연결할 문자 또는 문자열
   num: 연결할 숫자, 문자열로 변환되어 연결된다.
 - 반환값: 문자열을 연결한 새로운 문자열
```

2개의 문자열을 연결하여 새로운 문자열을 반환한다. '+' 연산자는 반환되는 문자열 객체를 새로운 문자열 객체에 대입하는 반면, '+=' 연산자는 기존 문자열 객체의 내용을 연결된 문자열로 대체한다. concat 함수와 같은 기능을 수행한다.

■ ==(문자열 비교)

```
unsigned char String::operator == (const String &rhs)
unsigned char String::operator == (const char *cstr)
 - 매개변수
   rhs, cstr: 비교 문자열
 - 반환값: 비교 문자열과 같으면 1을, 다르면 0을 반환
```

두 문자열을 비교하여 같으면 1을, 다르면 0을 반환한다. equals 함수와 같은 기능을 수행한다.

■ >(문자열 비교)

```
unsigned char String::operator > (const String &rhs)
 - 매개변수
   rhs: 비교 문자열
 - 반환값: 비교 문자열보다 크면 1을, 작거나 같으면 0을 반환
```

두 문자열을 비교하여 연산자의 왼쪽에 위치하는 문자열이 연산자의 오른쪽에 위치하는 비교 문자열보다 크면 1을, 작거나 같으면 0을 반환한다. 문자열 비교는 문자 단위로 이루어지며, 문자가 크다는 것은 아스키 코드값이 크다는 의미다. 알파벳 문자열의 경우, 사전 순서로 배열할 때 앞에 나오는 문자열이 작은 문자열이다. 대문자는 아스키 코드값 65부터 시작되고 소문자는 아스키 코드값 97부터 시작되므로 대문자가 소문자보다 작은 문자열이 된다. 또한 숫자를 나타내는 문자는 아스키 코드값 48부터 시작되므로 '숫자 < 대문자 < 소문자' 순서로 문자열의 크기가 정해진다.

■ >=(문자열 비교)

```
unsigned char String::operator >= (const String &rhs)
  - 매개변수
      rhs: 비교 문자열
  - 반환값: 비교 문자열보다 크거나 같으면 1을, 작으면 0을 반환
```

두 문자열을 비교하여 연산자의 왼쪽에 위치하는 문자열이 연산자의 오른쪽에 위치하는 비교 문자열보다 크거나 같으면 1을, 작으면 0을 반환한다.

■ <(문자열 비교)

```
unsigned char String::operator < (const String &rhs)
  - 매개변수
      rhs: 비교 문자열
  - 반환값: 비교 문자열보다 작으면 1을, 크거나 같으면 0을 반환
```

두 문자열을 비교하여 연산자의 왼쪽에 위치하는 문자열이 연산자의 오른쪽에 위치하는 비교 문자열보다 작으면 1을, 크거나 같으면 0을 반환한다.

■ <=(문자열 비교)

```
unsigned char String::operator <= (const String &rhs)
  - 매개변수
      rhs: 비교 문자열
  - 반환값: 비교 문자열보다 작거나 같으면 1을, 크면 0을 반환
```

두 문자열을 비교하여 연산자의 왼쪽에 위치하는 문자열이 연산자의 오른쪽에 위치하는 비교 문자열보다 작거나 같으면 1을, 크면 0을 반환한다.

■ !=(문자열 비교)

unsigned char String::operator != (const String &rhs)
unsigned char String::operator != (const char *cstr)
 - 매개변수
   rhs, cstr: 비교 문자열
 - 반환값: 비교 문자열과 다르면 1을, 같으면 0을 반환

두 문자열을 비교하여 서로 다르면 1을, 같으면 0을 반환한다.

찾아보기